Imprimatur
Neue Folge XXIV
2015

Imprimatur
Ein Jahrbuch für Bücherfreunde
Neue Folge XXIV
2015

Herausgegeben von Ute Schneider
im Auftrag der Gesellschaft der Bibliophilen,
München

Imprimatur NF XXIV
Ein Jahrbuch für Bücherfreunde

Herausgeberin im Auftrag der Gesellschaft der Bibliophilen:

Prof. Dr. Ute Schneider, Institut für Buchwissenschaft,
Johannes Gutenberg-Universität Mainz, D-55099 Mainz
Tel. 06131/392 34 68, Fax 06131/392 54 87
uschneid@uni-mainz.de

Gesellschaft der Bibliophilen e.V.
Geschäftsstelle, Rindermarkt 17, D-80331 München
Tel. 089/54 50 42 10, Fax 089/54 50 42 19
info@bibliophilie.de

Das Jahrbuch ist für die Mitglieder
der Gesellschaft der Bibliophilen e.V. bestimmt.
Eine begrenzte Teilauflage wird vertrieben durch:
Harrassowitz Verlag, Kreuzberger Ring 7b–d, D-65205 Wiesbaden

Entwurf Hempel/Wörgötter, München
Layout und Satz a.visus, Michael Hempel, München
Gesetzt aus Ehrhardt BT und der News Gothic BT
Papier PhoenixXmotion/Xantur/115 gm^2
Vorsatzpapier Tintoretto 140 gm^2
Gewebe Dubletta
Druck Memminger MedienCentrum AG
Bindung Buchbinderei Ernst Ammering, Ried im Innkreis
Auflage 500 Exemplare

Printed in Germany
ISSN 0073-5620
ISBN 978-3-447-10336-7

Inhalt

8 Vorwort

ERINNERUNGSKULTUR
UND KOLLEKTIVES GEDÄCHTNIS

11 *Vera Bendt*
Willem Burgers.
Ein Amsterdamer Antiquar im Geiste von Spinoza

55 *Wulf D. v. Lucius*
Ephemera – die Zeugnisse des wirklichen Lebens

73 *Patrick Rössler*
Souvenirs aus dem Kinosaal.
Historische Filmmemorabilia als Teil unserer medialen
Erinnerungskultur

101 *Corinna Norrick-Rühl und Anke Vogel*
60 Jahre Pixi-Buch – Sammelleidenschaft zum Quadrat

ÖFFENTLICHES UND PRIVATES SAMMELN

131 *Lydia Koglin*
Künstlerbücher in der Bibliothek der Bauhaus-Universität Weimar – ein Ordnungsversuch

147 *Eva Linhart*
Buchkunst im Museum

161 *Sebastian Kötz*
Victor Manheimer – Wissenschaftler, Sammler, Bibliophile, Emigrant

177 *Katrin Teichmann*
»… wer Plakate sammelt, treibt ein Stück Kulturgeschichte«. Plakatsammlungen im Deutschen Buch- und Schriftmuseum der Deutschen Nationalbibliothek Leipzig

PUBLIKATIONSFORMEN UND ILLUSTRATIONEN

199 *Anja Grebe*
Die Kunst der Insektenforschung.
Maria Sibylla Merians
»Metamorphosis Insectorum Surinamensium« (1705)

221 *Helmut Hilz*
Ein neuer Weg der Wissenschaftskommunikation –
Die Anfänge der wissenschaftlichen Zeitschrift
im 17. Jahrhundert

243 *Sabine Knopf*
»Ein lieblicher Nachtigallengesang aus dem Garten der Kindheit«.
Bildungsbürgerliche Kinderzeitschriften
im späten 19. Jahrhundert – ein internationaler Vergleich

279 *Hartmut Pätzke*
Einiges zu Ernst Rudolf Vogenauer

301 *Carsten Scholz*
Von der ›Officina Serpentis‹ zu ›Tieffenbach und Mittelhäuser‹ –
der Fall einer Privatpresse

313 *Olaf Briese*
Eckensteher-Literatur.
Illustrierte Bibliographie mit erläuternder Einführung

344 Autorinnen und Autoren

Vorwort

Eingeleitet wird der vorliegende Band mit einer Sektion zur Erinnerungskultur und zum kollektiven Gedächtnis, wofür im Medienkontext insbesondere das gedruckte Buch geradezu ein Symbol geworden ist. Wie breit das kulturelle Gedächtnis im westlichen Europa inhaltlich gefasst werden kann, sollen die vier ersten Beiträge deutlich machen. Die Würdigung des Amsterdamer Antiquars Willem Burger und seiner Verdienste für die jüdische Buchkultur in Deutschland durch Vera Bendt reicht weit in die Provenienzforschung. Die Autorin verfolgt mit detektivischem Spürsinn den Verbleib von jüdischen Bibliotheken wie jener der Veitel Heine Ephraim'schen Lehranstalt. Ganz anderen Erinnerungsobjekten gehen die weiteren Aufsätze zum kulturellen Gedächtnis nach, das wie Wulf D. v. Lucius in seinem Beitrag ausführt, nicht nur Objekte und Artefakte der Hochkultur umfasst, sondern auch Ephemera. Zu letzterem gehören sicherlich die »Souvenirs aus dem Kinosaal«, die Patrick Rössler als Teil der medialen Erinnerungskultur ins Blickfeld rückt und so eine längst vergangene Kinokultur lebendig werden lässt. Die Frage, wo das nun schon in die Jahre gekommene Pixi-Buch einzuordnen ist, beantworten Corinna Norrick-Rühl und Anke Vogel. Kleine Bücher werden hier groß herausgestrichen. 1954 erstmals auf dem deutschen Buchmarkt zu kaufen, schreiben die quadratischen Büchlein eine 60-jährige Erfolgsgeschichte, die ungebrochen ist.

Selbstverständlich haben in dieser Ausgabe auch die traditionellen bibliophilen Themen wie die Vorstellung von Sammlern und Sammlungen sowie die künstlerische Ausstattung von Büchern ihren Platz. Nur wenige öffentliche Institutionen sammeln systematisch Künstlerbücher, die sowohl bibliothekarisch als auch in ihrer Präsentation im Museum eine Herausforderung darstellen. So ist es ein Glücksfall, dass in diesem Band gleich beide Aspekte von zwei Spezialistinnen behandelt werden. Lydia Koglin zeigt fundiert die Probleme einer bibliothekarischen Kategorisierung von Künstlerbüchern auf und Eva Linhart hat als Kuratorin wissenschaftliches wie ganz praktisches Interesse an der »Buchkunst im Museum«. Beide Beiträge geben sicherlich Anregung zu weiteren Überlegungen. Ephemeres und gleichzeitig Kulturgeschichtliches vereinen sich im Buchwerbeplakat. Ein ebenfalls seltenes Sammelgebiet, das im Deutschen Buch- und Schriftmuseum gepflegt und von Katrin Teichmann hier kenntnisreich vorgestellt wird. Schließlich porträtiert Sebastian Kötz den Bibliophilen und Germanist Victor Mannheimer in seiner Sammlerpersönlichkeit.

Zu Illustration und Publikationsformen entfaltet Anja Grebe neue Einblicke in die bekannten und berühmten Arbeiten von Maria Sibylla Merian. Helmut Hilz hat ein weiteres Jubiläum in seinem Beitrag aufgegriffen: 350 Jahre naturwissenschaftliche Zeitschrift. 1665 erschien die erste Zeitschrift als neue Publikationsform, die dem Bedürfnis der Gelehrten nach schnellerer und aktueller Information besser dienlich sein konnte als das vergleichsweise langsame Medium Buch. So würdigt dieser Band mit Pixi-Buch und Zeitschrift zwei Jubiläen, die inhaltlich kaum weiter voneinander entfernt liegen könnten. Das zunächst streng wissenschaftlich ausgerichtete Medium Zeitschrift öffnete sich schon bald im 18. Jahrhundert für unterhaltende und populäre Inhalte und war im 19. Jahrhundert zum Unterhaltungsmedium für die ganze Familie avanciert. Sabine Knopf zieht anhand bildungsbürgerlicher Kinderzeitschriften einen internationalen Vergleich dieser nicht

nur im 19. Jahrhundert beliebten Medien. Hartmut Pätzke stellt anschließend Ernst Rudolf Vogenauer als Buchgestalter vor, und Carsten Scholz kann mit neuen Erkenntnissen an bereits in *Imprimatur* erschienene Beiträge zur ›Officina Serpentis‹ anknüpfen. Der Band wird mit einer illustrierten Bibliographie zur literarischen Figur des Berliner Eckenstehers beschlossen, den uns Olaf Briese in Text und Bild näher bringt.

Unser Gestalter hat den vorliegenden Band mit einem Ausrufezeichen versehen: *Imprimatur!* Das Ausrufezeichen symbolisiert den Abschluss einer nun siebenbändigen Reihe seit *Imprimatur* NF XVIII, 2003 (siehe Abbildung), die mit variantenreichen Klammern als Auszeichnungselementen charakterisiert ist. Michael Hempel, München, plant für die nächste Ausgabe von *Imprimatur* eine Neugestaltung von Seiten-Layout und typographischen Elementen. Wir dürfen also auf ein neues Gesicht gespannt sein und uns schon auf den nächsten Band freuen. Auch diesmal sei Michael Hempel wieder gedankt für seine schwungvolle Umsetzung der bibliophilen Inhalte.

Zu danken haben wir erneut unserem Mitglied Ernst Bruno Ammering, Ried im Innkreis, der wiederum die Buchbindearbeiten meisterhaft durchgeführt hat und damit die Gesellschaft großzügig unterstützt.

Wir wünschen auch diesem Band wohlwollende Aufnahme beim geneigten Publikum und den Lesern viel Vergnügen bei der Lektüre.

Mainz und München im April 2015

Prof. Dr. Ute Schneider
HERAUSGEBERIN

Prof. Dr. Reinhard Wittmann
ERSTER VORSITZENDER DER GESELLSCHAFT DER BIBLIOPHILEN

Persönliche Nachbemerkung des Vorsitzenden: mit dem vorliegenden Band verabschiede ich mich nach 13 Jahren von der Leitung der Gesellschaft der Bibliophilen – es ist an der Zeit für neue Impulse einer jüngeren Generation. Zum Dank an Michael Hempel möchte ich den an Ute Schneider gesellen, die seit Band XVII die herausgeberische Verantwortung für unser Jahrbuch *Imprimatur* innehat. Die Bände unter ihrer Ägide haben in ihrer thematischen Vielfalt, ihrem inhaltlichem Reichtum, ihrer attraktiven Zusammenstellung das Profil unserer Gesellschaft erheblich mitgeprägt. Auch nach 116 Jahren erweist sich unsere Vereinigung damit als lebenskräftig und zukunftsfreudig. Ad multos annos!

Vera Bendt

Willem Burgers

Ein Amsterdamer Antiquar im Geiste von Spinoza

Wilhelmus Jacobus Burgers

Wilhelmus Jacobus Burgers wurde am 20. Mai 1929 in Aalsmeer geboren, er starb am 8. September 2013 in Amsterdam. Sein Vater Jacobus Simon Burgers (Aalsmeer 1901–1996) gründete in den 1920er Jahren eine noch heute bestehende Firma, die Karosserien für landwirtschaftliche Fahrzeuge herstellte. Seine Mutter Maria Leliveld (Nieuwkoop 1901–1969 Aalsmeer) war Hausfrau, die ihre neun Kinder im Geiste des katholischen Glaubens erzog. Willem war 16, als er nach Kriegsende

!1¡
Willem Burgers (1929–2013), Aufnahme 2012

sein Elternhaus verließ, um sich in einem Seminar für den Priesternachwuchs mit angeschlossenem Internat auf die Ausbildung zum Priester vorzubereiten. Nach Absolvierung dieser Schule schrieb er sich an der Katholischen Universität von Leuven in Belgien für das Theologiestudium ein. Im Verlauf seiner Studienzeit wandte er sich mehr und mehr der Philosophie zu, sein Glaube nahm immer mehr ab. Sein Studium schloss er 1960 mit der Dissertation *De instelling van de twaalf in het evangelie van Marcus* ab und er war damit der erste Absolvent der Leuvener Universität, der sein Theologiestudium mit der Promotion beendete, ohne zum Priester geweiht zu sein.[1]

Nicht nur seine Hinwendung zur Philosophie, sondern auch ein Liebesverhältnis während seiner Studienjahre hatten ihn erkennen lassen, dass er kein Priester werden konnte. So ging er unmittelbar nach Beendigung des Studiums nach Jerusalem, wo er sich an der Hebräischen Universität für Semitische Sprachen immatrikulierte. Seine Professoren waren der Sprachwissenschaftler für Semitische Sprachen Chaim Rabin, der Neutestamentler und Qumran-Experte David Flusser sowie der Bibel- und Talmudwissenschaftler und Experte für die Periode des Zweiten Tempels Shmuel Safrai. Nach diesem Zusatzstudium in Jerusalem kehrte Burgers Ende 1962 in die Niederlande zurück und ließ sich in Amsterdam nieder. Bald darauf lernte er in einem von Rabbiner Yehuda Aschkenasy geführten Kreis für Jüdisches Lernen Marijke van der Glas kennen, die damals in Deutschland studierte. Das Paar heiratete 1963 und im gleichen Jahr nahm Burgers eine Stelle als Lektor beim Herder-Verlag in Freiburg i. Br. an, wo 1965 Tochter Manja geboren wurde. Ende 1966 kehrte die Familie nach Amsterdam zurück, 1967 kam Sohn Nathan zur Welt. In Amsterdam nahm Marijke ihr Studium, Deutsch und Kunstgeschichte, wieder auf und schloss mit der Promotion ab. Willem fand zunächst eine Stelle als Lehrer für klassische Sprachen an einer Höheren Schule, doch sah er hier keine Perspektiven für eine berufliche Zukunft, die ihm Raum zur Entfaltung seiner wissenschaftlichen Interessen bieten konnte.

In Gesprächen mit Yehuda Aschkenasy regte ihn dieser dazu an, ein Antiquariat zu gründen. Der Vorschlag des Rabbiners war getragen von dem Gedanken, den Büchern aus den Wohnungen der deportierten Juden, die sich in den 1960er und weit in die 1970er Jahre zu Hunderten und Tausenden auf den Büchermärkten, im Trödelhandel und in Antikläden in Amsterdam und anderswo in Holland stapelten, einen ›Hafen‹ zu bieten. Es war ihm unerträglich, Bibeln, Talmudausgaben und anderen Büchern des Judentums als Ramsch auf den Straßen begegnen zu müssen, und er meinte, ein Antiquariat könnte eine Anlaufstelle für Leute sein, die derartige Bücher in ihrem Besitz hatten und sie nun für Geld loswerden wollten. Ein auf Judaica und Hebraica spezialisiertes Antiquariat in Amsterdam könnte diesem Zustand abhelfen und der Rabbiner versprach Burgers, ihm so weit wie irgend möglich zur Seite zu stehen.[2]

Willem war offen für diesen Gedanken. Er gründete das Antiquariat. Es wurde unter dem Namen Antiquariaat Spinoza in der Den Texstraat 26 nahe der Wetringsschans in Amsterdam-Centrum eröffnet. Das Haus hatte er kurz vorher gekauft. Die Eintragung im Handelsregister erfolgte am 1. Januar 1970. Den Namen wählte der Antiquar wegen seiner Vorliebe für Spinoza, den im Jahr 1632 in Amsterdam geborenen und im Alter von nur 45 Jahren in Den Haag verstorbenen Philosophen. Baruch Spinoza gilt als einer der Begründer der modernen Bibelkritik. Seine Herkunft aus einer sefardisch-jüdischen Familie und dass er dem Rationalismus näher stand als dem Glauben, was zu seinem Ausschluss aus der Portugiesisch-Israelitischen Gemeinde von Amsterdam und zum ›Cherem‹, seiner Verstoßung aus dem Judentum, geführt hatte, waren ein weiterer Grund für die Namenswahl.

2

Das Tor des Buches

Das Tor ist in den Religionen Vorderasiens ein Symbol für den Übergang von einer Welt in die andere, von der Welt des irdischen Lebens in die andere Welt des Jenseits. Im Judentum gelangt der Gerechte durch das Tor in die ›Olam ha-ba‹, die kommende Welt. Der Gläubige im Christentum gelangt in den Himmel und der Fromme im Islam in das Paradies.
In hebräischen Bibelhandschriften steht das Tor für Zukunftsvision, Endzeiterwartung und Hoffnung auf Erlösung. In Italien, das vielen aus Spanien vertriebenen Juden im 15. und 16. Jahrhundert eine neue Heimat bot, fand die von dort mitgebrachte Handschriftenkunst ihre Fortsetzung im hebräischen Buchdruck. Das Tor wird zum bevorzugten Motiv für die Umrahmung einer Titelseite.
Das hebräische Wort für Tor ist ›Scha'ar‹, das Wort für Buch ist ›Sefer‹. Daraus entstand ›Scha'ar Sefer‹, Tor des Buches, als allgemeine Bezeichnung für ›Titelblatt‹, auch wenn darauf kein Tor abgebildet ist.
Der erste Drucker, der ein Tor zur Umrahmung einer Titelseite verwendet hat, war Gershom Soncino.
Auch der Begriff ›Scha'ar Sefer‹ wird zum ersten Mal von Gershom Soncino im Sinne von Titelblatt verwendet.

Die Eröffnung eines Antiquariats, in das man »jüdische Bücher« bringen konnte, sprach sich in Amsterdam schnell herum. Es fanden sich schon bald »Schlepper«, die für Burgers über die Büchermärkte streiften und einsammelten, was dort auf den Tischen lag, darunter zum Beispiel auch die große Zahl von Gebetbüchern, die bei der Räumung der Wohnungen jüdischer Familien nach ihrer Deportation und aus den stillgelegten Synagogen in fremde Hände gelangt waren. Für Aschkenasy, der regelmäßig zu Spinoza in die Den Texstraat kam, hatte die ›Rettung‹ der Bücher eine hohe Bedeutung, weniger im materiellen als im ideellen Sinn. Burgers sah dies ähnlich, aber für ihn war die Rettung nur vollbracht, wenn die Bücher in einer öffentlichen oder privaten Bibliothek wieder ihren gebührenden Platz fanden.

Die erste große Hebraica-Sammlung, die Burgers in späteren Jahren als seinen eigenen Einstieg in die Religionskultur des Judentums beschrieben hat, kaufte er 1970 aus dem staatlichen Antiquariatshandel der DDR in Leipzig. Dieser Kauf prägte fortan das wissenschaftliche Profil des promovierten Theologen ebenso wie das Profil des Antiquariats. Spinoza entwickelte sich in kurzer Zeit von einem ›Hafen‹ für getrödelte Bücher zu einer Anlaufstelle für Gelehrte, Bibliothekare und Sammler gleichermaßen. Zwar stand das Motiv der ›Rettung der Bücher‹ immer im Raum, aber die Hebraica und Judaica in ihrer Funktion und Rolle in der Tradition der jüdischen Buchkultur zu betrachten und zu bewerten und nicht nur als Reste von Verfolgung und Krieg, rückte mehr und mehr in den Vordergrund. Das Antiquariat ergänzte sein Angebot bald auch mit Theologie allgemein, Bibelwissenschaften sowie Patristik, und natürlich wurde den Spinozana viel Raum gegeben. Den Werken von und über Baruch Spinoza galt Burgers ganz persönliche Sammlerleidenschaft. In den mehr als drei Jahrzehnten seiner Antiquariatstätigkeit legte Burgers stets größten Wert darauf, rechtmäßig zu handeln. Bücher aus dubiosen Quellen kaufte er nicht, und rabbinischen Rat holte er sich immer dann von Yehuda Aschkenasy, wenn er im Zweifel war.[3]

Außer den Umgangssprachen Deutsch, Englisch, Französisch, die viele Niederländer seiner Generation beherrschten, hatte er gute Kenntnisse in Italienisch, Spanisch, Neuhebräisch, Aramäisch, Chaldäisch und war vertraut mit allen hebräischen Schrifttypen. Er las Jiddisch und Sefardisch, und selbstverständlich waren die ›Tres Linguae‹ seiner theologischen Ausbildung nicht nur für die Spezialisierung des Antiquariats wesentlich, sondern auch für die wissenschaftliche Arbeit des Antiquars. Von 1974 bis 2002 war Burgers Mitherausgeber der *Compendia Rerum Iudaicarum ad Novum Testamentum (CRINT)* und arbeitete eng zusammen mit Rabbiner Yehuda Aschkenasy, mit David Flusser und Shmuel Safrai, den Professoren seiner Studienjahre in Israel und mit dem Theologen und Judaisten Peter J. Tomson, Professor für Neues Testament und Patristik an den Universitäten Brüssel und Leuven. Seine eigenen wissenschaftlichen Arbeiten waren auf die Qualifizierung der Buchangebote ausgerichtet, das heißt, dass Burgers seinen Kunden nicht einfach nur Bücher lieferte, sondern in speziellen Fällen auch die Ergebnisse seiner eigenen Forschungen zur Verfügung stellte.

Auch als Förderer bibliographischer Forschungen ist Willem Burgers in Erscheinung getreten, im Allgemeinen jedoch hielt er sich bei Nennungen eher zurück. Eine Ausnahme ist der Katalog der Jaap Meijer-Sammlung *Hebraica and Judaica printed before 1900.* Im Kolophon werden W. J. Burgers, A. M. Putman und der Amsterdamer Archivfonds genannt, die den Katalog ermöglichten.[4]

Das Antiquariat

Im Herbst 1970, im Startjahr des Antiquariats Spinoza, kaufte Willem Burgers seine erste große Hebraica-Sammlung vom Zentralantiquariat der DDR in Leipzig, das 1959 als ›Volkseigener Betrieb‹ im Volksbuchhandel gegründet worden und im internationalen Buchgeschäft tätig war.[5] Das Leipziger Angebot umfasste mehr als 800 Titel. Burgers war sich bewusst, dass es sich um Bücher aus jüdischen Bibliotheken handelte, die in der NS-Zeit enteignet und zerschlagen worden waren. Ihm wurde auf Anfrage eine Filmrolle mit Abbildungen der Titelseiten zugeschickt, doch war darauf nicht zu erkennen, um welche Bücher genau es sich handelte. Eine Rückfrage nach Einzelheiten und zur Herkunft der Sammlung blieb ergebnislos. Die Ansage aus Leipzig war: »Mehr Informationen gibt es nicht. Entweder Sie kaufen, oder Sie lassen es bleiben.«

Burgers suchte rabbinischen Rat bei Yehuda Aschkenasy. War es rechtmäßig, diese Bücher aus der DDR zu kaufen? Die Antwort des Rabbiners lautete ohne Wenn und Aber: »Kaufen! Manchmal muss man eine Sache kaufen, um sie zu retten.«[6]

Daraufhin kaufte Burgers ungeprüft den gesamten Bestand, das nötige Geld liehen ihm seine Schwiegereltern. Nach Ankunft der Sendung Anfang 1971 besuchte Yehuda Aschkenasy mehrere Male das Antiquariat Spinoza, um beim Auspacken und Aufstellen der Bücher dabei zu sein. Die Situation hat Jonathan N. Cohen beschrieben: »Aschkenasy kam herein, ging auf die Regale mit den eben eingestellten Büchern zu, dann nahm er mit schlafwandlerischer Sicherheit einen Band heraus und es war immer einer aus der Veitel Heine Ephraim'schen Lehranstalt.«[7] Das ›Erkennungsmerkmal‹ waren kleine Aufkleber mit den Siglen der Lehranstalt, die dem Rabbiner gleich am Anfang seiner Besichtigung aufgefallen waren. Von dem Gesamtbestand aus Leipzig erwarb Aschkenasy spontan etwa ein Drittel, in späteren Jahren kaufte er noch weitere Bände hinzu. Die Hebraica aus der Bibliothek der Veitel Heine Ephraim'schen Lehranstalt in Berlin beliefen sich auf etwa 95 Bände,[8] von denen Rabbiner Aschkenasy 83 Bände übernahm. Die Provenienz der meisten Bücher der Leipziger Sammlung ist unklar geblieben. Es gab außer den Büchern der Lehranstalt nur eine kleine Anzahl mit dem Bibliotheksstempel der Jüdischen Gemeinde zu Berlin und des Rabbinerseminars der Fraenckel'schen Stiftung von Breslau.[9]

Rabbiner Aschkenasy wusste, dass die Bücher aus der Bibliothek der Lehranstalt von besonderem historischem Wert sind und welche Bedeutung sie für die Wissen-

!3¡
AS-Katalog des Antiquariats Spinoza Nr. 60

schaft des Judentums haben. Dass sie aus einem kommunistischen Land hinter dem Eisernen Vorhang nach Amsterdam kamen, betrachtete er als einen ganz besonderen Rettungsakt, als »Rettung vor dem Untergang«.[10]

Das zweite Drittel der Bücher aus Leipzig verkaufte Burgers an die Bibliothek der Vrije Universiteit Amsterdam. Das letzte Drittel behielt er selbst. In den drei Broschüren *New Books / Bulletin Nr. 1, 2* und *3* sind die meisten aus Leipzig erworbenen Bücher aufgelistet, insgesamt 836 Titel. Fünf Angebotskataloge von 1971 bis 1972 enthalten nur einige wenige Titel des Bestandes. Sie waren zwar aufgelistet, aber unverkäuflich.[11]

Ab 1972 kamen regelmäßig mindestens drei Kataloge pro Jahr heraus. Zum zehnjährigen Bestehen des Antiquariats erschien eine Sonderausgabe *Antiquariaat Spinoza 1970–1980 – Catalogue 34 / Christian Hebraists* mit 127 Titeln aus 200 Jahren christlicher Exegese der Hebräischen Bibel und des Judentums, ein Themengebiet, dem Burgers große Aufmerksamkeit schenkte. Auch Flavius Josephus gehörte zu seinem Spezialgebiet, doch konnte er nie eine komplette Sammlung zusammentragen. Bis 1998 kamen insgesamt 72 Kataloge heraus.[12] !3¡

Hinzu kommt eine heute nicht mehr erfassbare Anzahl von Angebotslisten für spezielle Sammlerinteressen. Deutschsprachige Judaica, jiddischsprachige Literatur und Hebraica aus Deutschland machten etwa 50 bis 70 Prozent der Werke aus, die über Spinoza in die Bibliotheken gelangten. Der größte Teil dieser Literatur, die Willem Burgers in über 30 Jahren kaufte, kam aus Israel. Jedes Jahr reiste er nach Jerusalem und Tel Aviv, um Antiquariatsbestände, Nachlässe bzw. Teilnachlässe oder komplette Bibliotheken von Gelehrten und Sammlern zu kaufen, die nach 1933 durch die Emigration aus Deutschland, Österreich und anderen europäischen Ländern in das damalige britische Mandat Palästina gelangt waren. In Jerusalem und in Tel Aviv arbeitete Burgers eng mit mehreren Antiquariaten zusammen, von denen er regelmäßig größere Posten kaufte und die ihm außerdem den nötigen Lagerraum zur Verfügung stellten sowie bei der Verschiffung der Bücher nach Amsterdam halfen.[13] !4¡

Die bekanntesten israelischen Antiquare und Gelehrten oder deren Erben sind Herrmann Meyer (ehem. Berlin), Walter Zadek (ehem. Berlin), Abraham S. Halkin (ehem. New York), Ephraim E. Urbach (ehem. Deutschland), Chaim M. Rabin (ehem. Deutschland), David Flusser (ehem. Wien). Darüber hinaus kaufte Burgers in den USA aus dem Nachlass von Joseph Onderwijzer, einem Sohn des Amsterdamer Oberrabbiners Abraham S. Onderwijzer, der 1934 verstarb, eine große Bibliothek zurück, die Joseph Onderwijzer bei seiner Auswanderung 1939 in die Vereinigten Staaten mitgenommen hatte.[14] Von Feldheim Publishers in New York kaufte Burgers einen großen Lagerbestand an Hebraica, Judaica und neuwertiger Judaica-Literatur in Englisch, die nicht in den Buchhandel gelangt war. Auch eine komplette öffentliche Bibliothek gehört zum Spektrum der Erwerbungen. In den Niederlanden existierte seit dem 19. Jahrhundert wie in anderen europäischen

!4¡ Willem Burgers und Chaim Dzialowski in Jerusalem, Aufnahme 1999

Ländern eine ›Judenmission‹, deren Ziel die Bekehrung von Juden zum Christentum im eigenen Land war. Sie wurde von den Vereinen Elim und De Nederlandsche Vereeniging voor Israël getragen. Diese Vereine wurden 1941 auf Anordnung der deutschen Besatzungsmacht aufgehoben, weil sie keinen wirtschaftlichen Zweck hatten. Infolgedessen gründete die Nederlandse Hervormde Kerk (Niederländische Reformierte Kirche) den Hervormde Raad voor Kerk en Israël (Reformierter Rat für Kirche und Israel). Die aus dem 19. und 20. Jahrhundert stammenden Büchersammlungen der beiden Missionsvereine wurden von dem neu gegründeten Reformierten Rat übernommen. Mit Kriegsende 1945 wurde der Missionsgedanke endlich aufgegeben. Es begann die Phase ›Dialog mit Juden und Israel‹.

Der Reformierte Rat für Kirche und Israel wurde 1976 aufgelöst. Die Bibliothek der ehemaligen Missionsvereine wurde geschlossen und stand zum Verkauf, aber an der Übernahme durch eine öffentliche Einrichtung bestand kein Interesse. Für Willem Burgers war es unvorstellbar, dass man eine wertvolle, auf das 19. Jahrhundert zurückgehende Sammlung von Hebraica und Judaica ›nur so‹ verkaufen wollte, und er setzte sich dafür ein, sie zusammenzuhalten. Seine Bemühungen waren vergeblich. Schließlich brachte er selbst die Mittel auf, um sie zu erwerben. Sie wurde Jahre später an die Judaica Collection der Harvard College Library verkauft, allerdings nicht ganz vollständig, weil auf Anforderung aus Harvard ein Teil zur Vermeidung von Dubletten ausgesondert werden musste.[15]

Burgers hat nie Aufzeichnungen seiner Käufe und Verkäufe gemacht und arbeitete selbst nicht mit den Möglichkeiten des Internets, aber als Manja Burgers (sie begann bereits als Teenager, ihrem Vater im Antiquariat zu helfen) ab 1998 die Geschäftsführung mit übernahm, wurde der Online-Handel auch bei Spinoza eingeführt. Angebotskataloge werden seitdem nicht mehr gedruckt, sondern sind online verfügbar. Jonathan N. Cohen ab 1971/72 und Gerrit Bos von 1976 bis 1988 arbeiteten in Teilzeit über viele Jahre bei der Katalogbearbeitung und den Bibliographien der Hebraica, Judaica und Arabica mit. Werke in Lateinisch und Griechisch waren Burgers eigene Domäne. !5¡

Die stetige Bestandserweiterung, wodurch Außendepots nötig wurden, sowie der Umfang der weltweiten Geschäftsbeziehungen konnten ab 1980 nur noch mit ständigen Mitarbeitern bewältigt werden. Kiki Peters von 1980 bis 1981, Roy Logger und die Historikerin Ingrid Oey, die Anfang der 1980er Jahre als studentische Hilfskräfte begonnen hatten, waren bis in die 1990er Jahre tätig. Sie machten sich 1998 selbstständig, nachdem Burgers sich entschlossen hatte, Spinoza in zwei voneinander unabhängige Antiquariate mit jeweils eigener Spezialisierung aufzuteilen. Er und seine Tochter Manja Burgers behielten das Antiquariaat Spinoza in der Den Texstraat mit den alten Judaica und Hebraica sowie Philosophie, während die langjährigen Mitarbeiter Logger und Oey das Antiquariaat Rashi in der Rapenburgerstraat nahe dem Waterlooplein in Amsterdam-Centrum gründeten. Sie übernahmen den Bestand der neueren Judaica, Hebraica, Religion sowie Jiddische und Moderne Hebräische Literatur. Einige Jahre später wurde auch dieses Antiquariat

!5¡
Willem Burgers an seinem Schreibtisch

geteilt. Ingrid Oey eröffnete Rashi Antiquarian Booksellers in Gorinchem und ging überwiegend zum Internethandel über. Roy Logger blieb vorerst mit Maimonides Antiquarian Booksellers, spezialisiert auf Judaica, Hebraica und Jiddische Literatur, am alten Standort in Amsterdam. Ende 2014 verlegte er das Antiquariat nach Belgien.

Ab 2006 zog Willem Burgers sich allmählich aus dem Geschäftsleben zurück. Seine letzten Jahre waren von schwerer Krankheit geprägt, was seine Schaffenskraft und seine freundschaftlichen Beziehungen sehr einschränkte. Seine Liebe zu den Büchern und seine Verehrung für den Philosophen Baruch Spinoza hingegen blieben ungebrochen.

Spinoza – ein Tor des Buches

Zuerst ein ›Hafen‹, um der Verschleuderung der Bücher auf den Trödelmärkten von Amsterdam entgegen zu wirken, wurde Spinoza seit seinem Beginn im Jahr 1970 zu einem ›Tor des Buches‹ für die Rückkehr der jüdischen Buchkultur in Bibliotheken und Sammlungen in Europa. !2¡ Herkunftsland der zurückkehrenden Bücher war in erster Linie Israel, das hauptsächliche Empfängerland war Deutschland. Zwar bestanden noch andere Geschäftsbeziehungen zu Sammlern in den Niederlanden, Belgien und weiteren europäischen Ländern, aber nirgendwo war der Bedarf an Büchern zum Judentum und zu jüdischer Geschichte größer als in Deutschland, wo Bibliotheken und Institute neu daran arbeiteten, Judaica- und

Hebraica-Sammlungen wieder aufzubauen. Sie waren die Hauptabnehmer des Antiquariats Spinoza. Mit einer Ausnahme: die Judaica Collection der Harvard College Library. Es ist die größte außerhalb von Israel. Ihre Niederlande-Abteilung wurde ab 1975 über einen Zeitraum von 25 Jahren maßgeblich von Willem Burgers aufgebaut. Er folgte dabei den vom Direktor der Judaica Collection Charles Berlin für Harvard vorgegebenen Kriterien, wonach nicht einzelne Werke, sondern komplette Sammlungen spezifischer Themen angekauft werden. Charles Berlin hatte sich ein Vorkaufsrecht auf alle Judaica Neerlandica aus dem Antiquariat Spinoza gesichert. Zudem lieferte Burgers die Ergebnisse seiner wissenschaftlichen Bearbeitung der Bücher nach Harvard.[16]

Zurück nach Deutschland: Keine Bibliothek oder Sammlung des Judentums, keine Bibliothek in Privatbesitz von Juden hatte im nationalsozialistisch besetzten Europa die NS-Zeit unbeschadet überstanden. Sie waren enteignet und zerschlagen worden, die Bücher wurden geraubt, zerstört, zerstreut oder, soweit sie im nationalsozialistischen Sinne verwertbar schienen, wurden sie an NS-Behörden wie das Reichsinstitut zur Erforschung der Judenfrage abgegeben mit dem Ziel, sie für propagandistische Zwecke zu missbrauchen. Sammelstellen nahmen die Verteilung auf öffentliche Bibliotheken vor, was zur Erhaltung von wenigstens einem Teil der Bücher beitrug, aber bezogen auf ganz Europa belaufen sich die Berechnungen zu den vernichteten Büchern auf fast 100 Millionen.[17]

Eine Ausnahme ist die Hebraica- und Judaica-Sammlung in der Stadtbibliothek von Frankfurt am Main, die den NS-Terror nahezu unzerstört überlebt hatte. Dies ist dem Umstand zuzuschreiben, dass 1938 zwischen verschiedenen NS-Dienststellen ein Streit über Besitzansprüche und Aufteilung der Bücher entstand, der bis Kriegsende nicht beigelegt werden konnte.[18]

Privatbibliotheken wurden in Ausnahmefällen zumindest teilweise gerettet, wenn sie in Emigrationsländer außerhalb von Europa, allen voran Israel und die Vereinigten Staaten, mitgenommen werden konnten. Ernst Fischer hat die Rahmenbedingungen für die Mitnahme von Bücherbesitz der Emigranten, denen nach 1933 die Flucht aus Deutschland ins europäische Ausland und nach Übersee gelang, eindrücklich geschildert und dabei ausgeführt, dass an Büchern bei den NS-Kontrollinstanzen für Auswanderer wenig Interesse bestand und sie relativ reibungslos mitgenommen werden konnten. Bücher, mit Ausnahme von großen berühmten Privatbibliotheken, wurden nicht zu den Wertgegenständen gerechnet, die bei der Auswanderung zurückgelassen werden mussten. Jedoch scheiterte der Transfer ins Ausland nicht selten an den hohen Kosten, so dass die Möglichkeit der Mitnahme privater Büchersammlungen eher die Ausnahme und nicht die Regel darstellte.[19]

Nach 1945 gab es in Deutschland jahrzehntelang keine Antiquariate oder Buchhandlungen, die auf Hebraica und Judaica spezialisiert waren. Vereinzelt wurde zwar immer mal wieder jüdische Literatur angeboten, aber erstmals lag mit dem 1962 vom Stuttgarter Antiquariat herausgebrachten Katalog Nr. 16 *Judaica – Geschichte Politik Geistesleben* mit insgesamt 2928 Titeln ein großes Angebot vor. Im

Vorwort schreibt der Herausgeber, dass dies der erste Judaica-Katalog in Deutschland seit 1933 und das Ergebnis mehrjähriger Sammeltätigkeit sei und dass der größte Teil der Bücher in Israel erworben wurde. Genauer gesagt, handelte es sich um Bücher aus der Sammlung bzw. dem Lagerbestand des Buchhandels und Antiquariats von Walter Zadek in Tel Aviv. Weitere Kataloge zum Thema Judentum gab es beim Stuttgarter Antiquariat danach keine mehr.[20]

Ebenfalls bestückt von Walter Zadek kam im gleichen Jahr 1962 ein erster Katalog von Erstausgaben der Exilliteratur beim Antiquariat Amelang in Frankfurt am Main heraus.[21]

Erst seit der 1982 von Rachel Salamander in München gegründeten Literaturhandlung existiert wieder eine auf jüdische Literatur und Literatur zum Judentum spezialisierte Buchhandlung in Deutschland.

In den Niederlanden konnten nur zwei von Juden geführte Antiquariate, nämlich das Antiquariaat Erasmus von Abraham Horodisch und das Antiquariaat De Pampiere Wereld von Salomon S. Meyer, beide in Amsterdam, bald nach Kriegsende wieder eröffnet werden. Teile ihrer Buchbestände hatten Horodisch und Meyer unabhängig voneinander bereits vor dem Einmarsch der Deutschen an sichere Orte in Amsterdam und außerhalb der Stadt gebracht, sie waren so den Raubzügen und Plünderungen in der Zeit der deutschen Besatzung 1940 bis 1945 entgangen.[22]

Horodisch, der 1933 Berlin verließ und nach Amsterdam gezogen war, gründete 1934 den Erasmus-Buchhandel. 1942, nur wenige Tage, bevor am 15. Juli 1942 die Deportationen aus Westerbork nach Auschwitz ihren Anfang nahmen, flüchtete er mit seiner Frau Alice in die Schweiz, zusammen mit dem befreundeten Ehepaar Moses und Jenny Gans. Das 1990 publizierte Buch *Vluchtweg* beschreibt diese Flucht.[23]

In Fribourg gründete das Ehepaar die Safaho-Stiftung, benannt nach Horodischs Eltern Samuel und Fanny Horodisch, zur Förderung bibliographischer Forschungen. Ende 1945 wurden Abraham und Alice Horodisch in die Niederlande repatriiert und das Antiquariat wurde Anfang 1946 am alten Standort wieder eröffnet. Es war nicht auf Hebraica und Judaica spezialisiert, doch gehörten sie zum ständigen Angebot bei Erasmus.

In der Festschrift *De Arte et Libris* hat Horodisch seinen Neuanfang geschildert. Er schreibt, dass Holland nach der Befreiung ein völlig leergeraubtes Land war und es nur eine Ware in großer Anzahl gegeben hat: gebrauchte Bücher. Sie waren die einzige Ware, die unter der deutschen Besatzung von jeder amtlichen Bewirtschaftung und von jeder Reglementierung frei geblieben war. Infolgedessen entstanden nach 1945 in Amsterdam überall kleine Antiquariate mit einem Überangebot an Büchern aller Art.[24]

Samuel S. Meyer emigrierte 1934 aus Hamburg in die Niederlande und war bis 1936 bei dem aus Berlin stammenden Hebraica- und Judaica-Händler Louis Lamm beschäftigt, der 1933 nach Amsterdam emigriert war und ein Antiquariat eröffnet hatte. Danach war Samuel S. Meyer Mitarbeiter des Antiquariats De Pampiere Wereld, das von Julius Jonas Dalberg 1934 eröffnet worden war. Dalberg, ein

Rechtsanwalt, flüchtete Ende 1933 aus Kassel nach Amsterdam. Sein Antiquariat musste er nach dem Einmarsch der Deutschen 1940 schließen. Meyer eröffnete De Pampiere Wereld nach dem Krieg mit den Büchern, die bei der Schließung des Antiquariats 1940 versteckt werden konnten und nun wieder zum Vorschein kamen. Von historischem Interesse ist der Katalog Nr. 8 mit Büchern aus den Bibliotheken des 1940 in Amsterdam verstorbenen Gelehrten Sigmund Seeligmann und des 1941 in Zwolle verstorbenen Oberrabbiners Samuel J. S. Hirsch.[25]

In Deutschland hat Willem Burgers mit seinem Antiquariat Spinoza in starkem Maß zum Wiederaufbau von Judaica- und Hebraica-Sammlungen in Bibliotheken beigetragen. Nach 1945 solche Sammlungen neu aufzubauen oder vorhandene Bestände zu sichern, war schon deshalb kein leichtes Unterfangen, da es jahrzehntelang keine wissenschaftlichen Bibliothekare mit Fachkenntnissen des Judentums noch des Hebräischen gab. Die 1959 in Köln gegründete Germania Judaica, eine Spezialbibliothek zur Geschichte der Juden in Deutschland, ist beispielhaft für den Neuanfang, als Bücher zur Geschichte der Juden in Deutschland überwiegend in Israel gekauft werden mussten.

Der zweite Teil des hier vorgelegten Beitrages ist dem Sammlungsaufbau der Bibliothek des Jüdischen Museums Berlin ab 1980 gewidmet. Mit der Überschrift ›Spinoza und das Jüdische Museum Berlin‹ sei angedeutet, dass dem Namensgeber des Antiquariats die Rolle eines Spiritus Rector beikommt, oder anders gesagt, die von Spinoza inspirierte geistige Leitlinie des Antiquars Dr. Willem Burgers hat einen Ausläufer im Jüdischen Museum Berlin.

Spinoza und das Jüdische Museum Berlin

Als Resonanz[26] auf die im September 1971 vom Berlin Museum veranstaltete Ausstellung *Leistung und Schicksal – 300 Jahre Jüdische Gemeinde zu Berlin* nahm der Gedanke, in Berlin wieder ein Jüdisches Museum aufzubauen, erstmals konkrete Formen an. Träger der Museumsidee war die 1975 gegründete Gesellschaft für ein Jüdisches Museum in Berlin. Für die Unterbringung des künftigen Museums sollte das 1935 abgetragene Palais Ephraim in unmittelbarer Nähe zum Berlin Museum rekonstruiert werden. 1978 beschloss der Berliner Senat die Schaffung einer Planstelle am Berlin Museum für ›Aufbau und Leitung des Jüdischen Museums‹. Die bundesweite Ausschreibung erfolgte Anfang 1979.[27]

Mit Ausnahme einiger Gemälde und Graphiken, einer überschaubaren Zahl von Dokumenten und Archivmaterialien, mehreren religiösen Gegenständen aus Synagoge und Haus sowie 15 Büchern gab es im September 1979 keine Sammlung. Museumswissenschaftliches Know-how zu der Frage, wie ein Jüdisches Museum in Berlin aufgebaut und gestaltet werden könnte, noch dazu ohne Sammlung und ohne jeden Etat, war in Deutschland im Jahr 1979 nicht vorhanden.[28]

In Berlin war daher die primäre Aufgabe, durch Kontakte zu Jüdischen Museen im Ausland und Museumskollegen im In- und Ausland, durch Gespräche mit Emigranten und durch eigene Orientierung, die Perspektiven für das geplante Jüdische Museum zu entwickeln. Das zweite Ziel war, eine Sammlung aufzubauen, denn ohne Sammlung war die Idee ›Jüdisches Museum‹ zum Scheitern verurteilt, ohne Objekte zur Geschichte, Religion, Kunst und Kultur des Judentums wäre ein Museumsgebäude obsolet. Ein leeres Gebäude kann kein Jüdisches Museum sein.[29]

Vom 1. bis 3. September 1980 fand in Amsterdam, zum ersten Mal 35 Jahre nach Kriegsende, eine Tagung statt, die indirekt eine Art von Initialzündung für den Sammlungsaufbau ›Jüdisches Museum Berlin‹ bewirkte. Anlass der Tagung war die Hundertjahrfeier der Bibliotheca Rosenthaliana. Sie wurde im Grand Hotel Krasnapolsky veranstaltet und war der Geschichte der Juden in den Niederlanden von der Wiederansiedlung im 16. Jahrhundert bis 1940 gewidmet.[30]

Die Tagung wurde von der Commissie voor de geschiedenis van de joden in Nederland der Königlich Niederländischen Akademie der Wissenschaften (KNAW) durchgeführt. Professor Schöffer von der Universität Leiden leitete die Tagung, die Organisationsleitung lag bei Dr. Judith Belinfante vom Joods Historisch Museum Amsterdam, das 1980 noch im Waaggebouw am Nieuwmarkt untergebracht war. Zum Begleitprogramm gehörten ein Empfang durch Königin Beatrix und Prinz Claus der Niederlande, die Eröffnung einer Ausstellung mit Schätzen aus der Bibliotheca Rosenthaliana und ein Besuch des Bet Chaim (Friedhof) der Amsterdamer Portugiesisch-Israelitischen Gemeinde in Ouderkerk an der Amstel.

Die im September 1980 veranstaltete Tagung war monatelang in der niederländisch-jüdischen Presse angekündigt worden, sie war offen für Publikum und fand ein riesiges Echo. Die Zahl der Anmeldungen übertraf alle Erwartungen, am Ende mussten Interessenten abgewiesen werden, weil die Raumkapazitäten des Hotels erschöpft waren. Von Teilnehmern war zu hören, dass eine solche öffentliche Tagung ja längst überfällig wäre und man erwartete, dass ein Hauptthema die Katastrophe der Judenverfolgung in der Zeit der deutschen Besatzung 1940 bis 1945 sein würde. Das Auffallendste dieses Symposiums war, dass die Vorträge zwar vergangenheitsorientiert auf 350 Jahre großer Geschichte der holländischen Juden zurückblickten, die Jahre 1940 bis 1945 blieben hingegen völlig ausgeblendet.[31]

Es sollte sich zeigen, dass viele Tagungsbesucher extrem enttäuscht und verärgert waren und die Meinungen und mehr noch die Emotionen aufeinanderprallten. Die Jahre 1940 bis 1945 auszulassen, wurde als »opportunistische Anpassung an das Schweigen« aufgefasst, das über die Verfolgung und Deportation der Juden im eigenen Land in der niederländischen Öffentlichkeit in den 1980er Jahren noch immer gebreitet war.[32]

In einer dieser Diskussionsgruppen begegnete ich Dr. Willem Burgers und noch vor meiner Rückreise nach Berlin besuchte ich zum ersten Mal das Antiquariat Spinoza in der Den Texstraat.[33] Ich wollte wissen, was mit »opportunistischer

Anpassung an das Schweigen« gemeint war und hörte nun zum ersten Mal davon, dass die Mehrheit der niederländischen Bevölkerung die Verfolgung und Deportation ihrer jüdischen Mitbürger ›schweigend‹ hingenommen hatte. In keinem Land Europas außer in Polen war das Ausmaß der Vernichtung größer als in den Niederlanden, 75 Prozent der jüdischen Bevölkerung wurde ausgelöscht, was von Historikern heute unter anderem mit der reibungslosen Kooperation der lokalen Polizei mit den Besatzungsbehörden erklärt wird. Die ›grüne Polizei‹ holte die Menschen aus ihren Wohnungen, das Personal für die Transportzüge in den Osten rekrutierte sich aus der niederländischen Polizei und den niederländischen SS-Brigaden. Mit ›Schweigen‹ war dann auch die Haltung der überwiegenden Mehrheit der Niederländer gegenüber den wenigen Überlebenden gemeint, die aus den Lagern in Osteuropa nach Hause kamen. Sie waren alles andere als willkommen. Es wurde nicht über die Plünderungen der Wohnungen gesprochen, niemand war bereit, etwas zurückzugeben. Bürger, die Juden geholfen hatten, wurden oftmals nachträglich beschimpft, wenn dies bekannt wurde. Also herrschte auch über die Retter das Schweigen. Das war neu für mich. Davon hatte man in Deutschland in den 1980er Jahren nie gehört. Niederlande und Widerstand, das war fast ein Synonym; mehr gerettete Kinder als irgendwo sonst in Europa; Anne Frank hatte das Bild geprägt. Erst in den 1990er Jahren begannen Historiker, dieses Geschichtsbild neu zu zeichnen.[34]

Über die Den Texstraat, wo sich sein Antiquariat befand, erzählte Burgers, dass die Mehrzahl der Bewohner der Vorkriegszeit Juden waren. In der großen Razzia vom 21. September 1942 wurde die Straße »leergeräumt«, die jüdischen Familien wurden aus den Häusern geholt und »weggeführt« (so das im Niederländischen übliche Wort für »abgeholt«, wie es im Deutschen heißt). Die Wohnungen wurden anschließend von Nachbarn ausgeräumt, es wurde geplündert. Bis in die späten 1960er Jahre gab es in der Den Texstraat noch immer leer stehende Häuser.[35] Als Willem Burgers sein Antiquariat eröffnete, kamen einige neue Bewohner der Straße, um hebräische Bücher, meistens Gebetbücher, zu bringen, die sie beim Einzug in die Wohnungen der Deportierten gefunden hatten.

Willem Burgers wurde zum Mentor für den Aufbau einer Buch-Abteilung im Jüdischen Museum Berlin und entwickelte eine Strategie. Er zweifelte trotz des Auf und Abs der 1980er und der Konflikte der 1990er Jahre keinen Moment an der Verwirklichung des Museums und er wollte einen Beitrag leisten. Seine Motivation und sein Engagement waren richtungsweisend und die Eindrücke eines Besuches im Antiquariat wirkten lange nach. Ab 1982 begann er gezielt für den Sammlungsaufbau zu arbeiten. Er kaufte und reservierte für Berlin mit Blick auf themenspezifische Sammlungen, auch wenn sich kurzfristig nur Einzelkäufe realisieren ließen.

Beispielhafte Erwerbungen dieser ersten Phase sind die Werke der christlichen Hebraisten wie die *Biblia Hebraica* von Johannes Leusden, die *Bibliotheca Hebraea* von Christoph Wolfius, die *Belehrung der Jüdisch-Teutschen Red- und*

Schreibarbeit von Johann Christof Wagenseil. Seltene Standardwerke wie *Jewish Symbols in the Greco-Roman Period* von Erwin Goodenough legten den Grundstock für die Sammlung Jüdische Kunst mit wichtiger Sekundärliteratur, Ausstellungs- und Auktionskatalogen, Monographien, Künstlerbiographien, bibliophilen Editionen sowie Mappenwerken – unerlässlich für die museale Präsentation von Kunst und Kultur des Judentums.

Auch Druckgraphik gehörte zum Spektrum der Spinoza-Angebote, wie beispielsweise 13 Blätter der Mappe *Ruth* von Fritz Lederer, 1920 vom Verlag Fritz Gurlitt in Berlin herausgebracht, sowie die komplette Kynsperg-Folge *In the Eruw of Theresienstadt* von Fritz Lederer, die der Künstler nach seiner Befreiung aus Theresienstadt schuf. Die *Eruw*-Blätter erschienen 1946 als erste Veröffentlichung der Kynsperg Press in einer Auflage von 50 Exemplaren. Gekauft hat Willem Burgers beide Mappenwerke im Jahr 1986 aus der Nachlass-Sammlung von Karl Schwarz von der Gordon Gallery in Tel Aviv. 1991 kamen sie ins Jüdische Museum Berlin.[36]

Für den Bereich ›Jüdische Kunst‹ hat Burgers ab 1986 gesammelt, doch zu einem Sammlungsangebot für das Jüdische Museum Berlin kam es nicht mehr. Ein kleiner Restbestand konnte noch 2014 im Rahmen des seit Herbst 2013 von der Deutschen Forschungsgemeinschaft geförderten Bibliotheksprogramms erworben werden.[37]

Ein Schwerpunkt der JMB-Bibliothek sind Zeitschriften und Periodika. Sehr viele wurden aus dem Antiquariat Spinoza erworben. Die Serien sind nicht immer komplett, Nachkäufe sind bis heute nötig:

Hebräischsprachige Monatsschriften:
He'atid (Die Zukunft); *Ha-me'assef* (Der Sammler);
Ha-menorah (Der Siebenarmige Leuchter)

Bar Kochba Blätter:
Monatliche Mitteilungen des Jüdischen Turnvereins Bar Kochba

Blau-Weiß-Blätter:
Monatsschrift für jüdisches Jugendwandern; Blau-Weiß-Führerzeitung

Der Israelit:
Ein Centralorgan für das orthodoxe Judentum

Jeschurun:
Zeitschrift zur Förderung jüdischen Geistes und jüdischen Lebens

Jung Juda:
Illustrierte Zeitschrift für unsere Jugend; Der jüdische Student; Zeitschrift des Kartells Jüdischer Verbindungen

Sulamith:
Eine Zeitschrift zur Beförderung der Cultur und Humanität unter der jüdischen Nation

Die Welt:
Zentralorgan der Zionistischen Bewegung; Zeitschrift für die Wissenschaft des Judentums; Die Stenographischen Protokolle der Verhandlungen der Zionisten-Kongresse ab Basel 1897

Ost und West:
Illustrierte Monatszeitschrift für modernes Judentum; Jiddische Publikationen aus dem Klal-Verlag.

In den 25 Jahren der Zusammenarbeit fanden ca. 1200 Bücher aus dem Antiquariat Spinoza ihren Weg nach Berlin. Diese Anzahl mag angesichts der dynamischen Zuwachsraten der Bibliothek, die mit der Ära Blumenthal ab 2000 zu verzeichnen sind, gering erscheinen. Heute präsentiert sich die Bibliothek des Jüdischen Museums Berlin als eine wissenschaftliche Präsenzbibliothek mit einem Bestand von ca. 60 000 Medien. Es liegen Welten zwischen den Anfängen des Sammlungsaufbaus und heute. Die Bedeutung und Rolle, die Willem Burgers einnimmt, lässt sich an der bloßen Zahl allein nicht messen. Sein größtes Verdienst besteht darin, dass er jahrelang für das Jüdische Museum Berlin auf eigenes Risiko sammelte, denn ob ein Ankauf zustande kommen würde oder nicht, blieb immer in der Schwebe. Ohne dieses Engagement, ohne den Mut zum Risiko wäre in Berlin keine Sammlung entstanden und das Jüdische Museum Berlin wäre heute um vieles ärmer. Fraglich ist, ob es ohne Sammlung überhaupt entstanden wäre.

Drei Erwerbungen, die nachfolgend näher vorgestellt werden, werfen ein Licht nicht allein auf die Museumspolitik der 1990er Jahre, als die Fusion von Berlin

!6¡
Selbstporträt Jakob Steinhardt, Holzschnitt 1958, mit Widmung »Herrmann Meyer zum Geburtstag von Jakob Steinhardt Jerusalem 31. Jan. 1958«

Museum und Märkischem Museum absolute Priorität hatte vor der Idee, ein Jüdisches Museum in Berlin zu verwirklichen, sondern auch, wohin die Provenienzforschung in den Museen und Bibliotheken führen kann. Das Kapitel deutsch-deutsche Geschichte, das sich hier auftut, ist noch nicht geschrieben.[38]

Die Highlights der Erwerbungen aus dem Antiquariat Spinoza aus den Jahren 1993 und 2000 sind:

Sammlung Jakob Steinhardt
Sammlung Soncino-Gesellschaft
Sammlung Hebräischer Buchdruck in Berlin.

Die Sammlung Jakob Steinhardt

Die ersten Anfänge der Steinhardt-Sammlung im Jüdischen Museum Berlin sind fünf, aus dem Kunsthandel im Jahr 1978 erworbene Handzeichnungen, darunter auch ein Selbstporträt des Künstlers aus dem Jahr 1926.[39] Die Sammlung wuchs von 1986 bis 1987 um fünf Holzschnitte und ein doppelseitig bemaltes Ölgemälde mit dem Titel *Noah begrüßt die zurückkehrende Taube*, verso *Tanzende Chassidim*. Das Gemälde wurde 1987 in Jerusalem von einem Kunsthändler verkauft. 1994 kam das *Gemälde Übergang über das Rote Meer (Pharaos Untergang)* aus Steinhardts Nachlass hinzu. Es war 1911 entstanden und erstmals in der Galerie Der Sturm im Jahr 1912 in Berlin gezeigt worden.[40]

!7¡
Ansicht von Jerusalem, Holzschnitt 1940, von Jakob Steinhardt

Willem Burgers bot dem Jüdischen Museum im Jahr 1990 eine Steinhardt-Sammlung an, die er selbst Mitte der 1980er Jahre in Jerusalem angekauft hatte. Es handelt sich um 213 Kaltnadelradierungen, elf Lithographien, 318 Holzschnitte, 135 Zustandsdrucke von Holzschnitten (gesammelt auf 23 Blättern), drei Entwürfe für Holzschnitte und 38 bibliophile Ausgaben, umfasst somit fast das komplette druckgraphische Oeuvre des Künstlers aus allen seinen Schaffensperioden. Nach Art und Umfang sowie der Qualität der Blätter, die in originaler Frische vorhanden sind, ist die Sammlung einmalig und einzigartig. Diese aus dem Nachlass des Jerusalemer Antiquars Herrmann Meyer stammende Sammlung ist ein Glücksfall unter den Erwerbungen für das Jüdische Museum. ! 6, 7 ¡

Herrmann Meyer war mit dem Künstler Jakob Steinhardt schon in Berlin befreundet, bevor beide 1933 emigrierten. Der Künstler war bereits in den 1920er Jahren mehrmals nach Eretz Israel gereist und ließ sich nach seiner Auswanderung in Jerusalem nieder. Meyer verließ Berlin zwar ebenfalls bereits im April 1933, doch hielt er sich noch mindestens zwei Jahre lang in Europa auf, zuerst in der Schweiz, dann in den Niederlanden. Er kam erst Ende 1935 ins Land und reiste bis 1937 noch mehrmals in die Niederlande, weil er sich um seine in Amsterdam deponierten Bücher kümmern musste.[41]

In Jerusalem wohnten die Familien Steinhardt und Meyer in der gleichen Straße, sie konnten sich, wie Herrmann Meyer erzählt hat, von ihren Balkonen aus zuwinken. Schon in Berlin hatte Meyer begonnen, das druckgraphische Werk von Steinhardt zu sammeln. Auch in Jerusalem war er ›bester Kunde‹ im Atelier des Künstlers. Er hatte stets die erste Wahl, bei limitierten Auflagen bevorzugte er die Nr. 2. Seine in Berlin gesammelten Steinhardts rettete er über alles hinweg, was er auf seinen Fluchtwegen aus Deutschland ab 1933 zu bewältigen hatte. Er bewahrte sie jahrzehntelang, frisch und unverbraucht, wie sie ihm vom Künstler geschenkt worden waren.[42]

1972 starb Herrmann Meyer. Seine Tochter Hanna Sapir führte vorerst den von ihrem Vater in Jerusalem gegründeten Verlag Universitas Booksellers fort. Meyers Antiquariatsbestände und Teile seiner Privatsammlung, darunter auch die Werke von Steinhardt, wurden im Laufe der Jahre verkauft, auch an Willem Burgers. Doch der größte Teil der Steinhardt-Sammlung war vorerst unverkäuflich und wurde schließlich Mitte der 1980er Jahre zusammen mit der Soncino-Sammlung und dem Soncino-Archiv von Willem Burgers erworben.

Um den Kauf der Steinhardt-Sammlung finanzieren zu können, hatte der Amsterdamer Antiquar gemeinsam mit dem Verleger John Benjamins, Amsterdam, und dem Autor und Antiquar Arthur Cohen, New York, die Gesellschaft Wilbenco gegründet. Das Ziel war, die Sammlung so lange wie möglich zusammenzuhalten. Willem Burgers wollte sie im ›richtigen Moment‹ dem Jüdischen Museum Berlin anbieten. Als sich dieser Moment abzuzeichnen begann, kaufte Burgers die Anteile der beiden anderen Wilbenco-Gesellschafter zurück und konnte so im November 1990 dem Jüdischen Museum sein Angebot unterbreiten. Ein wichtiger Eckstein war, dass Jakob Steinhardts Tochter Josefa die Rückkehr der Werke ihres Vaters, darunter auch 38 bibliophile Ausgaben, nach Berlin und in das Jüdische Museum uneingeschränkt befürwortete.[43]

Zwischen Angebot und Erwerb der Steinhardt-Sammlung für das Jüdische Museum Berlin vergingen mehr als zwei Jahre.[44] Hauptgrund für die Verzögerung waren die sich seit 1990 abzeichnenden Konflikte um den Status des Jüdischen Museums Berlin, die ab 1995 immer weiter eskalierten und endlich 1999 durch die Errichtung der Stiftung Jüdisches Museum Berlin beigelegt wurden.[45]

Große Erwerbungen zur Sammlungserweiterung des Jüdischen Museums waren ab 1990 für den Direktor des Berlin Museums Rolf Bothe[46] eine museumspolitische Option, um den internationalen Ruf der Institution Stadtmuseum zu stärken, ganz besonders auch mit Blick auf die geplante Fusion von Berlin Museum und Märkischem Museum mit dessen historischen Belastungen aus der NS-Zeit. So befürwortete er 1990 den Erwerb der Sammlung Löwenhardt-Hirsch, die vordergründig scheinbar nichts mit Berlin zu tun hat, obgleich der Berlinbezug beim Für und Wider der Ankäufe für das Jüdische Museum in den 1980er Jahren stets die entscheidende Rolle gespielt hatte. Die Sammlung Löwenhardt-Hirsch umfasst insgesamt 261 topographische Druckwerke, Beschreibungen und Landkarten von Israel und Palästina sowie ergänzender Literatur, die von dem Amsterdamer Werbegrafiker Werner Löwenhardt seit 1967 als seine Antwort auf den Sechs-Tage-Krieg aufgebaut worden war.

Dem Angebot Löwenhardts folgte im gleichen Jahr 1990 der Ankauf. Mit diesem Ankauf wich Bothe zum ersten Mal von der Prämisse ab, dass der Sammlungsaufbau für das Jüdische Museum lokal auf Berlin begrenzt bleiben müsse. Eine Ausstellung im Jahr 1993 und die Veröffentlichung in *Karthographische Sammlungen in Berlin* machte die Sammlung Löwenhardt-Hirsch bekannt.[47]

Demgegenüber vertrat der Leiter der Abteilung für Museumsangelegenheiten bei der Senatsverwaltung Reiner Güntzer die Ansicht, ›jüdische Themen‹ gehörten ins Centrum Judaicum, während Erwerbungen für das ›Jüdische Museum im Berlin Museum‹ zuallererst auf ihre Relevanz für das Stadtmuseum geprüft werden müssten.[48] Das bedeutete im vorliegenden Fall, dass die Steinhardt-Sammlung nach den Kriterien ihrer thematischen Zuordnung – hier die jüdischen Themen, da die allgemein künstlerischen Themen – aufgesplittet werden sollte. Willem Burgers' Intention hingegen war, diese einzigartige Steinhardt-Sammlung aus dem Nachlass von Herrmann Meyer nicht in Teilen, sondern als Ganzes ausdrücklich dem Jüdischen Museum anzubieten und er war nicht bereit, seine Angebotskondition zu verändern. Es ist letztlich Dominik Bartmanns[49] Faible für das Werk von Jakob Steinhardt zu verdanken, dass der Erwerb Anfang 1993 doch noch zustande kam. Bereits 1995 wurde die Neuerwerbung in der Ausstellung *Jakob Steinhardt – der Prophet* der Öffentlichkeit präsentiert.[50]

Josefa Bar On-Steinhardt, unterstützt von ihrer langjährigen Freundin Irène Alenfeld, schenkte zwei Jahre später das Archiv von Jakob Steinhardt zur Ergänzung des Vorhandenen. Das Archiv enthält Zeitungsausschnitte von 1912 bis 1994, Handabdrucke, Entwürfe, Sonderausgaben illustrierter Bücher, Teile des künstlerischen Nachlasses, Publikationen über Steinhardt, Kataloge, Prospekte, Arbeitsutensilien sowie als besondere Bereicherung drei Gästebücher des Künstlers.[51]

Josefas Absicht, auch die Sammlung von Zeichnungen aus dem Nachlass ihres Vaters dem Jüdischen Museum zu schenken, wurde nicht so verwirklicht, wie sie es sich ursprünglich gewünscht hatte. In der Phase von 1995 bis 1998, als der Streit über den Status des Jüdischen Museums seinen Höhepunkt erreichte, besaß dieser dritte Teil des Steinhardt-Nachlasses keine museumspolitische Priorität. Josefa fand keinen Ansprechpartner, der bereit war, sich für die Sammlung – gedacht als Schenkung für das Jüdische Museum – einzusetzen. Sie drängte jedoch auf eine Entscheidung für den Künstlernachlass ihres Vaters, aber erst nachdem das Jüdische Museum in der Trägerschaft einer Stiftung seine Unabhängigkeit vom Stadtmuseum erlangt hatte, kam es 1999 zum Gespräch zwischen Professor Blumenthal und Professor Güntzer, welche der beiden Einrichtungen – das Jüdische Museum oder das Stadtmuseum – die Sammlung bekommen sollte. Man entschied sich für die Teilung. Das bereits 1995 von Josefa geschenkte Archiv sollte im Jüdischen Museum verbleiben, die Sammlung der Zeichnungen Steinhardts, die sich zum Zeitpunkt des Gesprächs noch in Israel befand, sollte ans Stadtmuseum gehen. Eine Trennung nach ›jüdischen Themen – allgemeinen künstlerischen Themen‹ wie beim Erwerb der Graphik aus dem Antiquariat Spinoza nur wenige Jahre zuvor wurde nicht angeschnitten, geschweige denn diskutiert. Bereits im Jahr 2000 präsentierte das Stadtmuseum die Werke in der Ausstellung *Jakob Steinhardt. Zeichnungen. Schenkung Josefa Bar On-Steinhardt* in den Räumen des Palais Ephraim.[52]

Die Sammlung der Soncino-Gesellschaft

Die Sammlung der Soncino-Gesellschaft wurde zusammen mit der Steinhardt-Sammlung im Jahr 1993 aus dem Antiquariat Spinoza für das Jüdische Museum erworben.[53] Sie stammt wie die Steinhardt-Sammlung aus dem Nachlass von Herrmann Meyer, dem Initiator und Geschäftsführer der am 15. Mai 1924 in Berlin von Juden und für Juden gegründeten Soncino-Gesellschaft der Freunde des jüdischen Buches. In ihrer kurzen Blütezeit brachte sie es auf ca. 800 Mitglieder und war damit eine der stärksten bibliophilen Vereinigungen der 1920er Jahre in Deutschland. Die wenigen Jahre von 1924 bis 1932, als die Soncino-Gesellschaft sich entfalten konnte, sind eine Zeitspanne, in der nach weit verbreitetem Verständnis, auch unter Juden, die Tradition des Judentums auf das religiöse Bekenntnis beschränkt bleiben sollte, während das Verlassen der traditionellen jüdischen Lebensweise als Absage an das Judentum galt. Diesem kulturellen Identitätsverlust

!8¡ Titelblatt von *Kol Bo*, mit dem ›Midgal‹ (Soncino-Turm), Rimini 1525–26

!9¡ Titelblatt von *Mischle Schu'alim* (Fuchsbuch), Berlin 1756

suchten die Initiatoren der Soncino-Gesellschaft mit ihrer erklärten Liebe zum jüdischen Buch entgegenzuwirken, was zu Recht als die Weiterentwicklung der jüdischen Renaissance in Deutschland gesehen wird. Jüdische Studenten osteuropäischer Herkunft in Wien und Berlin hatten in den 1890er Jahren als Erste über die Erneuerung, über ›jüdische Renaissance‹, diskutiert und ihre Ideen mit dem politischen Zionismus verknüpft. Seit Theodor Herzls Buch *Der Judenstaat* und dem ersten Zionistenkongress in Basel fand die zionistische Bewegung auch unter den Juden Westeuropas ihre Anhänger.

Sich auf die eigene Tradition zu besinnen, gehörte zum Selbstverständnis der Soncinaten, wie die Gesellschaftsmitglieder sich gerne nannten. Der Name Soncino geht auf die aus Deutschland stammende Druckerfamilie zurück, die sich Ende des 15. Jahrhunderts im oberitalienischen Soncino niedergelassen und den Ortsnamen als Familiennamen angenommen hatte. Auch den berühmten Soncino-Turm übernahm die Gesellschaft als ihr Signum. Diesen Turm mit seinem religiösen Symbolgehalt hat erstmals Gershom Soncino als Druckeremblem in den Büchern *Maschal ha-Kadmoni*, *Sefer Ikkarim* und *Sefer Kol-Bo*[54] verwendet. !8¡

Das Mitgliederverzeichnis der Soncino-Gesellschaft liest sich wie ein Who is Who der deutschen Juden vor 1933. Vom orthodoxen Rabbiner wie Meier Hildesheimer zum liberalen Rabbiner wie Paul Lazarus, von den Zionisten wie Sammy Gronemann oder Heinrich Loewe, den Nationaljuden wie Felix Theilhaber oder Leo Löwenthal, über die nicht unerhebliche Zahl von Verlegern, Buchhändlern, Antiquaren, Bibliothekaren, nicht zu vergessen die Gelehrten des Judentums wie Aron Freimann, Alexander Marx, Moses Marx, Eugen Mittwoch, David Simonsen aus Kopenhagen oder Sigmund Seeligmann aus Amsterdam, dazu die passionierten Kunst- und Büchersammler wie Erich Goeritz, Wilfred Israel oder Gotthard Laske, fanden in der Soncino-Gesellschaft jüdische Männer und jüdische Frauen einen gesellschaftlichen Raum außerhalb der religiösen Institutionen, den es an anderem Ort auf dem Höhepunkt der Assimilation des Judentums speziell in Berlin nicht gab. Von Juden und für Juden gegründet, konnte Mitglied in der Soncino-Gesellschaft nur werden, wer jüdisch war. Wie stark der Wunsch und das Bedürfnis nach Traditionspflege – hier verstanden als Bewahrung der Buchkultur des Judentums – gewesen sein muss, kann an dem raschen Ansteigen der Mitgliederzahl sowie an der Anzahl der Publikationen abgelesen werden, die von der Soncino-Gesellschaft in den wenigen Jahren ihres Bestehens herausgebracht wurden. Bereits 1931 ist ein erstes Résumé über die Soncino-Gesellschaft erschienen.[55]

Ihr höchstes Anliegen, die Neuausgabe einer hebräischen Bibel mit neuen Drucktypen, konnte nie vollendet werden.[56] Ihre erste ordentliche Veröffentlichung ist das *Sefer Meschalim*, genannt das Kuhbuch, eine Sammlung von Fabeln und Parabeln aus den Büchern *Maschal ha-Kadmoni* und *Mischle Schualim*,[57] ausgewählt und in jüdisch-deutsche Reime gebracht von Moses Wallich aus Worms mit Holzschnitten versehen und gedruckt in Frankfurt a. M. bei Johannes Wust im Jahre 1697.[58] Die Faksimile-Reproduktion im Obraldruck[59] in Hebräischer Meruba (Quadratschrift) in einer Auflage von 800 Exemplaren verlegte Oskar Brandstetter in Leipzig. Es war die erste Gabe, die den Soncino-Mitgliedern zu Chanukka 5685 (Dezember 1924) überreicht wurde.[60] !9¡

Die zwei letzten Veröffentlichungen der Soncino-Gesellschaft sind 1937 erschienen. Bei der ersten handelt es sich um eine Sammlung von rabbinischen Responsen, die unter dem Titel *Frucht vom Baum des Lebens, Ozer Peroth Ez Chajim. Die Sammlung der Rechtsgutachten Peri Ez Chajim des Rabbinerseminars Ets Haim zu Amsterdam* von Menko Max Hirsch aus dem Hebräischen ins Deutsche übertragen und in gekürzter Form herausgegeben wurde. Der Druck wurde 1932 begonnen und im Januar 1937 in einer Auflage von 1000 Exemplaren von der Officina Serpentis in Berlin vollendet.[61] Nach Antwerpen war M. M. Hirsch 1936 mit seiner Familie geflüchtet, doch musste er nur wenige Jahre später erneut flüchten und kam über Kuba in die Vereinigten Staaten. Von der großen Bibliothek, die M. M. Hirsch einst besaß, blieb nur ein geringer Teil in Belgien übrig und dieser Rest wurde zusammen mit den Buchblöcken des *Ets chaim* nach Kriegsende nach New York gebracht und aus Not sukzessive verkauft.[62]

Die letzte Soncino-Publikation ist die Festschrift für Aron Freimann zum 60. Geburtstag, herausgegeben von Alexander Marx und Herrmann Meyer. Eigentlich sollte die Festschrift für den 1871 geborenen Jubilar im Jahr 1931 als Band IV der Soncino-Blätter erscheinen. Dieses Vorhaben konnte jedoch nicht rechtzeitig realisiert werden. Die verspätete Herausgabe wurde dann für 1935 geplant, aber auch dieser Termin konnte nicht eingehalten werden. Als Erscheinungsjahr ist im Buch zwar 1935 angegeben, in Wirklichkeit aber kam die Festschrift erst 1937 heraus. Gedruckt wurde sie bei Aldus-Druck in Berlin. Herrmann Meyer, Redakteur der Soncino-Blätter und Mitherausgeber der Festschrift, lebte zum Zeitpunkt der Auslieferung in Jerusalem.[63]

Mit der Festschrift für Aron Freimann endet die Publikationstätigkeit der Soncino-Gesellschaft. Im Dezember 1937 fand in Berlin eine Vorstandssitzung statt, an der noch elf Personen teilnahmen. Es war vermutlich die letzte. Hierüber hat der seit Juli 1933 amtierende Geschäftsführer Josef Altmann in einem Brief an Heinrich Loewe berichtet. Im gleichen Brief schreibt Altmann, dass er bei der Jüdischen Winterhilfe angestellt war, um seinen Lebensunterhalt zu verdienen.[64] Sein 1919 gegründetes Antiquariat zog 1935 an den Nürnberger Platz 3 in Wilmersdorf, wo sich dann auch die Geschäftsstelle der Soncino-Gesellschaft befand. Diese Adresse bestand bis 1937. Im Zuge der NS-Arisierungsmaßnahmen musste Altmann sein Antiquariat 1938 an seinen ehemaligen Geschäftsführer übergeben.

Die Spurensuche nach Josef Altmann ergab, dass er am 19. April 1938 mit der Berufsangabe »Makler« als Einwohner von Amsterdam eingetragen ist. Er wurde am 3. Dezember 1942 im Lager Westerbork interniert und von dort aus am 1. Juni 1943 nach Sobibor deportiert und ermordet.[65]

Viele Soncinaten sind vor dem nationalsozialistischen Terror nach Israel oder in andere Länder geflüchtet, einige sind in ihren Fluchtländern von der Verfolgung wieder eingeholt worden und wurden deportiert. Von einigen, die emigrieren konnten, ist der weitere Lebensweg bekannt. Von den meisten Soncino-Mitgliedern ist jedoch nichts bekannt.

Am 4. Juni 1961 wurde am Hebrew Union College in Cincinnati im Rahmen der Feierlichkeiten zur Eröffnung des neuen Gebäudes der Klau-Bibliothek The Society of Jewish Bibliophiles gegründet. Die Initiatoren waren Dr. Fritz Bamberger und Dr. Moses Marx, beide waren einst Mitglieder der Soncino-Gesellschaft in Berlin und sahen die Society als deren Nachfolgerin. Verantwortlich für das Programm waren Fritz Bamberger und Herbert C. Zafren, Direktor der HUC-Bibliothek. Zehn Jahre später und nach zehn Publikationen endete auch diese Gesellschaft.[66]

Die heute im Jüdischen Museum Berlin bewahrte Sammlung der Soncino-Gesellschaft ist ein in seiner Art einmaliges Quellenmaterial. Die Sammlung beinhaltet alle Werke, die von der Gesellschaft zwischen 1924 und 1937 herausgebracht wurden. Das sind insgesamt 105 Titel: ordentliche Veröffentlichungen, Sonderpublikationen, Zeitschriften, Gelegenheitsdrucke, Vereinsdrucksachen, Spendendrucke. Sie können unter »Sammlungen der Bibliothek« im Online-Katalog des JMB recherchiert und im Lesesaal eingesehen werden. Die Titelliste ist als pdf-Datei abrufbar.[67]

Hinzu kommt der Archivbestand, nämlich 259 Archivalien und eine Sammlung von insgesamt 180 Presseausschnitten aus der Pressemappe von Herrmann Meyer. Die Sammlung Sigmund Seeligmann, die im Jahr 2001 aus dem Antiquariat Spinoza erworben wurde, ergänzt mit 55 Dokumenten die Soncino-Sammlung. Die Seeligmann-Dokumente beziehen sich auf die Mitgliedschaft des Amsterdamer Gelehrten, darunter eine kritische Korrespondenz über die Publikation der hebräischen Bibel. Dies bringt den Gesamtbestand auf 314 Archivalien.

Zusammen mit dem übrigen Schriftgut des Soncino-Archivs sowie den seit 1994 als relevante Sammlungsergänzung erworbenen Publikationen, darunter auch sechs der zehn Editionen der Society of Jewish Bibliophiles, ist dies die umfangreichste Sammlung zur Soncino-Gesellschaft in einer öffentlichen Einrichtung sowohl national als auch international.

Herrmann Meyer

Der Initiator der Soncino-Gesellschaft war Herrmann Meyer. Er überzeugte Abraham Horodisch und Moses Marx, die 1924 in Berlin den Verlag Horodisch & Marx führten, von seiner Idee, eine jüdische bibliophile Vereinigung zu gründen. Meyer war Mitglied Nr. 1, Marx Nr. 2, Horodisch Nr. 3. Meyer und Horodisch, ersterer als Geschäftsführer, letzterer als Verlagsmann, waren die treibenden Kräfte der Gesellschaft.

Herrmann Meyer, Jahrgang 1901, wuchs als Sohn des Kaufmanns Albert Meyer und dessen Ehefrau Else, geb. Benjamin, in Berlin auf. Nach seinem Schulabschluss studierte er Rechtswissenschaften, aber seine eigentliche Liebe und Leidenschaft galt den Büchern. Seine Tochter, die in Jerusalem aufwuchs, hat erzählt, dass es keinen Winkel in der elterlichen Wohnung gab, in den nicht noch ein Buch oder sogar noch zwei hineingepasst hätten, es gab nicht eine Wand, an der keine Bücherregale standen.

Meyer verließ Berlin im April 1933. Er ging in die Schweiz und wohnte bis Anfang 1935 in Basel-Binningen. Der Grund seiner frühen Flucht war ›Berufsverbot‹. Ihm wurde die Zulassung zur Berliner Rechtsanwaltschaft entzogen. In Saint-Louis Haut-Rhin, der direkten Nichtschweizer Nachbarstadt von Basel auf französischer Seite, gründete er ein Versandantiquariat, die Librairie Soncino. Mangels geschäftlicher Kontakte musste Meyer aufgeben. Bereits 1934 wurde der größte Teil seiner Berliner Bibliothek nach Amsterdam gebracht, darunter auch seine Soncino-Sammlung und sein Archiv. Er hatte sich entschlossen, nicht in Europa zu bleiben, sondern nach Eretz Israel auszuwandern.

In einem Brief an Alexander Marx schrieb er am 11. Juni 1935: »Amsterdam. Endlich nach vielen Wanderungen und Wandlungen habe ich hier meine letzte Station vor der Übersiedlung nach Erez Israel – die hoffentlich im Aug./Sept. stattfindet – gemacht.«

Meyer wohnte von Mai 1935 bis zur Ausreise mit seiner Familie bei Abraham Horodisch. Er brachte die Redaktion der Festschrift Aron Freimann zu Ende, von hier aus organisierte er den Transfer seines Hab und Guts, was sich aus Geldnot länger als geplant hinzog. Versuche, seine Judaica-Sammlung und seine Mendelssohn-Sammlung wegen seiner finanziellen Schwierigkeiten zu verkaufen, scheiterten. Aber schließlich konnte Familie Meyer im Herbst 1935 ausreisen. Zwar wurden noch bis ins Jahr 1937 Kisten mit Kleidung und Büchern nach Jerusalem nachgeschickt, aber viele Bücher mussten in Amsterdam in der Obhut von Abraham Horodisch zurückgelassen werden.

In Jerusalem eröffnete Meyer bald nach seiner Ankunft sein berühmt gewordenes Antiquariat. Es war die am besten bekannte Anlaufstelle und Informationspunkt für Deutsche, die in den 1950er und 1960er Jahren Israel besuchten. Außerdem gründete er die Verlagsbuchhandlung Universitas Booksellers, zuerst in der Princess Mary Street, später in der King George Avenue. Für das Antiquariat wurde laufend deutsche Literatur von Emigranten aufgekauft. Universitas Booksellers publizierte neben Reprints seltener deutscher Bücher vor allem Karten und Reiseführer von Israel, Bücher über Jerusalem und Reprints von Reisebeschreibungen im Vorderen Orient. Als wissenschaftlicher Autor firmierte Meyer mit H. M. Z. Meyer oder den Initialen M. Z. Er schrieb für wissenschaftliche Zeitschriften, Sammelwerke und Lexika. Bekannt wurde er zudem als Kenner alter und neuer Landkarten von Israel und Palästina. Eine Bibliographie seiner Veröffentlichungen gibt es nicht, auch ein Gesamtverzeichnis der von Universitas Booksellers verlegten Werke existiert bislang nicht. Diese Bibliographien zu erstellen, ist ein Desiderat.

Seine Mendelssohn-Sammlung, die er in jungen Jahren in Berlin begonnen hatte, die er aus Geldnot 1934 in Amsterdam verkaufen wollte, die er als Antiquar in Jerusalem kontinuierlich weiter ausbaute und auf der seine 1965 von der Historischen Kommission zu Berlin herausgebrachte Moses Mendelssohn-Bibliographie fußt, befindet sich heute im Mendelssohn-Archiv der Staatsbibliothek Berlin.[68]

Ein Standardwerk der hebräischen Typographie ist der von den Soncino-Mitgliedern Aron Freimann und Moses Marx in den Jahren 1924 bis 1931 herausgebrachte *Thesaurus Typographiae Hebraicae Saeculi XV*. Herrmann Meyer hat von 1967 bis 1969 eine Faksimile-Reproduktion aufgelegt.[69] Das Titelblatt eines Sonderdrucks trägt die Widmung: »Einem lernbegierigen Kollegen Dr. W. J. Burgers mit besten Wünschen Jerusalem 22/III/70 Herrmann M. Z. Meyer.«

Die Sammlung Hebräischer Buchdruck in Berlin

Die Sammlung Hebräischer Buchdruck in Berlin war von Willem Burgers über einen Zeitraum von ca. 15 Jahren aufgebaut worden und enthielt sämtliche, in Berlin gedruckte Hebraica des 18. und 19. Jahrhunderts. Sein Angebot bestand aus zwei Teilen, es wurde jedoch im Jahr 2000 nur Teil I für das Jüdische Museum erworben, Teil II nicht. Daher ist die JMB-Sammlung nicht vollständig. Es müsste zur Komplettierung weiter gesammelt werden.

Das älteste Buch in der Sammlung ist ein im Jahr 1699 gedruckter Kommentar zum talmudischen Traktat über die Eheschließung mit dem hebräischen Titel *Sefer Azmot Josef*, verfasst von Josef ben Isaak Ibn Esra in Saloniki, wo die erste Ausgabe im Jahr 1601 erschienen ist.[70]

Die Mehrzahl der Bücher sind hebräische, in Berlin gedruckte Ausgaben des 18. und 19. Jahrhunderts mit Werken von Moses Mendelssohn, David Friedländer, Isaak Satanov, Salomon Maimon, Abraham Isaak Euchel, Naphtali Herz Wessely, die Monatsschrift *Ha-me'assef* mit der deutschsprachigen Beilage *Der Sammler* sowie viele Mendelssohniana aus dem Umfeld des Philosophen. Gedruckt wurde ab 1784 in der Druckerei der Jüdischen Freyschule. Obgleich nicht komplett, ist die Sammlung einmalig – ein Zeugnis jüdischer Buchkultur im Jüdischen Museum Berlin, um für künftige Generationen bewahrt zu werden.[71]

Die Jüdische Freyschule für Knaben in Berlin bestand von 1778 bis 1825. Im Jahr 1784 wurde die Orientalische Buchdruckerei und Buchhandlung an der Freyschule eingerichtet, was Berlin zu einem Zentrum des hebräischen Buches in Europa machte. Sie konnte in allen orientalischen Sprachen drucken und verlegen, die staatliche Genehmigung galt aber nur für Bücher in hebräischer Sprache. Die Freyschule unterhielt zudem eine eigene Schriftgießerei. Hier wurden unter Leitung des Philosophen und Schriftstellers Isaac Satanov die Werke Mendelssohns und seiner Zeitgenossen gedruckt. 1825 wurden der Schulbetrieb und die Druckerei eingestellt.

Zwei Bücher der Sammlung sind von besonderem historischem Interesse. Bei beiden handelt es sich um den Kommentar von Moses Mendelssohn zum Werk *Bi'ur Millot ha-Higayon*, einer Abhandlung über Logik von Maimonides. Das erste der Bücher enthält außer der Logik und dem Kommentar Mendelssohns noch die Korrekturen von Isaak Satanov. Es wurde 1795 in der Druckerei der Jüdischen Freyschule in Berlin gedruckt.[72]

Auf dem Titelblatt findet sich der Stempel des Aschkenasischen Rabbinerseminars Ets Chaim in Amsterdam. Auf dem Vorsatzblatt ist handschriftlich in Hebräisch eine Widmung auf das Jahr 1816 eingetragen worden: »Geschenk an

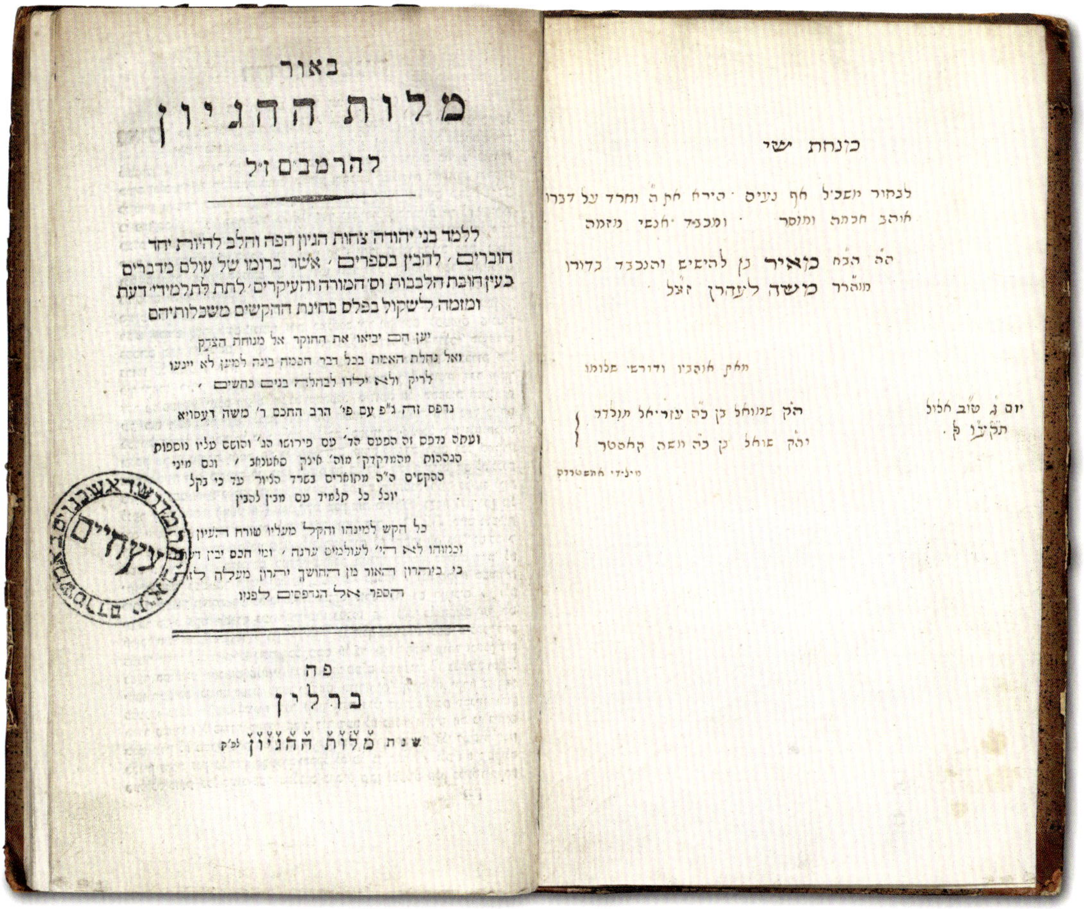

!10¡ Titel und Vorsatzblatt von *Bi'ur Millot ha-Higayon,* Berlin 1795

Meijer Lehren (1793–1863) von Samuel Mulder (1792–1862) und Saul Coster (1796–1861).« !10¡

Jacob Meijer Lehren und sein Bruder Akiba Lehren waren prominente Mitglieder der Aschkenasischen Gemeinde von Amsterdam und wohnten in der Rapenburgerstraat 126, wo sich auch das Rabbinerseminar Ets Chaim befand. Im Jahr 1899, vom 13. Februar bis 2. März, wurden in diesem Gebäude die Bibliotheken von drei Mitgliedern der Familie Lehren versteigert. Unter dem Titel *Reschimat Sfarim* kam ein Versteigerungskatalog in Deutsch und Hebräisch mit 4288 Titeln heraus. Das Buch, das heute in der Sammlung des Jüdischen Museums Berlin bewahrt wird, ist in dem Versteigerungskatalog verzeichnet und wurde, so kann vermutet werden, für die Bibliothek des Aschkenasischen Rabbinerseminars erworben.[73]

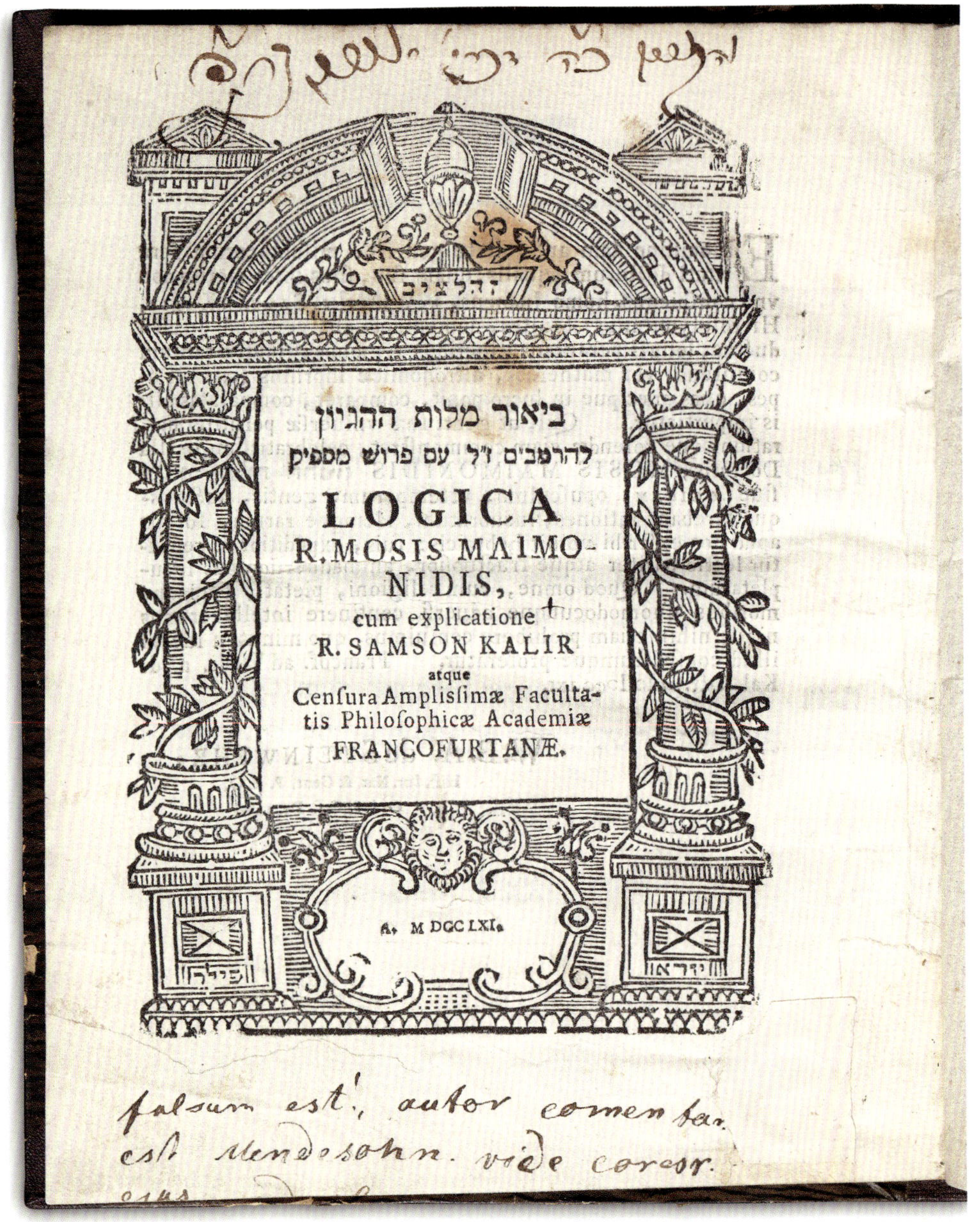

!11¡
Raubdruck *Bi'ur Millot ha-Higayon* von Kalir, gedruckt 1761

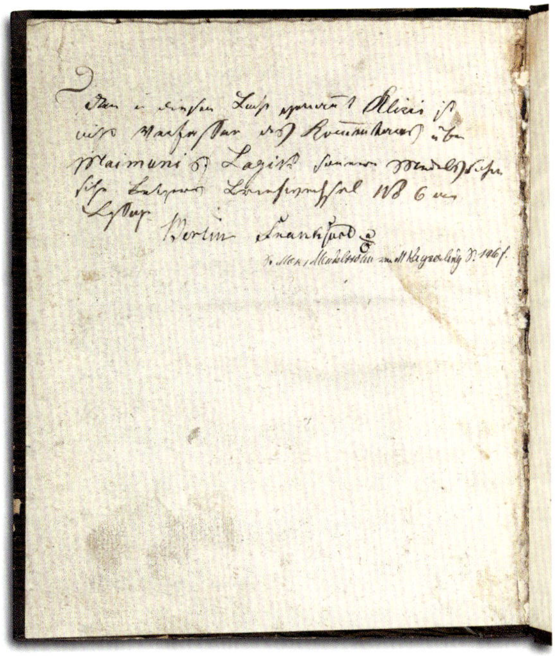

! 12 ¡
Raubdruck von Kalir, handschriftlicher Eintrag, Berlin Frankfurt a.O., undatiert

! 13 ¡
Bibliothekseintrag: Eigenthum der Zacharias Veitel Ephraimschen Lehranstalt

Das zweite der Bücher ist Mendelssohns hebräischer Kommentar zu *Bi'ur Millot ha-Higayon* von Maimonides, allerdings handelt es sich hier um einen Raubdruck. Mendelssohn hatte sein Manuskript an Samson Kalir gegeben, der es drucken lassen wollte. Kalir ließ es tatsächlich im Jahr 1761 in Frankfurt an der Oder drucken, doch setzte er sich selbst als Verfasser des Kommentars ein und betitelte seinen Raubdruck *Millot ha-Higayon LOGICA R. MOSIS MAIMONIDIS, cum explicatione R. SAMSON KALIR atque Censura Amplissimae Facultatis Philosophicae Academiae FRANCOFURTANAE. A. M DCC LXI.*[74] ! 11 ¡

Auf dem Buchrücken oben ist ein aufgeklebter Streifen mit dem Buchtitel *Milot ha-higayon le-ha-RaMBaM* sowie unten eine Papiermarke mit dem Sigel *H* zu erkennen. Das Buch zeigt alte Restaurierungen mit neuem Einband, wodurch die Blattränder mit Verlust eines Teils der handschriftlichen Eintragung auf dem Titelblatt beschnitten wurden. Auf die Innenseite des hinteren Buchdeckels ist mit Bleistift die Zahl 153 geschrieben worden. Eine handschriftliche Eintragung auf dem Vorsatzblatt besagt, dass Moses Mendelssohn der Autor des Kommentars der Erstausgabe ist. Handschriftlich ist zudem ein Besitzvermerk eingetragen: »Eigenthum der Zacharias Veitel Ephraim'schen Lehranstalt«. Der Vergleich mit Notizen in anderen Büchern zeigt, dass es sich hier um die Handschrift von Fürchtegott Lebrecht handelt. Lebrecht war von 1848 bis 1876 Lehrer und Bibliothekar an der Lehranstalt. ! 12, 13 ¡

Die Bücher der Veitel Heine Ephraim'schen Lehranstalt

Bei den 836 Büchern, die Willem Burgers aus dem Zentralantiquariat Leipzig kaufte, befanden sich Bände mit Bibliotheksstempeln: ein ovaler Grünstempel mit der Aufschrift Veitel Heine Ephraim'sche Lehranstalt Beth Hamidrasch Berlin; ein ovaler Blindstempel mit der gleichen Aufschrift.

83 dieser Bände aus der Veitel Heine Ephraim'schen Lehranstalt kaufte Rabbiner Yehuda Aschkenasy, vier Bände kaufte die Bibliothek der VU-Amsterdam, davon wurden zwei vor einigen Jahren ausgesondert, sie befinden sich jetzt im Besitz von Harry van der Linden. Einige Bände behielt Burgers in seinem Antiquariat.

Die Anfänge der Veitel Heine Ephraim'schen Lehranstalt (VHE) gehen auf eine jüdische Knabenschule für religiöses Lernen zurück, die 1773 oder 1774 in Berlin von Veitel Heine Ephraim, dem Financier des preußischen Königs Friedrich II., in seinem Wohnhaus eingerichtet worden war. Mit seinem 1775 eröffneten Testament hatte er verfügt, dass seine Erben aus dem hinterlassenen Vermögen für den Unterhalt der Schule eine jährliche Summe von 800 Reichstalern auszahlen sollten. Die Schule entwickelte sich im Verlauf des 19. Jahrhunderts zu einer Lehranstalt für rabbinische Studien, ab 1856 war sie wissenschaftlich ausgerichtet. Sie gilt als Vorläuferin der 1870 gegründeten Hochschule für die Wissenschaft des Judentums.[75]

Im Fokus steht die Bibliothek der Lehranstalt, deren Bücher zum größten Teil bis heute verschollen sind. Die Spurensuche nach den Büchern ist noch nicht abgeschlossen. Die Intention dieses ›Zwischenberichtes‹ ist, die Provenienz der Bücher zu klären, die 1970 von Willem Burgers aus dem Zentralantiquariat Leipzig gekauft wurden. Darüber hinaus ist beabsichtigt, die Provenienzforschung zu unterstützen. Ziel müsste sein, alle Bände in einem Digitalen Gesamtkatalog zusammenzuführen, unabhängig von ihrem derzeitigen Standort.

Staatsbibliothek Berlin Preußischer Kulturbesitz

Gibt man den Suchbegriff »Veitel-Heine-Ephraim'sche Lehranstalt« im OPAC der Staatsbibliothek Berlin ein, bekommt man insgesamt 34 Treffer, von denen ein Titel, *Wissenschaftliche Blätter aus der Veitel-Heine-Ephraim'schen Lehranstalt in Berlin, Jg. 1862, Bde. 1–3*, zum authentischen Bestand der Staatsbibliothek gehört. Die übrigen 33 Bücher sind mit der Provenienzangabe »Verdacht auf NS-Raubgut« ausgewiesen. Noch 2013 schrieb Cornelia Briel als Anmerkung in der Zusammenfassung ihres Buches *Beschlagnahmt – Erpresst – Erbeutet*, dass größere Mengen von Raubgut in der Staatsbibliothek Berlin in den noch kaum untersuchten

Zugängen aus unbearbeiteten Beständen in der Zeit nach 1945 zu erwarten seien.[76] Dies wurde durch die Provenienzforschung der Staatsbibliothek inzwischen bestätigt. Briels knapper Hinweis lenkt den Blick auf die Berliner Bergungsstelle für wissenschaftliche Bibliotheken, die vom Juli 1945 bis Februar 1946 bestand und im Auftrag der Abteilung Volksbildung des Magistrats von Berlin die Aufgabe hatte, ›herrenlos‹ gewordene Bücher bzw. Bibliotheken zu bergen. In der Liste der Bergungsstellen ist unter Nr. 153 das Seminar für Orientalische Sprachen aufgeführt.

Dieses war 1887 als ein der Universität angegliedertes Institut gegründet worden und befand sich seit 1904 in der Dorotheenstraße 7. Es diente in erster Linie dazu, Kolonialbeamte, Diplomaten und Dolmetscher für den Kolonial- und Auslandsdienst durch Sprachunterricht vorzubereiten. 1933 wurde die Einrichtung politisch gleichgeschaltet, der Direktor Eugen Mittwoch wurde 1935 zwangspensioniert, er emigrierte 1938 nach London. Nach dem Ausscheiden von Eugen Mittwoch wurde das Seminar in »Auslandshochschule« umbenannt, um dann 1940 mit der Deutschen Hochschule für Politik zur »Auslandswissenschaftlichen Fakultät« der Universität Berlin zu fusionieren. Ihr Dekan war bis 1942/43 Franz Alfred Six, der Vorgesetzte von Adolf Eichmann. Forschungen und das Studium an dieser Fakultät wurden 1943 eingestellt.

Heike Pudler, Referatsleiterin in der Abteilung Historische Drucke an der Staatsbibliothek, teilte mit, die Überprüfung der Bücher mit den Bibliotheksstempeln der VHE habe ergeben, dass in fast allen Bänden die mit Bleistift handschriftlich eingetragene Zahl 153 zu finden sei. Hinter dieser Zahl verbirgt sich eine Auftragsnummer der Bergungsstelle, aus deren Akten hervorgeht, dass die besagten Bücher aus der Bibliothek des Seminars für Orientalische Sprachen der ehemaligen Friedrich-Wilhelms-Universität Berlin stammen.[77]

Laut Protokoll wurde ein Teil der Seminarbibliothek am 1. Oktober 1945 im Berliner Schinkelhaus am Schinkelplatz 6 aufgefunden. Der weitaus größere Teil war in Beeskow in der Mark Brandenburg ausgelagert. Die Bestände vom Schinkelplatz wurden ins Ermelerhaus Breite Straße 11 verbracht, im November 1945 wurden sie gesichtet und geordnet.

Im Februar 1946 wurden dann 6805 Bände in Schriften, die niemand lesen konnte – es handelte sich um Bücher in Hebräisch, Russisch und Chinesisch – an die Vorgängerinstitution der heutigen Staatsbibliothek Unter den Linden übergeben. Wie viele aus diesen Tausenden von Büchern hebräische waren und wie viele davon aus der VHE-Lehranstalt stammten, ist unbekannt und wird wohl niemals geklärt werden können. Die Inventarisierung der hebräischsprachigen Titel in den Bestand der Staatsbibliothek erfolgte offenbar zu unterschiedlichen Zeiten. Ein Teil wurde zwischen 1946 und 1953 eingearbeitet, der Rest nach 1953. Da für dieses Bestandssegment die Akzessionsunterlagen fehlen, können keine genauen Zugangsjahre benannt werden.[78]

Ob tatsächlich alle hebräischsprachigen Bücher aus der Bergungsstelle 153 inventarisiert wurden, ist nicht sicher. Es kann nicht ausgeschlossen werden, dass ein Teil der Bände, ohne dass sie je in den Bibliothekskatalog aufgenommen wurden, unbeachtet in einem Depot lagen und jahrelang vergessen wurden.

Die Sichtung der 33 Bände in der Staatsbibliothek mit Michaela Scheibe, Wissenschaftliche Referentin in der Abteilung Historische Drucke, warf die Frage auf, wer in den 1950er Jahren für die Titelaufnahme der Hebraica zuständig war und ob alle Bücher in den Katalog der Deutschen Staatsbibliothek eingearbeitet wurden. Bibliothekare mit entsprechenden Sprachkenntnissen, um die hebräischen Buchtitel lesen und transkribieren zu können, gab es in Deutschland in jener Zeit eher nicht, weder in der BRD, noch in der DDR. Alte Karteikarten oder Zettelkataloge könnten bei der Identifizierung weiterer Bände sehr aufschlussreich sein. Auch ist zu erwarten, dass bei ausgeweiteter Provenienzforschung noch mehr Bände der VHE-Bibliothek identifiziert werden können. Zeitzeugen, beispielsweise ehemalige Mitarbeiter der Staatsbibliothek, könnten hierzu noch befragt werden.[79]

Universitätsbibliothek Potsdam – Yehuda Aschkenasy-Bibliothek

2004 erwarb die Universitätsbibliothek Potsdam die Bibliothek des Rabbiners Yehuda Aschkenasy aus Hilversum. Das Ereignis der Übergabe fand großen Widerhall in den Medien und wurde im November 2005 mit einer Tagung gewürdigt.[80]
Das »historische Herzstück, ein bibliographischer Schatz« dieser Bibliothek, so die Verlautbarung auf der Webseite der UB Potsdam, sind 83 Bände aus der Veitel Heine Ephraim'schen Lehranstalt. In den Medienberichten heißt es:[81]

> Die Veitel Heine Ephraimsche Lehranstalt hatte bis in die Hitlerzeit bestanden, ihre Bibliothek war dann verschollen. In den siebziger und achtziger Jahren sind einzelne Bände dieser Bibliothek in den Amsterdamer Antiquariaten aufgetaucht – wahrscheinlich im Zuge der Veräußerung von deutschem (sic!) Kulturgut durch die Behörden der DDR.

2009 kam das Buch *Die Stiftungen der preußisch-jüdischen Hofjuweliersfamilie Ephraim und ihre Spuren in der Gegenwart* von Karl E. Grözinger mit Beiträgen von Harry van der Linden heraus.[82] In Kapitel 6 zur Geschichte der Bibliothek schreibt Harry van der Linden:

> Nach vielen Irrungen und Wirrungen kam ein Teil der Bibliothek 1971 in die Niederlande und fand seinen Weg in öffentliche und private Sammlungen. Der größte Teil kam in den Besitz von Yehuda Aschkenasy. Er machte die Bibliothek zum Kern seiner privaten Bibliothek. Was hat Aschkenasy dazu bewogen, die Bibliothek

> so gut wie möglich zusammen zu halten und so vor dem Untergang zu »retten«?
>
> [...] Durch die Zerstörung und Vernichtung der holländischen Juden war auch das so genannte »jüdische Lernen« beinahe vollständig zum Erliegen gekommen, und die Universitäten begannen nur zögerlich, diese Studieninhalte in ihre Programme aufzunehmen. In dieser Zeit spielte Y. A. eine wichtige Rolle, nicht nur in der wissenschaftlichen Forschung und Lehre, sondern auch im Bibliotheksbereich.
>
> [...] Für seine eigene Bibliothek kaufte Y. A. überall ein. Er besuchte Antiquariate und Büchermärkte, und so entstand im Laufe der Zeit in seinem Haus in Hilversum eine große »Gelehrtenbibliothek«.
>
> [...] In den siebziger Jahren des 20. Jahrhunderts kamen die Bücher der Veitel Heine Ephraimschen Lehranstalt hinzu. Für Aschkenasy wurde ein Traum Wirklichkeit, die Rettung einer jüdischen historischen Bibliothek. So wurde die »Veitel Heinesche« das Herz der Bibliothek.[83]

Die Medienmeldungen wie auch Harry van der Lindens Beschreibung hinterlassen den Eindruck, als habe Yehuda Aschkenasy die besagten Bücher über Jahre hinweg mühsam aus Amsterdamer Antiquariaten zusammengetragen. Dieser Version muss entschieden widersprochen werden. Sie trifft den Sachverhalt nicht und ergibt ein falsches Bild. Richtig ist, dass ohne das Votum des Rabbiners Willem Burgers die Leipziger Sammlung nicht gekauft hätte und dass Aschkenasy alle 83 Bände im Jahr 1971 vom Antiquariat Spinoza kaufte.

Bei den Recherchen für den hier vorgelegten Beitrag kam es zu einer erstaunlichen Entdeckung:[84] Fast alle Bände der VHE-Lehranstalt, die durch den Verkauf der Yehuda-Aschkenasy-Bibliothek seit 2005 in der UB-Potsdam bewahrt werden, tragen die mit Bleistift geschriebene Nr. 153 der Bergungsstelle vom Schinkelplatz, das heißt, sie stammen aus der gleichen Fundstelle wie auch die Bände, die sich heute in der Staatsbibliothek Unter den Linden in Berlin befinden. Es ist davon auszugehen, dass beide Bestände ursprünglich zusammengehören. Sie wurden an der Bergungsstelle 153 gefunden, gesichtet und sortiert und im Februar 1946 an die Vorgängerinstitution der heutigen Staatsbibliothek übergeben. Die zwingende Frage ist: Wie konnte ein Teil dieses übergebenen Buchbestandes im Jahr 1970 vom Zentralantiquariat Leipzig an das Amsterdamer Antiquariat Spinoza verkauft werden?[85]

Der Antwort kommt man näher durch einen Blick auf die deutsch-deutsche Geschichte: Der Bereich Kommerzielle Koordinierung (Kurzform KoKo) war eine 1966 im Ministerium für Außenhandel der DDR eingerichtete Abteilung, die vor allem der Beschaffung von Devisen diente. Eine Tochtergesellschaft der KoKo, die Kunst und Antiquitäten GmbH, exportierte Kulturgüter aus staatlichem und privatem Besitz gegen harte Devisen. Leiter der KoKo war ab 1966 Alexander

Schalck-Golodkowski. Zum Aufspüren von Kunstwerken bei Privatleuten wurde eng mit den Fachabteilungen des Ministeriums für Staatssicherheit (Kurzform Stasi) sowie der Zoll- und Steuerfahndung zusammengearbeitet.[86]

Anders bei Kunst und Kulturgut aus öffentlichen Einrichtungen. Museen und Bibliotheken erhielten Anordnungen, wonach sie aus ihren Beständen Kunstwerke und Bücher auszusondern und abzugeben hatten, ohne dass offiziell bekannt war, was damit passierte. Inoffiziell wussten die beteiligten Museumsmitarbeiter und Bibliothekare hingegen sehr wohl, dass die Gegenstände für den westlichen Kunstmarkt exportiert wurden. So wurde nach der Wende von Mitarbeitern des Märkischen Museums berichtet, dass nachts Lastwagen auf den Museumshof fuhren und die ausgesonderten Kunstgegenstände aufluden. Auch Zeremonialgegenstände aus jüdischem Familienbesitz, die 1938 enteignet wurden, könnten auf diese Weise aus dem Märkischen Museum Anfang der 1970er Jahre in den Kunsthandel im Westen gelangt sein.[87]

Es kann mit großer Wahrscheinlichkeit davon ausgegangen werden, dass die Hebraica der Veitel Heine Ephraim'schen Lehranstalt, die 1970 vom Antiquariat Spinoza angekauft wurden und 1971 in Amsterdam ankamen, auf Anforderung der KoKo zwischen 1967 und 1969 von der Staatsbibliothek Berlin (Ost) ausgesondert und anschließend für den Verkauf in den Westen in das Leipziger Zentralantiquariat gebracht wurden. Es gibt nach momentanem Kenntnisstand keine andere plausible Erklärung.

Zentral- und Landesbibliothek Berlin

2012 meldete die Universitätsbibliothek Potsdam, dass Bücher der VHE-Bibliothek aus der Zentral- und Landesbibliothek Berlin (ZLB) und dem Potsdam Museum der UB Potsdam übergeben wurden, um sie mit denen der Aschkenasy-Bibliothek zusammenzuführen. Die Bücher wurden in den beiden Institutionen im Zuge ihrer laufenden Provenienzforschungen entdeckt und am 5. Dezember 2012 der UB im Informations-, Kommunikations- und Medienzentrum auf dem Campus Golm übergeben und gemeinsam vorgestellt.[88]

Die Bände sind in der UB Potsdam momentan [November 2014] ausgestellt und für eine nähere Untersuchung daher nicht zugänglich. Die Internet-Recherche zum ›Raubgut‹ in der ZLB ergab einen erstaunlichen Fund. In einem Band findet sich der Bibliotheksstempel der VHE-Lehranstalt. Es handelt sich um die *Chrestomathia Targumica* von Adalbert Merx. Außerdem ist handschriftlich mit Bleistift die Zahl 102 eingetragen.[89]

Mit dieser Zahl ist die Bergungsstelle 102, Bibliothek der Gesellschaft für Erdkunde[90], benannt. Der Prüfungsbericht der Bergungsstelle weist nach, dass das Buch 1945 im Keller der Gesellschaft unter Schutt gefunden wurde.[91]

Die historische Bibliothek der Gesellschaft für Erdkunde zu Berlin befindet sich heute nicht mehr im Besitz der Gesellschaft, sondern gehört dem Land Berlin und steht als Dauerleihgabe in der Kartenabteilung der Staatsbibliothek zu Berlin. Für den Zeitraum 1933 bis 1945 gibt es keine Akzessionsunterlagen mehr.[92]

Es ist sehr unwahrscheinlich, dass die *Chrestomathia* von Adalbert Merx das einzige Buch der VHE-Bibliothek ist, das sich bis 1945 im Besitz der Gesellschaft für Erdkunde befand und aus dem Schutt des bombardierten Fürstenberg-Palais geborgen wurde. Die Provenienzforschung in der Kartenabteilung der Staatsbibliothek könnte zu neuen Erkenntnissen führen.

Historischer Rückblick

Im Rückblick auf die Geschichte der Veitel Heine Ephraim'schen Lehranstalt führt die Spur der Bücher ihrer Bibliothek heute zum Seminar für Orientalische Sprachen und zur Gesellschaft für Erdkunde. Die Spurensuche legt dann auch offen,

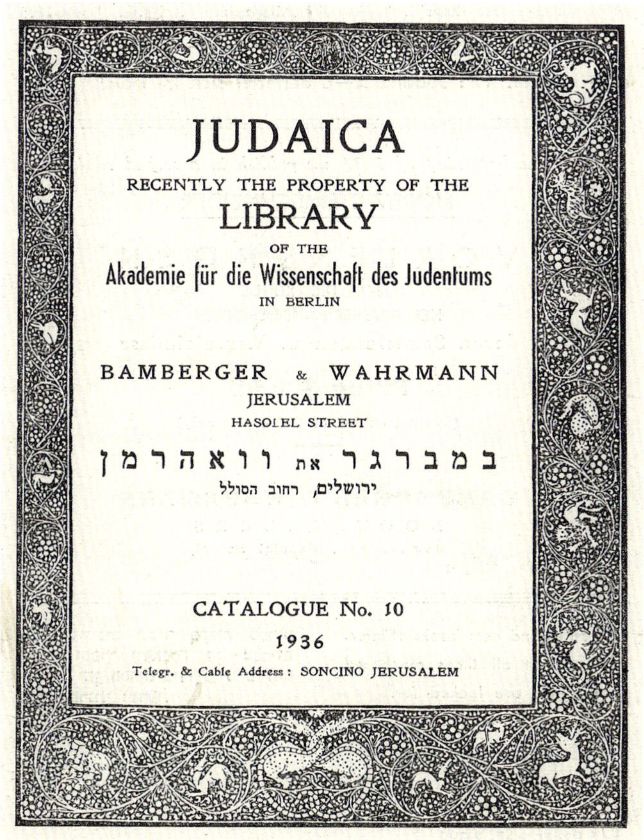

JUDAICA

RECENTLY THE PROPERTY OF THE

LIBRARY

OF THE

Akademie für die Wissenschaft des Judentums

IN BERLIN

BAMBERGER & WAHRMANN

JERUSALEM

HASOLEL STREET

במברגר את וואהרמן

ירושלים, רחוב הסולל

CATALOGUE No. 10

1936

Telegr. & Cable Address: SONCINO JERUSALEM

14

Catalogue No. 10, *Judaica*, Bamberger & Wahrmann, Jerusalem 1936 dass die Bibliothek nicht 1933 unter dem Zwang der NS-Politik geschlossen wurde, wie dies in den Medienberichten gemeldet wurde.

Karl E. Grözinger hat nachgewiesen, dass die Lehranstalt zwischen 1927 und 1930, wann genau ist nicht näher erforscht, ihren Lehrbetrieb einstellte. Infolge dieser Schließung wurde spätestens 1930 auch die Bibliothek geschlossen. Ihre Bücher wurden auf mehrere andere Einrichtungen aufgeteilt, auf welche, ist nicht erforscht. Denkbar ist, dass das Seminar für Orientalische Sprachen die Hebraica, die 1945 von der Bergungsstelle 153 im Schinkelhaus gesichert wurden, 1930 für die eigene Bibliothek ankaufte. Sie könnten dann vielleicht im Zimmer des Direktors aufgestellt worden sein. Die Schlüsselfigur ist Professor Eugen Mittwoch. Er lehrte seit 1906 an der Veitel Heine Ephraim'schen Lehranstalt und war zugleich seit 1919 Direktor des Seminars für Orientalische Sprachen. Die Vermutung liegt nahe, dass er maßgeblich an der Auflösung der VHE-Bibliothek beteiligt war. 1933, als der NS-Terror begann, existierte die Bibliothek nicht mehr. 1933 wurde Eugen Mittwoch die Lehrbefugnis entzogen, 1935 wurde er zwangspensioniert. Denkbar ist, dass er sich um die Rettung von Büchern aus der ehemaligen Lehranstalt bemüht hat. Er muss am besten gewusst haben, auf welche Institutionen die Bücher der Lehranstalt nach der Schließung Ende der 1920er Jahre verteilt worden waren.

Wenn zutreffen sollte, dass die an der Bergungsstelle 153 vorgefundenen Hebraica aus der Veitel Heine Ephraim'schen Lehranstalt vor 1933 an das Seminar für Orientalische Sprachen verkauft wurden, dann wären die heute in der Staatsbibliothek Berlin, in der Universitätsbibliothek Potsdam und im Jüdischen Museum Berlin bewahrten Bände kein NS-Raubgut. Weitere Forschungen sind nötig.

1936 wurde die im Jahr 1919 gegründete Akademie für die Wissenschaft des Judentums geschlossen. Die Bibliothek dieser Einrichtung kam – wohl bereits vor der Schließung – nach Jerusalem. Mit dem Transfergut der Akademie könnten Bücher der VHE-Bibliothek ihren Weg nach Jerusalem gefunden haben. Ein Teil der Bücher der Akademie-Bibliothek wurde von der Nationalbibliothek in Jerusalem übernommen. Der Katalog von Bamberger & Wahrmann, Nr. 10, Teil I, A–K und Teil II, L–Z mit jeweils ca. 1600 Positionen, weist nach, dass in Jerusalem ein Teilbestand der Akademie-Bibliothek zum Kauf angeboten wurde. Aus den Katalognummern lässt sich nicht erschließen, ob Bücher der Veitel Heine Ephraim'schen Lehranstalt zum Verkaufsangebot gehörten. Nachforschungen in der Jerusalemer Nationalbibliothek könnten zu neuen Erkenntnissen führen.[93] ! 14 ¡

In Erinnerung an Willem Burgers und zur Ergänzung der Sammlung Hebräischer Buchdruck in Berlin sind Anfang 2015 zwei Werke aus der ehemaligen Veitel Heine Ephraim'schen Lehranstalt der Bibliothek des Jüdischen Museums Berlin übergeben worden.

Dank
Für ihre Unterstützung bei meinen Recherchen zu Willem Burgers' Biographie danke ich zuallererst Manja Burgers.
Die früheren Spinoza-Mitarbeiter Gerrit Bos, Jonathan N. Cohen, Roy Logger und Ingrid Oey sowie den Mitherausgeber der CRINT-Serie, Peter J. Tomson, und den ehemaligen Bibliothekar der VU-Universitätsbibliothek Amsterdam, Harry B. van der Linden, traf ich im August/September 2014 in Amsterdam. Ihnen allen danke ich sehr, dass sie sich die Zeit für ein Gespräch nahmen.
Darüber hinaus geht mein Dank für Hilfe und Unterstützung bei den weiteren Recherchen an: Hetty Berg, Peter Buijs, Joel Cahen, joods historisch museum Amsterdam; Rachel Boertjens, Wout Visser, Bibliotheca Rosenthaliana, Amsterdam; Frits J. Hoogewoud, Emile Schrijver, ehem. Bibliotheca Rosenthaliana, Amsterdam; Jochem-Dieter Oesterreich, Gesellschaft für ein Jüdisches Museum, Berlin; Bernhard Jensen, Ernst Wittmann, Bibliothek Jüdisches Museum Berlin; Stefanie Haupt, Fotosammlung Jüdisches Museum Berlin; Inka Bertz, Kunstsammlung Jüdisches Museum Berlin; Heike Pudler, Michaela Scheibe, Staatsbibliothek SPK, Abt. Historische Drucke, Berlin; Andreas Kennecke, Yehuda Aschkenasy-Bibliothek, Universitätsbibliothek Potsdam; Dinah Goldschmidt, Center for Research on Dutch Jewry, Mount Scopus, Jerusalem.

Abbildungsnachweis
Abb. 1, 2, 4, 5, 8, 9, 14: Privatarchiv.
Alle anderen: Jüdisches Museum Berlin.

ANMERKUNGEN

1 Außer seiner Dissertation gibt es keine Veröffentlichungen von Willem Burgers.
2 Mündliche Mitteilung von Harry B. van der Linden, Amsterdam 16. September 2014.
3 Mündliche Mitteilung von Ingrid Oey, Amsterdam 27. August 2014.
4 Vgl. Catalogue of the Jaap Meijer Collection, Hebraica and Judaica printed before 1900, Kolophon.
5 Zum Zentralantiquariat Leipzig siehe www.zentralantiquariat.de/geschichte.html [29.12.2014].
6 Mündliche Mitteilung von Willem Burgers an Verfasserin, Amsterdam 1981–1982.
7 Mündliche Mitteilung von Jonathan N. Cohen, Amsterdam 14. September 2014.
8 Die genaue Zahl konnte nicht festgestellt werden.
9 Siehe hierzu das Kapitel »Bücher aus der Veitel Heine Ephraim'schen Lehranstalt«.
10 Mündliche Mitteilung von Harry B. van der Linden, Amsterdam 16. September 2014.
11 Mitgeteilt von Harry B. van der Linden, Amsterdam 16. September 2014.
12 Vgl. Antiquariaat Spinoza 1970–1980. Catalogue 34.
13 Mündliche Mitteilung von Roy Logger, Amsterdam 17. September 2014.
14 Ich danke Emile Schrijver und Wout Visser, die mich bei der biographischen Suche nach Joseph Onderwijzer unterstützt haben. Ob es die Bibliothek seines Vaters war, die Joseph Onderwijzer 1939 in die Vereinigten Staaten mitnahm, ist nach jetziger Kenntnis nicht sicher.
15 Vgl. Ruth Hoogewoud-Verschoor 1982. Ich danke Peter J. Tomson für seine Informationen zum Verkauf der Bibliothek und den Hinweis auf die Dissertation von Hoogewoud-Verschoor.
16 Vgl. Charles Berlin 2004.
17 Vgl. The Holocaust and the Book. Destruction and Preservation. Hrsg. von Jonathan Rose. Amherst 2001, hier Einleitung, S. 1.
18 Vgl. Rachel Heuberger 1996.
19 Vgl. Ernst Fischer.
20 Vgl. Judaica. Geschichte Politik Geistesleben. Antiquariatskatalog 16, Januar 1962, hier Einleitung, S. V; Mitteilung von Götz Kocher-Benzing, E-Mail vom 25. Oktober 2014.
21 Vgl. Deutsche Literatur im Exil 1933–1945, 1962. Über Walter Zadek vgl. Ernst Fischer: Verleger 2011, S. 354.
22 Mündliche Mitteilungen von ehem. Mitarbeiter von Abraham Horodisch an Verfasserin, Amsterdam 1986, und von Benjamin Meyer (Sohn von Salomon S. Meyer), Antwerpen 1986.
23 Vgl. Gans-Premsela 1990.
24 Vgl. Abraham Horodisch 1984, S. 465–469.

25 Vgl. Antiquariaat »Pampiere Wereld« S. S. Meyer o. J. [1966?].

26 Zum besseren Verständnis der Rolle, die Willem Burgers beim Aufbau des Jüdischen Museums (JMB) über einen Zeitraum von 25 Jahren gespielt hat, will ich an dieser Stelle in aller Kürze meine Beziehung zum Antiquariat Spinoza vor dem Hintergrund der seit Anfang der 1970er Jahre geplanten Neuschaffung eines Jüdischen Museums in Berlin skizzieren.

27 Am 1. September 1979 trat ich diese Stelle an. Bemerkenswert ist, dass hier zum ersten Mal in der deutschen Museumsgeschichte in einem von der öffentlichen Hand getragenen Museum eine Planstelle besetzt wurde, deren Aufgabe nicht ein fachspezifisches Sammlungsgebiet, sondern die Geschichte der Juden war. Ebenso wie vor 1945 (bzw. vor 1933) die Wissenschaftsdisziplin Judaistik an den deutschen Universitäten nicht vorkam und Jüdisches Studium nur an Schulen und Akademien in der Trägerschaft Jüdischer Gemeinden oder von Stiftungen stattfand, waren auch alle Jüdischen Museen vor 1933 private Einrichtungen in der Trägerschaft der Jüdischen Gemeinden oder Jüdischer Museumsvereine. Die Schaffung der Planstelle am Berlin Museum für den Aufbau des Jüdischen Museums war 1978 vom Berliner Senat beschlossen worden.

28 Zwar war 1976 von der Kölner Bibliothek Germania Judaica die »Arbeitsgemeinschaft jüdischer Sammlungen in der Bundesrepublik und Berlin (West)« gegründet worden, doch hatten die Jahrestreffen dieser AG nicht den Anspruch, ein Forum für den wissenschaftlichen Austausch im Sinne einer Fachtagung zu bieten, sondern dienten dem losen Gedankenaustausch und der Kontaktpflege.

29 Ein erstes Sammlungskonzept reichte ich bei der Senatsverwaltung für Kulturelle Angelegenheiten im Oktober 1979 ein, doch es blieb ohne jede Resonanz. Erstmals im Jahr 1985 wurde eine Summe von 90 000 DM in den Etat des Berlin Museums für den Erwerb von Sammlungsobjekten für das Jüdische Museum eingestellt.

30 Originaltitel: Symposium on the History of the Jews in The Netherlands. From the Resettlement in the end of the 16th century until 1940.

31 Ein Tagungsband ist nicht erschienen. Die Vorträge sind publiziert in: Studia Rosenthaliana 1981. Mein Dank geht an Dinah Goldschmidt, Center for Research on Dutch Jewry, Mount Scopus, Jerusalem. Sie half bereitwillig bei meiner Literatur-Recherche im Juli 2014 in Jerusalem.

32 Kritik am Tagungsprogramm gab es bereits im Vorfeld. Siehe dazu die Korrespondenz zwischen Professor Schöffer und Dr. Henriette Boas. In: Tagungsunterlagen, Archiv des Joods Historisch Museum Amsterdam. Ich danke Joel Cahen und Peter Buijs, die mir die Möglichkeit gaben, in die Tagungsunterlagen einzusehen.

33 Seit 1980 reiste ich regelmäßig jedes Jahr aus privaten Gründen in die Niederlande und nutzte stets die Gelegenheit zu einem Besuch bei Spinoza.

34 Vgl. Manfred Gerstenfeld 2011, S. 21–28, Kapitel »Feeding the Myth: The Anne Frank Story.«

35 2002 kam ein Buch mit den Erinnerungen von Henriette Boas über die Den Texstraat heraus. Henriette Boas wurde 1911 in der Den Texstraat geboren und wuchs dort auf. 1940 gelang ihr, von Frankreich aus nach England zu entkommen, 1947 kehrte sie in die Niederlande zurück. Sie schreibt: »Nach 1945 bin ich nur ein paar Mal in der Den Texstraat gewesen, zu einem Besuch im Antiquariat Spinoza, das dort in Nr. 26 seit 1970 besteht. Das Wiedersehen mit der Straße, aus der so viele der früheren Bewohner umgekommen sind, ruft bei mir zu viele traurige Erinnerungen hervor, um öfter zu kommen.« Boas: Terug in de Den Texstraat, S. 143–146, hier Epilog, S. 132. Im Vorwort schreibt Aharon Boas, dass Willem Burgers im Jahr 1993 Henriette Boas zu einer Lesung aus ihren Erinnerungen einlud, die sie über viele Jahre hinweg aufgeschrieben hatte. Das gab den Anstoß für das Buch. Es kam 2002 heraus, die Herausgabe hat Henriette Boas nicht mehr erlebt, sie starb 2001 nur wenige Monate vor ihrem 90. Geburtstag. Vgl. Boas, S. 5.

36 Vgl. Gordon Gallery, Auction 18, Part I: Collection Karl Schwarz, 1. Juni 1986. Tel Aviv 1986.

37 Siehe http://www.jmberlin.de/main/DE/04-Rund-ums-Museum/06-Aktuelles/02-projekte.php [29.12.2014].

38 Vgl. Bendt: Die andere Hälfte. Ungedrucktes Manuskript vom 25. März 2009. URL:http://bendt.org/pdf/Judensilber_im_Maerkischen_Museum.pdf [29.12.2014].

39 Vgl. Erste Erwerbungen und Stiftungen für das künftige Jüdische Museum im Palais Ephraim. 1978.

40 Vgl. Ausstellung »Die Pathetiker« vom 2. bis 15. November 1912.

41 Vgl. Brief vom 4. Juni 1933, H. Meyer aus Basel-Binningen an S. Seeligmann in Amsterdam (JMB, Sammlung Seeligmann, Inv. 2001/388/15) und Mündliche Mitteilung von Hanna Sapir an Verfasserin, Berlin 1996.

42 Mündliche Mitteilung von H. Meyer an W. Burgers, Jerusalem 1962–63. Burgers hatte Meyer während seines Studiums in Jerusalem in seinem Antiquariat kennengelernt und sich mit ihm angefreundet. Mündliche Mitteilung von Burgers an Verfasserin, Amsterdam 1986.

43 Mündliche Mitteilung von J. Bar On-Steinhardt an Verfasserin, Naharia April 1990.

44 Vgl. JMB, Erwerbsakte Spinoza, Angebot vom 13. November 1990 und Schriftverkehr 6. Januar bis 31. Mai 1993. Der Ankauf wurde im Mai 1993 abgeschlossen, die Sammlungen kamen im Juni 1993 nach Berlin.

45 Zur Vorgeschichte des Jüdischen Museums Berlin, den Konflikten um seinen Status in den 1990er Jahren und den museumspolitischen Weichenstellungen ab 1998 liegt seit Oktober 2014 eine Publikation von Bussenius vor. Daniel Bussenius: Von der Hauptstadtposse zur Erfolgsgeschichte.

46 Rolf Bothe, Kunsthistoriker, Direktor des Berlin Museums von 1980 bis 1992.

47 Vgl. Reisen nach Jerusalem 1993; Die Karten- und Ansichtensammlung des Jüdischen Museums (Sammlung Löwenhardt) 2001, S. 59–62.

48 Reiner Güntzer, Jurist, Leiter des Museumsreferats bei der Senatsverwaltung für Kulturelle Angelegenheiten Berlin von 1967 bis 1995, Generaldirektor des Stadtmuseums von 1995 bis 2003.

49 Dominik Bartmann, Kunsthistoriker, Direktor des Berlin Museums in der Interimsphase von 1992 bis 1995.

50 Vgl. Jakob Steinhardt – der Prophet 1995.

51 Vgl. Conrad, S. 319.

52 Vgl. Jakob Steinhardt 2000.

53 Bernhard Jensen, Bibliothekar des JMB, hat meine Soncino-Recherche im Juli/August 2014 mit viel Engagement und Eigeninitiative bei den biographischen und bibliographischen Recherchen unterstützt.

54 Gedruckt 1505 in Fano, 1525–26 in Rimini und 1533 in Konstantinopel.

55 Vgl. Julius Rodenberg 1931, S. 199–210.

56 Sich mit allen Soncino-Veröffentlichungen zu befassen, würde den Rahmen des hier vorgelegten Beitrages sprengen. Festzuhalten ist, dass zu den Biographien der Mitglieder und zur kulturgeschichtlichen Bedeutung der Gesellschaft noch nicht ausreichend geforscht wurde. 2014 kam das Buch Soncino – Gesellschaft der Freunde des jüdischen Buches zum Andenken an die Gründung vor 90 Jahren heraus. Es enthält eine Reihe von Aufsätzen und Essays, doch eine Monographie fehlt nach wie vor. Siehe Soncino – Gesellschaft der Freunde des jüdischen Buches 2014; Zu einer ausführlichen Beschreibung der Beiträge in diesem Buch siehe Martin Schumacher: Fachrezension. URL: http://ifb.bsz-bw.de/bsz401160017rez-1.pdf [29.12.2014].

57 Das Buch *Maschal ha-Kadmoni* (Erzählungen der Vorzeit) wurde 1281 bis 84 in hebräischer Sprache von Isaak ben Ibn Sahula (geb. um 1244 in Spanien) verfasst und zum ersten Mal von Gershom Soncino im Jahr 1490/91 in Brescia gedruckt, zum zweiten Mal im Jahr 1505 in Fano. Das Buch *Mischle Schu'alim* (Fuchsfabeln) ist eine Sammlung von Fabeln, die in Anlehnung an die talmudischen *Meschalot Schu'alim* von Berechiah ben Natronai ha-Nakdan im 12. Jahrhundert wahrscheinlich in England geschrieben und zum ersten Mal 1557 in Mantua, sodann mit einer lateinischen Übersetzung 1661 in Prag und 1706/1756 in Berlin gedruckt wurden.

58 *Jüdischdeutsch* ist ein in Deutschland im 17./18. Jahrhundert unter Juden gesprochener deutscher Dialekt, der nicht identisch mit dem Jiddisch ist, das noch heute von Juden osteuropäischer Herkunft in Israel und USA als Umgangssprache benutzt wird. Vgl. Werner Weinberg: Die Reste des Jüdischdeutschen. Stuttgart 1969.

59 Obraldruck ist ein Vervielfältigungsverfahren mit Hilfe der Fotografie, das von Oskar Brandstetter (1845–1915) in Leipzig entwickelt wurde. Die Bezeichnung »Obral« ist aus den Anfangs buchstaben seines Vor- und Familiennamens gebildet.

60 Im Druckvermerk finden sich gleich zwei Jahreszahlen, die irrtümlich falsch angegeben sind. Das *Kuhbuch* von Moses Wallich wurde 1697 [nicht 1687] gedruckt und es wurde den Mitgliedern der Soncino-Gesellschaft zu Chanukka 5685, demnach Dezember 1924 [nicht 1925] überreicht.

61 Mündliche Mitteilung von Abraham Horodisch an Hartmut Erlemann; vgl. Die Soncino-Gesellschaft der Freunde des jüdischen Buches: Sammlung Herrmann Meyer. Ungedrucktes Manuskript, S. 6, B19.

62 Vgl. Jutta Dick 2014, S. 113–124.

63 Vgl. Soncino-Blätter. Beiträge zur Kunde des jüdischen Buches. Hrsg. von der Soncino-Gesellschaft der Freunde des jüdischen Buches e.V. Redaktion: Herrmann Meyer. 1925–1935 [1937].

64 Vgl. Josef Altmann an Heinrich Loewe, 12. Januar 1938, Archiv Beit Ariela, Tel Aviv. Zitiert nach: Soncino (wie Anm. 56), S. 23, Anm. 38 und 41.

65 Archief Kamp Westerbork, Mitteilung von José Martin, E-Mail vom 1. September 2014.

66 Vgl. Brief vom 21. März 1996, Herbert C. Zafren, JMB-Erwerbsakte Spinoza.

67 Die Bibliographie der Soncino-Veröffentlichungen findet sich bei Soncino (wie Anm. 56), S. 182–214, lfd. Nrn. 1 bis 119, wo 105 Titel der Bibliothek, 13 Titel des Archivs und ein Titel der Graphik-Sammlung aufgelistet sind. Sie wurde nach Autopsie der Bände in der Bibliothek des Jüdischen Museums Berlin auf der Grundlage von Abraham Horodisch (1963), (1967) und Ulrich Heider (2006) erstellt. Mitteilung von Karin Bürger, E-Mail vom 3. Juli 2014.

68 Vgl. Herrmann M. Z. Meyer: Moses Mendelssohn-Bibliographie 1965.

69 Vgl. Thesaurus Typographiae Hebraicae Saeculi XV/Hebrew Printing during the Fifteenth Century. 1967–1969.

70 Vgl. JMB-Signatur VII.3. IbnEz 110.

71 Die einzelnen Titel der Bücher sind im Bibliothekskatalog des Jüdischen Museums verzeichnet und online abrufbar. Eine Sammlungsbeschreibung mit Titelliste liegt nicht vor. Die kuratorische Betreuung des Bestandes ist vorbildlich, aber die wissenschaftliche Bearbeitung und bibliographische Forschungen fehlen, sind jedoch nötig, um die Sammlung gemäß ihrem historischen Wert zu positionieren.

72 Vgl. JMB-Signatur VII.5 Maimo 1082.

73 Vgl. Reschimat Sfarim: Catalog der reichhaltigen Sammlungen Hebräischer und Jüdischer Bücher, Handschriften u.s.w., S. 18, Nr. 272. Ich danke Rachel Boertjens, Bibliotheca Rosenthaliana, die das Buch bibliographisch aufgespürt hat.

74 Vgl. JMB-Signatur VII.5. Maimo 351.

75 Über die Familie Ephraim sowie über das Palais Ephraim, das heute von der Stiftung Stadtmuseum Berlin als Museumsgebäude benutzt wird, gibt es eine Vielzahl von Veröffent-'lichungen; siehe beispielhaft Krüger1987; Harry B. van der Linden 2013.

76 Vgl. Cornelia Briel 2013.

77 Die Akten stehen inzwischen in digitalisierter Form im Internet zur Verfügung: http://www.bergungsstelle.de/2014/05/22/bergungsstelle-153-bibliothek-des-seminars-fuer-orientalische-sprachen [30.12.2014].

78 Vgl. Heike Pudler, E-Mail vom 10. September 2014, teilweise gekürzt, teilweise wörtliche Wiedergabe. Ich danke Heike Pudler sehr für ihre umfassende Auskunft.

79 Mein Dank geht an Michaela Scheibe. Am 29. September 2014 konnte ich die Bände in der Staatsbibliothek sehen und mit ihr einige Problemfragen erörtern.

80 Vgl. Reininghaus 2005 an der Universität Potsdam. 2006 erschien eine ausführliche Beschreibung in der Zeitschrift für Bibliothekswesen und Bibliographie. Vgl. Nathanael Riemer Heft 3–4, S. 165–168.

81 http://info.ub.uni-potsdam.de/projekte/veitelheine.php [29.12.2014].

82 Die Stiftungen der preußisch-jüdischen Hofjuweliersfamilie Ephraim und ihre Spuren in der Gegenwart 2009.

83 Harry B. van der Linden 2009, S. 13–38.

84 Ich danke Andreas Kennecke, Fachreferent der Universitätsbibliothek Potsdam, dass er mir ermöglichte, am 7. Oktober 2014 die VHE-Bände der Aschkenasy-Bibliothek zu sehen. Das Ergebnis meiner Untersuchung lässt keinen Zweifel an der Herkunft der Bücher aus der Bergungsstelle 153/Seminar für Orientalische Sprachen.

85 Wie Bernd Naake, Geschäftsführer des Zentralantiquariats Leipzig, mitgeteilt hat, gibt es zu diesem Verkauf keinerlei Unterlagen, Zeitzeugen sind auch nicht mehr befragbar. Er selbst war seit 1976 in der Firma, hatte aber nie etwas über einen derartigen Verkauf gehört. Vgl. Bernd Naake, E-Mail vom 18. Oktober 2014.

86 Zitiert nach Wikipedia. Siehe: http://de.wikipedia.org/wiki/Kommerzielle_Koordinierung [29.12.2014]; http://de.wikipedia.org/wiki/M%C3%BChlenbeck_%28Oberhavel%29 [29.12.2014]; http://de.wikipedia.org/wiki/Alexander_Schalck-Golodkowski [29.12.2014].

87 Vgl. Bendt (wie Anm. 38).

88 Vgl. Medieninformation der Universität Potsdam Nr. 2012–232 vom 26. November 2012. URL: http:// www.uni-potsdam.de/pm/news/up/date/2012/11/26/2012-232.html [29.12.2014].

89 Vgl. Merx 1888.

90 Die Gesellschaft für Erdkunde wurde 1828 mit dem Ziel gegründet, die geowissenschaftliche Forschung zu unterstützen. Sitz der Gesellschaft

war seit 1899 das Fürstenberg-Palais in der Berliner Wilhelmstraße. Von 1928 bis 1940 war der Geograph und Geopolitik-Experte Albrecht Haushofer der Generalsekretär der Gesellschaft. Haushofer erhielt 1933 eine Dozentur für Geopolitik an der Hochschule für Politik (DHfP) in Berlin. Die DHfP war eine im Oktober 1920 gegründete private Hochschule. 1940 fusionierte sie mit dem Seminar für Orientalische Sprachen und wurde in die Auslandswissenschaftliche Fakultät der Friedrich-Wilhelms-Universität eingefügt. Vgl. http://de.wikipedia.org/wiki/Albrecht_Haushofer [30.12.2014].

91 Siehe dazu http://raubgut.zlb.de/index.php/Detail/Object/Show/object_id/32115 [29.12.2014].

92 Mitgeteilt von Christof Ellger, Gesellschaft für Erdkunde zu Berlin, E-Mail vom 6. November 2014.

93 Vgl. Judaica – recently the property of the library of the Akademie für die Wissenschaft des Judentums in Berlin 1936.

PERSONENVERZEICHNIS

Alenfeld, Irène Publizistin, Dolmetscherin, Autorin, geb. in Berlin 1933, engste Freundin von Josefa Bar On-Steinhardt, stiftete dem Jüdischen Museum Berlin den letzten Brief von Martha Liebermann, gest. in Berlin 2013.

Ashkenasy, Yehuda Rabbiner, geb. in Breslau 1924, Flucht in die CSSR und Ungarn, Überlebender von Auschwitz, Auswanderung nach Israel 1949, Umzug in die Niederlande 1959, gest. in Hilversum 2011.

Boas, Henriette Publizistin, Schriftstellerin, geb. in Amsterdam 1911, Studium Alte Sprachen an der Universität Amsterdam, Promotion 1938, Flucht nach England 1940, Auswanderung nach Israel 1947, Rückkehr in die Niederlande 1951, zahlreiche Veröffentlichungen bis 2001, gest. in Amsterdam 2001.

Dalberg, Julius Jonas Antiquar, geb. in Essentho/Westfalen 1882, Emigration aus Kassel in die Niederlande 1933, aus Westerbork deportiert und am 23. Juli 1943 in Sobibor ermordet.

Flusser, David Neutestamentler und Qumran-Experte, geb. in Wien 1917, Emigration 1939 aus Prag nach Israel, gest. in Jerusalem 2000.

Freimann, Aron Soncino-Mitglied, Bibliothekar und Bibliograph, geb. in Filehne/Posen 1871, Leiter der Hebraica-Judaica-Abteilung der Stadtbibliothek Frankfurt am Main seit 1898, Pensionierung 1933, Emigration 1938 in die Vereinigten Staaten, gest. in New York 1948.

Halkin, Abraham Judaist, Professor am Jewish Theological Seminary in New York, geb. in New York 1904, Auswanderung nach Israel 1977, gest. in Jerusalem 1990.

Haushofer, Albrecht Geograph, Geopolitik-Experte, Schriftsteller, geb. in München 1903, wegen Beteiligung am Deutschen Widerstand im April 1945 in Berlin ermordet.

Hirsch, Menko Max Soncino-Mitglied, Unternehmer der Fa. Aron Hirsch & Söhne, geb. in Halberstadt 1896, Umzug nach Berlin, 1936 Flucht aus Berlin nach Antwerpen, 1939–40 Flucht über Kuba nach New York, gest. in Basel 1951.

Hirsch, Samuel J. S. Oberrabbiner von Zwolle, geb. in Amsterdam 1872, gest. in Zwolle 1941.

Horodisch, Abraham Soncino-Mitglied, Antiquar, Verleger und Buchhändler, geb. in Lodz 1898, Umzug im Kindesalter nach Berlin, Emigration aus Berlin nach Amsterdam 1933, Flucht in die Schweiz 1942, gest. in Amsterdam 1987.

Lamm, Louis Soncino-Mitglied, Antiquar und Verleger, geb. in Wittelshofen 1871, Emigration aus Berlin in die Niederlande 1933, aus Westerbork deportiert und am 19. November 1942 in Auschwitz ermordet.

Lebrecht, Fürchtegott Gelehrter des Judentums, Talmudist, geb. in Memmelbach 1800, kam ca. 1840 nach Berlin, Lehrer und Bibliothekar an der Veitel Heine Ephraim'schen Lehranstalt von 1848 bis zu seinem Tod, gest. 1876 in Berlin.

Lederer, Fritz Künstler, geb. in Kynsperk/CSSR 1878, Umzug nach Berlin 1904, Emigration nach Prag 1938, Überlebender von Theresienstadt, gest. in Cheb/CSSR 1949.

Lehren, Jacob Meijer Banker, Wohltäter, geb. in Amsterdam 1793, gest. 1863 in Amsterdam.

Löwenhardt, Werner Werbegraphiker, geb. in Dortmund 1919, Flucht als Jugendlicher in die Niederlande 1934 (Eltern blieben in Dortmund zurück), Überlebender von Westerbork, gest. 2006 in Amsterdam.

Mendelssohn, Moses Philosoph der Aufklärung, Gelehrter des Judentums, geb. in Dessau 1729, Umzug nach Berlin 1743, gest. 1786 in Berlin.

Meyer, Herrmann M. Z. Soncino-Mitglied, Antiquar und Verleger, geb. in Berlin 1901, Emigration über die Schweiz und Niederlande nach Israel 1933/1935, gest. in Jerusalem 1972.

Meyer, Salomon S. Antiquar und Buchhändler, geb. in Hamburg 1910, Emigration in die Niederlande 1934, Flucht nach England 1940, gest. in Amsterdam 1986.

Mittwoch, Eugen Judaist und Islamwissenschaftler, geb. in Schrimm/Posen 1876, Professor für Semitistik in Berlin 1919–1935, Leiter des Instituts für Orientalische Sprachen, lehrte an der Veitel Heine Ephraim'schen Lehranstalt ab 1906, Emigration nach England 1938, gest. in London 1942.

Onderwijzer, Joseph Judaist und Philologe, geb. in Amsterdam 1898, Auswanderung nach New York 1939, gest. in New York 1986.

Rabin, Chaim Philologe Semitische Sprachen, geb. in Gießen 1915, Emigration nach England 1933, Auswanderung nach Israel 1956, gest. in Jerusalem 1996.

Safrai, Shmuel Bibel- und Talmudwissenschaftler, geb. in Warschau 1919, Auswanderung im Kindesalter nach Israel 1922, gest. in Jerusalem 2003.

Satanov, Isaac Gelehrter des Judentums, Schriftsteller, geb. in Satanov/Ukraine 1732, Auswanderung nach Berlin 1771, Leiter der Druckerei der Jüdischen Freyschule, gest. in Berlin 1803.

Schwarz, Karl Soncino-Mitglied, Kunsthistoriker, geb. in München 1885, Direktor des Jüdischen Museums in der Oranienburger Straße 31 in Berlin [eröffnet am 24. Januar 1933, geschlossen nach dem 9. November 1938], Emigration nach Eretz Israel im Juni 1933, Direktor des Tel Aviv Museum of Art von 1933–1947, gest. in Tel Aviv 1962.

Seeligmann, Sigmund Soncino-Mitglied, Judaist und Historiker, geb. in Karlsruhe 1873, Auswanderung im Kindesalter in die Niederlande 1884, gest. in Amsterdam 1940.

Steinhardt, Jakob Soncino-Mitglied, Künstler, geb. in Zerkow/Posen 1887, Umzug nach Berlin 1906, Emigration nach Israel 1933, gest. in Naharia 1968.

Urbach, Ephraim E. Judaist und Talmudist, geb. in Byalistok/Polen, Emigration aus Breslau nach Israel 1937, gest. in Jerusalem 1991.

Zadek, Walter Antiquar und Buchhändler, geb. in Berlin 1900, Emigration nach Israel 1933, gest. in Holon 1992.

LITERATURVERZEICHNIS

Antiquariaat »Pampiere Wereld« S. S. Meyer. Catalogue 8: Hebraica-Judaica, with among others. A selection of books from the famous librairies of the late Sigmund Seeligmann of Amsterdam and the late Chief Rabbi A. S. Hirsch of Zwolle, The Netherlands. Amsterdam o. J. [1966?].

Antiquariaat Spinoza 1970–1980. Catalogue 34/ Christian Hebraists. Amsterdam 1980.

Bendt, Vera: Die andere Hälfte. Das »Judensilber« des Märkischen Museums im Kontext der Vereinigung von Berlin Museum und Märkischem Museum. Ungedrucktes Manuskript vom 25. März 2009. URL: http://bendt.org/pdf/Judensilber_im_Maerkischen_Museum.pdf [29.12.2014].

Berlin, Charles: Harvard Judaica. A History and Description of the Judaica Collection in the Harvard College Library. Harvard College XII. Cambridge/Mass. 2004.

Boas, Henriette: Terug in de Den Texstraat. De bewoners en de omgeving. Postuum bewerkt door Aharon Boas, F. J. Hoogewoud, Tamarah Benima. In memoriam Dr. Henriette Boas. Bijlage 4. Beknopte bibliografie van dr. Henriette Boas. Kampen 2002, S. 143–146.

Briel, Cornelia: Beschlagnahmt – Erpresst – Erbeutet. NS-Raubgut, Reichstauschstelle und Preußische Staatsbibliothek zwischen 1933 und 1945. Hrsg. von Hans-Erich Bödeker und Gerd-Josef Bötte in Zusammenarbeit mit der Staatsbibliothek zu Berlin Preußischer Kulturbesitz. Berlin: Akad.-Verlag 2013.

Burgers (1990–91)

Die Soncino-Gesellschaft der Freunde des jüdischen Buches: Sammlung Herrmann Meyer. Ungedrucktes Manuskript über OPAC der Bibliothek des Jüdischen Museums Berlin abrufbar, URL: http://www.jmberlin.de/main/DE/03-Sammlung-und-Forschung/01-Sammeln/06-bibliothek.php [06.01.2015].

Bussenius, Daniel: Von der Hauptstadtposse zur Erfolgsgeschichte. Die Entstehung des Jüdischen Museums Berlin 1971–2001. Mit einem Vorwort von W. Michael Blumenthal. Göttingen: Vandenhoeck & Ruprecht 2014 (Schriften des Jüdischen Museums Berlin 1).

Catalogue of the Jaap Meijer Collection, Hebraica and Judaica printed before 1900, compiled by Jonathan N. Cohen. Hrsg. von The Library of the Amsterdam Municipal Archives. Amsterdam 1999.

Conrad, Kathrin: Das Archiv aus dem Nachlass Jakob Steinhardt. In: Jahrbuch – Stiftung Stadtmuseum Berlin 1 (1995), Berlin 1997, S. 319–328.
Deutsche Literatur im Exil 1933–1945. Erstausgaben. Hrsg. vom Antiquariat Amelang. Frankfurt am Main 1962.
Dick, Jutta: Frucht vom Baum des Lebens. Menko Max Hirsch und die Sammlung der Rechtsgutachten Peri Ez Chajim. In: Soncino – Gesellschaft der Freunde des jüdischen Buches. Ein Beitrag zur Kulturgeschichte. Hrsg. von Karin Bürger, Ines Sonder, Ursula Wallmeier. Hrsg. vom Moses Mendelssohn Zentrum für europäisch-jüdische Studien Potsdam in Kooperation mit dem Zentrum Jüdische Studien Berlin-Brandenburg. Berlin/Boston: De Gruyter Oldenbourg 2014 (Europäisch-jüdische Studien Beiträge 17), S. 113–124.
Erste Erwerbungen und Stiftungen für das künftige Jüdische Museum im Palais Ephraim. Hrsg. von der Gesellschaft für ein Jüdisches Museum in Berlin e.V. Begleitheft der gleichnamigen Ausstellung, August–September 1978 im Berlin Museum. Berlin 1978.
Fischer, Ernst: Verleger, Buchhändler und Antiquare aus Deutschland und Österreich in der Emigration nach 1933. Ein biographisches Handbuch. Hrsg. von Verband deutscher Antiquare, Autographen- und Graphikhändler. Elbingen 2011.
Fischer, Ernst: Zerstörung einer Buchkultur. Die Emigration jüdischer Büchersammler aus Deutschland nach 1933 und ihre Folgen. In: Imprimatur – Ein Jahrbuch für Bücherfreunde N.F. XVII (2002), S. 176–195.
Gans-Premsela, Jenny: Vluchtweg. Baarn 1990.
Gerstenfeld, Manfred: Judging the Netherlands: The Renewed Holocaust Restitution Process, 1997–2000. Jerusalem, Center for Public Affairs. Jerusalem 2011.
Gordon Gallery, Auction 18, Part I: Collection Karl Schwarz, 1. Juni 1986. Tel Aviv 1986.
Heider, Ulrich: Die Soncino-Gesellschaft der Freunde des jüdischen Buches e.V. (1924–1937). Köln 2006.
Heuberger, Rachel: Bibliothek des Judentums: Die Hebraica- und Judaica-Sammlung der Stadt- und Universitätsbibliothek Frankfurt am Main. Entstehung, Geschichte und heutige Aufgaben. Frankfurt am Main 1996 (Frankfurter Bibliotheksschriften 4).
The Holocaust and the Book. Destruction and Preservation. Hrsg. von Jonathan Rose. Amherst 2001.
Hoogewoud-Verschoor, Ruth: Van zending tot gesprek? De laatste jaren van De Nederlandsche Vereeniging voor Israël 1931–1942 en het begin van de Hervormde Raad voor Kerk en Israël 1942–1945. Dissertation, Universität Amsterdam 1982.
Horodisch, Abraham: Die Soncino-Gesellschaft der Freunde des jüdischen Buches. In: Imprimatur – Ein Jahrbuch für Bücherfreunde N.F. V (1967), S. 131–148.
Horodisch, Abraham: Ein Abenteuer im Geiste. Die Soncino-Gesellschaft der Freunde des jüdischen Buches. In: Bibliotheca Docet. Festgabe für Carl Wehmer. Hrsg. von Siegfried Jost. Amsterdam 1963, S. 181–208.
Horodisch, Abraham: Fünfzig Jahre Buchhändler in Amsterdam. In: De Arte et Libris. Festschrift Erasmus 1934–1984. Hrsg. von Erasmus Antiquariaat en Boekhandel. Amsterdam 1984, S. 465–469.
JMB-Signatur VII.3. IbnEz 110
Sefer 'atsmot Yosef/Yosef ben Yitshak Ibn 'Ezra. Berlin 1699.
JMB-Signatur VII.5. Maimo 351
Biur millot ha-higgayon = Logica/R. Mosis Maimonidis. Cum explicatione R. Samson Kalir. Frankfurt an der Oder 1761.
JMB-Signatur VII.5. Maimo 1081
Bi'ur millot ha-higgayon/Mosheh Bar Maimon. [Mosheh Mendelson.] David Ben Nito. Kuzari ha-sheni. Berlin 1765.
JMB-Signatur VII.5. Maimo 1082
Bi'ur millot ha-higgayon/le-ha-Rambam. Mosheh Desau. [Isa'ak Satanov]. Sefer holekh tamim. Berlin 1795.
Judaica. Geschichte Politik Geistesleben. Antiquariatskatalog 16, Januar 1962. Hrsg. von dem Stuttgarter Antiquariat Dr. Frieder Kocher-Benzing & Co. Stuttgart 1962.
Judaica – recently the property of the library of the Akademie für die Wissenschaft des Judentums in Berlin. Catalogue No. 10. Jerusalem: Bamberger & Wahrmann 1936.
Die Karten- und Ansichtensammlung des Jüdischen Museums (Sammlung Löwenhardt). In: Karthographische Sammlungen in Berlin: Geschichte, Standorte, Informationen. Hrsg. von Lothar Zögner. Gotha 2001, S. 59–62. [Eine Auswahl der Karten und Druckwerke ist unter ›Aus den Sammlungen des Jüdischen Museums Berlin‹ mit dem Suchbegriff »Löwenhardt-Hirsch« aus dem Internet abrufbar. URL: http://objekte.jmberlin.de/view/objektsearch.seam?pQuery=*+loewenhardthirsch*+allTi]
Krüger, Rolf-Herbert: Das Ephraim-Palais in Berlin – Geschichte und Wiederaufbau. Hrsg. von den Bezirksvorständen Berlin der Gesellschaft für

Heimatgeschichte und für Denkmalpflege im Kulturbund der DDR. Berlin 1987 (Miniaturen zur Geschichte, Kultur und Denkmalpflege Berlin 25).

van der Linden, Harry B.: Die Veitel Heine Ephraimsche Lehranstalt. In: Die Stiftungen der preußisch-jüdischen Hofjuweliersfamilie Ephraim und ihre Spuren in der Gegenwart. Hrsg. von Karl E. Grözinger. Wiesbaden 2009 (Studien zur Geistesgeschichte, Religion und Literatur 19: Jüdische Kultur), S. 13–38.

van der Linden, Harry B.: Veitel Heine Ephraim – Hofjude Friedrichs II. Hrsg. von Hermann Simon bei Hentrich & Hentrich Verlag für jüdische Kultur und Zeitgeschichte. Berlin 2013 (Jüdische Miniaturen 139).

Merx, Adalbert: Chrestomathia Targumica quam collatis libris manu scriptis antiquissimus Tiberiensibus editionibusque impressis celeberrimis. Ad codices vocalibus Babylonicis instructos, gedruckt in Leipzig bei Wilhelm Drugulin. Berlin 1888 (Porta linguarum orientalium 8).

Meyer, Herrmann M. Z. : Moses Mendelssohn-Bibliographie. Mit einigen Ergänzungen zur Geistesgeschichte des ausgehenden 18. Jahrhunderts. Mit einer Einführung von Hans Herzfeld. Berlin 1965 (Veröffentlichungen der Historischen Kommission zu Berlin beim Friedrich-Meinecke-Institut der Freien Universität Berlin 26).

Reininghaus, Moritz: Potsdamer Tagung zu »Geschichte und geistige Physiognomie der Veitel Heine Ephraimschen Lehranstalt Berlin«. Veranstaltet am 3. November 2005 an der Universität Potsdam. URL: http://publishup.uni-potsdam.de/opus4-ubp/frontdoor/index/docld/3703.

Reisen nach Jerusalem. Das Heilige Land in Karten und Ansichten aus fünf Jahrhunderten. Begleitband der gleichnamigen Ausstellung vom 2. April bis 6. Juni 1993 im Gropius-Bau, zugleich Bestandskatalog der Sammlung Löwenhardt-Hirsch im Jüdischen Museum Berlin. Bearb. von Anemone Bekemeier. Wiesbaden: Reichert 1993.

Riemer, Nathanael: Die Judaica- und Hebraica-Bestände der Universitätsbibliothek Potsdam. In: Zeitschrift für Bibliothekswesen und Bibliographie 53 (2006), Heft 3–4, S. 165–168.

Rodenberg, Julius: Soncino=Gesellschaft der Freunde des jüdischen Buches e.V. Berlin. In: Deutsche Bibliophilie in drei Jahrzehnten. Verzeichnis der Veröffentlichungen der Deutschen Bibliophilen Gesellschaften und der ihnen gewidmeten Gaben 1898–1930. Hrsg. von der Deutschen Bücherei und Gesellschaft der Freunde der Deutschen Bücherei. Leipzig 1931, S. 199–210.

Schumacher, Martin: Fachrezension. URL: http://ifb.bsz-bw.de/bsz401160017rez-1.pdf [29.12.2014]

Reschimat Sfarim: Catalog der reichhaltigen Sammlungen Hebräischer und Jüdischer Bücher, Handschriften u.s.w. Hrsg. von J. M. Joachimsthal. Amsterdam 1898.

Soncino-Blätter. Beiträge zur Kunde des jüdischen Buches. Hrsg. von der Soncino-Gesellschaft der Freunde des jüdischen Buches e.V. Redaktion: Herrmann Meyer. 1925–1935 [1937].

Soncino-Gesellschaft der Freunde des jüdischen Buches. Ein Beitrag zur Kulturgeschichte. Hrsg. von Karin Bürger, Ines Sonder, Ursula Wallmeier. Hrsg. vom Moses Mendelssohn Zentrum für europäisch-jüdische Studien Potsdam in Kooperation mit dem Zentrum Jüdische Studien Berlin-Brandenburg. Berlin/Boston: De Gruyter Oldenbourg 2014 (Europäisch-jüdische Studien Beiträge 17).

Jakob Steinhardt – der Prophet. Begleitband der gleichnamigen Ausstellung vom 2. März bis 30. April 1995 im Gropius-Bau, zugleich Bestandskatalog der Graphik-Sammlung von Jakob Steinhardt im Jüdischen Museum Berlin. Berlin 1995.

Jakob Steinhardt. Zeichnungen. Schenkung Josefa Bar On-Steinhardt. Begleitband der gleichnamigen Ausstellung im Ephraim-Palais vom 24. Juni bis 3. September 2000. Hrsg. von der Stiftung Stadtmuseum Berlin. Berlin 2000.

Die Stiftungen der preußisch-jüdischen Hofjuweliersfamilie Ephraim und ihre Spuren in der Gegenwart. Hrsg. von Karl E. Grözinger. Wiesbaden 2009 (Studien zur Geistesgeschichte, Religion und Literatur 19: Jüdische Kultur).

Studia Rosenthaliana. Journal for Jewish Literature and History in The Netherlands and Related Subjects vol. XV, no. 1. Hrsg. von der Universitätsbibliothek Amsterdam/Bibliotheca Rosenthaliana. Assen 1981.

Thesaurus Typographiae Hebraicae Saeculi XV/ Hebrew Printing during the Fifteenth Century. Edited by Aron Freimann and Moses Marx. A Facsimile-Reproduction of the Edition 1924–1931. Supplement to Part I. The Universitas Booksellers (by arrangement with Messrs. Marx & Co.). Mit einer Einführung von Herrmann Meyer. Jerusalem 1967–1969.

Weinberg, Werner: Die Reste des Jüdischdeutschen. Stuttgart 1969.

Wulf D. v. Lucius

Ephemera – die Zeugnisse des wirklichen Lebens

Das Bedürfnis nach Erinnerung

Sich zu erinnern ist ein tiefwurzelndes Bedürfnis des Menschen. Die meisten machen sich Notizen, viele schreiben Tagebücher, fast alle sammeln Fotografien oder bewahren Wanderkarten, Theaterprogramme u.v.a. mehr auf. Sie tun dies vorausschauend als Stütze für ihr persönliches Gedächtnis. Täglich verschwinden Millionen solcher Dokumente durch Aufräumen, Wohnungswechsel und am häufigsten bei Nachlassauflösungen. All dies Gesammelte macht anscheinend keinen Sinn mehr, wenn derjenige, der es für seine persönliche Erinnerung zusammentrug, nicht mehr da ist. All diese Dokumente sind vergänglich wie Eintagsfliegen, die Ephemeridae, und haben daher die Gattungsbezeichnung Ephemera bekommen.

Nun taugen diese vergänglichen Dokumente des Alltagslebens – so belanglos und persönlich sie auch auf den ersten Blick scheinen mögen – sehr wohl zur Konstituierung eines Teils des kollektiven kulturellen Gedächtnisses und sind daher seit einiger Zeit verstärkt in den Blick von Historikern und Kulturwissenschaftlern gerückt. Nicht nur Bücher und hohe Literatur überliefern Vergangenheit – man könnte sogar im Gegenteil sagen, dass diese viel zu sehr von Kunstwollen und Ideen geprägt sind, als dass sie das wirkliche Leben spiegeln könnten.

Aleida Assmann, die sich wissenschaftlich intensiv mit Fragen der Erinnerung befasst hat, stellt in diesem Zusammenhang sehr zutreffend fest, dass literarische Texte »nur einen kleinen Anteil an der übergreifenden Gedächtnisthematik haben«. Es gibt, so Assmann, »Gedächtnisinformationen unterhalb und jenseits der Textschwelle«.[1] Ganz eindeutig ist das natürlich bei allen Teilen unseres kulturellen Erbes so, die per se nichttextlicher Natur sind wie Gebäude, Kunstgegenstände, Möbel, Handwerksgeräte usw. Zwischen den literarischen Zeugnissen in ausgereifter textlicher Gestalt und den vorgenannten gänzlich textlosen Überlieferungsstücken steht das, was in diesem Beitrag angesprochen werden soll: die Ephemera, ein Begriff, der erst seit einigen Jahrzehnten gängig geworden ist und der, grob gesagt, ›Gedrucktes‹ bezeichnet, das jenseits der Buchdefinition im bib-

!1¡ Kleine Stadtführer Heidelberg, 19./20. Jahrhundert

liothekarischen Sinn und weitestgehend außerhalb der üblichen Textgattungen der Literaturwissenschaft liegt.

Bei fast allen Ephemera fehlt der der schönen Literatur eigene fiktionale Anteil oder der hypothetische wissenschaftlicher Texte. Sie spiegeln ›Leben pur‹, d.h. diese Dokumente sind in der Regel nicht durchwoben von ästhetischen und reflexiven Intentionen. Aus dieser Perspektive heraus wurde kürzlich eine Ausstellung in der Bayerischen Staatsbibliothek konzipiert. Im dazu vorgelegten Faltblatt heißt es:

> In acht Vitrinen, die unter den Aspekten »Leben, Lieben, Sterben« und »Spiel, Spaß, Zeitvertreib« gefasst werden, zeigen sechs Bibliotheken je ein Werk ihres Sammelspektrums aus einem eher ungewöhnlichen Blickwinkel: Neben Kuriosa, Ephemera, nicht-kanonischen Werken findet sich Gebrauchsliteratur. Alltagstexte und Gelegenheitsschriften stehen neben Literatur aus entlegeneren Randgebieten. Diese Werke sind nicht nur selten, sie gewähren auch besondere Einblicke in das kulturelle Leben der Zeit. Präsentiert wird ein buntes Kaleidoskop der Fülle des Lebens und der Alltagskultur vom Beginn des Buchdrucks bis ins 21. Jahrhundert.[2]

Sehr deutlich wird dabei die Hinwendung zum gezielten Sammeln von Druckwerken, die vor Jahrzehnten ausdrücklich nicht zum Sammelgut von Bibliotheken gehörten. !1¡

Ephemera

Das *Lexikon für das gesamte Buchwesen* kannte 1989 noch nicht einmal den Begriff ›Ephemera‹, während in England schon 1988 Maurice Rickards wegweisendes Buch *Collecting Printed Ephemera* erschienen war; dort gab es schon seit 1975 die Ephemera Society und später (nun schon seit vielen Jahren) das Centre for Ephemera Studies an der University of Reading sowie die Zeitschrift *The Ephemerist*. Wie geeignet England schon seit langem als Boden für Ephemera-Sammler war, zeigt etwa Samuel Pepys, dessen Tagebücher so detailreich das Londoner Alltagsleben im 17. Jahrhundert beschreiben – er schuf zwei große Klebealben mit über 1000 Ephemera, die heute im Magdalene College in Cambridge aufbewahrt werden.

Alfred Lichtwark, der große Hamburger Museumsmann, hat dazu 1922 folgendes notiert: »Was man von einem Stück Weltgetriebe wahrzunehmen vermag, hängt vom Standpunkt ab, den man wählt, und von der Ausbildung der Augen, mit denen man sieht.«[3] Diese Ausbildung der Augen für die Bedeutung des scheinbar Nebensächlichen ist das Sondertalent, das der Ephemera-Sammler haben bzw. entwickeln muss. Hier eine ganz kurze Liste von Objekten – ein winziger Ausschnitt aus den Hunderten von Einträgen in der *Encyclopedia of Ephemera*.[4]

Skurriles	Parkzettel, Telefonkarten, Samentüten, Fahrscheine, Käse-Etiketten, Gepäckanhänger
Aussagekräftig	Wein-Etiketten, Grußkarten, Beipackzettel, Gebrauchserklärungen, Stadtpläne, Assignaten, Schulzeugnisse, Industriekataloge, Korrekturzettel, Rechnungen, Werbeblätter
mittlerweile bereits ernsthafte Sammelgebiete	Comics, illustrierte Notenumschläge, Theaterprogramme, Auktionskataloge, Bilderbogen (imagerie populaire), Plakate
besonders buchnah	Schutzumschläge, Buchbinder- und Buchhändleretiketten, Verlagslesezeichen, Subskriptionsprospekte

Unter zahllosen Beispielen finden wir als extremes Beispiel für scheinbar Skurriles in der *Encyclopedia of Ephemera* eine Sammlung von Papierhüllen für Nähnadeln aus dem 19. Jahrhundert. Aber diese Sammlung umfasst mehr als 2000 Stücke und bietet vielerlei Aufschluss, industriegeschichtlich ebenso wie für das sich entwickelnde Verpackungsdesign, ist also ›wichtig‹. !2¡

Ephemera sind zu großen Teilen gratis verteilt worden (Reklame) oder waren Beiwerk (Verpackung), daher sind sie kaum auf den Markt gekommen und rasch wieder verschwunden. Sie betreffen meist Kleinstereignisse des alltäglichen Lebens und sind nicht zur dauerhaften Bewahrung gedacht.

2
Nähnadelbriefchen, England, Ende 19. Jahrhundert

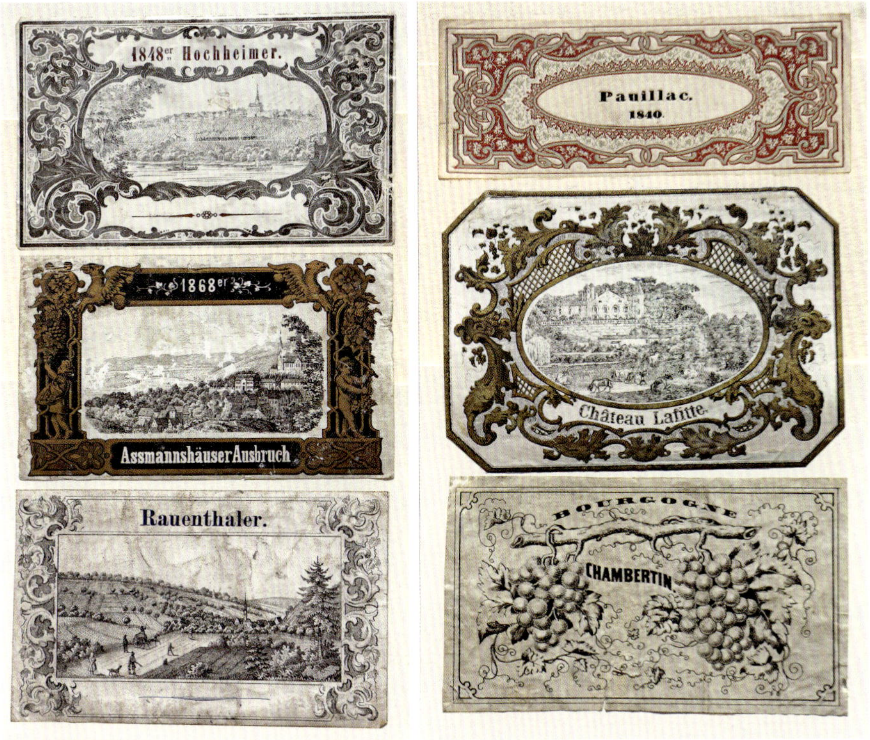

!3¡
Weinetiketten aus dem 19. Jahrhundert aus Deutschland und Frankreich

Doch die Grenzen sind fließend: Man kann von durchaus buchnahen Ephemera sprechen, die teils (wie etwa Einblattdrucke und Theaterzettel) schon seit langem als bibliothekarisches Sammlungsgut gelten, und andererseits sehr buchfernen wie Weinetiketten und Rechnungen, die dennoch kulturgeschichtlichen Aussagewert haben. In einer solchen Sortierung ›buchnah/buchfern‹ klingt die frühere strikte Trennung von high and low, Hochkultur und Populärkultur nach. !3¡

Je buchferner, desto mehr entgehen solche Dokumente dem Handel, der Bibliographie, dem Depot légal. Sie sind sehr schwer aufzutreiben (etwa eine Papiertüte für Spielkarten aus dem 17. Jahrhundert). Mehr wohl als andere Arten des physischen Kulturgutes bedürfen sie der Entdeckung und Bewahrung. Das Sammeln von Postkarten etwa ist mittlerweile weit verbreitet, es ist ein großes Gewerbe geworden und Fachmessen sind dazu entstanden. Es ist staunenswert, wie viele Ansichtskarten (auch mit trivialsten Motiven) für kleine, wenig bekannte Orte existieren – eine reiche Quelle für ortsgeschichtliche, urbanistische Studien. !4¡

Doch wenden wir uns noch einmal der Zerstreutheit der Dinge zu: Stets bleiben Überlieferung und Erinnern fragmentarisch und werden erst durch den kundigen Betrachter wieder zu einer Erzählung. Die Lückenhaftigkeit der Überlieferung

4
Postkarten, erste Hälfte des 20. Jahrhunderts

und der kollektiven Erinnerung ist schon seit eh und je als Mangel empfunden worden und als Herausforderung, ihr entgegenzuwirken. Und zugleich ist das Vergessen und Verschwinden die Voraussetzung der Wertschätzung des Verbliebenen. Eine Aktivität unter zahllosen solchen Anstrengungen zur Wiedergewinnung von fast schon Verlorenem stellt das Großprojekt der ›Sammlung Deutscher Drucke‹ dar, durch das auf sechs Bibliotheken an sechs Orten verteilt eine größtmögliche Vollständigkeit der Überlieferung von gedruckten Werken erreicht werden soll. Das von Bernhard Fabian angestoßene Projekt hat bedeutende Erfolge erreicht: Über 200 000 Bestandslücken wurden geschlossen, aber Zehntausende bedürfen noch bibliothekarischem Findungseifers und Findungsglücks, um ebenfalls gefüllt zu werden. Dazu noch einmal Aleida Assmann:

> Für das individuelle wie das kollektive Gedächtnis gilt, dass es perspektivisch organisiert ist. Beide sind nicht auf größtmögliche Vollständigkeit eingestellt und nehmen nicht Beliebiges in sich auf, sondern beruhen auf einer strikten Auswahl. Vergessen ist deshalb ein konstitutiver Teil des individuellen wie des kollektiven Gedächtnisses.[5]

Das vollständige Gedächtnis ist so unfruchtbar wie eine Landkarte im Maßstab 1:1, und die Welt wäre von Müllbergen haushoch überwuchert, wenn alles, was Menschen je gemacht haben, erhalten geblieben wäre. Verschwinden, Vergessen und reduzierte Überlieferung sind also Voraussetzungen für das Leben und die Möglichkeit von Erkenntnisgewinn aus der Vergangenheit. Vergessen und Verschwinden sind der heilsame Zwang einer psychischen und physischen Hygiene im weitesten Sinn. Vergessen und Verschwinden von physischen Zeugnissen unserer Kultur geschehen zunächst gleichsam naturhaft und scheinen ungesteuert. !5¡

Genauer betrachtet gibt es aber eine Hierarchie des Erinnernswerten und demgemäß eine bei der Erhaltung von Gegenständen. Wichtige Ereignisse des individuellen Lebens werden meist dauerhaft gespeichert und bedeutende (genauer: als bedeutend konnotierte) Elemente der physischen Kultur besser und bewusster bewahrt als solche des trivialen Alltags: eine Königskrone sorgsamer als ein Essbesteck und eine Gutenberg-Bibel besser als die Donate ebendieses Druckers. Diese Bedeutungseinstufung gibt es auch innerhalb der Ephemera.[6] !6¡

Man sieht bei den Erwerbungen der Sammlung Deutscher Drucke deutlich und notwendigerweise eine sich verstärkende Tendenz zum Erwerb von Entlegenem und Marginalem: Neben Rara und Curiosa, die aber unzweifelhaft Bücher, also klassisches Bibliotheksgut sind, finden wir in der Münchener Ausstellung typische Ephemera, wenn auch überwiegend solche des buchnahen Typus': von

!5¡
Rechnungsformulare mit dekorativen Köpfen, Anfang 20. Jahrhundert

!6¡
Subskriptionsankündigungen von Pressendrucken: Cranach Presse Hamlet (1928) und Vergil (1926) sowie von Walter König (2002)

Einblattdrucken des 17. Jahrhunderts über Stickereivorlagen des 18. Jahrhunderts, Taschenkalender des 19. Jahrhunderts und schließlich aus dem 20. Jahrhundert die Satzung des FC Bayern aus dem Jahr 1935, als dieser Club noch keine Berühmtheit war – jetzt rückblickend hat dieser Druck an Relevanz gewonnen. Die Bibliotheken haben sich also in den letzten Jahrzehnten zunehmend auf unwegsames Gebiet begeben und viel Wichtiges erreicht.

Die Überlieferungsdichte ist ja bei Büchern grundsätzlich größer als bei den ›transient documents of every day life‹. Wer nun dafür am meisten zuständig ist, ob Archive, Regionalmuseen oder eben Bibliotheken, mag dabei offenbleiben.

All diese Beispiele zeigen die historisch sich wandelnde und stets unscharf bleibende Abgrenzung des zu Sammelnden und auch die Abgrenzung von Buch und Nicht-Büchern, die dennoch für sammelnswert erachtet werden. Immer bleibt ein Spielraum für Neugierde, Phantasie und Interesse am scheinbar Abwegigen. !7¡

Schauen wir daher noch einmal auf die Hierarchie des Erinnernswerten, Sammlungswürdigen: Lückenhafte Überlieferung beruht ja ganz entscheidend auf der Attributierung ›wichtig/unwichtig‹. Letzteres mag vergehen, auf die Müllhalden

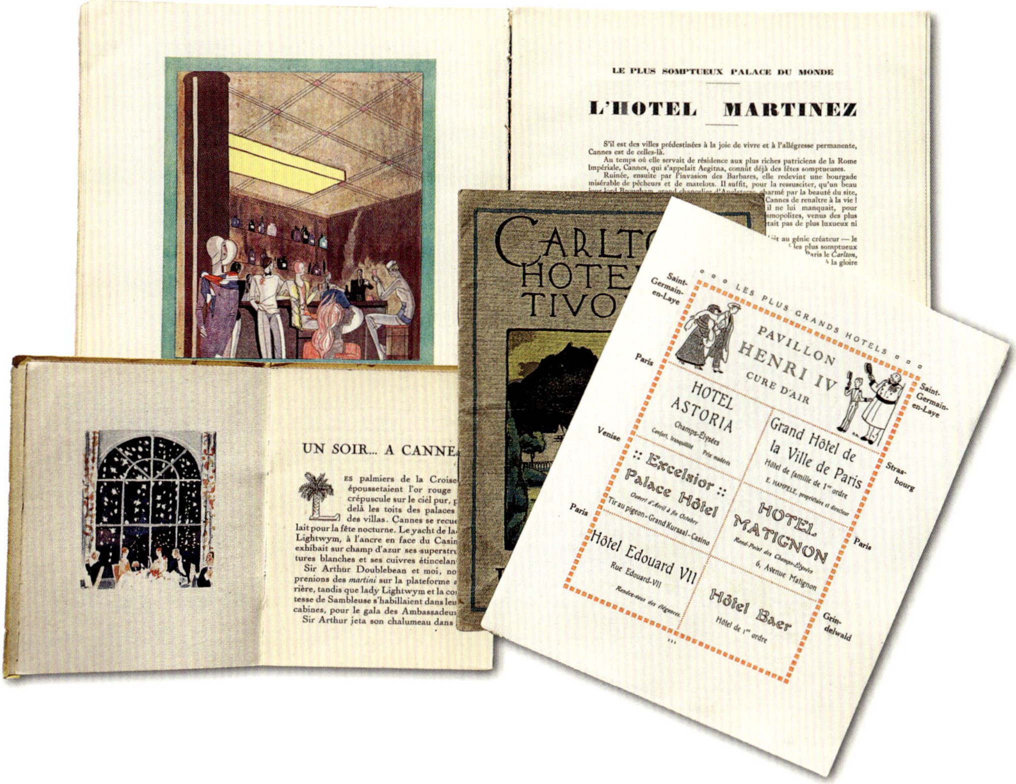

!7¡
Hotelprospekte aus dem frühen 20. Jahrhundert

geraten oder – in unserem Zusammenhang – dem Recyclingprozess des Papiers zugeführt werden, über den vor 250 Jahren Louis-Sébastien Mercier in seinem *Tableau de Paris* schon so anschaulich notierte:[7]

> Die unermüdliche Hand der Gewürzhändler, Drogisten, Butterverkäufer und so weiter zerstört täglich ebenso viele Bücher und Heftchen wie gedruckt werden. Die Papiersammler kommen an zweiter Stelle, und all diese segensreich zerstörerischen Hände erhalten das Gleichgewicht, indem sie die Journalisten und ihre Gesellen in das Stampfwerk bringen. Ohne sie würde die Masse bedruckten Papiers zu einem unhandlichen Berg anwachsen, der am Ende alle Eigentümer und Mieter aus ihren Häusern triebe. Man beobachtet also dasselbe Verhältnis bei der Herstellung der Bücher und ihrer Zerlegung wie zwischen Leben und Tod: ein Trost, den ich allen gebe, welche die Vielzahl der Bücher belästigt und bedrückt.

Wichtig oder unwichtig

Das Wichtige also wird in Archiven und Bibliotheken sorgsam bewahrt, das Unwichtige verfällt der ihm zugemessenen Zerstörung, es wird zu Tüten, geklebter Pappe oder gelangt in die Papiermühle. Das ist doch gut? Ja, natürlich – wenn man nur wüsste, was wichtig und was unwichtig ist.

»Colligite fragmenta ne pereant« – diese Worte aus dem Johannes-Evangelium, wo sie dem Einsammeln der Reste der Speisung der 5000 gelten, sind seit langem zu einem Motto der Historiker und Sammler geworden: Die Worte werden von Hartmann Schedel ebenso verwendet wie vom Kanonikus Alexander Schnütgen, der in Köln vor 200 Jahren sein wundersames Rettungswerk zu den Fragmenta der Klosterauflösung betrieb.

Was ist wichtig und was unwichtig? Da gibt es Konventionen und mehr oder weniger willkürliche Definitionen, die sich entweder am Umfang – ›Broschüre‹ war lange ein abwertendes Wort – oder im Inhalt orientieren. Bis ins 20. Jahrhundert sammelten die großen Bibliotheken keine Kinderbücher und keine Trivialliteratur.[8] Deren Bedeutung für die Sozial- und Kulturgeschichte ist längst erkannt, und diese Materialien werden, meist zunächst von Privatsammlern, mit großer Beharrlichkeit zusammengetragen.

Die Grenzen öffentlichen Sammelns haben sich stetig zugunsten der Ephemera verschoben. Dazu sei eine kleine, wahre Geschichte berichtet: Im Jahr 1950 ging ein kleiner Junge mit seinen Eltern in Southampton in ein Musical, es war *Annie Get Your Gun*. Der Junge war tief berührt und begeistert, und dieser Abend gab den Anstoß zu einer der größten Sammlungen von musikbezogenen Memorabilia des 20. Jahrhunderts. Der kleine Junge hieß Rexton Bunnett und wurde später ein erfolgreicher Finanzmann in der Londoner City. Was aber das Wunder an dieser Sammlung von Ephemera (Postern, Programmen, Notenblättern, Schallplatten und deren Hüllen usw.) ist, dass dieser Junge als Heranwachsender in den Musikclubs, der off-Szene und auch den wilderen Ecken Londons wenige Jahre später nie vergaß, all diese Memorabilien zu sammeln, obwohl man sich denken kann, dass Alkohol und vielleicht auch Cannabis ihm den Kopf verdrehten – aber diese Sachen mitzunehmen, vergaß er nicht. Er tauschte Materialien mit Freunden und entdeckte eines Tages eine Goldgrube: ein staubiges kleines Büro in einem Theater, das Plakate etc. verschickte. Er erwarb für ein paar Schilling den in Jahren dort angesammelten Vorrat, teils von Ereignissen, die vor seiner Geburt stattgefunden hatten. Für mich ist dieser beharrliche, findige Jüngling ein Heros – er folgte der Sammlerdevise »colligite fragmenta ne pereant«. Die Sammlung ist heute ein Stolz des Victoria & Albert Museums.

Wichtig oder unwichtig? Nicht nur für diese Musikalia im weiteren Sinn ist das so schwer zu beantworten. Das eigentlich Wunderbare ist: Wenn erst einmal recht

!8¡
Schifffahrtsprospekte, England und Deutschland aus den 1920er und 30er Jahren

viel von auf den ersten Blick Unwichtigem zusammengetragen wird, ist das Unwichtige plötzlich wichtig, es ist das der sattsam bekannte Umschlag von Quantität in Qualität. !8¡

Wer sammelt schon Speisekarten? Wieder einmal diese uns stets begleitende Unterscheidung von wichtig oder unwichtig: die der Pizzeria an der Ecke nicht, aber die der Luxusdampfer mit Goldprägung und Seidenkordel oder die originalgraphisch geschmückten der festlichen Diners exklusiver bibliophiler Gesellschaften, die werden aufgehoben. Aber sind sie als Zeugnisse vergangenen Lebens ›wichtiger‹ als die einfachen Tageskarten kleiner Vorstadtlokale? Sie sind wie so vieles andere in den Worten von Maurice Rickards die »minor transient documents of everyday life«.[9] Mit der in den letzten Jahrzehnten entschiedenen Zuwendung der Historiker und Kulturwissenschaftler zum Alltagsleben (gerade auch der unteren Schichten) hat die Bedeutung von Ephemera naturgemäß enorm gewonnen, sie zu sammeln ist damit zu einer wichtigen Aufgabe geworden. Die Ephemeriden – Eintagsfliegen – sind kostbare Überlieferung geworden.

Wie sammelt man Ephemera, und wer?

Das besonders Vertrackte bei den Ephemera ist, dass sie, je älter (und damit seltener) sie sind, als sammelnswert anerkannt werden, nicht aber die alltäglichen Werbezettel jeglicher Branche, von denen wir heute in unserem Alltag überhäuft werden. Deshalb ist der erwähnte Rexton Bunnett so ein Hero: Er erkannte, dass das Aktuelle, Alltägliche, Belanglose, äußerlich oft Schäbige Bedeutung hat – zunächst für ihn als Quelle persönlichen Erinnerns, dann aber durch die Agglomeration großer Mengen unversehens Quelle kollektiven Erinnerns, würdig zur Aufnahme in eine bedeutende öffentliche Sammlung. Wichtig oder unwichtig? Die Grenzziehung verschiebt sich permanent in der Zeit und zum zweiten durch die Anstrengung Einzelner, viel vom Unwichtigen zu versammeln und damit dessen Verwandlung zum Bewahrenswerten zu vollziehen.

Das zweite Vertrackte an den Ephemera ist, dass sie meist nicht ›schön‹ sind: einfachste Materialien, oft schlechte Gestaltung, schlechter Druck, schlecht for-

!9¡
Automobilprospekte im Art Déco-Stil aus Deutschland, Frankreich, USA, 1930er Jahre

mulierte Botschaften, naive Bildchen. Es bedarf also einer gewissen Askese, wie sie eher Wissenschaftler haben, sich ihnen zuzuwenden. Schneller Lustgewinn am Objekt ist hier nicht zu erlangen, allenfalls Befriedigung eines Jagdfiebers. Aber gerade in alltäglicher Beliebigkeit, dem Desinteresse seiner Produzenten an Schönheit und Dauerhaftigkeit, liegt eine Botschaft, die ebenfalls wahrgenommen werden sollte.

Das Vertrackteste bei den Ephemera aber ist der Zeitaufwand, den ihr Aufspüren erfordert: Ein Bibliothekar oder Archivar kann weder die Abende in den Kellerlokalen von Soho verbringen, um all die Flugblätter oder Plakate einzusammeln, noch auf Flohmärkten Nadelbriefchen oder Schulzeugnissen nachjagen. Nur Besessene können und wollen das leisten – in ihren Sammlungen stecken Jahre um Jahre, kostbare Lebenszeit, die nur der Einzelne solch abwegigen Objekten widmen kann und darf. Wenn es dann geleistet ist, dann wird die Relevanz dieser Dinge offenbar. Es ist kennzeichnend, dass die *Encyclopedia of Ephemera*, die kein Bibliothekar hätte erstellen wollen, später den Preis als »outstanding work of reference« der British Library Association erhielt. [9]

Ephemera in der Erwerbungspolitik der Bibliotheken

Bibliotheken stützen sich natürlich nicht nur auf die ihnen zufallenden Ephemera-Sammlungen, sondern sammeln bestimmte Dokumententypen sozusagen ›frisch per Erscheinen‹. Insbesondere die Landesbibliotheken nehmen sich der Lücken an und sehen jenseits der ihnen zugehenden Pflichtstücke eine wichtige Aufgabe im Aufspüren von Drucksachen. Dazu werden Tageszeitungen ausgewertet, etwa eine dort erwähnte Broschüre zum Jubiläum eines Sport- oder Gartenvereins aktiv angefordert. Sie sammeln etwa Theaterzettel, Vereinsstatuten, Jahresberichte von Schulen und Vereinen, Kirchen, Programme kultureller Veranstaltungen u. ä. Aber schon bei den Veranstaltungen der off-Szene und der freien Kulturarbeit tun sich große Lücken auf, die mangels entsprechender Personalausstattung nicht zu schließen sind. Wieder ist man auf die Zeitinvestition Einzelner angewiesen. Ein aktuelles Beispiel für frühzeitiges, gezieltes Sammeln von Ephemera bietet die Württembergische Landesbibliothek, es geht um das Thema ›Stuttgart 21‹:[10]

> Recherchiert man im Online-Katalog mit dem Schlagwort Stuttgart 21, dann erhält man fast 300 Treffer. Schaut man sich die aufgelisteten Titel genauer an, stellt man fest, dass es sich um sehr verschiedenartige Materialien unterschiedlicher Zugangsarten handelt. So findet man vorwiegend über Pflicht, aber auch über Kauf erworbene gedruckte Bücher […], Sondermaterialien wie gedruckte Karten und Pläne. Neu an dieser Sammlung ist der hohe Anteil an elektronischen Medien ephemeren Charakters, z. B. Broschüren,

> Faltblätter, Einblattmaterialien, Präsentationen und Websites. […] Über den Pflichtzugang hinaus werden Online-Publikationen von Privatpersonen, Projektverantwortlichen, Protestorganisationen und Projektbefürwortern gesammelt.

Die Sammlung ›Stuttgart 21‹ ist ein gutes Beispiel dafür, wie weitreichend die Bibliothek heute verschiedenartige Materialen aus dem gedruckten und dem elektronischen Bereich sammelt, erschließt und präsentiert. ! 12 ¡ Solche beispielhaften Sammlungskerne ergeben sich hier für ein bundesweit diskutiertes Großereignis, das zweifellos in die Kategorie ›wichtig‹ fällt, auch als Beispiel bürgerschaftlichen Agierens.

Ein zweites Beispiel sind historische Großereignisse wie die Weltkriege – nicht wenige Bibliotheken sammelten ja auch schon während des Ersten Weltkriegs Kriegsplakate und -flugschriften, überschritten also schon vor 100 Jahren zielstrebig die Ephemera-Grenze. Beispielhaft erwähnt sei die Leipziger Sondersammlung, die die Deutsche Bücherei sofort bei Kriegsbeginn 1914 initiierte: ! 10 ¡

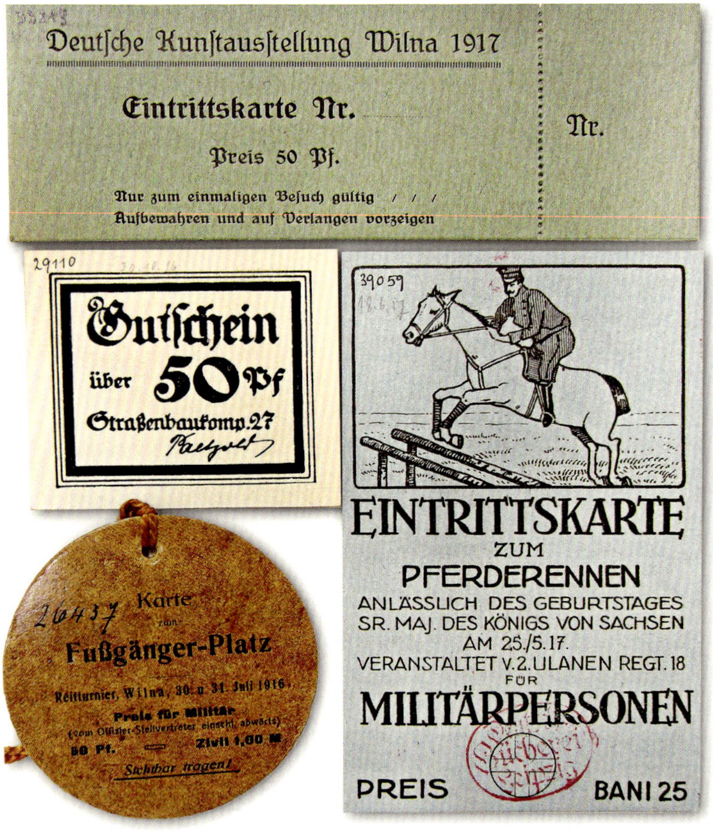

! 10 ¡ Weltkriegsmemorabilien aus der Sammlung der Deutschen Bücherei Leipzig (Deutsche Nationalbibliothek)

Die Sammlung sollte solche Druckerzeugnisse umfassen, die »unwiederbringlich verloren sind, wenn sie nicht im Augenblick ihres Auftauchens am Ort ihrer Entstehung aufgegriffen werden«:

Kriegschroniken

Predigten und Ansprachen

Dichterische und künstlerische Erzeugnisse wie Gedichte, Liederbücher, Karikaturen usw.

Amtliche Bekanntmachungen

Politische und Kriegszeitungen insbesondere aus besetzten Gebieten

Landkarten, Pläne usw.

Ausgeklammert wurden anfangs Postkarten und Extrablätter von Zeitungen. Später wurden sie jedoch genau wie Fotografien, Notgeld, Lebensmittelmarken oder Musikalien der Sondersammlung hinzugefügt.[11]

!11¡
Briefsendung der Armeezeitung vom 3. August 1916 (Deutsche Nationalbibliothek)

Verlässliche Angaben zum insgesamt erworbenen Material sind nicht erhalten; die Zahlen schwanken zwischen 55 000 und 58 000 Medienwerken (ohne Verlagsschriften!). Sie beinhalten etwa 35 000 Bücher und Broschüren außerhalb des Verlagsbuchhandels, über 660 Zeitungen und Zeitschriften, 1300 Landkarten, über 600 Musikalien, fast 15 000 Plakate und tausende Einblattdrucke.[12] !11¡

Das ist eine bewundernswerte Leistung für eine Bibliothek, die gerade einmal zwei Jahre zuvor gegründet worden war. Offenbar werden von Bibliotheken politische Ephemera eher als sammelwürdig eingeschätzt gegenüber anderen, für die eher Museen oder Archive zuständig sind. Aber die Möglichkeiten, dies für eine Vielzahl von Themen nachhaltig zu tun, sind begrenzt, es bedarf daher neuer Ansätze.

Digitale Ephemera

Wie wird sich das Ephemera-Sammeln in Zukunft entwickeln? Für die Ephemera auf Papier sieht es nicht ungünstig aus, wohl aber bei der ganz neuen Kategorie der digitalen Ephemera. Die Zahl papierener Ephemera (natürlich Abermillionen) ist nichts gegen die Vielzahl digitaler Dokumente, die ganz überwiegend der Kategorie Ephemera zuzuordnen sind, viele verschwinden wieder sehr schnell aus dem Netz. Wer soll das sammeln, wie und mit welchen Erschließungsmethoden? Der oft diskutierte periodische Schnappschuss des gesamten Netzinhalts gleicht der erwähnten 1:1-Landkarte, er ist unbrauchbar, unauswertbar, die Vielzahl der Dokumente nicht zu bewältigen. Und hier versagen auch die Möglichkeiten der Privatsammler: Selbst wenn sie ihre gesamte Lebenszeit dem Aufspüren bestimmter Dokumententypen widmen könnten und ausreichend große Speicher zur Verfügung hätten, ist es schwer vorstellbar, wie sie das schaffen sollten, was die Nähnadelbriefchen- und Postkartensammler geleistet haben.

Sowohl von den technischen Erfordernissen (Migration und Emulation in die ständig sich ändernden Systeme), d.h. der Obsoleszenz der Laufwerke und Abspielumgebungen, von proprietären Datenformaten und insbesondere im Hinblick auf vernetzte interaktive Dokumente erscheint das Sammeln digitaler Ephemera wie das Ausschöpfen des Meeres mit einem Fingerhut. Dazu hat Klaus Ceynowa kürzlich bündig folgendes formuliert:[13]

> Technisch spiegelt sich dieser Wandel im nach wie vor ungelösten Problem der Langzeitsicherung komplexer Webinhalte. Die hier eingesetzten Softwaretools sind gerade nicht in der Lage, digitale Objekte in ihrer Vernetztheit und Kontinuität zu speichern und dauerhaft verfügbar zu halten.
> Verlinkungen werden im Archivierungsprozess oft »abgeschnitten«, dynamische und multimediale Inhalte, Grafiken und interaktive Tabellen zumeist gar nicht mit gespeichert. Auf diese Weise wird künstlich eine »Publikation« im herkömmlichen Sinne erzeugt, die als Archivierungsformat taugt. Das Wissenskontinuum wird in statische Textualität, kontextualisierter Inhalt in Read-only-Inhalt rückverwandelt.

Man könnte hinzufügen ›verfälscht‹. Dazu konnte man kürzlich in der Zeitschrift der Deutschen Nationalbibliothek lesen:[14]

> Wie bislang kein anderes Medium entzieht sich das Web – dieses riesige, sich stetig wandelnde, grenzenlos verwachsene und in alle Lebensbereiche verästelte Gewebe – dem Versuch es zu bewahren. Für die auf Vollständigkeit der Sammlung bedachten Nationalbibliotheken ist das schwer zu ertragen. Es sind unumkehrbare Entscheidungen zu treffen, und diese werden die Erinnerung künftiger

Generationen maßgeblich prägen. Damit dies die richtigen sind, ist mehr denn je ein fortlaufender Dialog mit der Gesellschaft notwendig.

Es ergeben sich völlig neue Anforderungen an die Gedächtnisorganisation der Zukunft – und besonders gravierend für digitale Ephemera. Sowohl Vollständigkeit wie Authentizität müssen neu definiert werden. Man kann die pessimistische Vermutung haben, dass wir Jahrhunderten unvorstellbar breiten Vergessens entgegengehen.

Unabhängig von dieser Besorgnis darf man für die physischen Ephemera festhalten, dass sie ein ungemein anregendes, herausforderndes und verdienstliches Sondergebiet des Sammelns sind, quasi die hohe Schule des Sammelns: hindernisreich, Zielstrebigkeit und langen Atem erfordernd wie wohl kein zweites, und darin wissenschaftlicher Tätigkeit nicht unähnlich.

In der *Aeneis* finden wir den oft zitierten Vers »forsan et haec olim meninisse iuvabit«. Er wird meist übersetzt als »vielleicht wird es einst erfreulich sein, sich dieser Dinge zu erinnern«. Nun heißt aber »iuvare« nicht nur »erfreuen«, sondern hat auch die Bedeutung »aufhelfen, fördern«. In diesem Sinne möchte ich den Vers im Zusammenhang dieses Beitrags formulieren: »Vielleicht wird auch dies eines Tags der Erinnerung aufhelfen« – das Schulzeugnis, die Eintrittskarte, der Theaterzettel. Sie sind Zeugnisse des wirklichen Lebens, Adiuvantien der Erinnerung. Sie helfen zur erneuten Vergegenwärtigung aus den Nebeln der Vergangenheit. Bibliothekare, Archivare und Sammler haben Teil an dieser materialen Erinnerungsarbeit: »colligite fragmenta ne pereant!«

!12¡ Beispiel für digitale Ephemera, hier zu ›Stuttgart 21‹ aus der Württembergischen Landesbibliothek Stuttgart

Überarbeitete und leicht gekürzte Fassung eines Vortrags anlässlich des 25-jährigen Jubiläums der Sammlung Deutscher Drucke (Bayerische Staatsbibliothek, 17. September 2014).
Abb. 2 wurde der *Encyclopedia of Ephemera* von Maurice Rickards entnommen, Abb. 10 und 11 freundlicherweise von der Deutschen Nationalbibliothek in Leipzig, Abb. 12 von der Württembergischen Landesbibliothek Stuttgart zur Verfügung gestellt. Alle anderen Abbildungen zu diesem Beitrag stammen vom Verfasser.

ANMERKUNGEN

1 Aleida Assmann: Vier Formen des Gedächtnisses. In: Erwägen Wissen Ethik (2002), Heft 2, S. 189.
2 Vgl. das Zitat auch auf https://www.bsb-muenchen.de/veranstaltungen/ausstellungen/archiv-der-ausstellungen-ab-2000/archiv-einzeldarstellung/article/es-gibt-immer-noch-ein-buch-br-buecher-von-1450-bis-heute-zum-25-jaehrigen-jubilaeum-der-sammlung-deutscher-drucke/ [30.12.2014].
3 Alfred Lichtwark: Der Sammler. Offenbach: Gebr. Klingspor 1922, S. 5.
4 Vgl. Maurice Rickards: The Encyclopedia of Ephemera. London: British Library 2000.
5 Assmann (wie Anm. 1), S. 186.
6 Vgl. dazu die Auflistung auf Seite 57.
7 Louis Sébastien Mercier: Bücher, Literaten und Leser am Vorabend der Revolution. Auszüge aus dem »Tableau de Paris«. Ausgewählt und übersetzt von Wulf D. v. Lucius. Göttingen: Wallstein 2012, S. 57.
8 Vgl. S. Graham Jefcoate: »Unerwünschte Zugänge«. Zur Erwerbungspolitik wissenschaftlicher Bibliotheken. In: Nationale Verantwortung für kulturelle Überlieferung. Hrsg. von Bernd Dugall und Angela Hausinger. Frankfurt am Main: Klostermann 2010, S. 80ff.
9 Rickards (wie Anm. 4), S. 11.
10 Persönliche Mitteilung aus der Württembergischen Landesbibliothek vom August 2014.
11 Yvonne Jahns: Die Leipziger Sondersammlung zum Ersten Weltkrieg. In: Dialog mit Bibliotheken (2014), Heft 1, S. 56.
12 Jahns (wie Anm. 11), S. 59.
13 Klaus Ceynowa: Der Text ist tot, es lebe das Wissen. In: Hohe Luft, November 2013, S. 56.
14 Jürgen Klett: Dynamisches Bewahren!? In: Dialog mit Bibliotheken (2014), Heft 1, S. 72.

Patrick Rössler

Souvenirs aus dem Kinosaal

Historische Filmmemorabilia als Teil unserer medialen Erinnerungskultur

> »Basis für alle neue kommende Kunst ist das Kino.
> Niemand wird mehr ohne die neue Bewegung auskommen,
> denn wir rotieren alle in einer anderen Geschwindigkeit als bisher.«
> Iwan Goll: *Das Kinodram*[1]

Wie kaum eine andere Medieninnovation war der Film in der Lage, die Weltwahrnehmung seines Publikums zu prägen. Von den frühen Bewegtbildern, die als Jahrmarktattraktion durch die Lande tingelten, über die erste kinematographische Blüte des Stummfilms und die Wochenschau-Berichterstattung bis hin zu den Blockbustern aus Hollywood, Babelsberg und anderswo, irgendwann mit Ton und schließlich in Farbe und 3D – die Geschichte des Films ist immer auch ein Teil unserer Sozialgeschichte.[2] Mit gutem Recht wird der Film deswegen – neben der illustrierten Massenpresse[3] – als eine der beiden zentralen Triebfedern jenes ›Iconic Turn‹[4] beschrieben, der den in den 1920er Jahren zu beobachtenden Visualisierungsschub maßgeblich beförderte.[5]

Dabei erwies sich der spezifische Charakter des Films, nämlich seine Entfaltung in der Zeit durch flüchtige Einzelbilder, nicht nur als Faszinosum der Massen und Distinktionsmerkmal zu anderen Medien, sondern mindestens in einer Hinsicht als Problem: Wenn Medien stets auch als Träger von Erinnerungskultur gelten,[6] so erschienen filmische Andenken für den Einzelnen lange unerreichbar, denn deren Erstellung war aufwändig und kostenintensiv, die Konsumption bedurfte technischer Apparaturen und war spontan kaum möglich. Berücksichtigt man außerdem die Doppelbödigkeit, eine mediale Erinnerungskultur auch für das Medienerlebnis Kinobesuch (im Grunde also Medienerinnerungen und nicht bloß Erinnerungen durch Medien) schaffen zu wollen, so blieb dafür bis weit nach dem Zweiten Weltkrieg den meisten Menschen nur die Möglichkeit eines Medienwechsels oder -transfers: Der Film als ein dynamisches Medium, das in der Zeit abläuft, musste in ›stehende‹ Repräsentationen übersetzt werden.[7] Für viele Zuschauer geschah das schlicht durch die Aufbewahrung der Eintrittskarte, ggf. mit einem Zeitungsausschnitt oder handschriftlichen Notizen zu dem gesehenen Film. !1¡

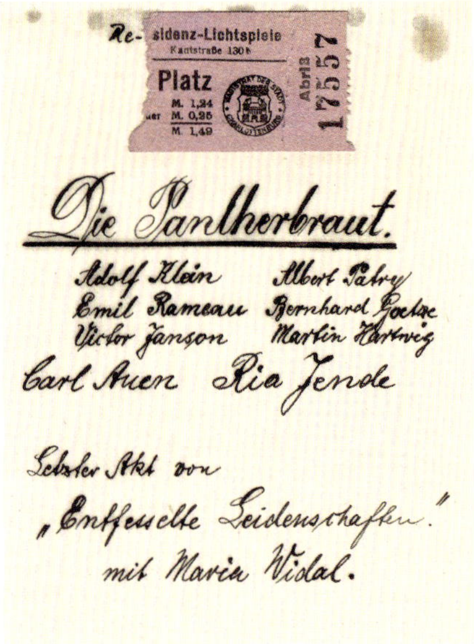

1
Handgeschriebenes Erinnerungsblatt mit montierter Eintrittskarte zu *Die Pantherbraut* (anonym, 1919)

2
Hausprogramm *Veritas Vincit*; R: Joe May (Das Welt-Kino, Berlin-Alt-Moabit, 1919)

Diese simpelste Form des Souvenirs zum Kinobesuch wurde freilich schon bald durch professionell gefertigte und vertriebene Filmmemorabilia ergänzt, denen sich angesichts der massenhaft auftretenden Kinopublika ein gigantischer Markt eröffnete: Alleine die 4500 Kinotheater im Reichsgebiet zählten zwischen 1925 und 1928 jährlich etwa 350 Millionen Besucher in ihren Sälen.[8] Ein naheliegender Rohstoff für diese Erinnerungsstücke waren natürlich die zu Verleihzwecken und für die Pressearbeit angefertigten Film-Standbilder, denn dort sind

> die fließenden Bilder der Filmkunst angehalten und zum Erstarren gebracht. Was sich im Film von Moment zu Moment, von Jetzt zu Jetzt szenisch und dramatisch entfaltet, wird bewegungslos, ruhig, statisch: ›still‹. Das bewegte Kinoleben wird zum ›still-life‹, zum Stilleben.[9]

Die Schlüsselbilder sollten das Thema und die Darsteller, sogar deren Gefühle prototypisch einfangen und die Handlung auf die entscheidenden Momente verdichten.[10] Diese Standfotos wurden in den verschiedenen Filmprogrammserien und Publikumszeitschriften verarbeitet, aber genauso für kommerzielle Souvenir- und Verleihprogramme verwendet, außerdem auf Starpostkarten und Sammelbildern abgedruckt. Auf diese Weise entstand ein breites Spektrum an auflagenstarken Filmmemorabilia,[11] die nicht nur die individuelle Erinnerungskultur und die Interessen der Filmfans wie des aufkeimenden Starkults bedienten – sie trugen als sekundäre Trägermedien selbst auch wieder zu dem Visualisierungsschub der Epoche bei.

Der vorliegende Artikel widmet sich diesen Artefakten, die in Sammlungen oft nur als Ephemera am Rande Beachtung finden, und stellt in einer kursorischen Übersicht einige wesentliche Objekte aus der Zeit des Stummfilms und des frühen Tonfilms vor. Dabei muss die an anderer Stelle bereits ausführlicher behandelte, klassische Filmpublizistik in Zeitschriften[12] ebenso unberücksichtigt bleiben wie das Gebiet der (illustrierten) Filmliteratur und Bücher über den Film[13] oder das weite Feld der Filmplakate[14] und der Aushangfotos zum Film,[15] die seinerzeit vom Kino kostenpflichtig ausgeliehen und an die Verleihe retourniert werden mussten, also für normale Kinogänger im Original üblicherweise nicht verfügbar waren.

Erklären und bewahren: das Programmheft

Eine typische Kinoveranstaltung in den 1920er Jahren unterschied sich erheblich von der heutigen Aufführungspraxis, die im Wesentlichen aus einem Werbeblock und dem Abspielen des angekündigten Films besteht. Der Ablauf – auch jenseits von Premierenveranstaltungen – besaß einen deutlichen Ereignischarakter; nicht zuletzt, weil die Spielfilme selbst zunächst nur eine Laufzeit von etwa einer guten Stunde aufwiesen und die ergänzenden, aktuellen Film-Wochenschauen damals ein (vom Publikum gewünschtes) Element zeitgebundener Berichterstattung verkörperten, das noch bis in die 1970er Jahre fortbestehen sollte. Ein damaliger Kinoabend hatte ›multimedialen‹ Charakter, wie man es heute formulieren würde, betrachtet man beispielsweise den Ablauf einer zufällig herausgegriffenen Filmvorstellung, hier die vom 11. bis 14. Dezember 1925 in den Simplon-Lichtspielen Berlin-Friedrichshain: Im Hauptprogramm läuft laut Programmzettel der beliebte Cowboy-Darsteller Tom Mix in seinem neuesten Streifen *Teufel – Tempo, Tom!*; zum emotionalen Ausgleich wird dann das »entzückende Lustspiel ›Liebesschmerzen‹« dargeboten. Auf der Bühne präsentieren Marius & Selsia exzentrische Tänze, während der »Typen-Darsteller« M. Hempel einige Szenen rezitiert.

Diese exemplarische Programmfolge mit ihrer Rhythmisierung durch Vortragselemente, Pausen und Wechsel belegt die Nähe zur Aufführungskultur von Theater, Konzert, Oper, Revue oder Zirkus. Intensiviert wurden diese Bezüge außerdem durch die übliche Live-Musikbegleitung der Stummfilme zumindest durch einen Pianisten, mitunter aber durch ganze Orchester. Daher schien es nur folgerichtig, dem Kinopublikum ein Programmblatt anzubieten, in der Tradition des Theaters und anderer Aufführungsmedien, die an eine Präsenzveranstaltung gebunden sind.[16] Diese Drucke umfassten eine chronologische Reihung der Einzelelemente und zum Hauptfilm meist Zusatzinformationen wie eine Besetzungsliste oder eine kurze Inhaltsangabe, die angesichts der begrenzten Möglichkeiten, dem Publikum in Zwischentiteln den Gang der stummen Handlung zu erläutern, durchaus ihre Berechtigung hatten. Diese Hausprogramme der Filmtheater wiesen in der Regel eine einheitliche äußere Gestaltung auf, in die der jeweilige Filmtitel

!3a,b¡
Hausprogramm mit Fächer zu *Genuine*; R. Robert Wiene (Kant-Lichtspiele, Berlin, September 1920)

und die Programmfolge eingesetzt wurden und die u.a. reichlich Platz für lokale Werbeanzeigen boten. !2¡

Während diese gefalteten Einblattdrucke kostenlos an den Käufer einer Einlasskarte abgegeben wurden, legten manche Häuser auch aufwändigere Programmbroschüren auf, wie z.B. die sogenannten ›Fächerprogramme‹ der Berliner Kant-Lichtspiele: !3¡ Hier entfaltete sich beim Aufklappen ziehharmonikaartig ein bunter Fächer aus Papier, der vermeintlich für kühlenden Luftzug im stickigen Kinosaal sorgen sollte, in der Hauptsache aber wohl ein dekoratives, heute kaum mehr auffindbares Souvenir an den Kinobesuch darstellte. Nur ausnahmsweise investierten die Besitzer der Lichtspielhäuser in namhafte Grafiker zur Erstellung dieser Gelegenheitsarbeiten – eine Ausnahme sind sicher die Programmumschläge, die Jan Tschichold um 1927 für den Münchner Phoebus-Palast entwarf,[17] wohl im Zuge seines Gestaltungsauftrags für die bekannte Plakatserie.[18] Alle diese Dokumente örtlicher Kinos sind wichtige Quellen für eine regionale Film- und Kulturhistorie, denn sie erlauben nicht nur die Rekonstruktion der örtlichen Filmstarts (aufgrund der hohen Kosten für eine Kopie wurden die aktuellen Filme längst nicht in allen größeren Städten gleichzeitig eingesetzt); darüber hinaus enthalten sie auch lokale Reklame und andere hilfreiche Informationen für die stadtgeschichtliche Forschung.

Jenseits dieser für das einzelne Lichtspieltheater spezifischen Programmankündigungen stellten auch die Filmproduktionsfirmen zentral Werbemittel zur

Verfügung, die sich dann natürlich nicht auf einen kompletten Ablauf, sondern nur auf den jeweiligen Hauptfilm beziehen konnten. Diese Hefte wurden zwar ebenfalls für die Pressearbeit und die Kundenakquise eingesetzt (s. u.), hauptsächlich lagen sie jedoch an den Kinokassen zum Erwerb für jene Zuschauer, die sich ein ausführlicheres und repräsentativeres Souvenir wünschten.

Für den zusätzlichen Obolus konnte der Käufer ein (zuweilen sogar farbig) gestaltetes Umschlagblatt erwarten, !4¡ das in der Regel Motive des Plakats oder aus der Anzeigenwerbung aufgriff, neben Reproduktionen ausgewählter Aushangfotos oder Starporträts. Bisweilen manifestierte sich hier sogar ein künstlerischer Anspruch, wenn Entwürfe extra für diese Souvenirprogramme erstellt wurden – so etwa die mit ›Richter‹ signierte Umschlagzeichnung für das Heft zu dem Dinosaurier-Schocker *Die verlorene Welt*, dessen Romanvorlage von Arthur Conan Doyle noch für einige weitere Verfilmungen herangezogen wurde und den Ufa-Grafiker zu einem zwischen Expressionismus und Art Déco changierenden, aber in jedem Fall mitreißenden Katastrophenszenario inspirierte. !6¡

Mit dem Budget des Films wuchs proportional auch die Investition in die Begleitpublizistik, was sich etwa am Beispiel des Ernst-Lubitsch-Films *Das Weib des Pharao* von 1920 verdeutlichen lässt, einem frühen Blockbuster seiner Epoche: Passend zum Dekor des Monumentalstreifens, der im alten Ägypten spielt, ließ der

!4¡ Souvenirprogramm *Gefangene Seele*; R: Robert Wiene (Messter-Film, 1918)

!5¡ Souvenirprogramm *Das Weib des Pharao*; R: Ernst Lubitsch (goldgehöhter Prägedruck; Ernst-Lubitsch-Filmgesellschaft, 1920)

!6¡
Souvenirprogramm *Die verlorene Welt* (nach Arthur Conan Doyle; im Verleih der Ufa, 1925)

Verleih einen geprägten Umschlag herstellen, der auf signalroter Grundfarbe die Schrift und das Hieroglyphensignet in erhabenem Golddruck zeigt. !5¡ Im Heftinnern folgen auf eine kurze Inhaltsangabe die ganzseitigen Porträts der HauptdarstellerInnen in ihren Rollen, ergänzt um einige dokumentarische Bilder der Bauten und von den Dreharbeiten. Die opulente Illustration durch die formatfüllenden Fotos in guter Druckqualität verhalf dem Zuschauer zu einer bleibenden, beeindruckenden Erinnerung an das Kinoerlebnis.

Organisierte Erinnerungskultur: Filmprogramme in Serien

Dieser luxuriöse Umschlag wurde vom Verleih ebenfalls verwendet, um ein Massenprodukt zu veredeln, das seinerzeit gerade erst am Beginn seiner Karriere stand: In Serien hergestellte Filmprogramme, die spezialisierte Verlage als Zeitschrift, Beilage oder über die Kinokasse vertrieben, aber auch – wie in diesem Fall – den Filmverleihen (in leicht abgewandelter Fassung) für ihre Propagandazwecke überließen. ! 7a,b ¡ Wie andernorts bereits ausführlicher dargestellt,[19] beruhte ihr Konstruktionsprinzip auf einer Kombination aus einem attraktiven Umschlagfoto und vielen weiteren Abbildungen, wofür oft auch freigestellte Teilmotive in Montagen unterschiedlicher Qualität zusammengefügt wurden. Ein bis zwei gefaltete Blätter stark, konnten sie in hoher Auflage produziert und zu einem günstigen Preis offeriert werden.

Ihr zentrales Merkmal, der hohe Bildanteil, speiste sich ausschließlich aus den vom Filmverleih kostenlos zur Verfügung gestellten Presse- bzw. Aushangfotos, weshalb die Filmprogrammserien heute zweifellos als Public-Relations-Instrument zu klassifizieren wären. Außerdem berichten zeitgenössische Quellen über

! 7a,b ¡
Filmprogramm *Das indische Grabmal* (Illustrierter Film-Kurier Nr. 74, 1921 & Verleihfassung ohne Titelzeile)

die Praxis beim unbestrittenen Marktführer in Deutschland, dem *Illustrierten Film-Kurier* (BFK), dass Produzenten und Verleiher für die Aufnahme ihres Films in die Programmserie einen »vierstelligen Kostenzuschuss« zu entrichten hatten.[20] Der BFK erschien ab 1919 im Quartformat zunächst als Zeitungsbeilage des Branchenblatts *Film-Kurier*,[21] wurde später aber auch einzeln an der Kinokasse oder im Abonnement abgegeben und zählte bis in die letzten Kriegsjahre insgesamt rund 4000 Ausgaben. Der hochwertige Kupfertiefdruck sorgte für eine bis heute bestechende Abbildungsqualität, und von ausgewählten Filmen sind außerdem Varianten auf besserem Papier bekannt, die wohl für ein Premierenpublikum gedacht waren. Die Reihe ist bibliographisch durch ein Standardwerk erschlossen, das alle nummerierten Hefte und die zahlreichen Ausgaben außerhalb der Zählung verzeichnet.[22]

Zunächst von Alfred Weiner in einem eigenen Berliner Verlag, später im Zeitschriftenportfolio der Vereinigten Verlagsgesellschaften Franke & Co. KG herausgegeben, kostete eine BFK-Ausgabe in der Regel 10 Pfennige. Die Auflage orientierte sich an dem tatsächlichen oder erwarteten Kassenerfolg des jeweiligen Films: Programme zu den Blockbustern mussten zum Teil mehrfach nachgedruckt werden und dürften durchaus in Millionenhöhe existiert haben, während die Hefte zu weniger populären oder verkannten Produktionen, die auch nur kurz im Kino eingesetzt wurden, heute oft schwer auffindbar sind. Ging man in den frühen Stummfilmjahren noch selektiv vor, ist für die Jahre nach 1930 anzunehmen, dass zum Großteil der in deutschen Kinos gestarteten Filme auch ein *Illustrierter Film-Kurier* zusammengestellt wurde. Die Gesamtauflage aller Hefte dürfte deswegen mindestens 100 Millionen Einzelexemplare betragen.

Wie der Slogan »Eine wertvolle Erinnerung für Sie an den gesehenen Film!«[23] verdeutlicht, hatten die Macher als Kaufmotiv von vornherein auf die Neigung des Publikums spekuliert, die Erinnerung an das Ereignis Kinobesuch – ein Freizeitvergnügen, das bevorzugt im Familien- oder Freundeskreis unternommen wurde – konservieren zu wollen. Gestalterisch bemerkenswert erscheint der Versuch, in dem statischen Medium Zeitschrift zuweilen den ›Flow‹ des Films wieder aufleben lassen zu wollen,[24] wie beispielsweise in den Montagen Heinz Hajek-Halkes zu Walter Ruttmanns *Melodie der Welt*. !8 a,b¡ Nur ausnahmsweise waren darüber hinaus in den Programmen künstlerische Akzente sichtbar; am auffallendsten sicher im Falle der Fotomontagen von Otto Umbehr (Umbo) zu dem experimentellen Dokumentarfilm *Berlin – Die Sinfonie der Grosstadt* (Nr. 658/1927), darunter sein vielfach reproduziertes Porträt des ›rasenden Reporters‹ Egon Erwin Kisch im Erstdruck.[25] Jenseits der Fotografie beschränkten sich zeichnerische Ausdrucksformen auf Verzierungen und Kontextualisierungen der Bildmotive, die freilich nur selten die Qualität des expressionistischen Dekors zu Robert Wienes *Genuine* (BFK 25/1920) erreichten. !9¡

Exemplarisch sei an dieser Stelle eine legendäre Ausgabe des *Illustrierten Film-Kurier* detaillierter vorgestellt, und zwar das Heft zu dem 1931 in den Kinos gestar-

!8a,b¡
Filmprogramm *Melodie der Welt* R: Walter Ruttmann (Gestaltung und Fotomontagen von H. Hajek-Halke; Illustrierter Film-Kurier Nr. 1115, 1929)

!9¡
Filmprogramm *Genuine*; R: Robert Wiene (Titelblatt und Innenseite, Illustrierter Film-Kurier Nr. 25, 1920)

!10¡
Filmprogramm *M*; R: Fritz Lang (Illustrierter Film-Kurier Nr. 1596, 1931)

MELODIE der WELT

TOBIS

Ein Weltreisefilm
hergestellt von der
Hamburg-Amerika Linie
in Gemeinschaft mit dem
Tonbild - Syndikat

HAPAG

Regie: WALTER RUTTMANN

Musik: Wolfgang Zeller

An der Filmexpedition der Hamburg-Amerika-Linie nahmen Teil unter der Leitung von

Heinrich Mutzenbecher

der Maler:
Paul Theodor Etbauer

die Operateure:
Wilhelm Lehne
Rudolph Rathmann

Tonbildaufnahmen:
Karl Brodmerkel
Paul Holzki
Reimar Kuntze
Adolf Jansen

Darsteller:

Der Matrose:
J. Kowal Samborski

Die Frau:
Renée Stobrawa

Arrangement und Photomontagen:
H. Hájek-Halke, Berlin

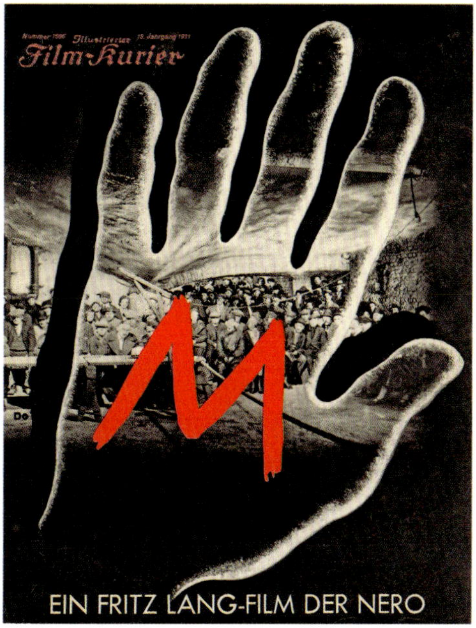

teten Fritz-Lang-Klassiker *M*, der als frühe Tonfilmproduktion immer wieder unter die besten Filme aller Zeiten gewählt wird.[26] Künstlerisch durch seine Erzählweise, visuell-akustische Umsetzung und die herausragenden Schauspielerleistungen von Peter Lorre und Gustaf Gründgens bis heute beeindruckend, lassen sich an diesem Film auch vielfältige zeithistorische und gesellschaftspolitische Bezüge aufzeigen.[27] Die achtseitige Nummer zu *M* existiert in verschiedenen Fassungen; neben der üblichen schwarz-weißen Ausgabe innerhalb der Reihe ist sicherlich die mit zusätzlicher roter Schmuckfarbe gedruckte Fassung ohne den Titelkopf der Reihe besonders zu beachten, die vermutlich als Luxus- oder Premierenausgabe erschienen war und durch die Verwendung eines stärkeren Papiers und eines Lack-Finish den enthaltenen Fotomontagen eine größere Tiefe und edle Anmutung verlieh. Das umlaufende Umschlagmotiv zeigt als Panoramaaufnahme den fingierten Prozess, den die Berliner Gangstersyndikate dem Kindermörder machen, überlagert von der Silhouette einer Hand und einem rot leuchtenden ›M‹ – dem Schlüsselmotiv des Films und seiner Verleihpropaganda. ! 10 ¡ Zwei weitere, doppelblattgroße Montagen aus den wichtigsten Szenenbildern[28] vermitteln eher die Atmosphäre des Films, als dass sie versuchten, seinen Ablauf nachzuerzählen. Sie kommen auch ohne Begleittext aus – einzige Schriftelemente sind das Fahndungsplakat auf einer Litfaßsäule und das verräterische ›M‹ aus Kreide auf dem Rücken des Mörders. Nicht zuletzt aufgrund der meisterhaften Bildmotive des Films gehören diese mit großer Professionalität hergestellten Doppelseiten zu den bemerkenswertesten künstlerischen Montagearbeiten der Zwischenkriegszeit. Ihre Originale sind, wie alle Druckvorlagen zum *Illustrierten Film-Kurier*, leider nicht mehr erhalten.

Der große Erfolg dieser Reihe rief immer wieder Nachahmer auf den Plan, die freilich weder die Qualität der BFK-Reihe noch deren Resonanz im Publikum für sich beanspruchen konnten. Ein Konkurrenzblatt des *Film-Kurier*, die traditionsreiche *Lichtbildbühne*, schickte sich 1928 an, den Quasi-Monopolisten BFK herauszufordern. Vier Probenummern in dessen Format, aber drucktechnisch und gestalterisch deutlich weniger ausgereift, riefen schon früh nach einem Relaunch mit eigenem Profil. Die daraufhin gegründete LBB-Filmprogrammreihe erschien im kleineren A5-Format, aber dafür mit farbigen Umschlagzeichnungen. ! 11 ¡ Im Umfang acht Seiten stark, nummerierte der Verlag bis zur Ausgabe 140 chronologisch fort, bis sich die Reihe in unterschiedliche Varianten aufsplitterte und um 1933 aus den Kinos verschwand. Ein verbindliches Verzeichnis aller geschätzt über 300 LBB-Ausgaben ist noch immer ein Desiderat,[29] zumal für einen nennenswerten Teil der hier abgedeckten Filmtitel vermutlich kein *Illustrierter Film-Kurier* erschienen sein dürfte. Gleiches gilt für die weitgehend unbekannte Reihe *Bild und Text*, deren ansprechende Programmhefte ebenfalls im monochromen (aber mitunter farblich getönten) Kupfertiefdruck erschienen. ! 12 ¡

! 11 ¡
Filmprogramm *Die Siebzehnjährigen* (LBB-Reihe Nr. 89, 1928)

! 12 ¡
Filmprogramm *Der blaue Express*; Sovkino im Verleih der Prometheus (Bild und Text Nr. 17, 1930)

Eine Idee zieht ihre Kreise

Das kleinere Format dieser Reihen erinnerte an die Tradition der österreichischen Filmprogramme, die bereits seit den 1910er Jahren als fester Bestandteil des Kinoerlebnisses in der Alpenrepublik galten. Hier dürfte tatsächlich die Funktion der Orientierung über die Filmhandlung im Vordergrund gestanden haben, denn die einmal gefalteten Flyer auf schlechtem Papier enthielten meist bloß eine Inhaltsangabe des jeweiligen Films. So wenig anziehend diese Drucke für visuell orientierte Sammler erscheinen mögen, so bedeutsam ist aus filmhistorischer Sicht gerade die *Kivur*-Reihe aus dem Wiener Kino-Reklame-Verlag von Gustav Kübart: Ihre unscheinbaren, sicher über 7000 verschiedene Ausgaben zählenden Faltblätter zeichnen die Geschichte des Kinos im deutschsprachigen Raum nach und enthalten oft die einzigen noch verfügbaren Informationen zum Inhalt längst verschollener Filme. Ein Verzeichnis dieser mit einer verwirrenden Nummerierung versehenen Reihe existiert bisher nicht; aus dem Konvolut ragen allerdings jene wenigen Ausnahmen wohltuend heraus, die in den späten 1920er Jahren mit gestalteten Umschlägen vertrieben wurden, darunter eine Aktaufnahme der seinerzeit populären Nackttänzerin Josephine Baker. ! 13 ¡

!13¡
Filmprogramm *Die Königin von Paris* mit Josephine Baker (Kivur-Reihe Nr. 3396, 1928)

In einer ähnlich reduzierten Anmutung erschienen die Programme des Konkurrenzunternehmens *Wiener Filmpropaganda*, die aber zumindest auf dem Titelblatt häufiger ein Filmstandbild zeigten und als sogenannte ›Zwischendrucke‹ durch ein Verzeichnis erschlossen sind.[30] Zur selben Zeit, nämlich seit 1930, vertrieb dasselbe Haus allerdings schon eine weitere Programmserie, die es mittelfristig mit dem *Illustrierten Film-Kurier* aufnehmen konnte, und zwar – zur bis heute großen Verwirrung – unter demselben Titel *Illustrierter Film-Kurier*, allerdings von Wien aus (deswegen WFK). Tatsächlich existierte keine direkte organisatorische Verbindung zwischen den beiden Unternehmen oder ihren Redaktionen; sie agierten unabhängig voneinander in getrennten Märkten, wo sich der WFK auf Österreich und speziell seine Hauptstadt Wien konzentrierte und der BFK nicht angeboten wurde, sowie umgekehrt der WFK im Reichsgebiet nicht erhältlich war, sondern der BFK ein Monopol besaß. Auch die WFK-Hefte wurden zeitweise als Beilage (der *Österreichischen Film-Zeitung*) vertrieben, der hauptsächliche Absatz erfolgte freilich über die Hauptstadtkinos, für die in den ersten Jahren auch speziell gekennzeichnete Ausgaben gefertigt wurden. Auch wenn der BFK vereinzelt Aus-

gaben im international verbreiteten, sogenannten ›Wiener Format‹ von 23 × 15 cm produzierte – eine echte Verwechslungsgefahr bestand jenseits dessen freilich nicht, denn die deutlich schlechtere Gestaltungs- und Druckqualität des WFK war auf Anhieb ersichtlich.

Speziell gilt dies für die 37 Exemplare der Vorläuferserie *Film im Bild* mit ihren unprofessionell erscheinenden Klebebildern; gleichwohl sind hierunter welche der gesuchtesten Programme überhaupt zu finden, denn drei Hefte (darunter die zu dem Dessauer-Film *Man schenkt sich Rosen* von 1930) wurden vermutlich nie offiziell vertrieben und sind dementsprechend nur in wenigen Exemplaren bekannt. ! 14 ¡ Ein höheres gestalterisches Niveau wurde erst Mitte der 1930er Jahre erreicht, wo den WFK-Ausgaben auch aus filmhistorischer Perspektive eine wichtige Funktion zukommt: Schließlich berücksichtigte die Reihe rund 700 Spielfilme, die in deutschen Kinos wegen der Filmzensur nicht gezeigt wurden und für die deswegen auch kein BFK existiert. Insbesondere sind dies ausländische Filme aus Frankreich oder Hollywood, wie etwa der Horror-Streifen *Die schwarze Katze* mit Boris Karloff ! 15 ¡ oder die im Reich misstrauisch beäugten österreichischen

! 14 ¡
Filmprogramm *Man schenkt sich Rosen* (Film im Bild Nr. 23, 1930)

! 15 ¡
Filmprogramm *Die schwarze Katze* (nach Edgar Allan Poe; Illustrierter Film-Kurier Wien, Nr. 1165)

Eigenproduktionen.[31] Erst 1938, im Zuge der Vereinnahmung Österreichs durch Nazi-Deutschland, wurde die Reihe eingestellt, da ein namensgleiches Medium parallel zum BFK überflüssig und in einem zentral gelenkten Verleihgebiet unsinnig erschien. Der einheitlich durchnummerierte WFK ist inzwischen durch ein Verzeichnis mit Titelaufnahmen, Register und Konkordanz zum BFK erschlossen.[32]

Im Deutschen Reich hatte sich schon Mitte der 1930er Jahre eine Konkurrenz zum *Illustrierten Film-Kurier* etabliert, die sich aus der zuvor erwähnten Tradition der Programme einzelner Lichtspielhäuser entwickelt hatte. Unter dem Titel *Unser Hausprogramm* konnten die Filmtheater für ausgewählte Filme – zumeist die erfolgversprechenden Unterhaltungsproduktionen – schwarz-weiße Faltblätter mit jeweils einer Schmuckfarbe anbieten, in die sie ihre eigene Adresse einstempeln oder eindrucken konnten. Die zunächst nicht nummerierte Filmprogrammreihe, die nach verschiedenen Relaunchs später unter *Das Programm von Heute* firmierte, erschien vermutlich in der Nachfolge der oben vorgestellten LBB-Programme. Um sich vom BFK abzusetzen, verfolgte die Reihe ein anderes redaktionelles Konzept: Die zunächst im DIN A4-Hochformat, danach quadratisch angelegten, zweifach gefalteten Leporellos enthielten eine Inhaltsangabe, ggf. Schlagertexte oder Produktionsnotizen zum Film, dafür aber nur vergleichsweise spärliche Illustrationen.

!16¡
Filmprogramm *Jud Süß*; R: Veit Harlan (Programm von heute Nr. 625, 1940, mit eingesteckter Künstlerpostkarte)

Stattdessen war (und das machte die Reihe unverwechselbar) in das entsprechend ausgestanzte Titelblatt jeweils eine speziell für die Reihe aufgelegte Star-Postkarte eingeklebt, die separat gesammelt oder verschickt werden konnte. Wohl um die Beschädigung durch Klebereste, insbesondere aber die unschöne Lücke zu vermeiden, die das Heraustrennen der Karte verursachte, fand man schon bald eine andere Lösung: Die vordere Umschlagseite wurde wie in einem Einsteck-Fotoalbum vierfach geschlitzt, sodass die Karte, weithin sichtbar, nicht nur einfach entnommen werden konnte (der Verlag bot ein spezielles Sammelalbum für diese Karten an), sondern gleichzeitig als zusätzliche attraktive Titelillustration diente. ! 16 ¡ Allerdings fehlen deswegen heute die Karten zumeist, die als Sonderauflagen der beliebten *Ross*-Filmpostkarten auf dünnerem, holzhaltigerem Papier produziert und mit einem Aufdruck *Das Programm von Heute* versehen waren.[33] Eine nachträgliche Zuordnung ist schwierig, weil in die Programme unterschiedliche Karten eingesteckt waren, die nicht eindeutig gekennzeichnet sind. Die aufwändige Produktion wurde ab 1938 zugunsten einer vereinfachten, nur noch einfarbigen und nummerierten Variante auf dünnerem Papier aufgegeben, und angesichts der Materialknappheit in den Kriegsjahren wurde das Kartenmotiv da nur noch auf die Frontseite aufgedruckt.

Werbung von Filmtheater und Verleihfirmen

All diese verschiedenen Programmserien wurden bereits in ihrer Zeit von Kinogängern als eine Geschichte ihrer privaten Kinobesuche aufbewahrt, aber auch von Sammlern komplett nach Nummern, Filmgenres oder den beteiligten Stars zusammengetragen. Für die Filmbranche war das primäre Ziel dieser Filmpublizistik freilich nicht die Bereitstellung von Erinnerungsstücken, sondern die Zielgruppe zum Kinogang zu bewegen, um möglichst hohe Einspielergebnisse zu erzielen; dabei musste sie aber stets die für Filmwerbung geltenden Gesetze (wie das zur Filmplakatzensur) beachten.[34] Die Bindung zum Medium und seinen Protagonisten aufgrund einer rückwärtsgewandten Materialsammlung war dabei nur mittelbar von Belang. Der werbliche Charakter dieser Materialien ist hingegen offenkundig; eine kritische Auseinandersetzung mit den Filmen – etwa im Stile von Rezensionen in den Feuilletons – sucht man in den Heften vergeblich.

Die großen Produktions- und Verleihfirmen produzierten allerdings nur ausnahmsweise selbst eine eigene Programmserie; namhaftestes Beispiel hierfür ist sicherlich die zwischen 1926 und 1928 aufgelegte Reihe der Berliner Ufa als wichtigste deutsche Filmproduktionsgesellschaft. Sie firmierte in jener Zeit als *Parufamet*, weil das Unternehmen in einer finanziellen Zwangslage einen Vertrag mit den amerikanischen Konzernen Paramount und Metro-Goldwyn-Mayer einging, der diesen einen breiten Zugang zu dem lukrativen deutschen Kinomarkt eröffnete.[35] Die etwa 100 nicht nummerierten *Parufamet*-Programme, für die keine verbindliche

Titelliste vorliegt, wurden (abgesehen von wenigen Sondertiteln wie etwa dem Schmuckprogramm zu *Ben Hur*) im ›Wiener Format‹ mit acht Seiten aufgelegt und stellen zumeist Exklusiv-Verwertungen dar, d.h. es existiert kein Programm des BFK oder anderer Serien. Dies betrifft auch wichtige nationale Produktionen wie etwa *Faust* oder *Metropolis*. ! 17 ¡ Die Serie, der mit den *Ufa-Programmen* und den *Ufa-Blättern* schon ähnliche Projekte vorangegangen waren, wurde jedoch bereits 1928 aus nicht bekannten Gründen wieder eingestellt. Hier wäre zu vermuten, dass sich zum einen die Produktion einer eigenen Reihe neben dem BFK, für die ja auch ein Distributionsweg gesichert werden musste, als wirtschaftlich nicht rentabel erwies, und sich zum anderen das schnelle Ende der *Parufamet*-Ära auch auf das publizistische Portfolio niederschlug. Erst in den späten 1930er Jahren versuchte sich die Tobis wieder erfolgreich an einer durchnummerierten Reihe mit dem Titel *Lockende Leinwand*, die als *Mitteilungen an die Filmfreunde* in ihrer Aufmachung stark an eine Filmprogrammserie erinnerte, aber immer auch Platz für individuelle Eindrucke der jeweiligen Lichtspieltheater ließ und von diesen vermutlich mit dem Kauf der Kinokarte kostenlos abgegeben wurden.

Jenseits des Kinopublikums als ›Endverbraucher‹ richteten sich die Kommunikationsmaßnahmen der Produktions- und Verleihfirmen zunächst an eine weitere Zielgruppe – nämlich die Kinobesitzer, die von der Übernahme der Filme in das eigene Spielprogramm überzeugt werden mussten. Grundlage für entsprechende Bestellungen war primär die Vorankündigung der Filmstarts der bevorstehenden Saison in einem zentralen Verleihkatalog, der kostenlos an die Spielstättenbetreiber abgegeben wurde. Obgleich diese opulenten Drucksachen damals für den durchschnittlichen Kinogänger als Souvenirs ihrer Kinobesuche nicht erreichbar waren, stellen sie heute begehrte Sammelobjekte dar. Schon einer der frühesten Ufa-Kataloge für die Saison 1923/24 enthielt, nach überstandener Inflation, ein Porträt des Konzerns und seiner Produktionsstätten und reichhaltig illustrierte Vorstellungen aller Filme. Eine mehrsprachige Variante dieses Katalogs, in kleiner Auflage für den internationalen Markt gedruckt, versammelt statt der aktuellen Filme ein ›Best of‹ der deutschen Spielfilmproduktion bis dato, um im weltweiten Vertrieb zu reüssieren. Mitte der 1920er Jahre spiegeln die Ufa-Kataloge dann den Glanz der Branche: In mehrseitigen, farbig durchgestalteten Reklameanzeigen, die nicht selten den Charakter von Kleinplakaten besitzen, werden Schauspieler präsentiert und Filme zur Buchung offeriert. Noch bis in die Kriegszeit hinein verkörpern diese Gelegenheitsdrucke Spitzenleistungen des kommerziellen Grafik-Designs und sind teilweise sogar multimediale Objekte – wie der Terra-Katalog für die Saison 1936/37 mit zwei beigefügten Schelllackplatten.[36]

Darüber hinaus legten die Produktions- und Verleihfirmen, je nach Budget, unterschiedlich umfangreiche Werbemittel auf, die zum einen Teil über die Fachpresse und Fachverteiler ebenfalls an die professionellen Abnehmer in den Kinos und den Redaktionen abgegeben wurden, sich zum anderen aber durchaus auch an das allgemeine Kinopublikum richteten. Zu den spektakulären Großproduktionen

!17¡
Filmprogramm *Metropolis*; R: Fritz Lang (Parufamet-Reihe o. Nr., 1927)

! 18a,b ¡
Verleihbroschüre *Die Masken des Dr. Mabuse*, erschienen zu *Dr. Mabuse, der Spieler*; R: Fritz Lang (Umschlag und Innenseiten; Ufa, 1922)

mit einem scheinbar überbordenden Werbeetat wie *Dr. Mabuse, der Spieler*, *Die Nibelungen*, *Metropolis* oder *Faust* entwarfen namhafte Grafiker eine Vielzahl von Begleitbroschüren: So erschienen zu Langs *Mabuse*-Film, einer ohnehin bemerkenswerten Koproduktion des Ullstein-Verlages mit der Film-Industrie,[37] neben einem Luxusprogramm verschiedene Beihefter in der Fachpresse, die die »Typen« und die »Frauen um Dr. Mabuse« oder den Hauptdarsteller Rudolf Klein-Rogge in seinen verschiedenen Masken des genialen Meisterverbrechers zeigten. ! 18a,b ¡ Solche auf festerem Kunstdruckpapier produzierten, mehrseitigen Beilagen wurden meist vor dem eigentlichen Kinostart veröffentlicht, um die Neugier auf den Film zu wecken und die Vorausbuchungen der Lichtspielhäuser zu steigern.

Sie wurden von den Journalisten der Massenpresse eifrig studiert, auf die aber schon bald eigenständige PR-Maßnahmen der Produzenten abzielten: Da die Vorankündigungen in populären Zeitschriften und Tageszeitungen zunehmend zum Kassenerfolg eines Films beitrugen, wurden für die Bedürfnisse der Berichterstattung eigene ›Presse- und Propagandahefte‹ hergestellt, die neben den üblichen Inhaltsangaben und Produktionsnotizen auch vorformulierte Überschriften, Illustrationsvorlagen und ggf. sogar schon erste Pressereaktionen enthielten. ! 19 ¡ Ein regelmäßiges Zirkular im Sinne eines Newsletters startete Ende 1926 unter dem Titel *Neues von der Parufamet*. Hier gab das Unternehmen aktuelle Informationen, Erfolgsmeldungen von der Kinokasse, Vorankündigungen, Veranstaltungen und einiges mehr an die Journalisten weiter, die diese Auskünfte dankbar in ihre Artikel integrierten. Zunächst noch auf dünnem Papier von einer Matrize im Umdruckverfahren abgezogen, war die Resonanz schon bald so groß, dass die vier- bis

! 19 ¡
Presse- und Propagandaheft *Der Weg allen Fleisches* (Parufamet, 1927)

! 20 ¡
Presse- und Verleihrundbrief *Neues von der Parufamet* (Titelseite, 2. Jg. Nr. 7, 28.10.1927)

! 21 ¡
Faltprospekt zur Premiere von *Das Wachsfigurenkabinett;* R: Paul Leni (Ufa, 1924)

achtseitigen Mitteilungsblätter auf gestrichenem Kunstdruckpapier verbreitet wurden. ! 20 ¡ Selbstredend war es nur großen Produktionsgesellschaften (wie eben der Ufa) vorbehalten, solche umfangreichen und teuren Maßnahmen in ihrer Öffentlichkeitsarbeit zu realisieren.

Das gemeine Kinopublikum wurde hingegen mit meist kleinformatigen, in billiger Machart und großen Auflagen gedruckten Flyern angesprochen, die auch in Kinos als Vorankündigungen verteilt oder anderen Printmedien beigelegt wurden. Das Spektrum reicht hier von einem schlichten, rein typographisch gestalteten Ankündigungsblatt bis hin zu ausgestanzten oder raffiniert gefalteten Flyern, die mit farbigen Abbildungen, Standfotos und einem überraschenden Slogan für den

NEUES VON DER PARUFAMET

UFA-PARAMOUNT-METRO-VERLEIH-BETRIEBE G.M.B.H.

HERAUSGEGEBEN VON DER PRESSE-ABTEILUNG DER PARUFAMET. BERLIN W9 BELLEVUE-STRASSE 11 (PARUFAMET-HAUS AM TIERGARTEN). FERNSPRECHER AMT LÜTZOW 2481–84

ERSCHEINT WÖCHENTLICH. ZUSTELLUNG AN DIE THEATERBESITZER ERFOLGT KOSTENFREI. ANFRAGEN SIND ZU RICHTEN AN DIE PRESSE-ABTEILUNG DER PARUFAMET.

2. Jahrgang — Berlin, 28. Oktober 1927 — Nummer 7

„DIE GROSSE PARADE"

Metro-Goldwyn-Mayer-Film im Verleih der Parufamet

mit

JOHN GILBERT

und Renée Adorée

Regie: King Vidor

METRO GOLDWYN MAYER PICTURES

Ein zweiter „Ben-Hur"-Erfolg!

Täglich ausverkaufte Häuser. — Riesenandrang an den Kassen. Ganz Berlin spricht von diesem Film. — Begeisterte Pressekritiken nach der Uraufführung im U. T. Kurfürstendamm.

Lichtbildbühne:
„An King Vidors Regie ist bewundernswert, wie er die Gestaltungsfähigkeit ganz großer, in diesen Dimensionen noch nie gesehener, Tableaux in sich vereint mit der Gabe, subtilste Innenvorgänge in Heiterkeit und Schmerz durch eine Spielleitung von ungewöhnlicher Feinheit sichtbar zu machen."

Film-Kurier:
„Dieser Film ist nicht nur ‚besser' als andere Filme — er ist ganz einzig."

Kinematograph:
„Der große Wert des Films liegt in der ganzen Art, wie dieses Bild dargeboten ist. Die Spielszenen sind von tiefer Wirkung, eindringlich und selten gut gesteigert."

Berliner Tageblatt:
„Der Film bleibt außerordentlich, ein ethisches und kulturelles Dokument."

Terminieren heißt: das große Los ziehen!!!

!22¡
Faltprospekt *Shanghai Express* mit Marlene Dietrich; R: Josef von Sternberg (Paramount, 1932)

Film warben. So rückte beispielsweise das mehrteilige Leporello zu Paul Lenis *Wachsfigurenkabinett* (1924) !21¡ die Ausstattung und die Kostüme des frühen Horrorstreifens in den Mittelpunkt.

Die Neugier auf Marlene Dietrich in dem Sternberg-Film *Shanghai Express* weckte hingegen ein Faltblatt mit geteiltem Titelbild, das das Starporträt hälftig durch die Frontansicht einer Lokomotive ersetzte und erst in seinem Innern den Blick auf verschiedene Filmszenen freigab. !22¡ Das Repertoire an Darstellungen ist schier unerschöpflich und bislang kaum erschlossen – man kann vermuten, dass es zu nahezu allen größeren Filmstarts solche Gelegenheitsdrucke gab, von denen bis heute immer wieder neue Motive auftauchen. Nicht zuletzt wurden sie auch von der zeitgenössischen Fachpresse des Reklamewesens registriert und geschätzt, wie beispielsweise die mit Originalmaterial reich gespickten Film-Sonderhefte von *Das Plakat* (Nr. 10, 1920) und *Die Gebrauchsgraphik* (Nr. 6, 1924) belegen.[38]

Die Flut der Bilder – Vertriebswege differenzieren sich aus

Das Interesse der gesamten Filmbranche – von den Produktionsfirmen über die Verleihe und Kinobesitzer bis hin zu den Stars – an einer möglichst großen Öffentlichkeit, gepaart mit dem Hunger des Publikums nach Unterhaltungsangeboten und Neuigkeiten aus dem Leben ihrer Idole, sorgte für eine weite Verbreitung des PR-Materials auf einer Vielzahl von Trägermedien. So produzierte beispielsweise die Ufa in den 1930er Jahren Quartett-Spiele und Abreiß-Kalender mit Porträts und Standfotos aus Filmen;[39] zu einzelnen Filmstarts erschienen Gedenkmünzen oder Aufstellfiguren aus unterschiedlichen Materialien. Unter diesen eher objekthaften Filmmemorabilia nehmen sicher die Sammelbilder und -alben der Zigarettenindustrie ob ihrer massenhaften Verbreitung in der Bevölkerung einen besonderen Rang ein. Wie in einem früheren Beitrag zu diesem Jahrbuch bereits ausgeführt, waren »die in hohen Auflagen produzierten Kleindrucke [...] mehr als 75 Jahre lang – von 1875 bin in die Mitte der 1950er Jahre – ein fast omnipräsentes Massenmedium, da ihre Rezeption früh die Grenzen sozialer Schichten und Altersgruppen überschritt.«[40] In dem bunten Kaleidoskop an Themen spielte gerade in den 1930er Jahren der Tonfilm eine herausgehobene Rolle, und da sich die Funktion der Sammelbilder erst durch die Präsentation in einem Album wirklich erfüllte, konnten die (gegen die den Zigarettenschachteln beigelegten Treuemarken oder Bilderschecks eingelösten) Bilderserien in vorbereitete, attraktiv aufgemachte und preiswert zu erwerbende Sammelalben eingeklebt werden.[41]

Prominentestes Beispiel aus dem Filmbereich ist sicher das zweibändige Werk *Vom Werden deutscher Filmkunst* des Filmhistorikers Dr. Oskar Kalbus, Mitglied des Ufa-Direktoriums, herausgegeben 1935 von Reemtsmas Zigaretten-Bilderdienst. Die 200 Bilder pro Band zeigen Schlüsselfotos aus quasi allen deutschen

!23i Großformatiges Sammelbild von Marlene Dietrich (Zigarettenbilder-Album *Frauenschönheit und Anmut*, Kosmos GmbH, Dresden 1937)

Filmklassikern, die der deutschnational gesinnte Autor mit einem für dieses Medium ungewöhnlich ausführlichen, natürlich regimekonformen Begleittext versehen hatte. Bis heute beeindruckt die exzellente Abbildungsqualität der scheinbar ›echten‹ Fotoabzüge auf dünnem Papier, bei denen es sich tatsächlich nur um Offset-Drucke handelte, denen ein Glanzlack-Überzug zu einer Foto-Optik verhalf.[42] Nur so war die gigantische Auflage (es wurden 120 000 bzw. 190 000 Exemplare der Sammelalben hergestellt) zu realisieren, und die weite Verbreitung dieser – ideologisch entsprechend gefärbten – Filmgeschichte belegt nachdrücklich die Resonanz des Themas Film quer durch alle Bevölkerungsschichten. Die Bände wurden von ihren Besitzern geschätzt und bewahrt, weshalb sie heute sehr leicht und selbst in gutem Zustand zu einem erstaunlich geringen Preis verfügbar sind.[43]

Die Leistungsfähigkeit des Farbdruckes hingegen brachten die im A5-Format ungewöhnlich großen, kolorierten Porträts jener Filmdiven zum Ausdruck, die die Dresdner Kosmos GmbH für ihre beiden Zigarettenbilder-Alben *Frauenschönheit und Anmut* als Sammelkarten auflegte. Für das Jahr 1937 mehr als ungewöhnlich ist die Tatsache, dass hier noch Marlene Dietrich prominent auftaucht, die bereits Anfang des Jahrzehnts in die USA ausgewandert war und sich – trotz Goebbels' Versuche, sie mit ungeahnten Privilegien zur Rückkehr zu bewegen[44] – der Einbindung in die NS-Propaganda konsequent widersetzt und erklärt hatte, »niemals in ein mehr und mehr von den Nazis beherrschtes Land zurückkehren« zu

!24a–c¡ Sammelbildalbum *Die Nibelungen* (Cigarettenfabrik Constantin, 1928)

!25¡ Starporträt von Louise Brooks (Ross-Postkarte 4340/1, 1929)

!26¡ Signiertes Starporträt von Gerda Maurus in *Frau im Mond*; R: Fritz Lang (Ross-Postkarte Nr. 113/6, 1929)

wollen.[45] !23¡ Noch seltener und gesuchter sind allerdings die beiden 1928 von der Cigarettenfabrik Constantin in Hannover produzierten Alben zu den Filmen *Die Nibelungen* bzw. *Fridericus Rex / Wege zu Kraft und Schönheit*. Sie gehören zu den frühesten filmbezogenen Zigarettenbilder-Alben und sind gleichzeitig die einzigen, die speziellen Filmen gewidmet waren. Verwendet wurden im Wesentlichen die Motive der Fotosätze für den Kinoaushang, von denen jeweils 75 als hochwertige Kärtchen in vorgefertigte Passepartouts eingeschoben werden konnten. !24¡ Von den *Nibelungen* sind außerdem zwei unterschiedliche Formate von Album und Sammelbildern bekannt.

Diese Kärtchen entsprechen gleichzeitig den Motiven, die auch als Echtfoto-Postkarten aufgelegt, von Filmfreunden auf der ganzen Welt gesammelt oder verschickt wurden. Marktführer war dort, wie oben bereits im Kontext der Serie *Das Programm von heute* erwähnt, die von Heinrich Ross, einem Sudetendeutschen jüdischer Herkunft, gegründete ›Ross Bromsilber Vertriebs G.m.b.H‹ in Berlin.[46] Die ersten kinobezogenen Karten wurden zunächst als *Film Sterne*-Serie vertrieben, bevor sie ihr charakteristisches ›Ross Verlag‹-Logo erhielten, das nach der Arisierung des Unternehmens während der NS-Zeit dann in ›Film-Foto-Verlag‹ umgewandelt wurde. Es erschienen vermutlich rund 50 000 verschiedene Karten als Einzelbilder oder in Serien von bis zu 20 Motiven sowie weiteren Sonderausgaben und -formaten, die einer verwirrenden Nummerierung folgen und heute erst ansatzweise erschlossen sind.[47]

Die Karten lassen sich grob unterteilen in Porträtaufnahmen männlicher oder weiblicher Schauspieler und Regisseure, Doppelporträts von zwei (zuweilen auch mehr) Personen, Filmszenen und Miszellen (darunter Liedertexte mit Noten, Schnappschüsse hinter den Kulissen oder ›Home Stories‹ der Stars). Gesucht sind hier speziell Aufnahmen von Leinwandgrößen wie Josephine Baker, Marlene Dietrich oder Louise Brooks, ! 25 ¡ außerdem Szenenbilder aus den Kultfilmen wie *Metropolis* oder *Frau im Mond*. ! 26 ¡

Wie letzteres Beispiel zeigt, haben sich viele Sammler ihre Karten durch Signaturen der Darsteller veredelt, wofür sie diese mit einem frankierten Rückumschlag an die Agenten der Stars geschickt haben. Es ist davon auszugehen, dass längst nicht alle Unterschriften von den Prominenten selbst geleistet wurden, sondern dies teilweise auch das jeweilige Büropersonal erledigte. Dennoch sind signierte Ross-Karten bis heute ein attraktives Sammelgebiet, während viele der ›normalen‹ Karten noch in gigantischen Größenordnungen verfügbar sind.

Historische Filmmemorabilia heute

Nimmt man die biografische Verknüpfung als ersten Auslöser für die Pflege einer filmbezogenen Erinnerungskultur, dann sähe es aus heutiger Sicht düster aus für die historischen Filmmemorabilia: Denn die Medienerfahrungen, auf die sie ver-

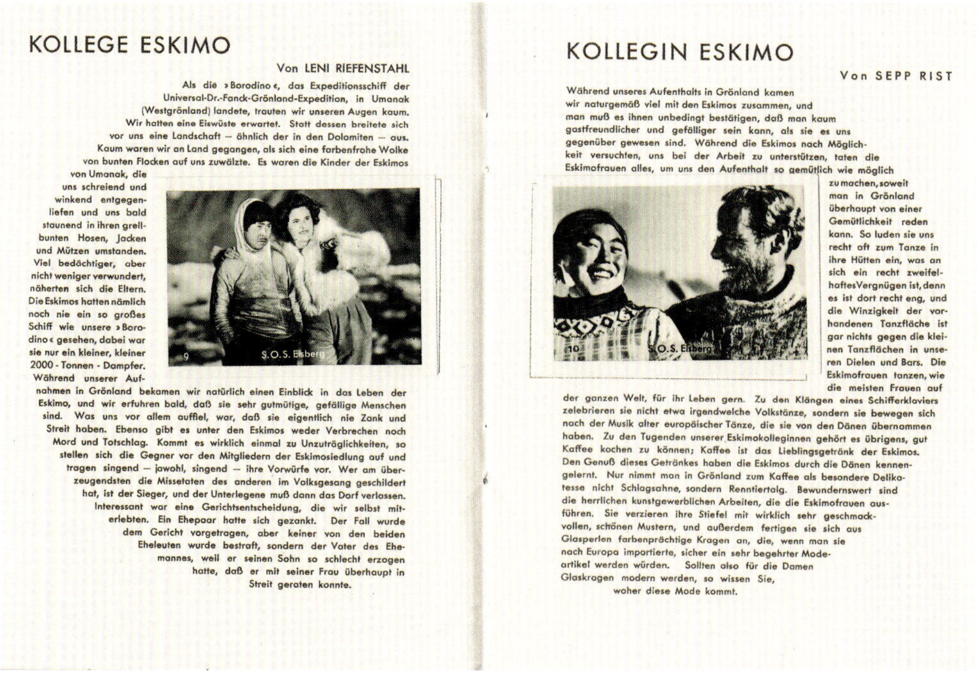

KOLLEGE ESKIMO

Von LENI RIEFENSTAHL

Als die »Borodino«, das Expeditionsschiff der Universal-Dr.-Fanck-Grönland-Expedition, in Umanak (Westgrönland) landete, trauten wir unseren Augen kaum. Wir hatten eine Eiswüste erwartet. Statt dessen breitete sich vor uns eine Landschaft – ähnlich der in den Dolomiten – aus. Kaum waren wir an Land gegangen, als sich eine farbenfrohe Wolke von bunten Flocken auf uns zuwälzte. Es waren die Kinder der Eskimos von Umanak, die uns schreiend und winkend entgegenliefen und uns bald staunend in ihren grellbunten Hosen, Jacken und Mützen umstanden. Viel bedächtiger, aber nicht weniger verwundert, näherten sich die Eltern. Die Eskimos hatten nämlich noch nie ein so großes Schiff wie unsere »Borodino« gesehen, dabei war sie nur ein kleiner, kleiner 2000 - Tonnen - Dampfer. Während unserer Aufnahmen in Grönland bekamen wir natürlich einen Einblick in das Leben der Eskimo, und wir erfuhren bald, daß sie sehr gutmütige, gefällige Menschen sind. Was uns vor allem auffiel, war, daß sie eigentlich nie Zank und Streit haben. Ebenso gibt es unter den Eskimos weder Verbrechen noch Mord und Totschlag. Kommt es wirklich einmal zu Unzuträglichkeiten, so stellen sich die Gegner vor den Mitgliedern der Eskimosiedlung auf und tragen singend – jawohl, singend – ihre Vorwürfe vor. Wer am überzeugendsten die Missetaten des anderen im Volksgesang geschildert hat, ist der Sieger, und der Unterlegene muß dann das Dorf verlassen. Interessant war eine Gerichtsentscheidung, die wir selbst miterlebten. Ein Ehepaar hatte sich gezankt. Der Fall wurde dem Gericht vorgetragen, aber keiner von den beiden Eheleuten wurde bestraft, sondern der Vater des Ehemannes, weil er seinen Sohn so schlecht erzogen hatte, daß er mit seiner Frau überhaupt in Streit geraten konnte.

9 S.O.S. Eisberg

KOLLEGIN ESKIMO

Von SEPP RIST

Während unseres Aufenthalts in Grönland kamen wir naturgemäß viel mit den Eskimos zusammen, und man muß es ihnen unbedingt bestätigen, daß man kaum gastfreundlicher und gefälliger sein kann, als sie es uns gegenüber gewesen sind. Während die Eskimos nach Möglichkeit versuchten, uns bei der Arbeit zu unterstützen, taten die Eskimofrauen alles, um uns den Aufenthalt so gemütlich wie möglich zu machen, soweit man in Grönland überhaupt von einer Gemütlichkeit reden kann. So luden sie uns recht oft zum Tanze in ihre Hütten ein, was an sich ein recht zweifelhaftes Vergnügen ist, denn es ist dort recht eng, und die Winzigkeit der vorhandenen Tanzfläche ist gar nichts gegen die kleinen Tanzflächen in unseren Dielen und Bars. Die Eskimofrauen tanzen, wie die meisten Frauen auf der ganzen Welt, für ihr Leben gern. Zu den Klängen eines Schifferklaviers zelebrieren sie nicht etwa irgendwelche Volkstänze, sondern sie bewegen sich nach der Musik alter europäischer Tänze, die sie von den Dänen übernommen haben. Zu den Tugenden unserer Eskimokolleginnen gehört es übrigens, gut Kaffee kochen zu können; Kaffee ist das Lieblingsgetränk der Eskimos. Den Genuß dieses Getränkes haben die Eskimos durch die Dänen kennengelernt. Nur nimmt man in Grönland zum Kaffee als besondere Delikatesse nicht Schlagsahne, sondern Renntiertalg. Bewundernswert sind die herrlichen kunstgewerblichen Arbeiten, die die Eskimofrauen ausführen. Sie verzieren ihre Stiefel mit wirklich sehr geschmackvollen, schönen Mustern, und außerdem fertigen sie sich aus Glasperlen farbenprächtige Kragen an, die, wenn man sie nach Europa importierte, sicher ein sehr begehrter Modeartikel werden würden. Sollten also für die Damen Glaskragen modern werden, so wissen Sie, woher diese Mode kommt.

10 S.O.S. Eisberg

! 27 ¡ Album *SOS Eisberg* mit Leni Riefenstahl (mit 40 losen Bildern im Kupfertiefdruck; Deutsche Universal-Film, 1933)

weisen, sind nicht die unserer oder der nachfolgenden Generationen, ihre Gegenstände keine Kristallisationspunkte mehr für die eigene Mediensozialisation. Niemand von uns ist mit den Filmen von Fritz Lang aufgewachsen oder hat eine unmittelbare Erinnerung an die Kinopremiere mit Lilian Harvey in Berlin. Um die alten Stücke mit aktueller Bedeutung aufzuladen, bedarf es also eines zweiten Transfers: Über den eingangs erwähnten Medienwechsel hinaus ist ein Wechsel der Bezugsebenen erforderlich – von der individuellen Betroffenheit hin zu einer kollektiven Verantwortung für unser kulturelles Gedächtnis. Wenn es nur noch ausnahmsweise die persönlichen Eindrücke sind, die das Sammeln von Filmmemorabilia befördern, so müssen an deren Stelle die Faszination der Artefakte aus einer uns fernen Medienwelt oder das Bewusstsein treten, dass es sich bei der historischen Filmpublizistik um eigenständige Dokumente jenseits des filmischen Anlasses handelt, die es als Teile unseres kulturellen Erbes zu bewahren gilt.

Die einschlägigen Institutionen wie etwa die Deutsche Kinemathek in Berlin, das Deutsche Film-Institut in Frankfurt oder das Filmarchiv Austria in Wien haben diese Verantwortung längst erkannt und Dokumente der Filmpublizistik in ihren Sammelkanon aufgenommen; problematisch gestaltet sich hier noch die Erschließung: Da es sich nicht um monographische Werke handelt, sind sie in den Bibliotheksdatenbanken nicht verzeichnet, sondern als Teile des Schriftgutarchivs (DKB) oder des Textarchivs (DFI) zumeist nur vor Ort recherchierbar. Auch eine Erfassung der Einzeltitel verfügbarer Filmprogramme existiert nicht.

!28¡
Buchwerbung mit Filmmotiv *Metropolis* (Scherl Verlag Berlin, 1926)

Dem gegenüber steht eine überschaubare Zahl von Sammlern, die ganz unterschiedliche Sammelziele verfolgen können: Während es bei den durchnummerierten Filmprogrammserien auch Komplettsammler aller erschienenen Hefte gibt, die sich an den wenigen verfügbaren Bibliografien[48] oder Preiskatalogen[49] orientieren, dominiert ansonsten das Faible für einen bestimmten Star (z. B. Lilian Harvey oder Hans Albers), für ein bestimmtes Genre (z. B. Musikfilme oder Western), oder für eine bestimmte Epoche (z. B. den expressionistischen Film oder NS-Propagandafilme). Der Kosmos potenzieller Sammlerstücke erscheint hier kaum endlich, die Quellen sind aber meist jenseits des klassischen Antiquariatsmarkts zu finden – auf Filmbörsen oder Papiersammlermärkten, und natürlich in den einschlägigen Rubriken auf Ebay.

Dennoch sei abschließend anhand von zwei Drucksachen der enge Zusammenhang zwischen den hier vorgestellten Filmmemorabilia und dem klassischen bibliophilen Markt aufgezeigt, in dem sie zuweilen als Ephemera eine Rolle spielen. So gab die Deutsche Universal-Film 1933 einen Begleitband zu ihrem aktuellen Film *SOS Eisberg* mit Leni Riefenstahl heraus, der die Hintergründe der Expedition und den dramatischen Verlauf der Dreharbeiten näher schilderte – vergleichbar Arnold Fancks Buch im Münchner Bruckmann-Verlag aus demselben Jahr. Allerdings waren der Verleih-Broschüre ihre 40 Kupfertiefdruck-Abbildungen als lose Beilagen beigegeben, die der Leser erst, ähnlich wie bei einem Sammelalbum, selbst an den dafür vorgesehenen Stellen einkleben musste. ! 27 ¡ Und vollends in der Welt der Bücher angekommen sind wir natürlich im Falle der Buchwerbung, die sich filmischer Motive bedient. Nicht nur, aber insbesondere die Ufa legte Wert darauf, die literarischen Vorlagen ihrer Kassenerfolge in Ausgaben zu lancieren, die mit Filmbildern ausgestattet waren und damit die medienübergreifende Verbindung der Stoffe verdeutlichten.[50] Die entsprechenden Fotos dienten dann auch der Ausstattung der Verlagsprospekte, wie im Falle der Ankündigung zu Thea von Harbous Roman *Metropolis* ! 28 ¡ – ein Motiv, das auch ohne die Verknüpfung mit einer speziellen Form der Erinnerungskultur bis heute fasziniert.

ANMERKUNGEN

1 Ich danke ausdrücklich Herrn Christian Unucka, Hebertshausen bei München, für seine Unterstützung bei den Recherchen zu diesem Beitrag und seine Erlaubnis, Motive des *Illustrierten Film-Kuriers* Berlin zu reproduzieren. Christian Unucka hat im Jahr 1978 die Rechtsnachfolge der Vereinigten Verlagsgesellschaften Franke & Co. KG angetreten und somit sämtliche Rechte an den Filmprogramm-Reihen *Illustrierter Film-Kurier* (1919–1945), *Illustrierte Film-Bühne* (1946–1969) und einigen anderen übernommen.

2 Vgl. Die neue Schaubühne 2 (1920), Nr. 6, S. 142. Vgl. z. B. C. W. Ceram (d. i. Kurt Marek): Eine Archäologie des Kinos. Reinbek bei Hamburg: Rowohlt 1965 sowie Jerzy Toeplitz: Geschichte des Films. Band 1 (1895–1928). Berlin: Henschel 1975.

3 Vgl. Patrick Rössler: Zwischen ›Neuem Sehen‹ und der bildpublizistischen Massenware. Der Aufstieg des Fotojournalismus in Uhu, Querschnitt und Berliner Illustrirte Zeitung. In: »Der ganz Verlag ist einfach eine Bonbonniere«.

Ullstein in der ersten Hälfte des 20. Jahrhunderts. Hrsg. von David Oels und Ute Schneider. Berlin: de Gruyter 2014, S. 287–319.

4 Vgl. Wolfgang Hardtwig: Vom Iconic Turn zur Visual History. In: Kunstchronik 67 (2014), Heft 7, S. 352–363.

5 Vgl. Edzard Schade: Diskontinuierliche Entwicklung der visuellen Massenkommunikation: Visualisierungsschübe als Etappen der Medialisierung öffentlicher Informationsvermittlung. In: Die Entwicklung der öffentlichen Visuellen Kommunikation. Hrsg. von Stephanie Geise et al. Köln: von Halem 2015 (im Druck).

6 Vgl. Erinnerungskultur. Text, Bild, Ton als mediales Gedächtnis. Hrsg. von Christian Gastgeber. Wien: Phoibos 2013.

7 Vgl. Winfried Pauleit: Filmstandbilder. Passagen zwischen Kunst und Kino. Frankfurt am Main/Basel: Stroemfeld 2004.

8 Vgl. Stephan Füssel: Medienverbund statt Bücherkrise. Zum Verhältnis von Buch und Film in der Weimarer Republik. In: Buchkulturen. Beiträge zur Geschichte der Literaturvermittlung. Hrsg. von Monika Estermann, Ernst Fischer und Ute Schneider. Wiesbaden: Harrassowitz 2005, S. 431–443, hier S. 437. Pinthus kommt in seinen Berechnungen gar auf 700 Millionen Kinobesucher jährlich. Vgl. Kurt Pinthus: Die Film-Krisis. In: Das Tagebuch 9 (1928), Heft 14, S. 574–580, hier S. 580.

9 Alois M. Müller: Vorbilder und Nachbilder. In: Film Stills. Emotions made in Hollywood. Hrsg. von Annemarie Hürlimann und Alois M. Müller: Ostfildern: Cantz 1993, S. 15–17, hier S. 15.

10 Vgl. Patrick Rössler: Der geronnene Augenblick. Iconic Turn und mediale Selbstreferentialität – Filmstandbilder in der Weimarer Publikumspresse. In: Die Entwicklung der öffentlichen Visuellen Kommunikation. Hrsg. von Stephanie Geise et al. Köln: von Halem 2015 (im Druck).

11 Für eine Übersicht vgl. Patrick Rössler: Die Sprache des Stummfilms. Stuttgart: Edition 451 2006.

12 Vgl. z. B. Rössler (wie Anm. 10); Patrick Rössler: Stars und Sternchen. Magazine und die »neue Frau« im Film. In: Deutsche illustrierte Presse – Journalismus und visuelle Kultur in der Weimarer Republik. Hrsg. von Katja Leiskau, Susann Trabert und Patrick Rössler. Baden-Baden: Nomos 2015 (im Druck); Heinz B. Heller: Aus-Bilder. Anfänge der deutschen Filmpresse. In: Film – Stadt – Kino – Berlin. Hrsg. von Uta Berg-Ganschow und Wolfgang Jacobsen. Berlin: Argon 1987, S. 117–126.

13 Vgl. Patrick Rössler: Rapporte aus dem Glashaus. Filmfotografie und filmische Fotobücher – vom Medienmarketing zur Stilform. In: Autopsie. Deutschsprachige Fotobücher 1918–1945. Hrsg. von Manfred Heiting und Roland Jaeger. Göttingen: Steidl 2012, S. 268–291.

14 Vgl. z. B. Das Ufa-Plakat. Filmpremieren 1918 bis 1943. Hrsg. von Peter Mänz und Christian Maryška. Heidelberg: Edition Braus 1998; Das Filmplakat. Hrsg. von Wolfgang Beilenhoff und Martin Heller. Zürich: Scalo 1995.

15 Vgl. z. B. Hans Helmut Prinzler: Licht und Schatten. Die großen Stumm- und Tonfilme der Weimarer Republik. München: Schirmer/Mosel 2012; Joel W. Finler: Hollywood Movie Stills. The Golden Age. London: Batsford 1995.

16 Vgl. z. B. Das Handbuch der Filmmusik: Geschichte – Ästhetik – Funktionalität. Hrsg. von Josef Kloppenburg. Laaber: Laaber Verlag 2012; Stefan Kaempf: Konzeption, Form und Funktion von Theaterprogrammheften. Dissertation. Berlin: Freie Universität 1997.

17 Für eine Abbildung vgl. Patrick Rössler: Geronnene Leinwandträume. Deutschsprachige Filmprogrammserien zwischen den Kriegen. In: Aus dem Antiquariat N.F. 12 (2014), Heft 6, S. 253–268, hier S. 258.

18 Vgl. z. B. Martijn F. Le Coultre und Alston W. Purvis: Jan Tschichold. Plakate der Avantgarde. Basel: Birkhäuser 2007, S. 126–189.

19 Als den vorliegenden Beitrag ergänzende und vertiefende Lektüre sei empfohlen Rössler (wie Anm. 17).

20 Fritz Olimsky: Tendenzen der Filmwirtschaft und deren Auswirkungen auf die Filmpresse. Berlin: Berliner Börsen-Zeitung 1931, hier S. 35.

21 Vgl. Werner Sudendorf: Täglich: Der Film-Kurier. In: Film – Stadt – Kino – Berlin. Hrsg. von Uta Berg-Ganschow und Wolfgang Jacobsen. Berlin: Argon 1987, S. 127–132.

22 Vgl. Herbert Holba: Illustrierter Film-Kurier 1919–1944. Eine Dokumentation. Zweite Auflage. Ulm: Action 1977.

23 Werbeprospekt für den Illustrierten Film-Kurier, ca. 1934.

24 Einer ähnlichen Logik folgte beispielsweise die französische Wochenzeitschrift *Le Film Complet*, die jeweils einen Film mit einem ausführlichen Drehbuchauszug und einer größeren Zahl von Aushangfotos vorstellte.

25 Vgl. ausführlich Rössler (wie Anm. 17), S. 261–262.

26 Etwa in der ewigen Bestenliste der ›Cahiers du Cinema‹ von 2008; vgl. URL: http://www.themovingarts.com/greatest-films/cahiers-du-cinema-100-films/ [05.01.2015].

27 Vgl. etwa die Beiträge in Fritz Lang: M – Eine Stadt sucht einen Mörder. Texte und Kontexte. Hrsg. von Christoph Bareither und Urs Büttner. Würzburg: Königshausen & Neumann 2010.

28 Für eine Reproduktion dieser Fotomontagen siehe Rössler (wie Anm. 11), S. 76; ders. (wie Anm. 13), S. 284.

29 Vgl. Christian Lorenz: Die Geschichte der Filmprogramme. URL: http://www.madmags.de/lesezeichen/die-geschichte-der-filmprogramme [05.01.2015].

30 Vgl. Herbert Wilfinger: Programme der Filmpropaganda Ges.m.b.H. Uttendorf/Wien: (Eigenverlag) 1993 [Filmindex Nr. 40] mit einer alphabetischen Auflistung aller von ihm recherchierten Programme der Reihe.

31 Vgl. Theo Fürstenau: Vorwort. In: Filmkundliche Hefte 5 (1972), Heft 2, S. 6.

32 Vgl. Herbert Holba: Wiener Illustrierter Film-Kurier 1930–1938. Dokumentation. In: Filmkundliche Hefte 5 (1972), Heft 2, S. 7–116.

33 Für eine kurze Darstellung der Kartenproduktion und einige Abbildungsbeispiele vgl. URL: http://rosscards.com/TheSeries.html [05.01.2015].

34 Zu Werbemaßnahmen der Ufa vgl. Michael Töteberg: Reklame! Reklame! Reklame! In: Mänz und Maryška (wie Anm. 14), S. 12–16. Zur Filmplakatzensur vgl. als zeitgenössische Quelle Walter Herzfeld: Filmplakate. In: Weltbühne 25 (1929), Nr. 21, S. 786–788.

35 Vgl. z. B. Thomas J. Saunders: Rettung in den Verlust. Die Parufamet-Verträge. In: Das Ufa-Buch. Kunst und Krisen, Stars und Regisseure, Wirtschaft und Politik. Hrsg. von Hans-Michael Bock und Michael Töteberg. Frankfurt am Main: Zweitausendeins 1992, S. 174–179.

36 Vgl. Rössler (wie Anm. 11), S. 34–36 mit zahlreichen Abbildungen.

37 Vgl. Bernard Schüler: Der Ullstein-Verlag und der Stummfilm. Die UcoFilm GmbH als Ausdruck einer innovativen Partnerschaft. Wiesbaden: Harrassowitz 2013, bes. S. 213–257.

38 Für eine zeitgenössische systematische Übersicht vgl. L. von Seuffert: Werbedrucksachen der Filmindustrie. In: Die Reklame 20 (1927), Nr. 19, S. 680–683.

39 Zu Werbemaßnahmen der Ufa vgl. Töteberg (wie Anm. 34), S. 15.

40 Hildegard Frieß-Reimann/Peter Thomas: Die große Welt im kleinen Bild – Zur Geschichte und Form des Sammelbilds. In: Imprimatur N.F. XVIII (2003), S. 145–166, hier S. 145 sowie filmbezogene Abbildungen auf S. 152 und 156.

41 Vgl. Dorle Weyers/Christoph Köck: Die Eroberung der Welt. Sammelbilder vermitteln Zeitbilder. Detmold: Westfälisches Freilichtmuseum 1992, hier S. 14 und S. 120.

42 Vgl. hierzu Rössler (wie Anm. 13), S. 279.

43 Für die Abbildung von Beispielseiten vgl. Rössler (wie Anm. 11), S. 51.

44 Vgl. Renate Seydel: Marlene Dietrich. Berlin: Henschel 1984, S. 199; Thierry de Nacavelle: Sublime Marlene. New York: St. Martin's Press 1984, S. 57.

45 Sheridan Morley: Marlene Dietrich. Frankfurt am Main: Fischer 1979, S. 85.

46 Vgl. Detlef Krenz: Ross, Rotophot- und Film Sterne Verlag. URL: http://www.postkarten-archiv.de/ross-rotophot-und-film-sterne-verlag.html [05.01.2015].

47 Vgl. die Angaben in der bereits erwähnten Internet-Datenbank (wie Anm. 33).

48 Vgl. Holba (wie Anm. 22 und 32).

49 Vgl. Peter Kranzpiller: Preiskatalog Filmprogramme. Siebte Auflage. Vogt: Verlag für Filmliteratur 2012.

50 Vgl. Rössler (wie Anm. 11), S. 60–65 mit zahlreichen Abbildungen. Die mit den Fritz-Lang-Filmen der 1920er Jahre begonnene Tradition wurde um 1940 mit einer eigenen Reihe im hauseigenen Buchverlag fortgesetzt.

Corinna Norrick-Rühl und
Anke Vogel

60 Jahre Pixi-Buch

Sammelleidenschaft zum Quadrat

Einleitung

»Kaum ein Kind der letzten 50 Jahre ist ohne Pixi-Buch aufgewachsen«.[1] Doch obwohl die Pixi-Bücher aus dem Carlsen Verlag im deutschen Sprachraum fast jedem Kind und auch fast jedem Erwachsenen bekannt sein dürften, wurden diese kleinen Bücher bislang sowohl von der buchwissenschaftlichen als auch von der kinderliterarischen Forschung stiefmütterlich behandelt. Im Rahmen eines Projekts am Mainzer Institut für Buchwissenschaft wird das Pixi-Buch nun in seiner Eigenschaft als Long- und Bestseller, Trendsetter und Sammelobjekt gewürdigt und analysiert.

Im Frühjahr 2014 rief das Zentrale Verzeichnis Antiquarischer Bücher (ZVAB) anlässlich des 60-jährigen Jubiläums der Pixi-Bücher eine besondere Verkaufsaktion aus: Unter dem Titel »Pixi – Ein Waldkobold feiert Geburtstag« nannte die Plattform die kleinen Bücher »Kindheitserinnerungen auf 10 mal 10 cm«: »Wir wollen heute [...] Altbewährtes (wieder)entdecken, gehen einige Jahrzehnte zurück und machen uns auf die Suche nach ganz frühen Pixi-Büchern, die schon längst zu einem beliebten Sammlerobjekt geworden sind«.[2] In diesem Beitrag liegt der Fokus auf der Materialität des Pixi-Buchs und damit auf Eigenschaften der kleinen Verkaufswunder, die sie zum begehrten Sammelgegenstand machen. Pixis lassen nicht nur Kinderherzen höher schlagen, sondern wecken auch bei Erwachsenen die Sammelleidenschaft – als besondere Form von Bibliophilie. Das Pixi-Buch aus dem Carlsen Verlag ist ein kleines Multitalent, das viele Sammlerinnen und Sammler seit Jahrzehnten in seinen Bann zieht.

Vorüberlegungen und Definition

Schon seit vielen Jahrzehnten ist Pixi ein generischer Markenname[3] für kleinformatige Kinderbücher mit flexiblem Einband. Auf eine Definition hat sich weder die Fachpresse noch die Forschung bislang einigen können. Je nach Kontext wird (zum Beispiel von Carlsen auf der Verlagshomepage[4]) der Überbegriff ›Minibücher‹ verwendet, doch dieser ist kein feststehender Terminus. Im Zuge des Forschungsprojekts am Institut für Buchwissenschaft wurde eine Einordnung erarbeitet, die vom Alltagsverständnis ausgeht und die Eigenschaften des Pixi-Buchs anhand vorhandener Definitionen überprüft. Dabei wird das Minibuch als spezielle Form von Miniaturbuch, als Taschenbuch, als Bilderbuch und als populärer Lesestoff verstanden.[5]

Leserinnen und Leser von *Imprimatur* mag es zunächst überraschen, dass das Pixi-Buch, das man unter den im Folgenden genauer ausgeführten Begriff Minibuch subsumieren kann, als Miniaturbuch gelten kann, wird doch mit Letzterem meist eine hochwertige Ausstattung und häufig Handarbeit assoziiert. Doch je nach Definition dürfen Miniaturbücher nicht größer als 7,62 × 7,62 cm (internationaler Standard, drei inches) oder 10 × 10 cm sein[6] – Pixi-Bücher zählen also mit ihrer Größe von 10 × 10 cm formal dazu. Als bibliophile Sammelgegenstände sind Miniaturbücher etabliert und beliebt. Gebrauchsgüter wie Pixi-Bücher werden damit nur selten in Verbindung gebracht – als Ausnahme kann ihre Erwähnung im Sammlermagazin *Miniaturbuch Journal* angesehen werden,[7] obwohl »[i]mmer häufiger [...] Erwachsene Leser, Liebhaber und Sammler von Bilderbüchern«[8] sind.

Der Carlsen Verlag bezeichnet Pixi-Bücher schon seit Jahrzehnten als »die ersten Taschenbücher für jedes Kind«,[9] und Definitionen des modernen Taschenbuchs weisen in den Bereichen Herstellung und Distribution Überschneidungen damit auf. Von der Reihe als Indiz für Massenware ausgehend ist die Einordnung der Pixis in die populären Lesestoffe naheliegend, die in den letzten Jahren zunehmend ein Sammelgebiet darstellen. Arnulf Liebing betont, dass Büchersammeln nicht (mehr) auf alte, prachtvolle Bände beschränkt sei; vielmehr gäbe es »praktisch nichts, was nicht gesammelt würde«.[10] Wulf D. von Lucius schreibt in seinem Standardwerk *Bücherlust* über kleine Hefte für Kinder:

> Ob etwas ein Sammelgegenstand ist, läßt sich [...] keineswegs aus objektiven, durch Dritte nachvollziehbaren Kriterien herleiten, sondern die Definition des Sammlungsgegenstandes geschieht quasi in einem Zirkelschluß dadurch, daß es dafür Sammler gibt. So könnte man eine kleine Broschur mit Kinderversen, die als Werbemittel verschenkt wurde, vielleicht als sammelwürdig in Frage stellen; wem es aber gelingt, hundert solche Hefte zusammenzubringen, der hat unstreitig eine interessante kleine Sammlung zusammengebracht.[11]

Als Definition für Minibücher soll für das Folgende zugrunde gelegt werden, dass es sich um kleinformatige (ca. 10 × 10 cm), klammergeheftete, seriell erscheinende, günstige Publikationen mit meist nicht mehr als 30 Seiten handelt. Als typischste Ausprägung des Minibuchs gilt das Minibilderbuch, in dem eine enge Verbindung zwischen Text und Bild besteht. Es richtet sich vor allem an Kinder im Vorschulalter, weshalb es meist durchgehend vierfarbig gedruckt wird. Nicht selten lassen sich jedoch auch Mehrfachadressierungen bei Minibilderbüchern und -serien attestieren: Inhalte und Marketingbemühungen sind sowohl an Kindern als auch an Gatekeepern (zum Beispiel Eltern, Großeltern oder Pädagogen) ausgerichtet und auch erwachsene (bibliophile) Sammlerinnen und Sammler zählen zu den Rezipientinnen und Rezipienten.[12]

!1¡
Hilda Boswell: Fairy Tales. London/Glasgow: Collins [1954?] (A Pixie Book), Schutzumschlag vorne mit Hinweis »build up your own PIXIE library«

Pixi-Bücher stechen in der Regel nicht durch ihre inhaltliche »ästhetische Durchformung«[13] hervor, sie gehören zumeist nicht zu den von Thiele beschriebenen »alternativen, innovativen und experimentellen Bild- und Text-Konzeptionen«, die »in Bezug auf Format, Ausstattung, Seitenumfang, Thema, Erzähl- und Bildstil komplexer, anspruchsvoller« als die »bekannten trivialen Angebote[n]« seien.[14] Es sind vielmehr ihre Serienhaftigkeit, ihre Wiedererkennbarkeit, ihre Dauerhaftigkeit beziehungsweise Langlebigkeit und nicht zuletzt die Nachhaltigkeit ihrer Rezeption, verbunden mit einem Marketing, das auf Nostalgie und Inszenierung setzt, die sie zu einem begehrten Sammelobjekt machen. Die verschiedenen Elemente des Pixi-Erfolgs werden in der Folge ausführlicher thematisiert.

Kurze Geschichte des Pixi-Buchs

Historische Informationen zu Pixi fanden sich lange Zeit nur in der Selbstdarstellung des Carlsen Verlags oder in Fachmagazinen für Kinder- und Jugendliteratur wie *Eselsohr* oder *Bulletin Jugend & Literatur*[15] sowie Branchenzeitschriften wie dem *Börsenblatt des deutschen Buchhandels*, *BuchMarkt* oder *buchreport*. Im Rahmen des laufenden Forschungsprojekts wurde jedoch 2014 die geschichtliche Entwicklung des Pixi-Buchs im *Jahrbuch Kinder- und Jugendliteraturforschung* ausführlich geschildert, weswegen hier nur ein kurzer Überblick mit ergänzenden Hinweisen gegeben wird.[16]

!2¡
Evelyn E. Morris: The Red Shoes. London u. a.: Raphael Tuck & Sons [vor 1952] (Father Tuck Little Books. 23], Umschlag

Der Begriff ›Pixi‹ ist eine Übertragung aus dem englischsprachigen Raum (›pixie‹ bedeutet: Fee, Waldgeist, Zwerg). Die anglophonen Vorläufer der deutschen Pixi-Bücher wurden ab 1948 vom kanadischen Verlag Collins (Toronto) verlegt, als Kinderbuchserie *A Pixie Book* (Format: 10,7 × 10,5 cm; Ausstattung: Pappeinband mit Schutzumschlag; Umfang: 36 Seiten; Preis: unbekannt). Das britische Verlagshaus Collins (London/Glasgow) brachte die Serie Anfang der 1950er Jahre nach Europa (Format: 10,7 × 10,5 cm; Ausstattung: Pappeinband mit Schutzumschlag; Umfang: 28 Seiten; Preis: 1 Shilling). !1¡ Als früher englischsprachiger Vorläufer ist außerdem die Reihe *A Father Tuck Little Book* zu erwähnen (Format: 10 × 10,5 cm; Ausstattung: Pappeinband mit Schutzumschlag; Umfang: 36 Seiten; Preis: unbekannt), herausgegeben von Raphael Tuck & Sons von 1949 bis 1956. !2¡ Diese Reihe wurde wohl – wie alle Produkte von Raphael Tuck & Sons – in Großbritannien, Kanada und in den USA vertrieben.[17]

Schon die frühesten Pixi-Vorläufer regten die kleinen Leserinnen und Leser zum Sammeln an – im Schutzumschlag der Collins'schen Reihe waren alle erhältlichen Bücher aus der Reihe *A Pixie Book* gelistet und folgender Vorschlag wurde unterbreitet: »Ask your bookseller to show them to you, and build up your own PIXIE Library.«[18] !1¡ Es handele sich um »Eight delightful little books for your collection«.[19] Auch heute regen die ausländischen Pixi-Bücher noch zum Sammeln an. Seit 2011 forciert der Medienkonzern Bonnier, zu dem Carlsen gehört, die Expansion der Marke Pixi in alle Welt. Unter anderem werden seitdem Pixi-Bücher in australischen (Verlag: Five Mile Press) und britischen (Verlag: Autumn Publishing) Supermärkten vertrieben.[20] Auf der australischen Website www.yourpixi.com.au werden Kinder aufgefordert: »Collect them all! Swap with your friends«.[21] Auch die britische Facebook-Seite der Autumn Publishing Pixis betont den Sammelcharakter der Pixi-Bücher: »Pixi books are an unique size, packaging and pocket-money price, Pixi carries a message of collectability and encourages children to treasure hunt for all eight books in their favourite ranges.«[22]

Die ursprünglichen britischen und kanadischen Pixis aus dem Verlag Collins nahmen den Umweg über Dänemark nach Deutschland. Der dänische Verleger Per Hjald Carlsen kaufte von Collins die Lizenzen der Serie *A Pixie Book*; so konnten 1953 im Kopenhagener Illustrationsforlaget / PIB die ersten Pixi-bøger mit der Aufschrift *En pixi-bog* oder *En rigtig pixi* erscheinen (Format ca. 10 × 10 cm; Ausstattung: bis 1959 fester Einband mit Schutzumschlag, danach flexibler Einband mit Klammerheftung;[23] Umfang: zunächst 32 Seiten, später 24 Seiten;[24] Preis: heute 9,95 DKK). Mit der Gründung des deutschen Tochterunternehmens, dem Hamburger Carlsen Verlag, gelangten die Pixi-Bücher auch nach Deutschland, wo sie seit 1954 regelmäßig erscheinen (Format: 10 × 10 cm; Ausstattung: klammergehefteter flexibler Einband; Umfang: 24 Seiten; Preis: zunächst 50 Pfennig, heute 0,99 Euro[25]).

In Deutschland wurden die kleinen Bücher sofort zum Erfolgsmodell: Im ersten Erscheinungsjahr konnten über 100 000 Exemplare verkauft werden, schon 1957 setzte Carlsen über eine Million Pixi-Bücher ab. Der Erfolg weckte Begehrlichkeiten bei anderen Verlagen, und es entstanden zahlreiche Minibilderbuchreihen, etwa im Pestalozzi-Verlag die Pevau-Büchlein,[26] oder bei Breitschopf die Jussy / Juxi / Jussi-Bücher.[27] Carlsen hat für den deutschen Markt Anfang der 1990er Jahre vorausschauend den Begriff Pixi und das Format schützen lassen.

!3¡ Jessica Potter Broderick/Lucy Ozone: Little Elephant. [Skokie, IL]: Rand McNally 1962 (A Rand McNally Junior Elf Book. 8007), U1

So sind die zahlreichen Kopien, die bis heute auf dem Markt vorhanden sind, nie im quadratischen Pixi-Format zu finden. Immer wieder wird dieser Schutz gerichtlich bestätigt, zuletzt im Oktober 2014.[28]

In Dänemark und Deutschland erschienen zunächst Lizenzen aus dem angelsächsischen Raum. Zusätzlich zu den Titeln der Reihe *A Pixie Book* wurden häufig Bücher aus dem US-amerikanischen Verlag Rand McNally lizenziert; dieser gab seit 1947 mit großem Erfolg seine *Rand McNally Junior Elf Books* heraus (Format: 12,2 × 16,3 cm; Ausstattung: fester Einband; Umfang: 32 Seiten; Preis: 0,15 US-Dollar).[29] ! 3 ¡ Eine didaktische Zeitschrift aus den USA bezeichnete sie zwar als »supermarket books«, befand aber insgesamt, dass sie Kindern und Studierenden gerade im Hinblick auf die inhaltliche Bandbreite einen wertvollen Fundus zur Auseinandersetzung mit Volksmärchen und anderen traditionellen Geschichten und Motiven bieten konnten.[30] Gerade die Junior Elf-Bücher bildeten den »süßlich amerikanisch geprägte[n]« Stil, der typisch für die frühen Pixi-Bücher in den 1950er und 1960er Jahren war. Nachdem dieser »Buchfundus aufgebraucht« war, wurden neue Pixi-Bücher in Auftrag gegeben.[31] Eine der ersten originären deutschen Pixi-Serien, illustriert unter anderem von Eva Wenzel-Bürger, wurde 1966 auf die Auswahlliste zum Deutschen Jugendliteraturpreis in der Kategorie Bilderbuch mit den Schlagworten ›Anthologie, Lieder, Lyrik‹ aufgenommen.[32] Die Eigenproduktionen des deutschen Carlsen Verlags waren ein Schritt zur Etablierung des Pixi-Buchs, wie es heute bekannt ist. Und auch gestalterische Entscheidungen, die in Kapitel 3 genauer beschrieben werden, führten das deutschsprachige Pixi-Buch spätestens seit den 1980er Jahren zu seiner heutigen äußeren Form.

Der Carlsen Verlag verkauft bereits seit sechs Jahrzehnten Pixi-Bücher und die Verkaufszahlen sind beeindruckend: Zwischen 1954 und 2014 erschienen über 2000 Titel in einer Gesamtauflage von über 450 Millionen Exemplaren. Die Mindest-Erstauflage für eine Serie lag 2004 bei 120 000 Exemplaren[33] – eine Auflagenhöhe, die andere Kinder- und Jugendbuchverlage nicht realisieren können. *Die ZEIT* fasste 2004 einige der Erfolgsgeheimnisse zusammen: Pixis seien zum einen »demokratisches Lesefutter« und bildeten ein »Tor zur Literatur«; sie seien »Alltagskultur« und »nicht Avantgarde«.[34] Für den zukünftigen Erfolg der Pixis spielt aber sicherlich auch die Erweiterung der Programm- und Produktpalette seit etwa zehn Jahren eine wichtige Rolle (zum Beispiel mit Pixi-Büchern für Kinder unter drei Jahren, Baby-Pixis; mit größeren Pixi-Büchern, Maxi-Pixis; mit einer Sachbuchreihe, Pixi Wissen, sowie mit Hörbüchern und Apps für Tablet und Smartphone).[35]

Carlsen legte in den letzten Jahrzehnten viel Wert auf eine Inszenierung von Pixi-Jubiläen, insbesondere auf ›runde Geburtstage‹ (50. Erscheinungsjahr 2004, 60. Erscheinungsjahr 2014). Zum 50. Geburtstag machte der Verlag dem Buchhandel viele besondere Angebote, etwa eine Jubiläumskassette mit 50 neu aufgelegten Titeln oder ein Geburtstagspaket zur Dekoration und zur Organisation einer Pixi-Party; das Bilderbuchmuseum Burg Wissem in Troisdorf eröffnete eine Sonderausstellung mit Pixi-Originalillustrationen. Doch auch andere Meilensteine

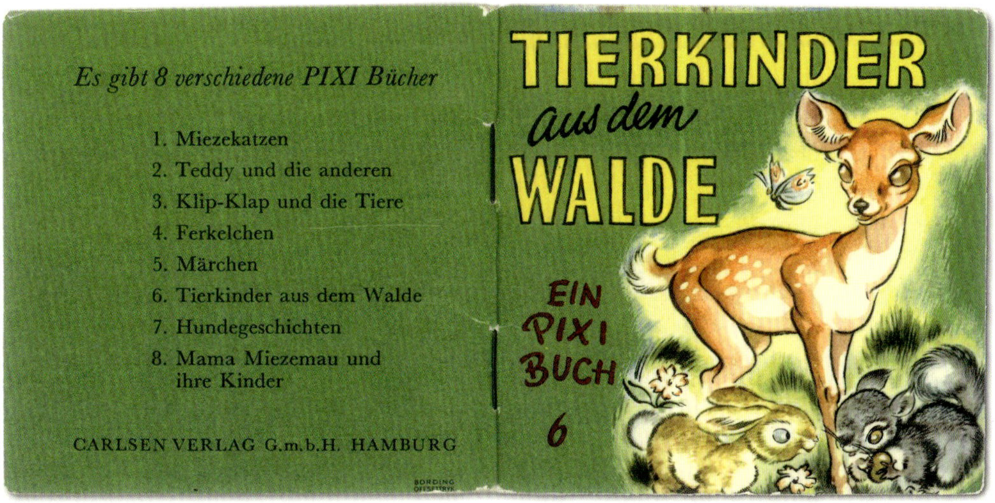

!4¡
Tierkinder aus dem Walde. Hamburg: Carlsen [1954] (Pixi-Serie 1, Pixi-Buch Nr. 6). Umschlag Erstausgabe, erkennbar an der Auflistung aller zu dem Zeitpunkt erschienener Pixi-Bücher

wurden schon gelungen in Szene gesetzt und marketingwirksam von Pressemeldungen und Veranstaltungen begleitet, so etwa 1996 die 100. Pixi-Serie, 1999 das 1000. Pixi-Buch, 2011 die 200. Pixi-Serie oder 2013 das 2000. Pixi-Buch.

2014 wurde das 60. Jubiläum begangen. Es erschienen Sonderausgaben und Buchpakete, der Verlag führte Wettbewerbe durch und das Museum Langes Tannen in Uetersen stellte Originalillustrationen aus. Des Weiteren gab Carlsen bei renommierten Autorinnen und Autoren die Sonderserie ›Große Autoren gratulieren Pixi‹ in Auftrag.[36] Dietmar Dath rezensierte diese Serie in der *Frankfurter Allgemeinen Zeitung*. Seines Erachtens lieferten Pixi-Bücher »seit sechzig Jahren« den Beweis, »dass das Kurze und Kleine den Zweck, den das Große und Lange hat, manchmal sogar besser erfüllt als die Angeberkonkurrenz«. Er beurteilte die gesamte Sonderserie außerordentlich positiv. Sein Fazit: »Bücher sind die kleinsten Fenster, durch die man die größten Gegenden sieht.«[37] Pixi-Bücher seien dabei eben sehr kleine Fenster in eine sehr große Welt. Neben der durchaus als ambitioniert einzustufenden Serie ›Große Autoren gratulieren Pixi‹ wurde auch eine Nostalgie-Serie mit ausgewählten Titeln aus den ganz frühen Serien, darunter die beiden ersten Pixi-Geschichten aus dem Jahr 1954, *Miezekatzen* und *Teddy*, aufgelegt.[38]

Die Inhalte und Bilderwelten sind mittlerweile zwar überholt, für Liebhaberinnen und Liebhaber hat aber auch diese Serie ihren Reiz. Der Verlag bewarb sie mit klaren Hinweisen auf Pixi-Nostalgie und mögliche Sammelleidenschaft: »Mit dieser nostalgischen Serie ehrt Pixi 60 Jahre Carlsen-Verlagsarbeit. Die liebevoll komponierte Sammlung enthält ausgewählte Titel aus den ganz frühen Jahren […]. Eine Bilderbuch-Zeitreise, die herzerwärmende Erinnerungen weckt.«[39] !4¡

Gestaltungsmerkmale und Materialität

Das Pixi-Buch weist unverwechselbare Gestaltungsmerkmale auf. Obwohl die frühesten englischsprachigen und dänischen Titel in einem festen Pappeinband erschienen, sind die deutschsprachigen Pixis als klammergeheftete Softcoverbüchlein konzipiert worden. Die Bücher bestehen seit Beginn der Reihe in Deutschland immer aus 24 Seiten, die bis auf wenige Ausnahmen durchgehend vierfarbig bedruckt sind. Gedruckt wird aktuell auf FSC-Mix Papier (Hinweis bei Neuausgaben seit 2012 in der Regel auf der U3 sichtbar, nicht unbedingt bei Neuauflagen), 115 g/m².[40] Der Softcoverumschlag (215 g/m²) wird ebenfalls vierfarbig bedruckt.[41] Aus Kostengründen wird in Serien produziert; es erscheinen immer acht Titel zugleich und diese können auch nur als Serie vom Sortiment erworben werden. So wird eine Mindestabnahme seitens des Handels gewährleistet.

Durch die einfachen Ausstattungs- und Herstellungsmerkmale kann der Carlsen Verlag die Bücher zum niedrigen Preis anbieten. Dennoch schlägt sich der Trend der letzten Jahren zur Veredelung von Umschlägen und Einbänden,[42] besonders im Kinder- und Jugendbuch, auch im Pixi-Buch nieder: Es werden zusätzliche Elemente gewählt, um einzelne Bücher attraktiver und auffälliger zu gestalten. Diese Entscheidung des Verlags ist erstaunlich, wenn man den niedrigen Verkaufspreis bedenkt, der auch bei abweichender Ausstattung keine Schwankung zulässt. Zum Beispiel wurde bei den Weihnachtsserien 2006, 2007, 2009, 2011 und 2012 (W21, W22, W24, W26 und W27) Glitzerfolie auf dem Cover verwendet,[43] die

!5¡
Fritz Baumgarten: Der Frühling ist da, Hamburg: Carlsen 2010 (Pixi-Serie 191, Pixi-Buch Nr. 1725), U1 mit Glitzerfolie

!6a,b¡
Pixi-Buch Nr. 1962 und 1964 aus der Serie ›Märchenstunde mit Pixi‹. Hamburg: Carlsen 2013 (Pixi-Serie 217)

auch zur Aufwertung einzelner Titeln innerhalb von Serien eingesetzt wird, etwa 2010 bei einer Neuausgabe des Bilderbuchklassikers *Der Frühling ist da*.[44] !5¡ Auch bei ganzen Serien wurden zur Wiedererkennung Deko-Folien zum Einsatz gebracht, etwa 2008 eine goldene Folie bei *Lauras Stern* oder 2009 Glitzereffekte bei dem Logo *Kleine Prinzessin* sowie 2011 bei *Sternenschweif*, einer Serie über ein magisches Einhorn nach Geschichten von Linda Chapman.[45]

Aufwändig gestaltet wurden auch besondere Pixi-Serien 2006 und 2011. 2006 wurde eine Puzzle-Serie (Serie 165) veröffentlicht; 2011 folgte eine Sticker-Buch-Serie (Serie 199).[46] Neben dem Einsatz von Deko-Folien besteht zur Aufwertung und Individualisierung noch die Möglichkeit, das Format zu variieren. Mit diesem besonderen Gestaltungselement wurde 2013 experimentiert. Die gesamte Serie 217 ›Märchenstunde mit Pixi‹ wurde nicht im klassischen Format veröffentlicht, sondern aufwändig exemplarspezifisch in zwei verschiedenen Mustern gestanzt. [47] !6a,b¡

Aus herstellerischer Sicht sind Bilderbücher generell aufwändiger zu produzieren als zum Beispiel Romane. Eine Besonderheit des Pixi-Buchs im Vergleich zum klassischen Bilderbuch ist das eingeschränkte Format. Inhalte – Text und Bild – müssen bei Einzelseiten auf 10 × 10 cm angeordnet werden, bei Doppelseiten auf 20 × 10 cm. Für Pixi-Bücher müssen Illustratorinnen und Illustratoren besondere Richtlinien befolgen; sie können aber nach Belieben in einem größeren Format zeichnen, das danach auf die Pixi-Größe reduziert wird.[48]

Der Carlsen Verlag schrieb zum Jubiläum 2014: »[J]edes kleine Pixi-Buch bedeutet für Autoren, Illustratoren, Lektoren, Setzer, Lithographen und Drucker ebenso viel Arbeit wie ein großes Bilderbuch«.[49] Doch manchmal bedeutet das

Format noch mehr Arbeit als ein großes Bilderbuch. Dies wird besonders gut sichtbar, wenn andere Titel aus dem Carlsen-Programm oder Lizenzen aus anderen Verlagen auf das Pixi-Format reduziert werden müssen. Es muss gekürzt, gestaucht, geschnitten werden, dennoch muss die Geschichte in Text und Bild stimmig bleiben. Gerade bei Serien, die Bilderbücher anspruchsvoller Illustratorinnen und Illustratoren aufnehmen, wird diese Herausforderung deutlich. Beispiele für solche Serien sind die ›Pixi-Künstler-Kassette‹ zum Erscheinen des 1000. Pixi-Buches[50] oder ›Pixi gratuliert Janosch‹[51] sowie zwei Serien mit ›Bilderbuch-Klassikern‹[52] und zuletzt die Serie ›Bilderbuch-Stars bei Pixi‹.[53]

Auch Originalausgaben können der Herstellungsabteilung ungewöhnliche Probleme bescheren: 2007 erschien die Originalausgabe *Ein tierisch schöner Tag*. Hier werden manche Doppelseiten regulär aufgeschlagen; um einige Doppelseiten lesen zu können, muss das Buch um 90 Grad gedreht werden.[54] Es ist durchaus vorstellbar, dass Leserinnen und Leser diese Lösung irritierend finden. 2009 wurde bei *Käpt'n Kurzbein, Kanonen-Charly und Suppen-Piet fahren nach Sansibar*[55] konsequenter vorgegangen: Von außen ganz gewöhnlich aussehend muss es zum Lesen um 90 Grad gedreht werden. Es wird also gehalten wie ein Schreibblock.

Zu den wichtigsten Gestaltungsmerkmalen bei Pixi zählt das Logo, das über die Jahrzehnte einige Entwicklungsprozesse durchlaufen hat. !7¡ Zu Beginn orien-

!7¡
Einige Entwicklungsschritte des Pixi-Logos

tierte es sich stark an den britischen Vorläufern. Die Kennzeichnung ›Ein Pixi Buch‹ erschien in einer ausladenden, handschriftlich anmutenden Schrift – wie bei ›A Pixie Book‹. Je nachdem, wie die Titelillustration gestaltet war, variierte die Platzierung und der Schriftzug wurde einzeilig oder dreizeilig gesetzt. In der Regel folgte direkt die Pixi-Buch-Nummer. Diese Logo-Variante wurde bei den Erstauflagen und frühen Nachauflagen der Serien 1 bis 3 (Pixi-Bücher 1–24, Erstveröffentlichung 1954–1958) verwendet.

Ab 1960 wurde die Handschrift durch ein neues Logo ersetzt, das eher futuristische Formen hatte, allerdings nach wie vor als Schriftzug mit dem Text ›ein pixi buch‹, in der Regel einzeilig gesetzt. Auch hier folgte die Pixi-Buch-Nummer unmittelbar auf den Schriftzug. Die Platzierung wechselte je nach Titelillustration, in manchen Fällen wurde sogar eine senkrechte Platzierung gewählt.[56] In den folgenden Jahren erfuhr das Logo verschiedene Modifikationen: In den 1980er Jahren wurde der gelbe Halbkreis des Carlsen-Logos in das Pixi-Logo übernommen. Die bereits 1985 veränderte Schrift wurde 2003 noch einmal modernisiert und reduziert. Die trotz allem gewahrte Kontinuität erleichtert die Bindung schon kleiner

Leserinnen und Leser an die Marke Pixi. In einem WDR-Beitrag erklärte ein kleines Kind, dass man echte Pixi-Bücher an den »Zeichen drauf« erkennen könne.[57]

Bei Reihen und Charactern[58] finden sich zusätzliche Logos auf der U1, etwa bei den *Sesamstraßen*-Büchern,[59] bei der *Shaun das Schaf*-Serie (bekannt aus der *Sendung mit der Maus*)[60] oder bei den *Ki-Ka-Ninchen*-Büchern (in Anlehnung an Figuren aus dem Fernsehkanal KiKa).[61] Dass die 10 × 10 cm-Fläche dann ästhetisch wenig überzeugend gefüllt wirkt, ist in diesen Fällen weniger wichtig als die Wiedererkennbarkeit der werbewirksamen Figuren. Kinder können so ihre Serienhelden auf einen Blick aus der Masse der Pixi-Bücher heraussuchen.[62] Doch bedient sich Carlsen nicht ausschließlich bei anderen Marken und Charactern aus Film und Fernsehen, sondern kreiert auch eigene Kultfiguren. Dazu gehört die beliebte Conni, die seit Anfang der 1990er Jahre Kinder begeistert und mittlerweile nicht nur im Pixi-Buch, sondern im gesamten Carlsen-Programm für Kinder bis ins Teenageralter auftaucht (sowie im Fernsehen und sogar neuerdings im Musical).[63]

1982 1985 1993 Seit 2003

!8¡ Die Pixi-Figur in zeitlicher Abfolge

Unter anderem hat Wenzel-Bürger im Laufe der Jahrzehnte die Pixi-Figur erschaffen, die für Sammlerinnen und Sammler sowie für das Markenimage der Reihe enorme Bedeutung hat. !8¡ Die ersten Pixi-Figuren kamen 1981 auf.[64] Wenzel-Bürger hat sie zunächst als einfache Werbefigur erschaffen, die auf der U4 Kinder ansprach und sie aufforderte, dem Verlag zu schreiben: »Hallo, ich heiße Pixi – wie heißt du? Ich bin 5 Jahre alt – wie alt bist du? […] Schreib mir doch mal, damit ich dir einen Gruß senden kann«.[65] Diese simple Art der Marktforschung wurde mehrfach betrieben, auf den Titeln der Serie 44 (1982) bat die Pixi-Figur: »[S]chreib mir doch bald einmal und sag mir, wie alt Du bist! Dann sende ich auch Dir einen Gruß«.[66] Diese erste Pixi-Figur, die noch recht schematisch und altbacken wirkte – eher wie ein Waldgeist oder Zwerg –, wurde Mitte der 1980er Jahre gegen eine Figur ausgetauscht, die menschlicher anmutete. Diese Figur wurde immer weiterentwickelt, »geriet […] frecher, verlor das Puppige«.[67] Die heutige Pixi-Figur, gestaltet von der Illustratorin Dorothea Tust,[68] trägt rote Stiefel, eine rote Bommelmütze und ein grünes Wams und wirkt als Identifikationsfigur für junge Leserinnen und Leser, denn wie Hella Kemper in der *ZEIT* schrieb, ist die Pixi-

Figur »androgyn […] nicht Mädchen, nicht Junge, kein Tier«, und »meistens gut gelaunt und voller Ideen«.[69] Im Jahre 1993 wanderte Pixi dann als Protagonist in die Pixi-Bücher; einen ersten Auftritt hatte der Character in der Serie 86 ›Pixi hat Geburtstag‹.[70] Auf der U4 teilt Pixi seit 1988 Kochrezepte, Bastelvorschläge und Zaubertricks mit den Leserinnen und Lesern.

Seit dem Beginn der Reihe setzt Carlsen auf Gestaltungselemente, die das kindliche Sammeln fördern: »Several studies have shown that children are avid collectors […] collecting is one of the most visible aspects of childish behavior«.[71] Dazu erklärte der erfolgreiche Jugendbuchverleger Franz Schneider: »Kinder sammeln alles. Wenn sich das Sammeln auf Bücher erstreckt, ist das etwas [H]errliches«.[72] Dass der kindliche Sammeltrieb auch seinen verlegerischen Interessen und nicht nur der Leseförderung entgegenkam, betonte Schneider nicht. »Some child collectors become adult collectors, some children abandon collecting for good as they leave childhood behind, and some adults collect who never did so as children«, schreibt die Museumswissenschaftlerin Susan M. Pearce in *On Collecting*.[73] Manche Wissenschaftlerinnen und Wissenschaftler interpretieren die Sammelleidenschaft bei Erwachsenen gar als »extension of […] childhood behavior«.[74] Peter Fix, Buchkritiker, beschrieb den kindlichen Sammeltrieb als »Reihenzwang« – und dieser sei nicht nur bezogen auf das Kinderbuch zu beobachten, sondern generell bei Leserinnen und Lesern aller Altersgruppen: »Der Schritt vom Leser zum Sammler ist oft nicht groß, und der Sammler – der Sammler geht nicht widerwillig oder versehentlich, sondern voll Entzücken auf die verlegerische Leimrute.«[75]

Zu den verlegerischen Paratexten,[76] die das Sammeln begünstigen, gehört die konsequente Nummerierung der Bücher, die bei Taschenbuch- und anderen Buchreihen häufig erfolgt und eben auch bei Erwachsenen einen »kindliche[n] Sammeltrieb« hervorrufen kann.[77] Eine Liste der zukünftig erscheinenden Titel mit Nummerierung findet sich schon auf der U4 des ersten Pixi-Buchs, *Miezekatzen*.[78] !4¡ Diese Praxis wurde beibehalten, bis die Titel nicht mehr auf die U4 passten (1969). Danach wurden eine Zeit lang Auswahllisten der lieferbaren Pixi-Bücher gedruckt,[79] bis ab Serie 23 (1972) eine bunte Abbildung zahlreicher Pixi-Cover die Auswahllisten ersetzte. Dazu kam der Claim »Pixi-Bücher – alle Kinder lieben sie!«[80]

Tücken gibt es trotz der Nummerierung schon beim Sammeln der frühen Pixi-Bücher. Die Bücher sind zwar durchgehend nummeriert, doch gab es so viele Nachauflagen, dass die Unterscheidung einer Erstauflage von einer Nachauflage schwierig ist, zumal bis 1958 das Druckdatum nicht vermerkt bzw. zwischen 1958 und 1969 »verschlüsselt angegeben« wurde.[81] Außerdem sind einige Nummern gar nicht vergeben worden (99, 100, 245–252, 267–274 sowie 1242–1290 wegen der Pixi-Jubiläumskassette 2004, bei der die Nachauflagen die Originalnummer trugen) sowie manche doppelt (73–80).[82] Wiederkehrende Inhalte, besonders Märchen, sorgen bisweilen für Verwirrung, weil Titel doppelt auftauchen und es sich mal um eine Nachauflage, mal um eine komplette Neuausgabe handelt. Und: »Bei zwei Pixis wurden – bei jeweils gleichem Inhalt – der Name des Titels und/oder das Cover verändert«.[83]

Der Carlsen Verlag unterstützte den Sammeltrieb über die Jahrzehnte nicht nur mit der Durchnummerierung der einzelnen Titel, sondern auch mit der Nummerierung der Serien. Seit Serie 25 (1974) wurde zum Teil auf der U4 auf andere Titel in der aktuellen Serie verwiesen;[84] ab Serie 28/29 (1975) wurden hier meist noch kleine Coverabbildungen hinzugefügt, um das Auffinden der anderen Titel aus der Serie zu erleichtern.[85] Heutzutage befindet sich eine solche Übersicht in der Regel auf der U2. Zudem werden seit den 1980er Jahren Seriennamen vergeben, die mal besser, mal schlechter die zugehörigen Bücher auf einen inhaltlichen Nenner bringen.

Ein weiteres Merkmal, das zum Sammeln anregt, ist ebenfalls auf der U2 zu finden: In ›Pixis Handschrift‹ – einer gut lesbaren Schreibschrift – steht seit 1993 der Vermerk »Dieses Buch gehört«, verbunden mit einer Leerzeile, auf der Kinder ihren Namen eintragen können. Gabriele von Glasenapp und Gina Weinkauff betonen hinsichtlich der Sozialisationsfunktion von Bilderbüchern, dass sie »bereits Jahre vor dem Schriftspracherwerb Erfahrungen mit dem Medium Buch [vermitteln]. In der Vorlesesituation und beim gemeinsamen Betrachten der Bilderbücher mit Eltern und anderen ›Bezugspersonen‹ entwickeln Kinder ihre mündliche Sprachkompetenz und ein Bewusstsein für die Schrift als Bedeutungsträger.«[86] Die Möglichkeit, den eigenen Namen eintragen zu können, leitet die Kinder dazu an, das Medium Buch als Eigentum wahrzunehmen, Besitzvermerke[87] darin vorzunehmen und generell eigenen Buchbesitz als erstrebenswert anzusehen. Zudem betont der Vermerk, dass Pixi-Bücher als vollwertige Bücher anzusehen sind (nicht: »Dieses Pixi-Buch gehört«, sondern »Dieses Buch gehört«). Als ›Anleitung zum Buchbesitz‹ kann in Ingeborg Feustels Erzählung *Das verschwundene Fünfmarkstück* die Passage gesehen werden, in der die Protagonistin Laura fünf Mark von ihrer Oma geschenkt bekommt: »Das ist ein Tag mit Zuckerguß – wie immer, wenn Oma vorbeikommt. Und diesmal schenkt sie Laura sogar ein blankes Fünfmarkstück! 5 Mark! Dafür kann man ja die halbe Welt kaufen! Jedenfalls ein Springseil … oder Schokoladenplätzchen … oder bunte Pixi-Bücher.«[88]

Seit Ende 2013 gibt es verschiedenfarbige ›Pixi-Wundertüten‹ mit je vier Pixi-Büchern zum Preis von 2,99 Euro anstatt 3,80 Euro. Während die ersten vier Tüten in den Farben grün und gelb geschlechtsneutral ausgerichtet waren, sind die vier neuen Tüten (Oktober 2014) je nach Farbe für Mädchen oder für Jungen ausgerichtet – in Blautönen oder Rosa- und Lilatönen. Zu den Wundertüten 2014 schrieb der Carlsen Verlag: »Noch mehr Überraschung bei Pixi! Nach dem großen Erfolg vom Vorjahr legen wir mit neuen Pixi-Wundertüten nach – selbstverständlich in neuer Aufmachung und mit neuer Befüllung.«[89] Der Inhalt – abgesehen von den Büchern – variiert je nach Wundertüte. In den ersten vier Tüten waren Pixi-Sticker enthalten, dazu ein Stempel und ein Ausmalposter. In den neuen Tüten waren Pixi-Briefmarken statt der Sticker zu finden. Durch solche Angebote wird die Sammelleidenschaft der Kinder geweckt und gefördert; die Zusammenstellung der Wundertüten erinnert an klassische Verkaufsstrategien für Sammelkarten wie die beliebten ›baseball cards‹, die gerade im anglo-amerikanischen Raum viel Erfolg bei Kindern haben.[90] Als aktuellstes Beispiel in Deutschland sind auch die überaus erfolgreichen Sticker-Sammelalben mit Kinderbuchheldinnen zu erwähnen, die der Börsenverein seit September 2014 als Kundenbindungsmaßnahme an die Sortimente gegen geringe Gebühr abgibt.[91]

Aus Erwachsenensicht behandeln Kinder ihre Pixi-Bücher mit einer »besonderen Mischung aus Stolz und Respektlosigkeit«:[92] Die Bücher sollen immer mitgeführt werden, weil es die ersten eigenen Bücher sind – auf der Kehrseite stehen dadurch geknickte, beschmutzte oder gar verlorene Bücher. Wegen dieser Erfahrung hat der Verlag wiederholt Pixi-Merchandising-Accessoires produziert, die das Sammeln und auch den Transport fördern oder erleichtern. 1996 wurde beispielsweise ›Mein Pixi-Märchenkoffer‹ aus Pappe (11 × 21 cm) mit 12 Märchen-Pixis als Sonderausgabe in den Handel gebracht.[93] Vermutlich zum 50-jährigen Jubiläum wurde eine kleine Stofftasche vom Verlag produziert, auf der ›Meine Pixi-Tasche‹ steht. ! 9 ¡ 2002 gestaltete der Carlsen Verlag eine Präsentationskiste für Pixi-Bücher, illustriert von Dorothea Tust, als ›Meine Pixi-Sammelkiste‹. ! 10 ¡ Diese Kiste ist bei Sammlerinnen und Sammlern besonders beliebt, auch wenn die Pappschachteln zur Präsentation im Handel ohnehin bei Pixi-Fans begehrt sind.[94] Carlsen gab 2014 eine Pixi-Blechbox in Hausform (›Mein Pixi-Haus‹, 12,4 × 18,4 cm) heraus, die zum Preis von 9,99 Euro 16 Pixi-Bücher als ›Überraschungsauswahl‹ enthielt und danach für kleinere Pixi-Sammlungen genutzt werden konnte.[95] Ebenfalls erschien 2014 eine weitere Sonderedition, ›Meine Pixi-Dose‹ (16,50 × 11,20 cm), die laut Werbung als Sammelbox weiterverwendet werden sollte und neben acht Pixi-Büchern eine Pixi-Fingerpuppe aus Stoff enthielt.[96] Pixi wird somit als Sammelgegenstand bei kleinen und großen Leserinnen und Lesern beworben. Liebing und von Lucius betonen beide die Verpflichtung, das »Sammelobjekt zu pflegen und zu schützen«.[97] Mit diesen Pixi-Accessoires werden erste Schritte dazu getan.

Doch nicht nur der Carlsen Verlag, sondern auch andere Anbietern sehen hier Potenzial zur Produktion und zum Verkauf von Aufbewahrungsmöglichkeiten. Auf Webportalen für Handgemachtes werden Pixi-Fans fündig und haben die Qual der Wahl. Zum Beispiel fanden sich auf der Webseite dawanda.de im Oktober 2014 über 1300 handgemachte Produkte (Utensilos, Hüllen, Taschen, Truhen, etc.), die in der Produktbeschreibung einen expliziten Bezug zu Pixi-Büchern herstellten.[98] Besonders beliebt sind kleine Stoffumschläge, die ähnlich anmuten wie Schutzhüllen für E-Reader. Durch Druckknöpfe oder ähnliches verschlossen, lassen sich Pixi-Bücher dekorativ und geschützt transportieren. Solche kleinen Taschen sind nur für echte Pixi-Bücher geeignet, da die Maße genau dem geschützten Pixi-Format entsprechen. ! 11 ¡ Doch sollte nicht angenommen werden, dass Pixi-Aufbewahrung nur als Aufgabe für Hobby-Handarbeit gesehen

! 9 ¡ »Meine Pixi-Tasche«. Hamburg: Carlsen [2004]

! 10 ¡ »Meine Pixi-Sammelkiste«. Hamburg: Carlsen 2002

! 11 ¡ Pixi-Stofftaschen, hier angeboten von Anja Weitzel auf dawanda.de

! 12a,b ¡ Pixi-Aufbewahrung im dänischen Design (Silly U)

Meine Pixi-Sammelkiste

Meine
Pixi-Tasche
pixi
CARLSEN
www.pixi.de

PIXI

pixi

PIXI

wird. In Dänemark etwa bietet der Hersteller Silly U, der moderne Designprodukte für Dekoration und Haushalt produziert, eine hochwertige Aufbewahrungsmöglichkeit für Pixis.[99] In farbigen Metallkassetten können die in Dänemark ebenfalls beliebten ›Pixi-bøger‹ gesammelt und präsentiert werden; ! 12a, b ¡ Kundinnen und Kunden können dabei aus fünf Motiven und Farben im skandinavisch-reduzierten Design wählen. Das Produkt wird außer in Dänemark mittlerweile auch in Großbritannien und Frankreich vertrieben; das Regal kostet je nach Webshop circa 15 Euro. Die Bandbreite an Anbietern im Hobbybereich und auch das Angebot von Silly U unterstreichen die Verbreitung und Beliebtheit von Pixi-Büchern als Sammelobjekt.

Ein aktueller Trend ist das Geocaching. Hierbei handelt es sich um eine »moderne Schatzsuche mit Hilfe eines GPS-Gerätes«.[100] Die Schatzsuche beginnt mit Koordinaten, die Teilnehmende sich nach Registrierung auf einer Internetplattform (www.geocaching.com) herunterladen können. Der Schatz, den es zu heben gilt, ist bisweilen nur eine kleine Plastikdose mit einem Block und einem Schreibutensil (damit sich erfolgreiche Suchende verewigen können). Manchmal verbirgt sich aber am Ende von komplexen, mehrstufigen Geocaches (sogenannten Multis) ein Gewinn in Form einer Tauschbörse. Erfolgreiche Suchende können kleine Gegenstände hinterlegen und einen der vorhandenen Gegenstände entnehmen. Beliebt sind hierbei »Werbepräsente, Spielzeuge aus Überraschungseiern«,[101] Playmobil- oder Lego-Figuren – kleine und austauschbare Objekte, die wenig kosten. Daher überrascht es vielleicht wenig, dass auch Pixi-Bücher ein beliebtes Tauschobjekt sind. Es gibt sogar Geocaches im In- und Ausland, die sich explizit als Pixi-Tauschbörse verstehen und besonders attraktiv für Familien sein sollen. Im Heimatland des Carlsen Verlags, Dänemark, wurde 2009 ein solcher Cache mit dem Thema ›Pixi-bøger‹ eingerichtet, der seitdem von knapp 300 Pixi-Liebhaberinnen und Liebhabern aufgesucht wurde (Stand: Oktober 2014); der Cache-Verfasser schrieb dazu, dass Pixi-bøger immer gut zum Durchblättern und Lesen seien.[102] Der erste nachweisbare Pixi-Cache im deutschsprachigen Raum wurde bereits 2007 in Niedersachsen angelegt: »Wer kennt nicht die netten kleinen Pixibücher? Wir wollen euch hier die Gelegenheit geben, eure Bücher gegen andere zu tauschen. Als Ort für den Cache kam natürlich nur der Wichtelpfad in Frage.«[103] Aktuell befinden sich im deutschsprachigen Raum circa 20 verschiedene Caches, die sich laut Online-Eintrag mit Pixi-Büchern befassen oder sich als Pixi-Tauschbörsen verstehen. In Nordrhein-Westfalen legte ein Community-Mitglied im Juni 2013 den ›Kinder Pixibuch Cache‹ an und erklärte dazu: »Dies ist ein sehr leichter Cache extra für die kleinen Cacher […]. Jedes Kind bringt ein gelesenes Pixibuch mit. Guter Zustand. Bitte [t]auscht [f]air damit immer genug Bücher für alle Kinder da sind.«[104] Dass die Idee gut bei den ›kleinen Cachern‹ ankam, bestätigte ein Community-Mitglied im Juni 2014: »Danke für diese Idee. Den Nachwuchs hat['']s auf jeden [F]all gefreut. Miträtseln, Spielplatz[-]Besuch, Schatz selbst finden und dann noch Pixiebücher [sic!]. Wurde heute direkt zum Einschlafen vorgelesen.«[105]

Auch in Österreich sind Pixi-Tauschbörsen als Caches zu finden; der erste nachweisbare Pixi-Cache lässt sich dort auf das Jahr 2011 datieren, und zwar als ›Pixi-Bücherei Standort Wels‹ – dort haben sich seitdem knapp 100 Pixi-Freunde bedient.[106] Durch diese Kombination von moderner Schatzsuche und Pixi-Buch ergibt sich eine interessante zusätzliche Komponente des Sammelns. Cachen ist für Kinder ein Abenteuer, das sie mit dem Sammelerlebnis verbinden können.

Pixi-Sammlerinnen und -Sammler und ihre Sammelgebiete

Ob Wundertüte, Besitzvermerk oder Cache-Tauschbörse – die bereits vorgestellten Angebote des Verlags oder von anderen Pixi-Fans werden eher kindliche Sammlerinnen und Sammler ansprechen.

Der Sammler Michael Kuznik schrieb auf der allgemeinen Homepage für Sammlerinnen und Sammler ›SammlerNet‹:

> Weitgehend noch unbekannt ist, dass auch Pixi-Bücher mittlerweile zu Objekten der (Sammel-)Begierde geworden sind. Denn immer mehr Leute entdecken den Reiz der Geschichten und die Ästhetik der Zeichnungen, die insbesondere von den älteren Pixis ausgehen. [...] Die Beweggründe, Pixis zu sammeln, sind so verschieden, wie diese Bücher bunt sind. Erwachsene, die leuchtende Augen bekommen, wenn sie auf dem Flohmarkt ein Pixi entdecken. Junge Väter und Mütter, die sich beim Vorlesen der Geschichten in die Kindheit zurückversetzt fühlen. Schachteln mit längst verloren geglaubten Pixis, die man auf dem Dachboden aufstöbert.[107]

Anlässlich von Jubiläen wurden Pixi-Sammlerinnen und -Sammler in den Medien zu ihren Kollektionen interviewt. Doch diese Interviews bieten nur eingeschränkte Einblicke in die Welt weniger Pixi-Sammlerinnen und -Sammler. Damit kratzt man lediglich an der Oberfläche eines weit verbreiteten Phänomens, denn online in speziellen Foren sowie auf Facebook wird deutlich, dass es viele Sammlerinnen und Sammler von Pixi-Büchern gibt. Beispielweise wurde im größten sozialen Netzwerk als Ergänzung zur offiziellen, von Carlsen geführten Pixi-Website (14 409 Fans, Stand: 27. November 2014)[108] eine inoffizielle Seite für Pixi-Liebhaberinnen und -Liebhaber angelegt.[109] Sie wird nicht sehr rege genutzt und selten aktualisiert, doch gibt es (Stand: 27. November 2014) 830 Fans, die sich dort zu Pixi bekennen.[110]

Einige bekannte Pixi-Sammlerinnen und Sammler sind durchaus stolz auf die Vollständigkeit ihrer Kollektionen. Kemper stellte in der *ZEIT* 2004 den Sammler Andre Düpre aus Moers vor, der damals 4500 deutsche Pixi-Bücher und damit deutlich mehr als die vollständigen Erstauflagen besessen hat. Zudem hat er auch die skandinavischen Pixi-Bücher gesammelt. Er gab als Grund für seine Sammeltätigkeit an: »Jedes Pixi ist für mich ein Stück Kindheit.«[111] Der Sammler Jörg

Schwalenberg aus Monheim legt auch einen Schwerpunkt auf die Verbindung zur eigenen Kindheit über Pixi. Er erzählte im Juli 2014 im WDR, wie er zum Sammler geworden ist:

> Beim Aufräumen fiel mir ein Heftchen in die Hände, 10 × 10 cm, *Lämmleins neuer Hut*,[112] das kannte meine Frau noch gut und hat sich gefreut, dass wir es wiedergefunden haben. Die Freude, die war groß, und für mich der Beginn einer Sammelleidenschaft. Weil wenn eine Nummer draufsteht, hier die Nummer 57, dann macht man einfach weiter und guckt, dass man alle bekommt.[113]

Während bei Schwalenberg also der berühmt-berüchtigte Dachbodenfund der Anlass für seine Sammeltätigkeit war, geriet Michael Kuznik eher durch Zufall auf dem Flohmarkt zum Pixi-Buch: »[D]ie Bücher ›Mama Miezemau‹[114] und ›Das Hündchen Wuff‹[115] [waren] der Auslöser, mit dem Sammeln zu beginnen. Hund und Katze lagen einträchtig nebeneinander inmitten einer Wühlkiste auf einem Bielefelder Kinderflohmarkt.«[116]

Der antiquarische Erwerb von Pixi-Büchern kann also genauso von Zufällen bestimmt sein wie die Suche nach anderen Büchern. Als Bezugsquellen bieten sich grundsätzlich alle Wege, die sich Bibliophilen eröffnen, an. Pixi-Bücher können gegebenenfalls im stationären Antiquariatsbuchhandel und auf Antiquariatsmessen gefunden werden; wichtiger sind in diesem niedrigen Preissegment allerdings wohl Flohmärkte allgemeiner Art sowie Kinderbasare. Selbstverständlich ist der Internethandel auch auf Pixi-Sammlerinnen und -Sammler vorbereitet. Fündig werden Suchende bei den klassischen Antiquariatsportalen wie ZVAB, allgemeineren Online-Shops für Bücher wie amazon, aber auch auf Auktionsplattformen wie ebay. Um besser einschätzen zu können, welche finanziellen Verpflichtungen mit einer Pixi-Sammlung verbunden sind, sollen hier einige Beobachtungen zum Preis von Pixi-Büchern nicht fehlen. Zunächst ist festzustellen, dass sich seit 1954 die Preissteigerung auch für neue Pixi-Bücher durchaus im Rahmen hält. Während ein neues Exemplar 1954 50 Pfennig kostete, wird es heute für 0,99 Euro verkauft:

Preisentwicklung in Deutschland

1954	50 Pfennig	1985	1,20 DM
1973	60 Pfennig	1990	1,50 DM
1977	75 Pfennig	1997	1,80 DM
1980	90 Pfennig	2002	0,95 Euro
1982	1 DM	Seit 1. 3. 2013	0,99 Euro

»Büchersammler haben einen großen Vorteil: In kaum keinem anderen Gebiet gibt es eine solche Vielzahl von ›collectable items‹, und das in einer überwiegend maßvollen Preisklasse. Interessantes findet man schon für den Preis einer Opernkarte«, schreibt von Lucius.[117] Pixi-Sammlerinnen und -Sammler können schon für kleines Geld – deutlich weniger als für eine Opernkarte – interessante Objekte erwerben. Antiquarische Pixi-Bücher variieren im Preis je nach Alter, Erhaltungszustand und abhängig davon, ob es sich um eine Pixi-Erstauflage handelt oder nicht. Gebrauchte Pixi-Bücher sind üblicherweise für unter einem Euro erhältlich – die Kosten des Buchs werden von den Portokosten übertroffen. Eine Erstauflage aus den frühen Jahren kann allerdings schon 20 Euro oder auch mehr kosten. Tendenziell sind die Preise bei echten Antiquariaten höher, wie auch Liebing generell feststellt.[118] Während eine Erstausgabe im Oktober 2014 vom Pixi-Buch Nr. 14 *Das Hündchen Wuff*[119] auf ebay zum Sofort-Kaufen-Preis von 12,90 Euro angeboten wurde (Auktionspreis ab 8,90 Euro),[120] kostete das Buch bei ZVAB zwischen 6,50 Euro (mit Wasserschaden) und 74,40 Euro (trotz Riss am Buchrücken).[121] Eine Erstausgabe von *Die Tierkinder aus dem Walde* (Pixi-Buch Nr. 6) wurde zeitgleich bei ebay zum Auktionspreis von 13,90 Euro angeboten;[122] bei ZVAB konnten Sammlerinnen und Sammler es für 24,80 Euro erwerben.[123] Das Celler Versandantiquariat hatte im Oktober 2014 acht Pixi-Bücher aus den 1970er Jahren bei ZVAB im Angebot; sieben davon kosteten 20 Euro, eines 25 Euro.[124] Diese Zahlen geben selbstverständlich nur eine Momentaufnahme wieder, aber als Eindruck bestätigen sie, dass Pixi-Bücher eine beachtliche Wertsteigerung innerhalb einer recht kurzen Zeitspanne erfahren können.

In *Bücherlust* betont von Lucius die besondere Bedeutung des Austauschs unter Sammlerinnen und Sammlern und Antiquarinnen und Antiquaren: »Wenn man das Sammeln in gewisser Hinsicht als ein Dominospiel ansehen kann, bei dem man immer wieder neue Steine an passende vorhandene anlegt, so gilt dies nicht nur für die Sammelobjekte, sondern in gleichem Maße für den Aufbau des Geflechts personeller Kenntnisse.«[125] Der besondere Reiz des Sammelns liegt auch für Schwalenberg im Austausch über den geliebten Sammelgegenstand, der wiederum eine Verbindung zur Kindheit und Jugend bietet. Zudem sei es reizvoll, sich enormes Detailwissen im Sammelgebiet anzueignen, das man weitergeben und teilen könne:

> Das ist eigentlich der Haupt-schönste [sic!] Punkt an der Sammelei, dass man viel Kontakt zu Menschen bekommt und dass viele auch Fragen stellen, die man beantworten kann und sich ihre Jugenderinnerungen so zurückgewinnen. Man schickt Ihnen [sic!] dann das Pixi, das sie lange vermisst haben. Und da sind dann Suchanfragen dabei, die sind ›Da war eine Taube, die flog über einen Baum‹, und dann muss man halt wissen, in welchem Pixi diese Szene vorkommt.[126]

Pixi-Sammler wie Andre Düpre und Jörg Schwalenberg lernt man eher zufällig, zum Beispiel über die Berichterstattung in den Medien anlässlich von Jubiläen, kennen. Doch es gibt unter Sammlerinnen und Sammlern zunehmend Privatpersonen, die »nützliche bibliographische Zusammenstellungen« vornehmen und ihr erworbenes Spezialwissen der breiteren Öffentlichkeit auf Homepages zur Verfügung stellen.[127] Bezogen auf Pixi-Bücher sind für den deutschsprachigen Raum zwei Namen besonders hervorzuheben, die bereits an der ein oder anderen Stelle in diesem Beitrag zitiert worden sind: Michael Kuznik und Sabin Aell.

Kuznik hat in mühevoller Kleinarbeit seit 2000 die Seite www.pixibuch.de zusammengestellt, die einen guten Einstieg in die Thematik liefert sowie Kataloge der Pixi-Bücher bis einschließlich 2013. Für den Zeitraum 1954 bis 1988 hat er zudem die Cover-Abbildungen gescannt, sodass Entwicklungen im ästhetisch-gestalterischen Bereich auf einen Blick sichtbar werden. Kuznik verweist für weitere Coverabbildungen auf Sabin Aells Seite www.pixikult.com. Aell hat zwischen 2003 und 2007 zahlreiche Coverabbildungen sowie bibliografische Informationen zusammengetragen. Angelegt ist die Datenbank bis 2006 (Pixi-Serie 161), doch es fehlen gerade für die letzten zwei Jahre (ab 2004) zahlreiche Coverabbildungen. Aell nutzt die Kataloge, die sie zur Verfügung stellt, auch als Nachweis ihrer Sammeltätigkeit. Je nach Textfarbe können Besucherinnen und Besucher beispielsweise bei den ausländischen Pixi-Serien und -Vorläufern erkennen, ob die Bücher sich schon in Aells Sammlung befinden oder nicht.[128]

Die jetzt einsetzende wissenschaftliche Auseinandersetzung mit dem Pixi-Buch wird dank der Vorarbeiten von Michael Kuznik und Sabin Aell deutlich erleichtert, wobei eine Überprüfung der Informationen anhand der Datenbank der Deutschen Nationalbibliothek zusätzlich nötig ist und eine eingehendere Analyse immer per Autopsie erfolgen sollte. Dies ist wiederum bei Pixi-Büchern durch den relativ niedrigen Anschaffungspreis, auch von antiquarischen Pixi-Büchern, gut zu gewährleisten.

Neben dem Ziel, eine vollständige Pixi-Sammlung zu erarbeiten, gibt es mögliche weitere Sammelschwerpunkte innerhalb der Pixi-Welt. Sammlerinnen und Sammler können sich etwa auf bestimmte Autorinnen und Autoren oder Illustratorinnen und Illustratoren kaprizieren, oder auch auf besondere Figuren. Petzi ist zum Beispiel ein beliebter Sammelschwerpunkt, bei dem Pixi-Bücher eine Rolle spielen, aber zusammen mit anderen Produkten gesammelt werden. Immerhin sind in Deutschland zwischen 1953 und 2013 über 12 Millionen Petzi-Bücher in verschiedenen Formaten über den Ladentisch gewandert.[129] Im Herkunftsland von Petzi, Dänemark, hat der Character seine eigene Website, geführt durch den Verlag, und die Facebook-Seite hat 11 590 Fans (Stand: 22. Oktober 2014) – nicht viel weniger als die allgemeine Pixi-Seite in Deutschland.[130] Zudem gibt es für den deutschsprachigen Bereich die Sammler- und Fanhomepage www.petzi-forschung.de, die auch die Pixi-Bücher berücksichtigt.[131]

Seit Anfang der 1990er Jahre kooperiert Carlsen im Rahmen von Corporate-Publishing-Projekten mit Firmen und Verbänden, die Pixi-Bücher als Werbematerial verwenden möchten.[132] Da Pixi-Bücher einen hohen Wiedererkennungswert aufweisen, positiv konnotiert sind und sehr günstig in der Produktion, eignen sie sich besonders gut als Giveaways.[133] Die besondere Herausforderung bei den Werbe-Pixis besteht für Sammlerinnen und Sammler jedoch darin, dass sie nicht vom Carlsen Verlag vertrieben werden. Sie können nicht über den regulären Buchhandel käuflich erworben werden, sondern nur im Rahmen von Verschenkaktionen der jeweiligen Carlsen-Partner. Zudem sind sie im Katalog der Deutschen

Nationalbibliothek nicht immer nachweisbar. Sammlerinnen und Sammler, die Werbe-Pixis suchen, sind also auf Listen von Privatpersonen wie Michael Kuznik angewiesen; seine Seite listet die Werbe-Pixis bis einschließlich 2013, erhebt aber keinen Anspruch auf Vollständigkeit.[134] Liebing stellt fest, dass das Sammeln durch das Internet »[v]ielleicht [...] sogar ein bisschen trivialer geworden« sei;[135] bei Werbe-Pixis hingegen entspricht die Recherche vielleicht eher einer Schatzsuche und damit wieder mehr dem traditionellen Bild des Sammelns. Zufällig stößt man durch Medienberichte und Pressemitteilungen auf solche Sonderausgaben, oder im Rückschluss findet man auf Flohmärkten und in Antiquariaten Ausgaben, die man bislang nicht vermutet hätte. Ein Beispiel für eine solche Corporate-Publishing-Partnerschaft, bei der besonders viele Pixi-Bücher entstanden sind, ist die Kooperation zwischen Carlsen und BASF, die im Rahmen des Internationalen Jahrs der Chemie 2011 ins Leben gerufen wurde. In enger Zusammenarbeit und Absprache sind so seit 2011 elf verschiedene Pixi-Bücher erschienen (neun im regulären Format, zwei Pixi-Wissen Bücher im größeren Format), die in beachtlichen Auflagenhöhen für Bildungszwecke kostenlos an Kindergärten, Schulen und andere öffentliche Einrichtungen verteilt werden.[136] Dabei sieht man den Werbe-Pixis nicht auf den ersten Blick an, wer der Werbetreibende ist; dies wird erst beim Blick ins Impressum deutlich. Dadurch wird vor allem die Marke Pixi in den Vordergrund gestellt sowie der Inhalt.

Doch auch ›Pixiana‹ können ein interessantes zusätzliches Sammelgebiet bilden. Denn seit einigen Jahren fährt Carlsen eine konsequente Diversifikationsstrategie der Marke Pixi, um neue Produktformen und Trägermedien zu bedienen.[137] Neben den regulären Pixis im klassischen Format können Sammlerinnen und Sammler Baby-Pixis (seit 2012; Format: 14 × 14 cm; Ausstattung: widerstandsfähiges Material, flexibler Umschlag ohne Klammerheftung; Umfang: 16 Seiten; Preis: 2,99 Euro), Maxi-Pixis (seit 2009; Format: 15,7 × 15,7 cm; Umfang: 24 Seiten; Ausstattung: flexibler Umschlag mit Klammerheftung; Preis: 1,99 Euro) oder die Pixi-Wissen-Reihe (seit 2008; Format: 10,5 × 15,5 cm; Ausstattung: flexibler Umschlag mit Klammerheftung; Umfang: 32 Seiten; Preis: 1,99 Euro) erwerben; außerdem gibt es seit 2008 den Pixi-Adventskalender mit 24 Büchern (meist Nachauflagen), Pixi-Hörbücher (seit 2005) und auch Pixi-Apps für Tablet-PCs (seit 2011). Sonderausgaben und Anthologien zählen zu diesem Bereich auch hinzu, etwa die Hardcover-Ausgabe im Pixi-Format mit Lesebändchen, erschienen zum 60. Jubiläum, *Pixis beste Freunde* (Format: 10 × 10 cm; Ausstattung: Hardcover mit Lesebändchen; Umfang: 496 Seiten; Preis: 9,99 Euro),[138] aber auch weitere Titel, die unabhängig von Jubiläen erschienen sind. So gibt es etwa zwei widerstandsfähigere Papp-Bilderbücher für kleine Kinder, *Pixis Uhrenbuch* (Format: 24 × 24 cm; Ausstattung: Papp-Bilderbuch; Umfang: 16 Seiten, mit rundem durchgehenden Ausschnitt und Uhr zum Einstellen auf der letzten Seite; Preis: unbekannt),[139] und *Pixis kleines Liederbuch* (Format: 22 × 22 cm; Ausstattung: Papp-Bilderbuch; Umfang: 16 Seiten; Preis: unbekannt).[140] 1996 erschien eine exklusive Hardcover-Ausgabe, *Das Riesen-*

!13¡
Peter Adby: Mr. Noah's Ark. London/Glasgow: Collins [1950er Jahre] (A Pixie Book). 28 Seiten. Einband

!14¡
Peter Adby: Die Arche Noah. Hamburg: Carlsen 1969 (Pixi-Serie 18, Pixi-Buch Nr. 146). 24 Seiten. U1

Pixi-Buch (Format: 24,8 × 24,8 cm; Ausstattung: Hardcover; Umfang: 106 Seiten; Preis: 16,90 DM). *Das Riesen-Pixi-Buch* brachte zwölf Pixi-Bücher aus den Jahren 1954 bis 1996 ins große Format; pro Seite wurden vier Pixi-Seiten in Originalgröße abgedruckt. Im Waschzettel wurden die Sammlerinnen und Sammler besonders angesprochen: »Achtung Sammler: In diesem Buch ist ein Pixi enthalten, das es als Original nicht mehr zu kaufen gibt!«[141] Bemerkenswert ist bei allen drei genannten Beispielen, dass Carlsen auch im größeren Format bei quadratischen Maßen bleibt, um die Wiedererkennung der Marke zu stärken.

Zu Pixiana gehört neben solchen Sonderausgaben vor allem Werbematerial rund um Pixi. Am Wichtigsten ist dabei wohl der 1,20 Meter große Pixi-Aufsteller aus Plastik, der vom Sortiment beim Carlsen Verlag als Dauerleihgabe für die Präsentation von Pixi-Büchern bestellt werden kann. Für Sammlerinnen und Sammler ist die Figur dadurch nur schwer zu bekommen. Die Standfigur präsentiert in ihrer Schüssel bis zu 340 Pixi-Bücher (und manchmal, zum Missfallen des Verlags, auch Nachahmer-Produkte) auf der Augenhöhe der Zielgruppe. Bei dieser Figur profitiert der stationäre Buchhandel stark von dem Markenwert der Pixi-Figur. Kemper schrieb in der *ZEIT* recht kritisch, dass die »ziemlich missgestaltete Pixi-Figur zum Anfassen […] in Buchhandlungen steht und in einer Schütte ihre Schätze feilbietet«. Pixi-Bücher seien damit »Schüttware«, ein »Massenprodukt, das gleich kübel- oder kassettenweise ausgekippt wird«.[142] Auf Online-Auktionsplattformen werden auch für beschädigte Plastik-Figuren hohe Preise verlangt.[143] In dem WDR-Beitrag über Schwalenberg sieht man, dass er sie besitzt und darin Bücher präsentiert. Weitere Pixi-Bücher stellt Schwalenberg in einem Original-

!15¡
Rudi Strahl/ Ingrid Schuppan: Das ungeheure Seeungeheuer, mittags. 2. Aufl. Berlin: Kinderbuchverlag 1982 (Minibuch. 11), Umschlag

Pixi-Drehständer aus, der dem Logo nach aus den 1960er oder 1970er Jahren stammt. Schwalenberg spricht in dem Beitrag auch über weitere Pixiana, die ihm am Herzen liegen. So besitzt er aus der Druckerei einen ungefalzten Druckbogen zweier Pixi-Bücher[144] oder eine signierte Pixi-Ausgabe des Zeichners Titus.[145]

Nicht zuletzt können Pixi-Begeisterte über den sprichwörtlichen Tellerrand schauen. Sammlerinnen und Sammler können einerseits die zahlreichen ausländischen Pixi-Bücher weltweit erwerben. Zum einen kann man als Sammlerin oder Sammler die Pixi-Vorläufer in den Blickpunkt rücken. Die frühen kanadischen und britischen Ausgaben sind besonders interessant, wobei hier das Ziel sein sollte, die Bücher mit dem Schutzumschlag zu erwerben, was bei billigen Kinderbüchern nach 60 Jahren schon eine echte Herausforderung darstellen kann.[146] Außerdem ist es aufschlussreich, die Lizenzen zu vergleichen in Hinblick auf Format, Layout, usw. !13, 14¡ Doch zum anderen bieten auch die zahllosen Lizenzausgaben ursprünglich deutschsprachiger Pixi-Bücher den Sammlerinnen und Sammlern ein weiteres großes Feld, bei denen spezielle Fremdsprachenkenntnisse sicher von Vorteil sind. Denn die enge Kooperation zwischen dem dänischen Verlagshaus und dem deutschen Ableger ist ein wichtiges Forschungsdesiderat der Pixi-Geschichte, bei dem Sammlerinnen und Sammler noch viel bibliografische Vorarbeit leisten könnten. Doch auch über Dänemark und Europa hinaus können Sammlerinnen und Sammler fündig werden: »Ob Asien, Europa, Afrika – die Bilder bleiben immer unverändert, nur nicht die Schrift«[147] – die Pixi-Illustratorin Dorothea Tust findet etwa gerade die Verbindung der asiatischen Schriften mit den europäisch geprägten Illustrationen interessant.[148]

Andererseits können Pixi-Fans auch nach deutschsprachigen Nachahmerprodukten Ausschau halten. Diese ist, wie bereits bei dem Abriss der Pixi-Geschichte, ergiebig. Besonders reizvoll könnte aber zum Beispiel sein, die Nachahmer-Produkte aus der DDR zu sammeln. Im Kinderbuchverlag erschienen Bücher in »44 Editionsformen, vom Taschenbuch bis zur Prachtausgabe, vom Mini- bis zum Maxibuch«.[149] Zwischen 1979 und 1989 brachte der Verlag die Reihe Minibuch heraus (Format: 14,6 × 10,2 cm; Ausstattung: flexibler Umschlag mit Klammerheftung; Umfang: variabel, 16–20 Seiten; Preis: 1,35 Mark). ! 15 ¡ Allem Anschein nach handelte es sich bei dieser Buchreihe um ein Me-Too-Produkt, da die Pixi-Bücher in der DDR nicht erhältlich waren und auch nicht eingeführt werden durften.[150] Hier wäre eine vollständige Sammlung durchaus ein realistisches Sammelziel, denn das Sammelgebiet ist abgeschlossen und insgesamt sind 36 geplante Nummern nachweisbar, von denen aber nur 33 Bücher nach Recherche über die Kataloge der Deutschen Nationalbibliothek wirklich erschienen sind.

Ausblick

Das Pixi-Buch ist ein ernstzunehmender Sammelgegenstand. Es wirkt auf Kinder als zuverlässige ›Einstiegsdroge‹ in die Welt der Bücher, des Buchbesitzes und des Lesens. In seinem Grundlagenwerk *Miniature Books* nennt Louis W. Bondy Bibliophile, die sich besonders für Miniaturbücher interessieren, »minibibliophiles«.[151] In diesem Sinne dürfte es legitim erscheinen, bei Pixi-Sammlerinnen und -Sammlern, die sich mit Minibilderbüchern aller Art beschäftigen, zukünftig von ›Pixiebibliophiles‹ zu sprechen.

Gerade weil diese ›Pixiebibliophiles‹ von wenigen Ausnahmen abgesehen bislang anonym geblieben sind, wird 2015 eine große Online-Umfrage unter Pixi-Sammlerinnen und -Sammlern durchgeführt. Darin wird genauer abgefragt, welche Motive diese Sammlerinnen und Sammler haben, welche Arten von Pixi-Sammlerinnen und -Sammlern es gibt und wie ihre Sammlungen aufgebaut sind.

Auch im fortschreitenden 21. Jahrhundert wird es zahlreiche Fans von gedruckten Pixi-Büchern geben – trotz oder gerade wegen der erfolgreichen Pixi-Apps des Carlsen Verlags, die für Tablets zur Verfügung stehen. Tust bringt es auf eine einfache Formel: »Solange die Kinder nachwachsen, sollten auch die Pixis nachwachsen.«[152] Derzeit kommen jährlich acht neue Serien im Jahr hinzu, sodass Sammlerinnen und Sammler pro Jahr gleich 64 Neuanschaffungen planen müssen, wenn sie eine vollständige Sammlung anstreben. Jedes Pixi-Jubiläum birgt das Potenzial, neue Fans zu gewinnen, weil der Carlsen Verlag bewusst nostalgische Elemente bei der Eigenwerbung einsetzt. In absehbarer Zeit kommen die nächsten Jubiläen auf Carlsen und die Pixi-Fangemeinde zu: 75 Jahre, 100 Jahre. Aus Sicht des Bibliophilen stehen diese runden Geburtstage kurz bevor.

ANMERKUNGEN

1 ZVAB: Pixi – ein Waldkobold feiert Geburtstag. März 2014. URL: http://www.zvab.com/pages/pixi-buecher-jubilaeum.jsp [09.01.2015].

2 ZVAB (wie Anm. 1).

3 Vgl. Ulrich Huse: Verlagsmarketing. Frankfurt: Bramann 2013 (CAMPUS Basics buch & medien 1), S. 33.

4 »Schon 60 Jahre gibt es die tollen Minibücher«. Vgl. Carlsen Verlag: Pixi feiert Jubiläum: 60 Jahre Pixi. #pixi60. URL: http://www.carlsen.de/pixi [09.01.2015]. Nennung des Begriffs, ohne dass Minibücher genauer beschrieben werden.

5 Zur ausführlichen Definition vgl. Corinna Norrick-Rühl/Anke Vogel: Klein aber oho! Geschichte und Rezeption des Pixi-Buches. In: Das Bilderbuch. Geschichte, Ästhetik, Medien. Hrsg. von Arno Russegger. Innsbruck: Studien-Verlag 2015 (Angewandte Literaturwissenschaft), in Vorbereitung.

6 Ursula Rautenberg: Miniaturbücher. In: Reclams Sachlexikon des Buches. Hrsg. von Ursula Rautenberg. 2., verbesserte Auflage. Stuttgart: Reclam 2003, S. 357. Vgl. auch W. Raub: Kleinste Bücher. In: Lexikon des gesamten Buchwesens. 2., völlig neu bearbeitete Auflage (LGB^2). Band IV. Stuttgart: Hiersemann 1995, S. 234.

7 Andrea Stange: 1. »Intergalaktische« Pixi Party. In: Miniaturbuch Journal 13 (2006), Heft 4, S. 7; Reinhold Janus: Miniaturbuchreihen in deutscher Sprache im 20. Jahrhundert. In: Miniaturbuch Journal 14 (2007), Heft 4, S. 3–6.

8 Jens Thiele: Das Bilderbuch. In: Handbuch Kinderliteratur. Grundwissen für Ausbildung und Praxis. Hrsg. von Jens Thiele und Jörg Steitz-Kallenbach. Freiburg im Breisgau: Herder 2003, S. 70–98, hier S. 71.

9 Vgl. zum Beispiel in Das tapfere Schneiderlein. Ein Märchen der Brüder Grimm mit Bildern von Patrick Wirbeleit. Hamburg: Carlsen 2013 (Pixi-Serie 217, Pixi-Buch Nr. 1968), U2.

10 Arnulf Liebing: Handbuch für den Buch- und Grafiksammler. Würzburg: Verlag Königshausen & Neumann 2008, S. 24.

11 Wulf D. von Lucius: Bücherlust. Vom Sammeln. Köln: DuMont 2000, S. 14.

12 Die hier wiedergegebene Definition orientiert sich an Norrick-Rühl/Vogel (wie Anm. 5).

13 Christine Haug: Populäre Lesestoffe. In: Reallexikon der deutschen Literaturwissenschaft, Hrsg. von Klaus Weimar. Berlin usw.: de Gruyter 2007, S. 124–127, hier S. 124.

14 Thiele (wie Anm. 8), S. 71.

15 Besonders erwähnenswert ist hier der Überblick von Elisabeth Hohmeister im *Bulletin Jugend & Literatur*. Hohmeisters Fokus liegt auf der Entwicklung der Illustrationen (neben klassischer Zeichnung/Malerei auch Collagetechniken, Fotografie, etc.) auf den Seiten der Pixi-Bücher. Elisabeth Hohmeister: Klein, aber oho! 50 Jahre Pixi. In: Bulletin Jugend + Literatur 35 (2004), Heft 4, S. 8–11.

16 Corinna Norrick-Rühl/Anke Vogel: Kleine Bücher mit großer Wirkung. Prolegomena zur Erforschung des Pixi-Buchs. In: Jahrbuch Kinder- und Jugendliteraturforschung 2013/14. Band 20. Hrsg. von Bernd Dolle-Weinkauff/Hans-Heino Ewers. Frankfurt am Main: Peter Lang Verlag 2014, S. 119–131.

17 Vgl. Angaben im Katalog der British Library. URL: www.bl.uk [09.01.2014] sowie die Verlagsangabe: »London and Northampton, New York, Toronto«. Die Pixi-Sammlerin Sabin Aell weist auf ihrer Homepage 40 Titel dieser Reihe nach, ohne Quellen zu nennen. Auch einige der zusätzlichen Informationen, die sie liefert, sind nicht anhand der vorhandenen Quellen zu rekonstruieren. Vgl. Sabin Aell: A Father Tuck Little Book. Vorläufer der Pixie Books (England). In: Pixikult. Kultige Kinderbücher im Miniformat. 2003–2007. URL: http://www.pixikult.com/pixi/prepixi.htm# [09.01.2015].

18 Hilda Boswell: Fairy Tales. A Pixie Book. London/Glasgow: Collins [o. J.], Schutzumschlag, innen vorne.

19 Boswell (wie Anm. 18), Schutzumschlag, innen vorne.

20 Vgl. Norrick-Rühl/Vogel (wie Anm. 16), S. 127–128.

21 Five Mile Press: Your Pixi. URL: http://www.yourpixi.com.au/ [15.09.2014]. Mittlerweile ist diese Seite nicht mehr verfügbar.

22 Autumn Publishing: Pixi Books. Facebook-Auftritt. URL: https://www.facebook.com/pixibooks [09.01.2015].

23 Vgl. Forlaget Carlsen A/S: Pixibogens historie. URL: http://www.carlsen.dk/Pixi/Pixis-historie.aspx [09.01.2015].

24 Vgl. Angaben aus dem Katalog der königlichen Bibliothek in Kopenhagen. URL: http://rex.kb.dk [09.01.2015]).

25 Zur präzisen Preisentwicklung siehe Tabelle 1.

26 Laut Katalog der Deutschen Nationalbibliothek (URL: www.dnb.de [09.01.2015]) seit 1960 erhältlich.

27 Laut Katalog der Österreichischen Nationalbibliothek (URL: http://www.onb.ac.at/ [09.01.2015]) seit 1965 erhältlich.

28 Carlsen gewinnt Rechtsstreit um Pixi-Format. Anspruch auf wettbewerbsrechtlichen Schutz. In: buchreport.de vom 7. Oktober 2014. URL: http://www.buchreport.de/nachrichten/aus_den_unternehmen/aus_den_unternehmen_nachricht/datum/2014/10/07/carlsen-gewinnt-rechtsstreit-um-pixi-format.htm [09.01.2015].

29 Vgl. zu den Rand McNally Junior Elf Books z. B. History of Junior Elf. URL: http://www.juniorelf.com/history.php [09.01.2015].

30 Elda Maase: Instructional Uses for »Supermarket« Books. In: Elementary English 52 (April 1975), no. 4, S. 499–502.

31 Hohmeister (wie Anm. 15), S. 8.

32 Vgl. Deutscher Jugendliteraturpreis: Archiv. Pixi-Bücher: Deutsche Kinderlieder, Verse und Gedichte, letzten Hefte der Serie XII. URL: http://www.djlp.jugendliteratur.org/datenbanksuche/bilderbuch-1/artikel-pixi_buecher_deutsche_kin-2417.html [09.01.2015].

33 Hella Kemper: Quengelware zum Lesen. In: ZEIT, Nr. 18 vom 22. April 2004, S. 68.

34 Kemper (wie Anm. 33), S. 68.

35 Mehr Details zur Diversifikation der Marke Pixi bei Norrick-Rühl/Vogel (wie Anm. 16).

36 »Große Autoren gratulieren Pixi«. Hamburg: Carlsen 2014 (Pixi-Serie 225). 8 Bücher.

37 Dietmar Dath: Ein leiser Wind hilft beim Umblättern. In: FAZ, Nr. 237 vom 13. Oktober 2014, S. 10.

38 »Pixi gratuliert Carlsen«. Hamburg: Carlsen 2014 (Pixi-Serie 218). 8 Bücher.

39 Carlsen Verlag: Pixi-Bundle 8er Serie 218: Pixi gratuliert Carlsen. URL: http://www.carlsen.de/sonstiges/pixi-bundle-8er-serie-218-pixi-gratuliert-carlsen/36365 [09.01.2015].

40 Genaue Angabe des Verlags: »115 g/qm h'frei matt gestr. Papier 1,1 faches Volumen fsc«. Vgl. E-Mail von Ursula Schefe, Herstellung/Einkauf Carlsen, an Corinna Norrick-Rühl vom 22. Oktober 2014.

41 Genaue Angabe des Verlags: »215 g/qm einseitig Chromokarton fsc«. Vgl. Schefe (wie Anm. 40).

42 Vgl. dazu etwa Huse (wie Anm. 3), S. 88–90.

43 Vgl. etwa Elena Conti-Wiesinger: Weihnachtsreime. Der Zipfel, der Zapfel. Hamburg: Carlsen 2007 (Pixi-Serie W22, Pixi-Buch Nr. 1545); Lena Hahn/Fritz Baumgarten: Teddys Weihnachten. Hamburg: Carlsen 2011 (Pixi-Serie W26, Pixi-Buch Nr. 1845); Nele Moost/Annet Rudolph: Der kleine Rabe Socke feiert Weihnachten. Hamburg: Carlsen 2012 (Pixi Serie W27, Pixi-Buch Nr. 1915).

44 Fritz Baumgarten: Der Frühling ist da. Hamburg: Carlsen 2010 (Pixi-Serie 191, Pixi-Buch Nr. 1725).

45 Birgit E. Holzapfel/Uli Velte: Lauras Stern. Hamburg: Carlsen 2008 (Pixi-Serie 173). 8 Bücher; Tony Ross: Kleine Prinzessin. Hamburg: Carlsen 2009 (Pixi-Serie 186). 8 Bücher; Linda Chapman/Milada Krautmann: Sternenschweif. Hamburg: Carlsen 2011 (Pixi-Serie 203). 8 Bücher.

46 Meine Sticker-Pixis. Hamburg: Carlsen 2011 (Pixi-Serie 199). 8 Bücher. Sticker waren auch inkludiert bei Neue Abenteuer mit Conni. Hamburg: Carlsen 2009 (Pixi-Serie 190). 8 Bücher.

47 Märchenstunde mit Pixi. Hamburg: Carlsen 2013 (Pixi-Serie 217). 8 Bücher. Pixi-Bücher Nr. 1961, 1962, 1963 und 1965 haben ein aufwändiges, floral gestanztes Muster, das den Kopfschnitt und den vorderen Schnitt beinhaltet Waldabbildungen/Blumenabbildungen), während Pixi-Bücher Nr. 1964, 1966, 1967 und 1968 ein einfacheres, regelmäßiges Muster am Kopfschnitt vorweisen (Bogenabbildung, Architektur).

48 Vgl. Schefe (wie Anm. 40).

49 Carlsen Verlag: 60 Jahre Pixi: Geschichte der Pixi-Bücher. URL: http://www.carlsen.de/pixi/geschichte [09.01.2015].

50 Wo ist Pixis rote Mütze? Hamburg: Carlsen 1999 (Pixi-Serie 117; Pixi-Künstler-Kassette). 8 Bücher.

51 Janosch [d.i. Horst Eckert]: Pixi gratuliert Janosch. Hamburg: Carlsen 2006 (Pixi-Serie 159). 8 Bücher.

52 Pixis Bilderbuch-Klassiker. Hamburg: Carlsen 2008 (Pixi-Serie 178). 8 Bücher; Pixis Bilderbuch-Klassiker 2. Hamburg: Carlsen 2008 (Pixi-Serie 185). 8 Bücher.

53 Bilderbuch-Stars bei Pixi. Hamburg: Carlsen 2011 (Pixi-Serie 206). 8 Bücher.

54 Dorothea Tust: Ein tierisch schöner Tag. Hamburg: Carlsen 2007 (Pixi-Serie 171, Pixi-Buch Nr. 1535).

55 Manuela Mechtel/Patrick Wirbeleit: Käpt'n Kurzbein, Kanonen-Charly und Suppen-Piet fahren nach Sansibar. Hamburg: Carlsen 2009 (Pixi-Serie 187, Pixi-Buch Nr. 1685).

56 [o. T.] Hamburg: Carlsen 1966 (Pixi-Serie 13). 8 Bücher: Dorothy Wilson/W. K. Plummer: Morgen. Hamburg: Carlsen 1966 (Pixi-Serie 13, Pixi-Buch Nr. 101); Dorothy Wilson/W. K. Plummer: Mittag. Hamburg: Carlsen 1966 (Pixi-Serie 13, Pixi-Buch Nr. 102); Dorothy Wilson/W. K. Plummer: Abend. Hamburg: Carlsen 1966 (Pixi-Serie 13, Pixi-Buch Nr. 103).

57 »Von den Pixi-Büchern, sind ja so welche Zeichen drauf, darum weiß man ja, dass [es] Pixi-Bücher sind oder nicht.« WDR Aktuelle Stunde: So war's: 60 Jahre Pixi Bücher. 5. April 2014. URL: http://www1.wdr.de/mediathek/video/sendungen/aktuelle_stunde/so_wars/videosowarsjahrepixibuecher100.html [09.01.2015], 4:34 Minuten, Minute 4:16–4:25.

58 ›Charactere‹ sind besonders beliebte Charaktere, die oft aus Film oder Fernsehen übernommen werden und zu denen es häufig auch Merchandising-Artikel gibt.

59 Sesamstraße. Hamburg: Carlsen 2008 (Pixi-Serie 181). 8 Bücher.

60 Shaun, das Schaf. Hamburg: Carlsen 2009 (Pixi-Serie 189). 8 Bücher.

61 KiKaNinchen. Hamburg: Carlsen 2012 (Pixi-Serie 209). 8 Bücher.

62 Vgl. hierzu auch den Jungen aus einem Kindergarten in Karst, der zielsicher Characters wie ›Der kleine Rabe Socke‹ identifiziert. WDR Aktuelle Stunde (wie Anm. 57), Minute 0:18–0:27.

63 Vgl. zum Erfolg der Figur Conni Norrick-Rühl/Vogel (wie Anm. 16), S. 122–123.

64 Tiergeschichten. Reinbek bei Hamburg: Carlsen 1981 (Pixi-Serie 39). 8 Bücher.

65 Vgl. zum Beispiel bei Miriam Dixon: Ferkelchen. 4. Auflage. Reinbek bei Hamburg: Carlsen 1981 (Pixi-Serie 39, Pixi-Buch Nr. 4, Neuauflage), U4.

66 Vgl. zum Beispiel bei Nils Henrik Pedersen: Die Geschichte von Ingo. Reinbek bei Hamburg: Carlsen 1982 (Pixi-Serie 44, Pixi-Buch Nr. 334), U4.

67 Kemper (wie Anm. 33), S. 68.

68 Tust übernahm die Figur vor etwa 10 Jahren von Eva Wenzel-Bürger. Vgl. WDR Aktuelle Stunde (wie Anm. 57), Minute 1:55–2:22.

69 Kemper (siehe Anm. 33), S. 68.

70 Pixi hat Geburtstag. Hamburg: Carlsen 1993 (Pixi-Serie 86). 6 Bücher.

71 Susan M. Pearce: On Collecting. An Investigation into Collecting in the European Tradition. London/New York: Routledge 1995 (Collecting Cultures), S. 237.

72 »Das Taschenbuch ist das Buch der Kinder«. Buchreport-Forum. In: Buchreport vom 14. Mai 1976, Nr. 20a [Themenheft Jugendbuch], S. 13–17, hier S. 14.

73 Pearce (wie Anm. 71).

74 Paula Rubel/Abraham Rosman: The Collecting Passion in America. In: Zeitschrift für Ethnologie 126 (2001), Heft 2, S. 313–330, hier S. 317.

75 Peter Fix: Bücher – reihenweise (1). In: Ich schreibe (1981), Heft 4, S. 52–53, hier S. 52.

76 Zum Begriff vgl. Gérard Genette: Paratexte. Das Buch vom Beiwerk des Buches. Frankfurt am Main: Suhrkamp 2001 (suhrkamp taschenbuch wissenschaft 1510).

77 Ralf Schweikart: Was macht eine erfolgreiche Serie aus? Reihen und Serien für Jugendliche. In: Buch & Maus (2008), Nr. 22, S. 9–12, hier S. 9.

78 Miriam Dixon: Miezekatzen. Reinbek bei Hamburg: Carlsen 1954 (Pixi-Serie 1, Pixi-Buch Nr. 1), U4.

79 Vgl. etwa Die Wichtelmänner. Nach einem Märchen der Brüder Grimm. Illustriert von Iben Clante. Reinbek bei Hamburg: Carlsen 1969 (Pixi-Serie 19, Pixi-Buch Nr. 152), U4. Hier sind nur ausgewählte Titel aufgelistet, von den Titeln 1 bis 30 fehlen etwa die Pixi-Bücher Nr. 3, 6, 9, 18 und 21 bis 24. Die Motive für die Auswahl werden nicht deutlich; eventuell wurde anhand von Verfügbarkeit entschieden (vorausgesetzt, einzelne Titel wurden nachgedruckt, was aus heutiger Sicht eher untypisch wäre).

80 Vgl. zum Beispiel bei Ingvar Björk/Gun Björk: Dieters Traumreise. Reinbek bei Hamburg: Carlsen 1973 (Pixi-Serie 24, Pixi-Buch Nr. 191), U4.

81 Michael Kuznik: Pixi-Bücher. Kurzinformation. Teil 2. In: SammlerNet. URL: http://www.sammlernet.de/pixi/pixi01.htm [09.01.2015].

82 Vgl. Kuznik (wie Anm. 81).

83 Vgl. Kuznik (wie Anm. 81). Als die kleine Frau Kuchen backte. Hamburg: Carlsen 1960 (Pixi-Serie 4, Pixi-Buch Nr. 28) erschien laut Kuznik zugleich als Der Lebkuchenmann mit gleicher Nummer; ebenso Hansi, das kleine Hirschkalb. Hamburg: Carlsen 1961 (Pixi-Serie 5, Pixi-Buch

Nr. 36) als Das kleine Reh. In der DNB sind nur die hier mit vollständigen bibliografischen Angaben genannten Bücher nachweisbar; die alternativen Cover sind aber auf Kuzniks Sammlerseite im Internet abgebildet. Michael Kuznik: Großer Katalog. [Pixi-Bücher] 25–48. In: Pixibuch.de. URL: http://pixibuch.de/katalog_0048.html [09.01.2015].

84 Vgl. Kinderreime. Reinbek bei Hamburg: Carlsen 1974 (Pixi-Serie 25). 12 Bücher, U4.

85 Vgl. zum Beispiel Eberhard Binder: Pitt und Onkel Paul oder Die Wundertonne. Reinbek bei Hamburg: Carlsen 1977 (Pixi-Serie 32, Pixi-Buch Nr. 258), U4.

86 Gabriele von Glasenapp/Gina Weinkauff: Kinder- und Jugendliteratur. Paderborn: Verlag Ferdinand Schöningh 2010 (UTB 3345), S. 183.

87 Vgl. zum Besitzvermerk in Büchern Ursula Rautenberg: Besitzvermerk. In: Reclams Sachlexikon des Buches. Hrsg. von Ursula Rautenberg. 2., verbesserte Auflage. Stuttgart: Reclam 2003, S. 54–55.

88 Ingeborg Feustel/Eva Zeidler/Manfred Rohrbeck: Das verschwundene Fünfmarkstück. Hamburg: Carlsen 1994 (Pixi-Serie 92, Pixi-Buch Nr. 765), S. 2.

89 Carlsen Verlag: Pixi-Wundertüte Nr. 6. URL: http://www.carlsen.de/sonstiges/pixi-wundertute-nr-6/51764#Inhalt [09.01.2015].

90 Vgl. John Bloom: A House of Cards. Baseball Card Collecting and Popular Culture. Minneapolis: University of Minnesota Press 1997 (American Culture 12). URL: http://www.jstor.org/stable/10.5749/j.cttttn3h [09.01.2015].

91 Börsenverein des deutschen Buchhandels: Meine Kinderbuchhelden. Sticker-Sammelalbum. URL: http://www.boersenverein.de/sammelalbum [09.01.2015]. Zum Erfolg der Aktion siehe beispielsweise Haftender Erfolg. In: Boersenblatt.net. URL: http://www.boersenblatt.net/817527/ [09.01.2015].

92 WDR Aktuelle Stunde (wie Anm. 57), Minute 3:10–3:14.

93 Mein Pixi-Märchenkoffer. Hamburg: Carlsen 1996 (keine Pixi-Seriennr.). 12 Bücher (Pixi-Buch Nr. 632–633, 753, 763, 825–832).

94 Michael Kuznik: Merchandise. In: pixibuch.de. URL: http://pixibuch.de/merchandise.html [09.01.2015].

95 Carlsen Verlag: Mein Pixi-Haus. ISBN: 978-3-551-04144-9. URL: http://www.carlsen.de/sonstiges/mein-pixi-haus/49546 [09.01.2015].

96 Carlsen Verlag: Meine Pixi-Box. ISBN: 978-3-551-04009-1. URL: http://www.carlsen.de/sonstiges/sonderedition-meine-pixi-dose-mit-fingerpuppe/49544 [09.01.2015].

97 Liebing (wie Anm. 10), S. 32.

98 1384 Treffer bei DaWanda/Products with love in der Datenbank-Suche mit dem Begriff ›Pixi-Buch‹. URL: http://de.dawanda.com/search?q=pixi-buch [09.01.2015].

99 Silly U: Collection – Storage. URL: http://www.sillyu.dk/collection/storage [09.01.2015].

100 Katrin Bauer: Jugendkulturelle Szenen als Trendphänomene. Geocaching, Crossgolf, Parkour und Flashmobs in der entgrenzten Gesellschaft. Münster: Waxmann 2010 (Internationale Hochschulschriften 544), S. 74.

101 Lena Weihe: Geocaching. Analyse eines kulturellen Gegenwartsphänomens. Online-Schriften aus der Marburger kulturwissenschaftlichen Forschung und Europäischen Ethnologie (MAKUFEE), Band 4/2011. Magisterarbeit 2009. URL: http://archiv.ub.uni-marburg.de/es/2012/0010/pdf/Magisterarbeit_Lena_Weihe_mit_Titel_Makufee.pdf [09.01.2015], S. 14.

102 »Altid en succes ved de mindste, de kan bladre eller måske få læst højt?« FAM Libak: Tema Pixi-bøger. In: Geocaching.com. vom 13. Juli 2009. URL: http://www.geocaching.com/geocache/GC1VZCJ_tema-pixi-boger [09.01.2015]. Bis zum 23. Oktober 2014 hatten 280 Suchende ihren Cache-Erfolg online registriert.

103 perlenpaula und orgelpaule: Pixibuch-Tausch am Wichtelpfad. In: Geocaching.com. vom 11. Februar 2007. URL: http://www.geocaching.com/geocache/GC174DB_pixibuch-tausch-am-wichtelpfad [09.01.2015].

104 TeamTims: Kinder Pixibuch Cache. In: Geocaching.com vom 16. Juni 2013. URL: http://www.geocaching.com/geocache/GC4ECVA_kinder-pixibuch-cache [09.01.2015].

105 pukito79: Found it. Logbook-Eintrag zum Kinder Pixibuch Cache. In: Geocaching.com vom 21. Juni 2014. URL: http://www.geocaching.com/seek/cache_logbook.aspx?guid=b135a25f-1a50-4466-b878-1d35899c605d [Zugriff nur für Community-Mitglieder].

106 HIRSCH+FLOH: Pixi-Bücherei Standort Wels. In: Geocaching.com vom 2. Juli 2011. URL: http://www.geocaching.com/geocache/GC2NFNM_pixi-bucherei-standort-wels [09.01.2015]. Bis zum 23. Oktober 2014 hatten

sich 98 Community-Mitglieder als erfolgreiche Finderinnen und Finder registriert.

107 Kuznik (wie Anm. 81).

108 Carlsen Verlag: Pixi – Das Original. Facebook-Auftritt. URL: https://www.facebook.com/pixi [09.01.2015].

109 Pixi-Bücher. Facebook-Auftritt. URL: https://www.facebook.com/Pixibuch [09.01.2015].

110 Da Carlsen bezüglich des geschützten Formats von Pixi konsequent vorgeht, wurde im Rahmen dieser Untersuchung bei Carlsen angefragt, wie mit dieser inoffiziellen Seite umgegangen wird. Die Marketing- und Online-Abteilungen äußerten sich auf Anfrage. Hellena Schroth (Projektleitung Online, Carlsen) schrieb in einer E-Mail an Corinna Norrick-Rühl vom 12. September 2014, dass der Betreuer der inoffiziellen Facebook-Seite im Verlag unbekannt sei. Da die Seite aber nicht markenschädigend sei oder eine Verkaufsabsicht festzustellen sei, freue sich der Verlag grundsätzlich über das Interesse. Maren Neumann (Marketing, Carlsen) betonte auch, dass man vergeblich Kontakt gesucht habe und wegen der sporadischen Tätigkeit auf der Seite keine weiteren Schritte eingeleitet habe (interne E-Mail an Frederike Fuxen, Lizenzabteilung, Carlsen vom 1. Oktober 2014; Weiterleitung/Mitteilung an Corinna Norrick-Rühl am 2. Oktober 2014).

111 Kemper (siehe Anm. 33), S. 68.

112 Mary G. Phillips/Eleanor Corwin: Lämmleins neuer Hut. Hamburg: Carlsen 1963 (Pixi-Serie 8, Pixi-Buch Nr. 57).

113 Jörg Schwalenberg in Jens Oliver Hoffmann/WDR: 60 Jahre Pixi Bücher. Lokalzeit aus Düsseldorf vom 9. Juli 2014. URL: http://www1.wdr.de/mediathek/video/sendungen/lokalzeit/lokalzeit-aus-duesseldorf/videojahrepixibuecher100.html [09.01.2015]. 5:04 Minuten, Minute 2:24–2:44.

114 Iny L. Wallace: Mama Miezemau und ihre Kinder. Hamburg: Carlsen 1954 (Pixi-Serie 1, Pixi-Buch Nr. 8).

115 Violet M. Williams: Das Hündchen Wuff. Hamburg: Carlsen 1955 (Pixi-Serie 2, Pixi-Buch Nr. 14).

116 Kuznik (wie Anm. 81).

117 Lucius (wie Anm. 13), S. 108.

118 Vgl. Liebing (wie Anm. 10), S. 90.

119 Williams (wie Anm. 115).

120 Auf ebay.de [22.10.2014] Artikelnummer 261629772093 von Anbieter ›sonderbewacher‹.

121 Auf ZVAB.de [22.10.2014] Artikelnummer 641902 von Anbieter Versand-Antiquariat Seitenbewegung und Artikelnummer 13905 von Anbieterin Buch-Galerie Silvia Umla. Zur Funktionsweise des ZVABs als Sammelplattform für unabhängige Antiquariate vgl. Liebling (siehe Anm. 10), S. 105–107.

122 Auf ebay.de [22.10.2014] Artikelnummer 261629776053 von Anbieter ›sonderbewacher‹.

123 Auf ZVAB.de [22.10.2014] Artikelnummer KUJ-C-022 von Anbieter abs Klaas Buch- und Kunstantiquariat.

124 Celler Versandantiquariat: Katalog Pixi-Bücher. In: ZVAB.de. URL: http://www.zvab.com/catalogSearch.do?id=2822&name=Pixi-B%FCcher [09.01.2015].

125 Lucius (wie Anm. 11), S. 158.

126 Schwalenberg in Hoffmann (siehe Anm. 113), Minute 3:17–3:30.

127 Lucius (wie Anm. 11), S. 105.

128 Vgl. etwa Sabin Aell: Pixie Books. England ab 1960. In: Pixikult. Kultige Kinderbücher im Miniformat. 2003–2007. URL: http://www.pixikult.com/pixi/england2.htm [09.01.2015].

129 Vgl. Carlsen Verlag: Petzi-Gesamtausgabe. Pressemitteilung vom 2. Oktober 2013. URL: http://www.carlsen.de/sites/default/files/produkt/waschzettel/WZ_9783551735430_PetziGesamtausgabe1.pdf [09.01.2015].

130 Vgl. Rasmus Klump. URL: http://www.rasmusklump.dk/ [09.01.2015]; Rasmus Klump. Facebook-Auftritt. URL: https://www.facebook.com/RasmusKlump.dk [09.01.2015].

131 Stefan Brix: Petzi-Forschung. URL: http://petzi-forschung.de [09.01.2015].

132 Vgl. zum Begriff Marc Reichwein: Corporate Publishing im Buchhandel: Literaturvermittlung zwischen Marketing und Journalismus. In: Perspektiven der Literaturvermittlung. Hrsg. von Stefan Neuhaus und Oliver Ruf. Innsbruck: StudienVerlag 2011, S. 235–248, hier S. 235.

133 Vgl. zum Phänomen sowie für zahlreiche Beispiele Norrick-Rühl/Vogel (siehe Anm. 16), S. 124–125.

134 Michael Kuznik: Sonderserien, Werbepixis, etc. In: Pixibuch.de. URL: http://pixibuch.de/sonderserien.html [09.01.2015].

135 Liebing (siehe Anm. 10), S. 7.

136 Vgl. E-Mail von Melanie Edenhofner, BASF Externe Bildungsaktivitäten, an Corinna Norrick-Rühl und Anke Vogel vom 14. Oktober 2014. Alle Ausgaben können von BASF-Mitarbeiterinnen und -Mitarbeitern, Kindertagesstätten, Grundschulen, Büchereien und anderen

öffentlichen Einrichtungen kostenfrei bestellt werden. Vgl. BASF: Offensive Bildung. URL: www.offensive-bildung.de [09.01.2015].

137 Vgl. Norrick-Rühl/Vogel (siehe Anm. 18), S. 124–125.

138 Pixis beste Freunde. Hamburg: Carlsen 2014. (496 Seiten; 9,99 Euro).

139 Eva Wenzel-Bürger/Eva Bobzin: Pixis Uhrenbuch. Hamburg: Carlsen 1998.

140 Eva Wenzel-Bürger: Pixis kleines Liederbuch. Hamburg: Carlsen 1997.

141 Das Riesen-Pixi-Buch. Rheda-Wiedenbrück: Bertelsmann-Club 1996, [U4].

142 Kemper (siehe Anm. 33), S. 68.

143 Zum Beispiel eine beschädigte Figur auf ebay.de [13.10.2014], mit der Artikelnummer 221561367234 des Anbieters ›kurpfalzsammler‹, angeboten für 140 Euro zzgl. Versand oder eine unbeschädigte, gebrauchte Figur auf ebay.de [24.10.2014], Artikelnummer 25167795991, Anbieter ›goetzi112‹, verkauft am 24. Oktober 2014 für 102,88 Euro zzgl. Versand.

144 Schwalenberg in Hoffmann (wie Anm. 113), Minute 3:47–4:09. Schwalenberg besitzt einen Druckbogen der zwei Bücher *Pixi rettet Hoppel* (Pixi-Buch Nr. 721) und *Pixi geht auf große Fahrt* (Pixi-Buch Nr. 722) aus: Pixi hat Geburtstag. Hamburg: Carlsen Verlag 1993 (Pixi-Serie 86). 8 Bücher.

145 Schwalenberg in: Hoffmann (wie Anm. 113), Minute 4:19–4:34.

146 Vgl. zum Sammeln mit Schutzumschlag beispielsweise Liebing (siehe Anm. 10), S. 30–31.

147 WDR Aktuelle Stunde (wie Anm. 57), Minute 3:40–3:46.

148 Vgl. Dorothea Tust in WDR Aktuelle Stunde (wie Anm. 57), Minute 3:46–3:57.

149 ZVAB: Der Kinderbuchverlag. [o. J.] URL: http://www.zvab.com/pages/kinderbuchVerlag.jsp [09.01.2015].

150 Cornelia Geißler: Miezemau im Schuhkarton. In: Berliner Zeitung vom 28. April 2004. URL: http://www.berliner-zeitung.de/archiv/geschichten-fuer-jeden-abend--seit-fuenfzig-jahren-gibt-es-das-pixi-buch--miezemau-im-schuhkarton,10810590,10172034.html [09.01.2015].

151 Louis W. Bondy: Miniature Books. Their History from the Beginnings to the Present Day. London: Sheppard Press 1981, S. 2.

152 Tust in WDR Aktuelle Stunde (siehe Anm. 57), Minute 4:02–4:07.

Lydia Koglin

Künstlerbücher in der Bibliothek der Bauhaus-Universität Weimar

Ein Ordnungsversuch

Künstlerbücher bewegen sich an den Grenzen der Sammlungsaufträge von Bibliotheken, Museen, Museumsbibliotheken und Archiven. Sie sind in der Regel erschwingliche Kunstwerke, die angefasst werden wollen, die durchgeblättert werden müssen, damit sie verstanden werden – und die gleichzeitig konserviert werden sollen. Daher erfordern sie eine spezielle Strategie für den Umgang und die Pflege. Als Kunstobjekte gehören sie ins Museum, als publizierte Buchtitel in eine Bibliothek.

In den Inventarbüchern der Bibliothek der Bauhaus-Universität sind einige Künstlerbücher verzeichnet, auch wenn die Sammlung eher zu den kleineren Sammlungen im deutschlandweiten und internationalen Vergleich gehört.[1] Ein bedeutender Unterschied begründet sich vor allem im Kontext der Entstehung: Die Sammlung künstlerisch gestalteter Publikationen und Künstlerbücher hat ihren Anfang in den Gründungsjahren der Vorgängereinrichtungen der heutigen Universität.[2] In der Bibliothek lassen sich Werke des Weimarer Radiervereins nachweisen, dessen ab 1879 im Eigenverlag edierte Jahresmappen eine frühe Form der Künstlerpublikation darstellen.

Insbesondere im Bestand der 1908 unter Henry van de Velde gegründeten Kunstgewerbeschule liegt ein erkennbarer Schwerpunkt im Bereich Buchgestaltung, Buchbinderei und Buchkunst: Schriften von John Ruskin, aber auch Lehrbücher zur Schrift- und Einbandgestaltung gehören zum Bestand einer Sammlung, die »den Eindruck einer Arbeits- und Gebrauchsbibliothek vermittelt«.[3] Eine besondere Bedeutung für die Geschichte der Buch-, Schrift- und Einbandgestaltung haben die Publikationen, die in der Zeit des Bauhauses entstanden: Zu nennen sind die Publikationen von Bruno Taut, Johannes Itten und Adolf Meyer.

Heute umfasst die Bandbreite der künstlerischen Publikationen neben den oben genannten ›Klassikern‹: Bücher, die von zeitgenössischen Künstlern gestaltet sind, Bücher von Professoren, Dozenten und Studenten der Hochschule, die teils in Seminaren und Projekten entstanden sind, Reprints, Faksimiles, gezählte und signierte Sonderausgaben, Einzelblätter und Mappenwerke, Bastelobjekte und Experimentierbücher, Dokumentationen von künstlerischen Projekten, CD-, DVD-

oder Mixed-Media-Editionen, Bücher, die eine außergewöhnliche Handhabung erfordern, formal oder typografisch besondere Bücher.

Für das Sammeln von Künstlerbüchern an der Hochschule gibt es vielfältige Gründe: Aus medienwissenschaftlicher Sicht ist das Buch nicht nur Träger von Information, sondern ein Konzept und kulturelles Objekt. Künstlerbücher, die als Buch-Reflexionen betrachtet werden, stellen spannende Forschungsgegenstände für Medienwissenschaftler dar. Künstlerbücher sind ebenfalls Objekte kunsthistorischer Fragestellungen. Sie sind in fast jeder Kunstströmung der letzten 50 Jahre enthalten – von der Fluxus-Bewegung über Land Art und Konzeptkunst – und dennoch keiner bestimmten Epoche oder künstlerischen Strömung ausschließlich zugehörig. Nicht zuletzt können Künstlerbücher Anregungen für Studenten und Nutzer der Bibliothek einer Kunsthochschule liefern: Wie kann ein Buch ein Mittel des künstlerischen Ausdrucks werden? Welche Form und Stellung haben Publikationen im Kunstbetrieb und für das eigene Kunstschaffen? Für angehende Künstler können Künstlerbücher einen alternativen Weg darstellen, mit dem Betrachter in Austausch zu treten oder die Ergebnisse künstlerischer Arbeiten wie Performance oder Aktionskunst zu dokumentieren. Auch künstlerisch-editorische Projekte von Studenten können so Inspiration finden, indem das Zusammenwirken von Gestaltung und Inhalt an Beispielen betrachtet werden kann. Gleichzeitig kann die Bibliothek als Archiv und Plattform für die so entstandenen Publikationen dienen, die meist keine kommerzielle Verbreitung erlangen.

Zu den Klassikern im Bestand der Sammlung gehören Titel, die im Kontext des Bauhauses entstanden sind. Die Reihe der Bauhausbücher, von Walter Gropius und László Moholy-Nagy zwischen 1925 und 1930 herausgegeben, kann als typografisch-gestalterisches Experiment gesehen werden, das einen wichtigen Schritt für die Entwicklung des Bauhauses und der modernen Buchgestaltung markiert. Schrifttypen, Farbe und die Anordnung von Text und Bild sind gleichwertige Gestaltungselemente, die der angemessenen Vermittlung des Inhalts dienen. Die Abbildungen zeigen den ersten Band, *Internationale Architektur* von Walter Gropius, in zwei Versionen: eine Broschurausgabe mit dem von Farkás Molnár gestalteten Umschlag sowie die Hardcoverausgabe mit ihrem charakteristischen gelben Leineneinband mit rotem Prägedruck. ! 1a, b ¡ Vor allem László Moholy-Nagy, der über sieben Jahre hinweg die Entstehung der Reihe begleitete, setzte neue Maßstäbe für die gestaltende Tätigkeit: »Er definierte auf seine Weise eine Schnittstelle zwischen Kunst und Technik, wo künstlerisches Denken bis ins Druckverfahren reichte. Es entstand geradezu ein Modellfall für die künftigen Berufe ›Grafikdesigner‹ und ›Layouter‹«.[4]

! 1a, b ¡ Walter Gropius: Internationale Architektur. Broschurausgabe mit Umschlag von Farkás Molnár, Hardcoverausgabe mit Leineneinband, München: Langen 1925

! 2 ¡ Port. Magazin der Studierenden der Bauhaus-Universität Weimar. Heft 11 (2014)

Heute finden sich neben Publikationen aus der frühen Zeit des Bauhauses unter anderem Titel von Christian Boltanski, Andy Warhol, Dieter Roth, Pipilotti Rist, Martin Kippenberger, Richard Long und Barbara Kruger in der Sammlung. Daneben machen Publikationen, die mit den Gestaltungselementen des Buches experimentieren, einen zentralen Teil der Sammlung aus: Die diesjährige Ausgabe der

INTERNATIONALE
ARCHITEKTUR
BAUHAUSBÜCHER
1

BAUHAUS
BÜCHER
1

Port, einem studentischen Magazin der Bauhaus-Universität, spiegelt das titelgebende Thema »Loop/Pool« auf konzeptuelle Weise in ihrer Bindung wider: Die Seiten, die im Übrigen alle die Seitenzählung »0« tragen, sind so gebunden, dass das Zuklappen des Heftes unmöglich ist – zumindest kann man es nicht so zuklappen, dass das Cover – wie bei einem ›normalen‹ Buch – außen wäre. ! 2 ¡ Die Lektüre beginnt an irgendeiner Stelle, endet an irgendeiner Stelle. Irgendwo dazwischen: der Anfang. Das Thema der Wiederholung und des Kreislaufs fungiert als roter Faden der 22 Beiträge zu Abschlussarbeiten, die in dem Heft veröffentlich sind. Im Vorwort heißt es: »Alles kommt wieder. Und wieder und wieder und wieder. Autos, Kleidung, Style.«

Ein weiteres Beispiel für eine buchkünstlerische Arbeit, die an der Bauhaus-Universität entstanden ist, ist *Das typografische Manifest* ! 3a, b ¡ der fiktiven Autorin Emanuelle Typographique – gestaltet wurde die Arbeit von Lena Haubner im Rahmen eines Semesterprojekts bei Ricarda Löser. Sie richtet sich an Weimarer Typografen und fordert eine Rückbesinnung auf das Wesentliche, auf eine gute Gestaltung – gegen »egozentrische Typografie«, gegen eine Typografie »als offenkundigen Gassenhauer«.[5] Durchmischt wird das leidenschaftliche Plädoyer für eine Typografie, die dem Inhalt dienen soll, mit Zitaten des Schriftenentwerfers Jan Tschichold. Dessen Aussagen scheinen an keiner Stelle ihre Gültigkeit eingebüßt zu haben.

Mit dem Thema Buchgestaltung setzt sich Jakob Kirch in seiner an der Hochschule für Gestaltung in Leipzig entstandenen Arbeit *Platz ist wo's hinkommt* aus-

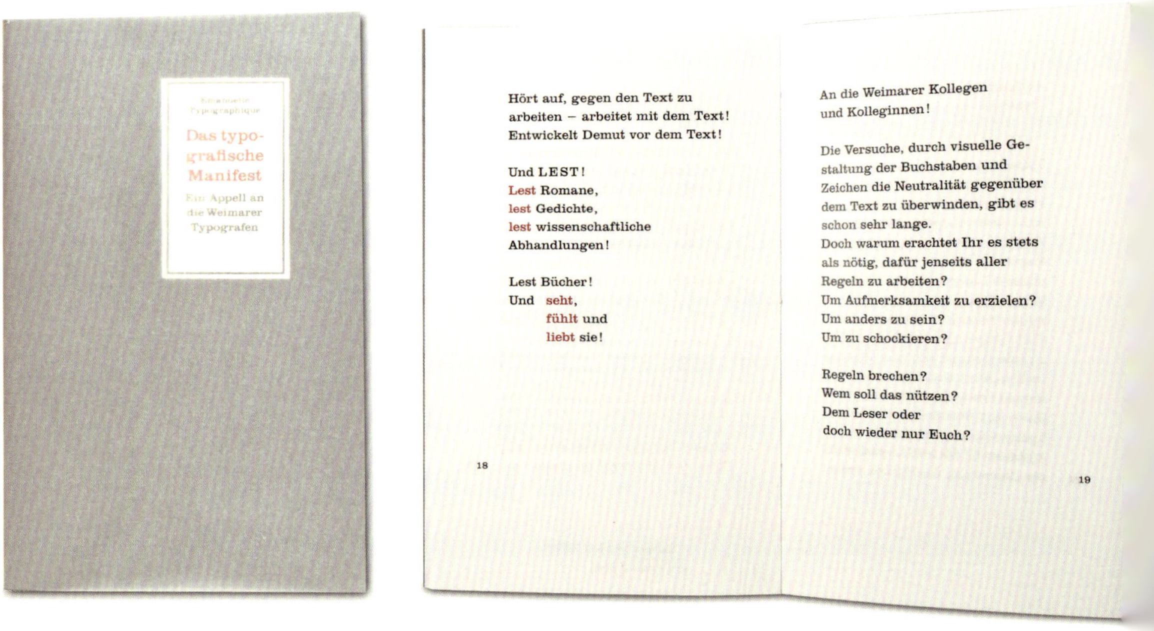

! 3a,b ¡
Lena Haubner: Emanuelle Typographique: Das typografische Manifest. Ein Appell an die Weimarer Typografen. Weimar o. A. 2011

!4a–c¡
Jakob Kirch: Platz ist wo's hinkommt. Leipzig: Institut für Buchkunst 2008

einander. !4a–c¡ Dafür hat er zahlreiche Heimwerkerpublikationen der DDR aus den Jahren 1975 bis 1990 analysiert. Ergebnis ist ein äußerst sorgsam arrangiertes Buch, bestehend aus zwölf im Buch eingebundenen Heften, die Abbildungen der Handwerkerwelt[6] zeigen. Bildgröße und -position des Originals wurden exakt übernommen, sämtlicher Kontext fehlt jedoch. Die Fotos zeigen Objekte und Tätigkeiten, die Rätsel aufgeben: eine Schachtel, ein Gefäß, seltsame Werkzeuge, Instrumente und Arbeitsvorgänge, deren Sinn sich nur erahnen lässt. Im ausklappbaren Legendenteil verbirgt sich ein komplexer Index, in dem Quelle und Erklärung nachgeschlagen werden können. Die Publikation zeigt auf anschauliche Weise, wie Abbildungen und Bildunterschriften getrennt eine jeweils eigene Dynamik, Aussage und Ästhetik entwickeln.

Timo Wilkes Bucharbeit *Adressierungen und Annahmen 001–350* setzt sich ebenfalls mit dem Verhältnis von Abbildung und Beschreibung auseinander. !5¡ Für sein Buch hat er die Schlagwörter von über hundert Fotografien aus Archiven gesammelt und präsentiert diese nun ohne das dazugehörige Bild. Die Begriffe adressieren das Bild – aber können sie es ersetzen? Die Frage von Bildinhalt und Bildbedeutung wird konsequent an zahllosen Schlagwortreihen durchgespielt. »Bar,

!5¡
Timo Wilke: Adressierungen und Annahmen. 001–350. Kiel: Muthesius Kunsthochschule 2013 (Raum für Publikationen – Muthesius Kunsthochschule)

!6¡
Christoph Bangert: War Porn. Heidelberg: Kehrer 2014

!7¡
Christian Lange: Lange Liste 79–97. Leipzig: Spector Books 2012

Hellhäutig, Nickerchen, Erwachsener Mann, Cowboystiefel, Kopfbedeckung, Gesichtsbehaarung, Ganzansicht, Mann, Cowboy, Bart [...]«[7] – im Anhang wird der Leser über die Bildquellen aufgeklärt.

Die medientechnische Funktionsweise des Buches macht sich der Fotojournalist Christoph Bangert zu Eigen: In *War Porn* sind in postkartengroßem Format Aufnahmen aus Kriegs- und Krisenregionen zu sehen – grausame und schmerzhafte Bilder, die »niemand sehen will«, denn es sind diejenigen, die von Magazinen und Zeitungen nicht abgedruckt wurden. !6¡ Die Bögen des Buchblocks sind nicht aufgetrennt, sondern nur perforiert, das heißt, sie sind mit einem Brieföffner oder Messer einfach zu öffnen, wenn man möchte. Das Buch überträgt damit die Entscheidung der Zensur auf den Betrachter. Das Lesen wird zu einer emotionalen, schmerzlichen Erfahrung, für die die sequentielle Struktur der Buchseiten konstituierend wirkt: Auf ein Bild folgt ein weiteres und so weiter. Die Entscheidung – und damit die Konfrontation mit den Bildinhalten – stellt sich mit jedem Auftrennen und Umblättern neu.

Viele Bücher der Sammlung widmen sich dem Thema der Ordnung, Um- und Unordnung, der Dokumentation und dem Erstellen von Listen. Die *Lange Liste 79–97* dokumentiert über 18 Jahre hinweg mit 12 051 Einträgen die Ausgaben einer Familie. !7¡ Akribisch sind Einkaufszettel, Quittungen und Fotos aufgelistet und katalogisiert. In dem großformatigen Buch, das nicht nur durch sein Konzept, sondern auch durch die außergewöhnliche Gestaltung auffällt, wird Geschichte anhand von Alltagsgegenständen, von Konsum, von Materiellem erzählt.

Einen weiteren Bereich bilden Künstlerbücher oder -editionen, bei denen die Zusammenstellung von anderen Objekten oder Büchern als künstlerischer Akt begriffen wird. Die *Protest Box* des englischen Fotokünstlers Martin Parr besteht beispielsweise aus keinen eigenen Arbeiten, sondern aus fünf anderen Publikationen, teilweise originalgetreuen Reprints von vergriffenen Büchern aus den 1960er und 1970er Jahren.[8] !8¡ Sie alle widmen sich dem Thema Protest, dokumentieren Protestbewegungen oder stellen bereits als Buch eine Form des Protestes dar. Die Wiedersichtbarmachung und Nebeneinanderstellung dieser vornehmlich fotokünstlerischen Werke öffnen sie für eine Rezeption in den 2010er Jahren, einem Jahrzehnt, in dem die Bedeutung von ›Protest‹, die Rolle der Medien und Dokumentation neue Formen angenommen haben.

Zuletzt gibt es auch Titel, die den Leser durch die Adaption anderer Medienformen zunächst verwirren: Ella Zieglers *Arbeitsblock* sieht äußerlich aus wie ein handelsüblicher Schreibblock, das *Korean Business Directory* wirkt wie ein abgegriffenes Firmenverzeichnis – sogar der Knick im Cover ist bei allen Ausgaben identisch – und Paul McCarthys Ausstellungskatalog tarnt sich als Waschmittelpackung. !9–11¡ Insbesondere andere Buchgenres werden oft als Parodie oder Täuschung eingesetzt, seien es Nachschlagewerke (wie beim *Lexikon der visuellen*

!8¡
Martin Parr:
Protest Box. Göttingen:
Steidl 2010

!9¡ Ella Ziegler: Arbeitsblock. 48 Seiten, A4. Frankfurt am Main: Revolver 2005

!10¡ Christoph Büchel: Korean Business Directory 1975–76. Köln: Snock 2008

!11¡ Paul McCarthy's lowlife slowlife Tidebox Tidebook / Tide – America's favorite for cleaning you can count on. Ostfildern: Hatje Cantz 2010

Kommunikation von Juli Gudehus), Kinderbücher (*My first shopping book* von Judith Wilske und André Erlen) oder eine Dokumentenmappe (Peter Piller: *Vorzüge der Absichtslosigkeit*).

In der Sammlung gibt das ›schöne‹ und kostbare Buch, das vorbildlich produzierte, aber auch das aus billigen Materialien nachlässig zusammengeflickte Buch. Manche Publikationen sind politisch, manche persönlich, und bei manchen dauert es schon mal länger, bis man überhaupt eine Ahnung hat, was ihr Thema sein könnte. Generell scheint das ›Unterschiedliche‹ ein Merkmal zu sein, was sich beständig in Inhalt und Form fortsetzt. Spätestens an dieser Stelle ist man unweigerlich mit der Frage konfrontiert: Was definiert eigentlich ein Künstlerbuch?

Versuch einer Typologisierung

Zunächst lässt sich festhalten: Künstlerbücher, artists books oder Künstlerpublikationen sind publizierte und eigenständige Kunstwerke – das heißt, sie sind nicht nur Dokumentation von anderen Kunstwerken.[9] Das Buch als Träger für eine künstlerische Idee zu wählen ist demnach eine ganz bewusste Entscheidung. Das Wesen und die Struktur eines Buches werden dabei oft zu unverzichtbaren Elementen des Kunstwerks.

Auf die Frage nach einem Kanon oder Klassikern des Genres Künstlerbuch fällt selbst Kennern wie Johanna Drucker eine Antwort schwer.[10] Es ist vor allem ein Phänomen des 20. Jahrhunderts, dessen Wurzeln noch weiter zurückliegen: Zu den frühesten Vorläufern des Künstlerbuchs gehören die Werke William Blakes (1757–1857).[11] Die Ende des 18. Jahrhunderts hergestellten *Illuminated Books* beschreibt die Kunsthistorikerin Viola Hildebrand-Schat als »Gesamtkunstwerke aus einer Hand«[12], die eigene Texte mit eigener Illustration in der Technik des Simultandrucks kombinieren.

Das Gesamtkunstwerk Buch gelangt Ende des 19. Jahrhunderts durch William Morris und dessen eigenen Verlag, die Kelmscott Press, sowie die Arts-and-Crafts-Bewegung zu einer neuen Bedeutung. Mit Beginn der industriellen Revolution und der damit einhergehenden Massenproduktion von Konsumgütern wächst auch im Buchgewerbe das Bedürfnis nach ästhetisch und qualitativ hochwertigen Produkten. Die Buchgestaltung wird als umfassender Prozess verstanden: Sachgerechte Materialwahl und gute Verarbeitung sind wichtig. Text, Bild und Einband werden einbezogen, und die Bedeutung der Typografie wird herausgestellt. Starken Einfluss haben diese Überlegungen bis ins 20. Jahrhundert zum Beispiel auf das Bauhaus und die Gestaltung von Publikationen durch László Moholy-Nagy oder El Lissitzky.

Zu Beginn des 20. Jahrhunderts entsteht außerdem von Frankreich ausgehend das Genre der Malerbücher, die auch ›livres d'artistes‹ oder ›livres de peintre‹ genannt werden. Dabei handelt es sich um Folgen originalgrafischer Einzelblätter oder Reproduktionen von hoher Qualität. Diese können Text begleiten, bevorzugt klassische Werke der Literatur. In der Regel erzielen diese Werke hohe Preise und entstehen im direkten Auftrag von Galerien oder für Sammler.

Zur gleichen Zeit leiten mehrere Kunstströmungen der Avantgarde wie die italienischen und russischen Futuristen, die Dadaisten und Surrealisten die Entstehung und Entwicklung einer neuen Kunstform ein. Künstlerisch gestaltete Manifeste werden zur Verbreitung der Ideen genutzt. Lehrer und Werkstätten am Bauhaus setzen sich intensiv mit dem Medium Buch auseinander und leisten auch durch eigene Publikationen »[...] einen eigenständigen Beitrag bei der Erneuerung von Typografie und Buchgestaltung«.[13]

In den 1960er Jahren nimmt das Phänomen des Künstlerbuches an Fahrt auf: Das Buch wird zum Experiment, zum Event, zum Instrument, zum Träger des künstlerischen Ausdrucks. Die Xerox-Kopie erlaubt die preiswerte und massenhafte Vervielfältigung eines Werkes. Unter dem Stichwort ›Self-Empowerment‹ nutzen Konzeptkünstler in den USA und Europa das neue Medium der sogenannten ›artists books‹[14], um ihre Ideen einem breiteren Publikum zugänglich zu machen und den traditionellen Kunstmarkt und die etablierten Verkaufs- und Distributionswege zu umgehen. Deutlich wird dies in einem Zitat von Sol LeWitt, der neben Lawrence Weiner, Bruce Nauman und Ed Ruscha zu den Protagonisten dieser Phase gehört: »Artists' books are, like any other medium, a means of conveying art ideas from the artist to the viewer/reader. Unlike most other media they are available to all at a low cost. They do not need a special place to be seen. They are not valuable except for the ideas they contain.«[15]

Die selbstreflexiven Aspekte, das heißt die Rolle der Sprache, des Sequenziellen und der Struktur des Buches, rücken ebenfalls ins Zentrum der Beschäftigung. Das

Manifest *The new Art of Making Books*[16] (1975) von Ulises Carrión ist wegweisend für eine wieder ›neue‹ Künstlerbuchproduktion.

Eine weitere Station in der Entwicklung des Genres markiert die ›documenta 6‹ im Jahr 1977, die die Verbreitung der Kunstform unter Künstlern und auf dem Kunstmarkt fördert.[17] Verbindungen und Parallelen zu anderen Kunstformen wie konkreter und visueller Poesie und der Mail Art treten dabei auf.

Seit den 1990er Jahren steigt die Produktion kontinuierlich an. Buchproduktion als Form der künstlerischen Expression hat sich auf dem Kunstmarkt, in Galerien und Museen sowie in den Curricula von Kunsthochschulen etabliert. Bezüglich seiner formalen und inhaltlichen Eigenschaften gilt für das Künstlerbuch: ›anything goes‹. Ähnlich wie in anderen Bereichen der bildenden Kunst bilden das ständige ›Sich-neu-Erfinden‹ und ›Sich-in-Frage-Stellen‹ ein gängiges Motiv. Dabei gibt es keine klaren Grenzen zwischen Künstlerbuch und ›normalem‹ Buch, zwischen handwerklicher und künstlerischer Produktion, zwischen ›high art‹ und ›low art‹. Je nach Betrachtungsperspektive verschieben sich Umgrenzungen und entstehen neue Untergattungen, und mit Blick auf einzelne Exemplare sind die Abstufungen und Ausprägungen von ›Künstlerbuch-Eigenschaften‹ fließend.

Im Bibliothekskontext gibt es eine Einschränkung: Das Künstlerbuch wird vom Genre des Pressendrucks unterschieden.[18] Eine deutliche Abgrenzung besteht auch zu Buchobjekten, die keine Bücher im herkömmlichen Sinne mehr sind. Das Buch wird zu einem Symbol, man denke an gefesselte, durchbohrte, verklebte, eingegipste, zerschnittene, geschredderte, skulptural verwendete Bücher. Es entstehen Unikate, und die Benutzung des Buches ist in der Regel nicht mehr möglich und auch nicht beabsichtigt. Werke, die unter diese Kategorie fallen, haben ihren Ort klassischerweise im Museum oder in einer Galerie.

Wie kann man künstlerisch gestaltete Bücher und Künstlerbücher in der Bibliothek erschließen und dokumentieren?

Viele Künstlerbücher unterscheiden sich auf den ersten Blick nicht wesentlich von ihren ›normalen‹ Verwandten. Sie werden erworben, in den Katalog aufgenommen, mithilfe von normierten Schlagwörtern beschrieben und schließlich dem interessierten Bibliotheksnutzer zum Studium und der Lektüre übergeben. Dass dies aber nicht immer ohne Tücken verläuft, zeigt das folgende Beispiel:[19] Ed Ruschas konzeptuelles Künstlerbuch *Real Estate Opportunities*[20] aus dem Jahr 1970 enthält fotografische Aufnahmen von zum Verkauf stehenden Grundstücken und Immobilien in Los Angeles und ist auf den ersten Blick nicht als Künstlerbuch zu erkennen. Es ist mit ›Real estate business‹, zu Deutsch ›Immobilien- und Grundstücksanlagengeschäft‹, verschlagwortet. ! 12 ¡ In der Folge wird der Katalogisierer zum ›Komplizen des Künstlers‹, weil sich zwei Absichten ergänzen: Erstens ist es

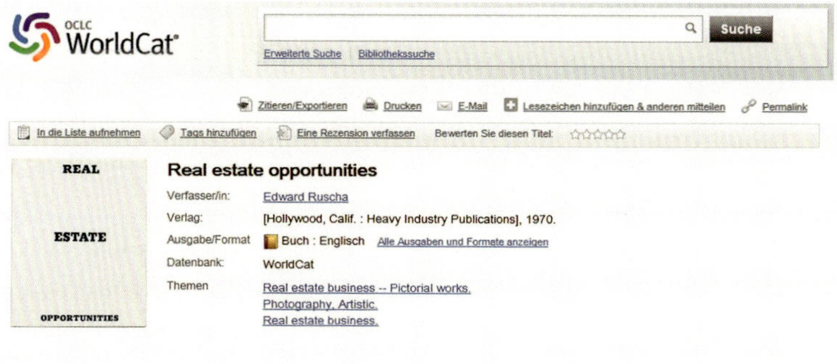

!12¡ Titeleintrag zu Ed Ruschas »Real estate opportunities« im WorldCat (modifizierte Darstellung, 14. November 2014)

die künstlerische Strategie Ruschas, mit den Erwartungen des Betrachters zu ›arbeiten‹, sie zu enttäuschen und herauszufordern. Zweitens ist es das Ziel des Katalogisierers, das passende Buch zum passenden Leser zu bringen. Das Ergebnis: Ein Nutzer, der ins Immobiliengeschäft einsteigen will, bekommt über die Suche im Katalog ein Buch angeboten, das *Real Estate Opportunities* heißt. Dieses enthält allerdings keine nützlichen Tipps zur Geldanlage, es ist vielmehr eine kritische Dokumentation der Lebensräume im Amerika der 1970er Jahre.[21] Dieses Beispiel zeigt anschaulich, welche Bedeutung in der Erschließung liegt und welche Effekte daraus entstehen können.

Ruschas *Real Estate Opportunities* beschreibt den Fall eines Künstlerbuches, das aus inhaltlichen Gründen eine Herausforderung für die Erschließung darstellt. Damit ist nicht nur gemeint, das vorliegende Werk als Künstlerbuch zu identi-

!13¡ Christien Meindertsma: PIG 05049. Rotterdam: Flocks 2010

fizieren, sondern es auch so zu beschreiben, dass es im Katalog einen aussagekräftigen Eintrag bekommt. Die Sacherschließung, die in diesem Rahmen von Bibliothekaren gemacht wird, umfasst unter anderem die Inhaltsbeschreibung mithilfe von genormten Schlagwörtern. Eine aparte Schlagwortkette beschreibt das mit einer Ohrmarke am Buchrücken versehene Werk *PIG 05049* von Christien Meindertsma: ! 13 ¡

* Meindertsma, Christien

* 1980-* / Künstlerbuch / Schwein / Verwertung.

Im Kern geht es dabei um die Frage nach der »Aboutness«[22] eines Werkes. Und je vielfältiger die Inhalte und Formen von Künstlerbüchern werden, desto größer die Herausforderung: »Armed with only a set of rules and standards designed for the traditional book format, the cataloguer finds himself or herself faced with the task of describing, for example, a collection of texts printed in a pair of shoes.«[23] Verarbeitung und Struktur eines Künstlerbuches sind ebenso wichtig wie das darin behandelte Sujet oder der intellektuelle Inhalt. Material und Form stellen den Katalogisierer nicht selten vor schwierige Entscheidungen: Was, wenn ein Buch zwei Vorderseiten besitzt, aus gänzlich leeren oder verschwommenen Seiten besteht oder bibliografische Angaben schlichtweg nicht vorhanden, versteckt oder verschleiert sind? Wie damit umgehen, wenn ein Werk ein anderes Werk kopiert wie beispielsweise das *Korean Business Directory* ! 10 ¡ oder Christian Boltanskis Künstlerbuch *Les Habitants de Malmö*.

Sehr differenzierte Vorschläge zur Erschließung macht das *Manual für Künstlerpublikationen (MAP)*.[24] Neben Künstlerbuch und Künstlerzeitschrift werden unter anderem Auflagenobjekte, Foto-Editionen, grafische Arbeiten und audiovisuelle Arbeiten als Untergruppen beschrieben, für die jeweils bestimmte Metadatenfelder vorgeschlagen werden. Innerhalb einer wissenschaftlichen Bibliothek, die im Rahmen der kooperativen Verbundkataloge arbeitet, gibt es hier – aufgrund der verbindlichen Regelwerke – allerdings nur einen minimalen Spielraum. In den ›Regeln für die alphabetische Katalogisierung in wissenschaftlichen Bibliotheken‹ (RAK-WB) ist nicht nur festgelegt, welche Felder ausgefüllt werden können und müssen, sondern auch genau dargelegt, in welcher Weise dies zu geschehen hat: wann Abkürzungen zu verwenden sind, was bei fehlenden Angaben zu tun ist und so weiter. Eine Sonderregelung, wie sie beispielsweise für bestimmte Medienformen wie Musikalien, Nicht-Buch-Materialien gilt, könnte für manche Künstlerbücher die Erschließung erleichtern, wenn diese die Möglichkeiten der Beschreibung mit Blick auf Form und Inhalt erweitert.

Der Vorgang, der noch vor der Erschließung der Künstlerbücher liegt, ist deren Erwerbung: »Artists' books cannot be purchased at your local supermarket or even from traditional booksellers, so the first challenge to librarians lies in identifying and acquiring artists' books.«[25] Kenner des Genres wird diese Aussage nicht überrascht haben. Es hängt von dem Spürsinn, den Kontakten und der Einschätzung des Bibliothekars ab, die Sammlung aufzubauen und sinnvoll zu erweitern. Dabei können Richt- und Leitlinien zum Bestandsaufbau helfen. In der Regel enthalten sie Aussagen zur Geschichte sowie zu Schwerpunkten und Charakteristik der Sammlung, zu quantitativen und qualitativen Auswahlkriterien sowie zu Zugangswegen und Erwerbungsarten. Das Sammeln von Ephemera, das heißt Kleinteiligem und nicht Publiziertem wie Einladungskarten, Lesezeichen oder Plastiktüten, kann ebenfalls in einem Profil festgehalten werden. Grundsätzlich ist dies jedoch eher in Museen und Archiven und weniger in Bibliotheken üblich. Ein Gutes bleibt für den Vorgang der Auswahl festzuhalten: Glücklicherweise müssen Bibliothekare – anders als Kunstsammler oder Museumskuratoren – nicht entscheiden, ob ein Buch Kunst ist oder nicht, »since a publication may well earn its place in a library regardless of its status as a work of art«.[26]

Zuletzt soll auf den Komplex der Bestandspräsentation und -erhaltung eingegangen werden. Künstlerbuchsammlungen besitzen oft die Eigenschaften einer Sondersammlung: aufgrund ihrer Seltenheit (durch kleine Auflagen), Empfindlichkeit (und dadurch die Notwendigkeit einer besonderen Handhabung) und nicht zuletzt in einigen Fällen wegen ihres hohen Marktwertes. Folglich erscheint es konsequent, dass viele Bibliotheken bei Fragen der Benutzung und Bestandserhaltung spezielle Maßnahmen anwenden, die sonst für Sondersammlungen üblich sind. Dazu gehört, dass die Medien in abgetrennten Bereichen aufbewahrt werden und ausschließlich Bibliotheksmitarbeitern zugänglich sind und die Nutzung nur mit bestimmten Hilfsmitteln wie Handschuhen oder Keilkissen erlaubt ist. Dies trägt zum Schutz des Bestands bei, schränkt aber auch die Interaktion des Nutzers mit dem Bestand ein. Gerade Künstlerbücher werden oft als ein Genre beschrieben, das vor allem zur Benutzung konzipiert ist: Die Zugänglichkeit – darunter sind sowohl das Umblättern von Seiten als in anderen Fällen auch die aktive Einflussnahme auf die Buchgestalt zu verstehen – ist Teil der Intention der Künstler, die optisch-taktilen Reize sind oft konstitutiv für das Erlebnis der Lektüre. Schwierig wird es in Fällen wie dem oben vorgestellten Fotokünstlerbuch *War Porn*, das einen Eingriff verlangt, der einmalig ist. Wenn alle Seiten aufgetrennt sind, ist die Rezeption eine andere. Es bestätigt ein bekanntes Dilemma von Bibliotheken: Einerseits ist es Aufgabe, den Bestand zu bewahren, andererseits – nach dem ersten der fünf Gesetze der Bibliothekswissenschaft des indischen Mathematikers und Bibliothekars S. R. Ranganathan – sind Bücher zur Benutzung da.

In der Benutzung werden außerdem zu starke Eingriffe in die äußere Gestalt eines Künstlerbuches kritisiert, weil sie den Eindruck, den der Betrachter von einem Kunstwerk hat, verfälschen. Beispielhaft sind ein Aufkleber mit der Signatur oder ein Schild »keine Ausleihe« in greller Farbe auf einem sonst weiß gehaltenen und nur in Blindprägung beschrifteten Buch. Manche Bibliotheken legen daher explizite Vorgaben für die technische Medienbearbeitung in ihren Leitlinien fest: »Artists' books must not be labeled or marked in any manner, as this would result in an alteration of the artist's work and a reduction in the value of the item.«[27] Bei anderen Publikationen, wie der oben vorgestellten Zeitschrift *Port*, stellt sich die ganz praktische Frage, wie ein Medium ins Regal gestellt werden soll, wenn seine Titelseite dann nicht mehr sichtbar ist. Wieder andere Medien sind aus empfindlichen Materialen hergestellt, die vor anderen (Künstler-)Büchern mit scharfen Kanten, Nieten, Klebestellen geschützt werden müssen. Eine Präsentation solcher Publikationen in frei zugänglichen Bibliotheksbereichen würde ein schnelles Ende der Benutzbarkeit herbeiführen.

Die Frage nach angemessenen Mitteln der Bestandserhaltung ist für Künstlerbücher besonders schwierig zu beantworten, da das Genre so verschiedene Bedingungen liefert. Zu Drucken und alten Handschriften liegen zahlreiche Erfahrungen und Anleitungen vor, wie man das Material vor vorzeitigem Verfall bewahren kann. Vieles davon lässt sich auf die älteren Werke, Malerbücher oder auch Pressendrucke übertragen.

Aber wie geht man richtig mit neueren, experimentellen Künstlerbüchern um? Zur Bestandserhaltung von ›modernen‹ künstlerisch gestalteten Büchern liegt deutlich weniger Literatur vor.[28] Kopierpapier, Plastik, Digitalfotodruck sind Beispiele für vermeintlich ›billige‹ Materialien, bei denen schon nach kurzer Zeit Alterungsprozesse festzustellen sind. Auch beschränkt sich bei Künstlerpublikationen die Erscheinungsform nicht nur auf Bücher – Schallplatten, VHS-Kassetten und DVDs sowie elektronische Dokumente stellen nicht nur Anforderungen an die langfristige Erhaltung, sondern auch an die Lesbarkeit der Medien. Es stellt ein zukünftiges Desiderat dar, hier gemeinsam und über lokale Sammlungen hinweg Lösungen zu entwickeln.

In diesem Aufsatz sollte gezeigt werden, vor welche Herausforderungen das abwechslungsreiche und historisch gewachsene Genre der Künstlerbücher die Bibliotheken stellt. Nicht nur die äußerliche Abweichung von der ›Buchnorm‹ ist Grund dafür, sondern auch die Unterschiedlichkeit innerhalb der Abweichungen. Handreichungen und Anleitungen nähern sich einer Lösung an, werden die Spannungen aber nie ganz auflösen: Ein Genre, das sich ständig neu erfindet und immer wieder die eigenen Grenzen hinterfragt, wird in dem System Bibliothek nie ganz abgebildet werden können.

ANMERKUNGEN

1 Die Bestände der Herzog August Bibliothek Wolfenbüttel oder der Sächsischen SLUB gehören zu den umfangreichsten Sammlungen im Bereich der wissenschaftlichen Bibliotheken. Aber auch die Sammlungen von Archiven, Museen oder Museumsbibliotheken verfügen über vielfältige Bestände, genannt seien zum Beispiel das Studienzentrum für Künstlerpublikationen Weserburg, die Kunstbibliothek der Staatlichen Museen zu Berlin oder das MoMA in New York.

2 Siehe hierzu: Die Bauhaus-Bibliothek. Versuch einer Rekonstruktion. Hrsg. von Michael Siebenbrodt und Frank Simon-Ritz. Weimar: Verl. der Bauhaus-Univ. 2009. Ein Großteil des historischen Bestandes wurde digitalisiert und ist online recherchierbar. URL: http://goobipr2.uni-weimar.de/viewer/ [04.01.2015].

3 Frank Simon-Ritz: Bücherschicksale – die Bibliothek am Weimarer Bauhaus. In: Imprimatur. Ein Jahrbuch für Bücherfreunde N.F. XXII (2011), S. 305–316, hier S. 308.

4 Ute Brüning: Bauhausbücher. Grafische Synthese – synthetische Grafik. In: Bauhauskommunikation (2009), S. 281–296, hier S. 290–291.

5 Lena Haubner: Emanuelle Typographique: Das typographische Manifest. Ein Appell an die Weimarer Typographen. Weimar o.A. 2011, S. 8, 26.

6 »Informationen zu neuentwickelten Produkten, Anleitungen zur Verbesserung der Wohnverhältnisse, Beratungen zu Instandsetzungsarbeiten von Gebäuden, sowie Vorschläge zu Bastelarbeiten und Freizeitgestaltung«. Aus dem Klappentext von Jakob Kirch: Platz ist wo's hinkommt. Leipzig: Institut für Buchkunst 2008.

7 Timo Wilke: Adressierungen und Annahmen 001–350. Kiel: Muthesius Kunsthochschule 2013 (Raum für Publikationen – Muthesius Kunsthochschule), S. 138.

8 Vgl. Dirk Alvermann: Algerien. Nachdruck der Ausgabe von 1960. Göttingen: Steidl 2010; Enrique Bostelmann: América. Un viaje a través de la injustica. Nachdruck der Ausgabe von 1970. Göttingen: Steidl 2010; Paolo Gasparini: Para verte mejor, América Latina. Nachdruck der Ausgabe von 1972. Göttingen: Steidl 2010; Kazuo Kitai: Sanrizuka. Nachdruck der Ausgabe von 1971. Göttingen: Steidl 2010; Paola Mattioli: Immagini del no. Nachdruck der Ausgabe von 1974. Göttingen: Steidl 2010.

9 »Zusammenfassend treffen folgende Merkmale auf alle Künstlerbücher zu: Künstlerbücher sind stets eigenständige Kunstwerke, die von Künstlern hergestellt wurden. Sie beziehen sich auf die Elemente des traditionellen Buches, entweder durch ihr Aussehen, ihr Format, ihre Materialität oder die Tatsache, dass sie durch Text und/oder Bild gestaltet sind, um so die vom Künstler beabsichtigte Idee visualisieren zu können, die in dieser Art durch nichts anderes so auszudrücken wäre.« Katja Deinert: Künstlerbücher. Historische, systematische und didaktische Aspekte. Hamburg: Kovač 1995, S. 47.

10 »We don't have a canon of artists, we don't have a critical terminology for book arts aesthetics with a historical perspective, and we don't have a good, specific, descriptive vocabulary on which to form our assessment of book works.« Johanna Drucker: Critical issues, exemplary works. In: Bonefolder. An E-Journal for the Bookbinder & Book Artist 1 (2005), Heft 2, S. 3–15, hier S. 3.

11 »A book done for its own sake and not for the information it contains. That is: it doesn't contain a lot of works, like a book of poems. It is a work. Its design and format reflects its content. [...] Blake's most visual books are obvious early artists' books.« Dick Higgins: A Preface. In: Artists' books. A critical anthology and sourcebook. Hrsg. von Joan Lyons. Rochester: Visual Studies Workshop Press 1985, S. 11–12, hier S. 11.

12 Viola Hildebrand-Schat: Die Kunst schlägt zu Buche. Das Künstlerbuch als Grenzphänomen. Lindlar: Die neue Sachlichkeit 2013, S. 45.

13 Michael Siebenbrodt: Die Bibliothek des Staatlichen Bauhauses in Weimar – Typografie und Buchgestaltung von 1900 bis 1925. In: Die Bauhaus-Bibliothek. Versuch einer Rekonstruktion. Hrsg. von Michael Siebenbrodt und Frank Simon-Ritz. Weimar: Verl. der Bauhaus-Univ. 2009, S. 105–125, hier S. 109. Siehe weiterführend auch Mechthild Lobisch: Zwischen van de Velde und Bauhaus. Otto Dorfner und ein wichtiges Kapitel der Einbandkunst. Halle:

Otto-Dorfner-Institut 1999 (Schriftenreihe Burg Giebichenstein Hochschule für Kunst und Design Halle 1); Alan Bartram: Bauhaus, modernism and the illustrated book. New Haven: Yale Univ. Press 2004.

14 1973 markiert das Jahr der Einführung des Begriffs »artists books« (sic) als Titel einer Ausstellung. Stefan Klima zeichnet die Genese des Begriffs – mit und ohne Apostroph – nach: Stefan Klima: Artists books. A critical survey of the literature. New York: Granary Books 1998.

15 Sol LeWitt. In: Art-Rite (1976), Heft 14.

16 Ulises Carrión: The new Art of Making Books 1975.

17 Vgl. Artur Brall: Künstlerbücher, artists' books, book as art. Ausstellungen, Dokumentationen, Kataloge, Kritiken – eine Analyse. Frankfurt am Main: Kretschmer und Großmann 1986, S. 7–15; Rolf Dittmar: Metamorphosen des Buches. In: Documenta 6. Handzeichnungen, Utopisches Design, Bücher. Kassel: Dierichs 1977, S. 296–299.

18 Pressendrucke sind mit traditionellen Handwerksverfahren hergestellte Buchwerke, bei denen besonderes Augenmerk auf die Verarbeitung und das Material gelegt wird. Typisch ist eine kleine Auflage, die nummeriert und meist signiert ist. Es kann sein, dass ein Künstlerbuch die Merkmale eines Pressendrucks hat – dies heißt jedoch nicht, dass jeder Pressendruck automatisch ein Künstlerbuch ist. Im Rahmen der kooperativen Erschließung mithilfe der Gemeinsamen Normdabei (GND) existiert u. a. jeweils ein Formschlagwort für das Künstlerbuch und ein Formschlagwort für den Pressendruck.

19 Vgl. Timothy Shipe: The monographic cataloger and the artist's book: the ideal reader. In: Art Documentation: Bulletin of the Art Libraries Society of North America 10 (1991), Heft 1, S. 23–25, hier S. 23.

20 Edward Ruscha: Real estate opportunities. [New York] 1970.

21 Mehr zu diesem Thema bei Alexandra Schwartz: Ed Ruscha's Los Angeles. Cambridge: MIT Press 2010.

22 Hinter diesem Begriff verbirgt sich die Frage: »Worum geht es in einem Werk?« bzw. »what is the document about?«. Die Informationswissenschaftlerin Jutta Bertram führt aus: »Die Aboutness hat zwei Dimensionen, nämlich einerseits eine vertikale, die Abdeckung in die Tiefe [...], und andererseits eine horizontale, nämlich die Abdeckung in der Breite [...]. Die Qualität der Inhaltserschließung lebt nun wesentlich von der Frage, in welchem Ausmaß sie beide Dimensionen abzubilden vermag. [...] Weder sollte Wichtiges weggelassen, noch Unwichtiges abgebildet werden.« Jutta Bertram: Einführung in die inhaltliche Erschließung. Grundlagen, Methoden, Instrumente. Würzburg: Ergon-Verlag 2005 (Content and communication 2), S. 20.

23 Shipe (wie Anm. 19), S. 24.

24 Manual für Künstlerpublikationen (MAP). Aufnahmeregeln, Definitionen und Beschreibungen. Hrsg. von Anne Thurmann-Jajes und Susanne Vögtle. Bremen: Studienzentrum für Künstlerpublikationen Weserburg Museum für moderne Kunst 2010. Ein Pendant für im englischsprachigen Raum gängige Katalogisierungspraxen ist: Maria White (u. a.): Artists' books. A cataloguers' manual. London: ARLIS 2006.

25 Michelle A.: Stover: Categorizing the Unique. Analyzing artists' books for a framework of description. Chapel Hill: o. A. 2005, S. 12.

26 Clive Phillpot: Artists Books and Book Art. In: Art library manual. A guide to resources and practice. Hrsg. von Philip Pacey. London: o. A. 1977, S. 355–363, hier S. 356.

27 Terrie L. Wilson: Collection Development Policies for Artists' Books. In: Art Documentation: Bulletin of the Art Libraries Society of North America 21 (2002), Heft 1, S. 27–29, hier S. 28.

28 Vgl. Gustavo Grandal Montero (u. a.): Defending the aesthetic: the conservation of an artists' book. In: Art Libraries Journal 38 (2013), Heft 1, S. 32–37.

Alle Fotografien stammen von der Autorin.

Eva Linhart

Buchkunst im Museum

Das Buch als Sammlungsobjekt

Das ›Museum Angewandte Kunst‹ ist das einzige Museum, das in der Buchmessen-Stadt Frankfurt am Main mit seiner Abteilung ›Buchkunst und Grafik‹ über eine Buchkompetenz verfügt. Ihren Grundstock bilden die beiden Sammlungen der Brüder Michael und Albert Linel, die 1920 zur ›Linel-Sammlung für Buch- und Schriftkunst‹ vereinigt wurden.[1] Der Wert der Schenkung war beträchtlich und wird auf 170 000 Mark geschätzt.[2] Die Linel-Sammlung umfasst kostbare Buchmalerei für das stündliche Gebet, darunter Handschriften des 13. Jahrhunderts,[3] zudem Inkunabeln aus der frühen Zeit des Drucks mit beweglichen Lettern,[4] 685 Freundschaftsalben aus 350 Jahren deutscher Identitätssuche,[5] Schreibmeisterbücher, die sich aus der Perspektive heutiger Schrift- und Textgestaltungsfragen als Beginn von Typografie deuten lassen können, bibliophile Buchausgaben des 16. bis 18. Jahrhunderts sowie ornamentale Vorlageblätter, Einblattdrucke, Spielkarten, Buntpapiere einschließlich Akzidenziengrafik wie Tisch- oder Speisekarten.[6] Die Diskussionen und Verhandlungen um die Sammlungen der beiden Brüder, die seit Ende des 19. Jahrhunderts in der Stadt geführt wurden, waren langwierig und vielseitig. Dabei spielte die Frage, ob das Historische Museum oder das Kunstgewerbemuseum der angemessene ›Aufbewahrungsort‹ ist; eine nicht unerhebliche Rolle und das Argument, sich für dieses Haus und seinen Sammlungsauftrag entschieden zu haben,[7] trägt bis heute: nämlich auf eine Rezeptionspraxis setzen zu wollen, welche die ästhetisch-gestalterischen Aspekte des Buchs als Kunst in den Mittelpunkt rückt. Und genau diese Perspektive zu überdenken, soll nun das Thema sein.

Die aus der ›Linel-Sammlung für Buch- und Schriftkunst‹ hervorgegangene und heute als ›Buchkunst und Grafik‹ benannte Abteilung ist weder ohne die Entwicklung des Museums noch ohne die sich generell verändernde Rolle des gesellschaftlichen Auftrags von Museen zu denken.

Als 1877 das Kunstgewerbemuseum des Kunstgewerbevereins in seiner Eigenschaft, ein Zweig der Polytechnischen Gesellschaft zu sein, ins Leben gerufen wurde, war es eine auf Privatinitiative in Frankfurt am Main gegründete Organisation.[8] Es unterschied sich von den beiden im Anschluss an die erste Weltausstellung 1851 entstandenen ersten Museen insofern, als die Gründungsabsicht sowohl des ›South Kensington Museums‹ in London (heute ›Victoria and Albert Museum‹) als auch des ›Museums für Kunst und Industrie‹ in Wien (heute MAK mit ihren Vorbildersammlungen auf eine qualitativ hohe Gestaltung industrieller Produkte zielte. Im Unterschied dazu positionierte sich das Frankfurter Museum mit seiner Ausrichtung der Sammlung auf Kunsthandwerk, Kunstgewerbe und Kunst Europas und Ostasiens, und damit in seiner Konzentration auf handwerkliche Herstellung, als ein Gegenmodell. Erst 1994 mit Volker Fischer, dem damaligen Kurator für Design und internationales Produktdesign, begann das Museum diesen Bereich angewandter Kunst zu sammeln und sich damit den Gestaltungsfragen industrieller Produktion zuzuwenden. Zu Beginn des Jahres 2000 unter der Leitung von James Bradburne zog das Museum dann auch die entsprechende Konsequenz, indem es sich umbenannte. Es löste sich von seiner seit 1936 bestehenden Bezeichnung ›Museum für Kunsthandwerk‹ und begann sich ›Museum für Angewandte Kunst‹ zu nennen. Zu dieser Zeit war das Museum bereits 72 Jahre städtisch.

In diesem Rahmen verschob sich nach und nach der Auftrag des Museums hin zu einer Priorisierung von aktiven Vermittlungsstrategien. Dazu zählt nicht allein die in den 1980er Jahren etablierte pädagogische Abteilung einschließlich des Versuchs, sie zugleich für Pressearbeit zu nutzen, sondern zunehmend auch die Frage nach Präsentation der Sammlung und ihrer Themen. Diese Tendenz lässt sich als allmähliche Loslösung von statischen Dauerausstellungen zugunsten von mannigfaltigen Wechselausstellungen fassen. Damit einher geht ein verändertes Bewusstsein im Hinblick auf die Zielgruppen. In seinem Grundsatz lässt es sich als der Wechsel vom Spezialisten-Publikum hin zur Pluralität der Gesellschaft fassen. Dabei zählt zu einem wesentlichen Kriterium für den Erfolg von Ausstellungen die Anzahl der Besuche. Dass damit auch der Anspruch an die Museen auf ein wirtschaftliches Agieren einhergeht, ist mitzudenken.

Welche Auswirkungen ergeben sich aus den oben skizzierten Entwicklungsprozessen für die Aktivitäten der Abteilung ›Buchkunst und Grafik‹?

Mit der Gründung der Abteilung 1920 wurde neben verschiedenen anderen Zielen der Auftrag formuliert, dass die Sammlung nach der Seite der Buchkunst hin im Sinne zukünftiger Entwicklungen ausgebaut werden sollte.[9] Dazu gehörte nicht allein eine faktische Aktualisierung der bibliophilen Bestände in die Jetztzeit, sondern insbesondere auch eine sukzessive Erweiterung der Sammlung im Hinblick auf die im 20. Jahrhundert aufkommenden Künstlerbücher. So wurden bereits in den 1920er Jahren Bücher erworben, die als Text-Bild-Zyklen aus einer künstlerischen Autorenhand entstanden sind. Else Lasker-Schülers Werk *Theben*, mit zehn Gedichten in faksimilierter Handschrift und zehn jeweils individuell mit Kreide

!1¡
Blick in die am 12. Oktober 2011 eröffnete Ausstellung »Double Intensity. 30 Jahre Verlag Brinkmann & Bose«. Die Ausstellung verband eine chronologische Präsentation aller Verlagspublikationen als Büchertisch mit interpretierenden Anordnungen in Vitrinen und einer thematischen Kontextualisierung der Bücher in Form digitaler Aufnahmen auf einer großformatigen Leinwand

handkolorierten, teilweise mit Metallfolie collagierten und mit Bleistift signierten Lithographien von 1923, wurde aus dem Atelier der Künstlerin für die Sammlung erworben.[10] Oskar Kokoschka produzierte sein erstes Buchwerk *Die träumenden Knaben*, einschließlich der acht Farblithografien, 1908 in den Wiener Werkstätten und wirkt dabei als Verfasser und Illustrator, der sich von der Idee des Buchs als einem Gesamtkunstwerk[11] anregen lässt.[12]

Mit der Leitung der Abteilung von Eva-Maria Hanebutt-Benz und in ihrer Nachfolge Stefan Soltek in den 1970er bis 1990er Jahren vergrößerte sich der Bestand an Künstlerbüchern nachhaltig und vielseitig. Sein Repertoire ist für das, was Künstlerbücher in Mitteleuropa mit Schwerpunkt Deutschland sein können, repräsentativ. Es enthält Auflagen als auch Unikate. Dabei blieb der Sammlungsauftrag in seiner Ausrichtung auf Schrift geschlossen. Das heißt, solange das Museum noch ›Museum für Kunsthandwerk‹ hieß, sollten Künstlerbücher ohne Text nicht in den Sammlungsbestand aufgenommen werden.[13] Was ebenfalls kein Thema der Sammlung wurde, sind Künstlerpublikationen im Sinne der Artists' Books der 1960er und 1970er Jahre aus dem Umfeld der Kunstrichtungen Minimal Art, Fluxus oder Pop Art.[14]

Mit der Umbenennung zum ›Museum für Angewandte Kunst‹ zur Jahrtausendwende und seiner Öffnung zur industriellen Produktion wurde der Sammlungsauftrag entsprechend angepasst. Drei Jahre später unter der Leitung des Direktors Ulrich Schneider folgte eine Neuausrichtung der Sammlungs- und Ausstellungstätigkeit der Abteilung ›Buchkunst und Grafik‹. Sie konnte nun Kommunikationsdesign und damit einhergehend die digitalen Entwurfsbedingungen als auch Drucktechniken verstärkt thematisieren und die daraus resultierende Neubewertung zwischen Original und Reproduktion berücksichtigen. In Bezug auf die Künstlerbücher wurde die ehemals notwendige Präsenz von ›Schrift‹ zugunsten des Verständnisses von ›Textur‹ modifiziert, sowie Künstlerpublikationen[15] als auch Verlagsreihen mit Buchkunstprogrammatik[16] !1¡ zu sammeln begonnen wurden.

Diese Erweiterung der Sammlung kann dank der Unterstützung der Ludwig-Pfungst-Museums-Stiftung, des Kunstgewerbevereins in Frankfurt am Main e.V., Privatpersonen und Künstlern stattfinden.

Heute umfasst der Bestand mehr als 4000 Bände, davon über 1000 Künstlerbücher.[17] Dabei geht das Museum mit dem, was Künstlerbücher sein können, offen um und orientiert sich an der Beobachtung, dass Künstler das Buch und seine Komponenten als ästhetisch-künstlerisches Ausdrucksmittel immer wieder neu und anders thematisieren. Künstlerbücher bewerten wir damit als einen Bestandteil bildender Kunst und ihrer Fragestellungen, wobei sich ihre technische Umsetzung aus dem breiten Spektrum der angewandten Kunst bedient. Das ›Museum Angewandte Kunst‹ praktiziert für seine Sammlungstätigkeit die folgende Definition:

> Künstlerbücher sind Bücher, wenn sie Künstler als Kunst produzieren.
> Dem legen wir die Dynamik und Offenheit des Kunstbegriffs zugrunde, und vermeiden von einer Epoche oder Künstlergruppierungen festgelegte oder gegen eine mögliche Prospektivität agierende Definitionen.

Als ein Leitgedanke für die Ankäufe können die Anbindung an die Sammlung oder aktuelle und die angewandte Kunst betreffende Fragestellungen gelten. In dem Maße, wie der Materialwert und der handwerkliche oder technische Aufwand erst in Bezug zur künstlerischen Idee als Buchobjekt eine Rolle spielen, entsteht keine Hierarchie zwischen Unikat, kleiner Auflagen oder Künstlerpublikationen aus hohen Stückzahlen. Als künstlerische Möglichkeitsformen werden alle Sorten gleichwertig gesammelt und begleiten die übrige Sammlung vom Mittelalter bis heute aus Kunsthandwerk, Kunstgewerbe, Design und Produktdesign.[18]

Das Buch als Ausstellungsobjekt

Die gegenwärtige Buchkunstsammlung, die aus der Linel-Sammlung hervorgegangen ist – so leitet sich ab – steht also unter der Perspektive von Fragestellungen, welche die angewandte Kunst betreffen. Dabei ist der Ort für ihre Rezeption ein Museum mit einem ausgeprägten Vermittlungsanspruch. Dieser Kontext, nämlich Museum und angewandte Kunst, führt uns zu Rezeptionsbedingungen von Buchkunst, die anders gelagert sind, als etwa die einer Bibliothek. Sie herauszuarbeiten steht nun an. Es wird sich zeigen, dass eben diese musealen Rezeptionsbedingungen das Potential haben, eine eigenständige Sichtweise auf das, was ein Buch als Kunst sein kann, zu liefern und zu den gegenwärtig stattfindenden Diskussionen zur Buchkunst einschließlich des Künstlerbuchs interessante Impulse beizusteuern.

Hierfür gilt es, vor allem die Praxis ins Auge zu fassen: Meine Tätigkeit als Kuratorin für Buchkunst und Grafik wird nicht allein am Sammeln gemessen, sondern vor allem am Ausstellen. Dabei habe ich es denn auch mit anderen Maßstäben – oder wenn man so will – Konkurrenzsituationen zu tun, als es etwa im Rahmen einer Bibliothek der Fall ist.

So müssen sich Buchkunstausstellungen gegen aufwändig gearbeitete Prunkschränke der Renaissance und des Barock, gegen zeitgenössische Mode von Martin Margiela und Alexander McQueen oder gegen Produktdesign der Firma Braun, sei es der als ›Schneewittchensarg‹ von Dieter Rams benannte Plattenspieler oder ein Toaster, durchsetzen. Von hier aus ist die Frage, was über mehr visuelle Anziehungskraft und attraktive Alltagsnähe verfügt, leicht beantwortet. Die Bücher, die es in einem auf 50 Lux abgedunkelten Raum in Vitrinen als aufgeschlagene Doppelseiten klassischerweise zu sehen gibt, ziehen im Rahmen dieses Szenariums eindeutig den Kürzeren.

!2¡ »Buchkunst total. Sammlung total« 2012. Blick in einen der beiden Räume der Ausstellung, die Büchertisch- und Vitrinen-Präsentationen mit einem intensiven Begleitprogramm kombinierte, um der Öffentlichkeit einen ganzheitlichen Zugang zu der Buchkunst-Sammlung des Museum Angewandte Kunst zu ermöglichen

!3¡
Brevarium, Lothringen (?), Erstes Drittel des 14. Jahrhunderts, Handschrift auf Pergament, figurierte Initialen mit Zierranken und Drolerien. Inventarnummer: LM 13

Da Bücher zudem wegen ihrer Fragilität nicht in Form von Dauerausstellungen gezeigt werden können, kann die Buchkunstsammlung für die Öffentlichkeit nicht präsent sein.[19] Daher habe ich 2012 die Ausstellung »Buchkunst total« kuratiert und machte den kompletten Buchbestand vom mittelalterlichen Stundenbuch bis zum zeitgenössischen Künstlerbuch sichtbar. !2,3¡ Zu ausgewählten Zeiten wurden einige der kostbaren Bücher, darunter auch illuminierte Handschriften, aus Vitrinen herausgenommen und den Besuchern vorgeblättert. Einige Künstler erklärten sich bereit, ihre Arbeiten persönlich dem Publikum vorzustellen und zahlreiche Verlagswerke waren unter Einsatz von Handschuhen am Lesetisch unmittelbar verfügbar.

Über die aktuelle Anforderung an ein öffentlich-kommunales Museum, dass die Ausstellungen die Pluralität der Gesellschaft zu integrieren haben, müssen sie auch unabhängig von etwaigem Spezialwissen über das Buch wie seine Fachterminologie, seine Gestaltungskriterien, drucktechnisches Know-how, die zeitgenössische bildende oder angewandte Kunst wirksam sein.

Der dritte und nicht unwesentliche Aspekt bei der Rezeption von Buchkunst in einem Museum für angewandte Kunst ist die Gattung des Museums selbst, nämlich die angewandte Kunst. Denn angewandte Kunst ist eine Disziplin, die Phänomene wie Kunsthandwerk, Kunstgewerbe, Design und Produktdesign vereinigt: vom Kunsthandwerk als die Herstellung von Unikaten mittels Handarbeit, das zudem seit dem 19. Jahrhundert unter dem Ideal eines authentischen Ausdrucks steht; Kunstgewerbe als serielle Produktion via Manufaktur; Design, wo Idee und Ausführung nicht in einer Hand liegen müssen, und Produktdesign, das den Entwurf auf maschinelle Produktion hoher Stückzahlen anpasst. Diese vier jeweils anders gelagerten produktionsästhetischen Paradigmen konstituieren ein jeweils anderes Verständnis vom Buch in dem Spektrum vom Unikat bis zum verlegten Massenprodukt, zwischen den Koordinaten aus buchkonzeptionell-künstlerischer Leistung, Materialeinsatz und -wert sowie marktrelevanten Strategien der Vervielfältigung.

Damit habe ich einige Bedingungen benannt, welche meine Perspektive auf die Buchkunst als Kuratorin prägen. Sie machen zugleich deutlich, wie sehr sich der Ort ›Museum‹ von dem einer ›Bibliothek‹ – dem herkömmliche Rahmen, in dem wir gewohnt sind, Bücher zu rezipieren – unterscheidet. Denn in diesem Zusammenhang liegt der Akzent vor allem auf der Textebene, dem sogenannten Inhalt, demgegenüber die Buchgestaltung und -produktion lediglich die Rolle eines transportierenden Beiwerks zukommt. Christof Windgätter formuliert es in seinem Buch *Epistemogramme. Vom Logos zum Logo in den Wissenschaften* wie folgt: »Zweifellos heißt Lesen das Vergessen der Bücher, sind wir doch seit unserer Alphabetisierung auf Schulbänken und in Seminarräumen daran gewöhnt, keine Drucksachen zu sehen, sondern Inhalte zu erschließen. [...] Lektürewissen ist ein Wissen jenseits der Bücher.«[20]

Im Kontrast dazu bedeutet es, wenn die Bücher in einem Kunstkontext ausgestellt werden, auf eine Rezeptionspraxis zu setzen, die eine Annäherung von ihrer Objektseite, von ihrer visuellen sowie haptischen Qualität her ermöglicht. Daher begünstigt der Ort eines Museums für angewandte Kunst die Möglichkeit, die Bücher als einen komplex ineinandergreifenden Verlauf aus Wechselspielen materialgebundener bildnerisch-typografischer Setzungen, die in ihrer Summe das ästhetische Ereignis ›Buch‹ konstituieren, zu begreifen. Oder anders gewendet: Das Museum als eine Vermittlungsinstitution angewandter Kunst hat bereits prinzipiell den Auftrag, ein phänomenologisches Verständnis vom Buch zu fördern. Es muss auf die Erfahrbarkeit hinarbeiten, dass das Buch verlangt, von Seite zu Seite geblättert zu werden, um sich in seiner Größe, Schwere, Viskosität oder Geräuschpalette ganz entfalten zu können. Daraus folgt für die Rezeption des Buchs, dass es an die Erfahrung mittels Handhabung, an den Prozess des körperlich-sinnlichen Begreifens gebunden ist. Diese Interpretation des Buchs als Kunst ist in die inszenatorischen Strategien von Ausstellungen zu übersetzen. Trotz der hohen konservatorischen Anforderungen sind die Möglichkeiten vielseitig.

Das Buch als performativ-partizipativer Kunstraum

In dem Maße wie die Annahme, es könne ein Wissen jenseits der gestalteten Materie im Sinne einer Hierarchie des die Bedeutung innehabenden Inhalts gegenüber der bloß medialen Form geben, ein Trug ist, wie Christof Windgätter in seinem Vortrag ausführt.[21] So ist es ausdrücklich der Auftrag eines Museums für angewandte Kunst, die formale Bedingtheit des Buchs zu thematisieren und die Besucher mittels herausragender künstlerischer Leistungen für das Buch in seinem phänomenalen So-Sein zu sensibilisieren.

Wie bereits beschrieben, binden wir im Rahmen unseres Vermittlungsansatzes die Rezeption des Buchs an die Erfahrung mittels Handhabung und an den dadurch auslösenden Prozess des körperlich-sinnlichen Begreifens. Dabei suchen wir das Buch in seiner Gesamtheit und Komplexität zwischen Papierqualität, Typographie und ihrer Bildlichkeit im Übergang zu etwaigen Bildern oder zum Text – um nur einige der unendlich vielen möglichen Paramater zu nennen – als die Bedeutung des Buches wesentlich konstituierende Elemente bewusst zu machen.

Um dieses Moment auszuführen, werde ich mich im Folgenden ausschließlich auf die Gattung des Künstlerbuchs beziehen, da es zu seiner Eigenschaft gehört, eine Wendung auf sich selbst zu nehmen.[22] Denn Künstlerbücher reflektieren nicht nur die eigene Medialität einschließlich der sie bedingenden Materialmittel und Herstellungsmodi wie Binden, Schneiden oder Drucken. Vielmehr transformieren sie zudem im produktionsästhetischen Sinn all dies zu eigenständigen und autonomen Kunstbehauptungen.

In diesem Zusammenhang sei die folgende und in ihrer Relevanz wichtige kunsthistorische Entwicklung eingefügt: Im Zuge der Moderne und ihrer Ablösung von Kunstgattungen zugunsten einer Erweiterung von Kunstformen hat das Medium Buch die Qualität eines autonomen und mobilen Kunstraums gewonnen. Alle Elemente des Buchs wie Papier, Buchstaben oder Bindung werden von Künstlern auf ihre Wirksamkeit ausgedeutet und machen es zu einer Erfahrung zwischen Objekt, Bild, Text, Textur, Skulptur und einer Aufführung. Und genau darin begründet sich die Bezeichnung ›Künstlerbuch‹ und daher ist diese Kunstform auch exemplarisch für das Buch in seiner grundsätzlichen ästhetischen Wirksamkeit.[23]

Zum besseren Verständnis sei ein Beispiel herangezogen. !4¡ So überführt etwa die Künstlerin Ines von Ketelhodt im Rahmen des zehnjährigen Buchkunstprojekts *Zweite Enzyklopädie von Tlön*[24] in dem Band *Erde*[25] die Erzählung Olga Tokarczuks *Ur und andere Zeiten* in den Vorgang und die Methode des Textdruckens selbst. Dabei verfährt sie alles andere als illustrativ. Die deutsche Übersetzung des polnischen Textes druckte sie mit großformatigen 20 Cicero-Holzlettern von Hand, die sie zuvor immer wieder neu und anders mit einer Handwalze einfärbte,

14
Ines v. Ketelhodt
Band *Erde*, Flörsheim 2006. Aus: Ines v. Ketelhodt und Peter Malutzki: Zweite Enzyklopädie von Tlön. Ein zehnjähriges Buchkunstprojekt in 50 Bände. (siehe Anm. 24)

mehrfarbig auf die Vorder- und Rückseite von industriellen und semitransparenten Ölpapierbögen. Die Überdruckungen ergeben einen übereinander geschichteten Buchstaben-Teppich von changierender Farbigkeit. Anschließend wurden die Bögen geviertelt und auf das Buchformat geschnitten. Im Ergebnis entscheidend dabei ist, dass die Künstlerin mit diesen Eingriffen die Linearität des Textes, sein Zeit- und Raumkontinuum auf den Paralleleindruck des Sedimentationsvorgangs von Erdschichten gezielt verfremdet hat. Insgesamt thematisiert also der Band *Erde* das ›Buch‹ in seiner Existenzform ›Kodex‹ in der Dimension von Schichtung, Überlagerung und Verdichtung, wobei sich eine Lesbarkeit des so aufbereiteten Textes für den Blick aus der bloßen Oberflächenlinearität heraus nicht mehr einstellen kann. Oder positiv formuliert: Der Vorgang des Lesens transformiert sich durch die überproportionierten und sich überlagernden Buchstaben bei gleichzeitiger Vierteilung und damit Parzellierung des Satzspiegels in die Richtung eines freien Farb- und Formenspiels. Das »wiedererkennende Sehen«, die Identifizierung der Buchstaben zu Wortfolgen – so zeichnet sich ab – drängt die Wahrnehmung der Textbildung in die Richtung des »sehenden Sehens«,[26] dem strukturellen Abtasten der Farb- und Formformationen. Es ist demnach die produktionsästhetische Deutungspraxis der bildenden Kunst, wie sie sich mit der bürgerlichen Ästhetik seit dem 18. Jahrhundert zu entwickeln begonnen hat,[27] die hier wirksam wird und den Kunstanspruch in Bezug auf das Buch legitimiert. Die vielgestaltigen und eingesetzten Methoden der Herstellung sind hingegen die der angewandten Kunst.

Was aber bedeutet dies für Rezeption des Künstlerbuchs und seinen Vermittlungsansatz in einem Museum?

Als eine Erkenntnis für das Ausstellen von Büchern leitet sich ab, dass das Buch eine sich aus Seitenfolgen ergebende Einheit ist, deren Wahrnehmung und Erfahrbarkeit prinzipiell einem Raum- und Zeitkontinuum untersteht und insofern mit einem Film oder einer Oper vergleichbar ist. Angesichts der komplexen Gesamtleistung ›Buch‹ mit seiner sich über die Seiten vollziehenden Ereignishaftigkeit kommt die aufgeschlagene Doppelseite in einer Vitrine dem Drücken einer Pausentaste gleich. Da sich das Buch jedoch nur dann offenbaren kann, wenn es durch das Blättern der Seiten seinen ›Auftritt‹ erhält und sein Innenleben auf diese Weise zur ›Aufführung‹ kommt, ist es – so lässt sich schlussfolgern – mit der Kunstform Performance vergleichbar, oder, um es eindeutig zu sagen: Das Buch ist im Hinblick auf seine Rezeption grundsätzlich performativ.

Entsprechend kann der Rezipient dann nicht einfach auf die Funktion des Lesers beschränkt bleiben. Vielmehr übernimmt er eine deutlich vielseitigere Rolle: Er ist gleichzeitig Betrachter, Zuschauer oder Zuhörer und darüber hinaus auch Co-Künstler und Co-Autor. Denn im Unterschied zu dem vorgegebenen Ablauf eines Films oder einer Oper hat das Buch als Künstlerbuch die Eigenschaft, dass es der Rezipient auf seine Weise erschließt und damit die Wirkung des Buchs mit herstellt. Da die visuelle Anknüpfung von Seite zu Seite – wie mit dem oben beschriebenen Beispiel deutlich werden sollte – nicht grundsätzlich einer Linearität unterstehen muss, ist auch eine Chronologie beim Blättern nicht zwingend. Mit dem Aufschlagen des Buchs und dem folgenden Erblättern von Seite zu Seite und der Möglichkeit des Zurück oder Hin und Her, um immer wieder neue und mögliche Konstellationen aus allen zusammenspielenden Buchelementen zu entdecken, startet der Rezipient einen Prozess, der als ein entdeckender Austausch zwischen ihm und dem sich entfaltenden Buchobjekt zu beschreiben ist. In der Konsequenz entsteht eine Erlebniserfahrung des Buchs aus Sinnlichkeit und Sinn, die einmalig, da nicht wiederholbar ist. Damit will gesagt sein, dass sich die ästhetische Wirkung eines Buchs erst durch die prozesshafte und immer jeweils andere Handhabung des Rezipienten und kraft der Qualität seines ›Herauslesens/-sehens/-hörens‹ realisiert. Daraus leitet sich als eine grundlegende Erkenntnis in Bezug auf die Erfahrbarkeit von Buchkunst ab: Insofern die Rezeption des Buchs an die Erfahrung mittels Handhabung und an den offenen Prozess des körperlich sinnlichen Begreifens gebunden ist, ist sie sowohl performativ als auch zugleich partizipativ, da das Buch in seiner Eigenschaft, ein performativer Kunstraum zu sein, diese räumlich-ästhetische Wirksamkeit nur durch die Beteiligung eines Rezipienten bedingen kann.

Buchkunst im Museum als Möglichkeitsraum

Seit der Leitung des Museums durch Matthias Wagner K. in 2012 und der damit einhergehenden Namensmodifikation des Museums zu ›Museum Angewandte Kunst‹ positioniert sich das Haus als ein »Möglichkeitsraum«. Mit dieser neuen Kategorie versteht es sich im Sinne einer Plattform für Aushandlungsprozesse im Widerstreit von Formen, Normen und Vorstellungen und damit auch offen für die Frage, was angewandte Kunst heute sein kann.

Eine Konsequenz dabei ist, katalogisierende Museumskriterien, wie sie im Geiste positiver Wissenschaftsideale und ihrem ›Wahrheitsanspruch‹ im 19. Jahrhunderts entstanden sind, zu hinterfragen. Eine von mehreren Konsequenzen bei dieser, das Museum für angewandte Kunst problematisierenden Reflexion ist, die herkömmlichen Dauerausstellungen, von denen die Abteilung ›Buchkunst und Grafik‹ aufgrund der konservatorischen Empfindlichkeit ihrer Exponate stets ausgeschlossen war, aufgelöst zu haben. Im Gegenzug wurde als die neue Form einer dauerhaften Präsentation die Ausstellung »Elementarteile. Aus den Sammlungen« konzipiert. Sie begrenzt sich auf fünf Jahre. Es ist eine Ausstellung, die zum einen auf die bisherige Aufteilung der Sammlungen in Abteilungen wie europäisches und ostasiatisches Kunsthandwerk, Kunstgewerbe und Kunst, internationales Produktdesign, Buchkunst oder Mode verzichtet und stattdessen auf die Geschlossenheit der Sammlung in ihrer Perspektive, angewandte Kunst zu repräsentieren, setzt. Damit und auch aufgrund von konservatorischen Optimierungen sind Exponate der Abteilung ›Buchkunst und Grafik‹ mit einer kleinen repräsentativen Auswahl nun für die Öffentlichkeit kontinuierlich sichtbar.

Eine wesentliche Strategie von »Elementarteile« ist, die Objekte angewandter Kunst, assoziativ und in der Methode an Friedrich Nietzsches *Die fröhliche Wissenschaft* angelehnt, miteinander in einen Dialog treten zu lassen. Indem die Präsentation »Elementarteile. Aus den Sammlungen« eine Ausstellungsart darstellt, welche die Besucher bewusst nicht lenken möchte, erhalten umgekehrt diese die Möglichkeit, sich eigene Kriterien von dem, was angewandte Kunst sein kann, zu bilden.

Damit reagiert das Museum auf den Umstand, dass angewandte Kunst bislang und im Unterschied zur autonomen bildenden Kunst keine Theoriebildung erfahren hat und sie dennoch mehrheitlich an Kriterien eben dieser gemessen wird. Um sich von der Subsumierung unter fremden Maßstäben – die der bildenden Kunst und damit verbunden die Abwertung der angewandten als bloße ›Gebrauchskunst‹ – abzukoppeln, sucht die Ausstellung »Elementarteile« eine quasi unvoreingenommene Sichtweise freizusetzen: eine, wie sie methodisch vor die Trennung einer freien bildenden von einer angewandten Kunst fällt. Diese Strategie ist gleichzeitig der Versuch, dem herkömmlichen Verständnis von angewandter Kunst, nämlich eine Mischung aus einer bedeutungsrelevanten Funktionalität und dem ästhetischem Mehrwert als einem dekorativen ›Kann‹ zu sein, zu widersprechen. Denn auch wenn viele der Exponate angewandter Kunst auf einen praktischen Nutzen verweisen mögen, so werden sie nicht aufgrund dieses als Kunst vom Museum gesammelt; vielmehr wegen ihrer Gestaltung als herausragende ästhetische Leistung. Und denkt man die These von der Funktionalität angewandter Kunst konsequent weiter, dann taucht spätestens bei der Frage nach dem Gebrauchswert einer Brosche die Problematik erneut unbeantwortet wieder auf.

Im Rahmen von internen Diskussionen um die Identität angewandter Kunst konnte die Buchkunst und die Interpretation ihres grundsätzlich performativ-partizipativen Charakters Anregungen beitragen bzw. ihren Interpretationsansatz auf die anderen Sammlungssparten erprobend übertragen. Dabei stellten wir fest, dass sowohl ein Mixer als auch eine Vase über die Kategorie der performativ-partizipativen Entfaltung ihre Bestimmung, Objekte angewandter Kunst zu sein, zu realisieren versprechen. Denn – um bei dem Beispiel einer Vase zu bleiben – sie entfaltet ihr ästhetisches Potential erst im Bezug zu den Blumen, die wir hineinstellen und ihre Wirkung hängt dann von ihrer Platzierung im Verhältnis zum Umraum ab, sowie sie den Raum schließlich in seiner Atmosphäre entscheidend mitgestaltet. Von hier aus lag die Frage nahe, ob die herkömmlichen Präsentationsstrategien, Teller, Messer oder Toaster auf Sockeln in Vitrinen zugunsten einer Kunstbehauptung zu präsentieren, die adäquaten und überzeugenden Strategien sind.

Die Diskussion darüber hat erst begonnen und die von mir als Vertreterin von Buchkunst und Grafik in Kooperation mit Mahret Kupka als Kuratorin für Mode, Körper und Performatives in der Ausstellung »Give Love Back. Ata Macias und Partner. Eine Ausstellung zu der Frage, was angewandte Kunst heute sein kann« formulierte Problematik hat einen ersten vielbeachteten Beitrag geleistet: weniger im Sinne von Antworten, als vielmehr im Sinne der Entwicklung von weiterführenden Fragestellungen, um einen Diskurs in der Öffentlichkeit freizusetzen.[28] Der Buchkunst, das sollten die Ausführungen deutlich gemacht haben, kommt im Rahmen des Museums als Möglichkeitsraum dabei eine zentrale Rolle zu.

ANMERKUNGEN

1 Eva-Maria Hanebutt-Benz: Die Linel-Sammlung für Buch- und Schriftkunst und ihre Stifter. In: Ornament und Entwurf. Ornamentstiche und Vorzeichnungen für das Kunsthandwerk vom 16. bis zum 19. Jahrhundert aus der Linel-Sammlung für Buch- und Schriftkunst. Museum für Kunsthandwerk Frankfurt am Main 1983, S. 179–192.

2 Die Summe bezieht sich auf die Gesamtheit der Schenkung. Zum Vergleich sei angeführt, dass das Kunstgewerbemuseum von 1877 bis 1892 insgesamt nur 45 000 Mark für Museumseinkäufe aufwenden konnte. Siehe Hanebutt-Benz (wie Anm. 1), S. 186.

3 Stefan Soltek: Geistliches Buch des Mittelalters. Das Stundenbuch. In: Erlesen Gestiftet. Ausstellungskatalog Museum für Kunsthandwerk Frankfurt am Main 1991, S. 26–64.

4 Vgl. Soltek (wie Anm. 3), S. 66 ff.

5 Eva Linhart: Vom Stammbuch zum Souvenir d'amitié. Deutscher Schicksalsfaden. In: Der Souvenir. Erinnerung in Dingen von der Reliquie zum Andenken. Ausstellungskatalog Museum für Angewandte Kunst Frankfurt und Museum

für Kommunikation. Köln: Wienand Verlag 2006, S. 202–243. Hier der Versuch einer Neubewertung des Stammbuchs und seiner Sitte, die mit den heutigen sozialen Netzwerken im Internet vergleichbar ist. Die Stammbuchsitte wäre nicht ohne das Vervielfältigungspotential des Buchdrucks entstanden. Sie transformierte sich dann aber zur emotionalen Ausdrücklichkeit im Sinne der Singularität und Authentizität des widmenden Subjekts in Form von Handschrift und schließlich von Handarbeit im Medium eines aus leeren Seiten bestehenden Oktav-Querformats als Reiseutensil. Der Artikel verfolgt auch die damit verbundene Ästhetisierung der Gesellschaft im deutschen Reich im Geiste humanistischer Ideale sowie emanzipatorischer Prozesse entlang des Mediums Buch. Die Stammbuch-Sammlung des Museums Angewandte Kunst zählt zu den größten und liefert einen guten Überblick über die Entwicklung dieser Sitte.

6 Zum Charakter des Sammlungsbestands siehe Hanebutt-Benz (wie Anm. 1) sowie Soltek (wie Anm. 3).

7 Vgl. Hanebutt-Benz (wie Anm. 1), S. 183 und S. 186–187.

8 Vgl. Ulrich Schneider: Das Museum für Angewandte Kunst Frankfurt. Gründungs- und Baugeschichte. In: Der Museumsführer. Köln: Wienand Verlag 2011, S. 7 ff.

9 Vgl. Hanebutt-Benz (wie Anm. 1), S. 188.

10 Vgl. Else Lasker-Schüler: Theben. Gedichte und Lithographien. Frankfurt am Main/Berlin: Querschnitt-Verlag 1923. Aus einer Auflage von 250 trägt dieses Exemplar der Normalausgabe die Stempelnummer 194. Inventarnummer: LNBZ 160. Abbildung sowie weitere Angaben siehe Else Lasker-Schüler. Die Bilder. Hrsg. von Ricarda Dick im Auftrag des Jüdischen Museums Frankfurt am Main. Berlin: Jüdischer Verlag im Suhrkamp Verlag 2010, S. 53 und S. 285–286. Angabe zum Umstand des Erwerbs ist im Inventarbuch verzeichnet.

11 Vgl. Viola Hildebrand-Schat: Die Kunst schlägt zu Buche. Das Künstlerbuch als Grenzphänomen. Mit einem Vorwort von Stefan Soltek. Hrsg. vom Klingspor-Museum Offenbach. Köln 2013.

12 Ausgabe Kurt Wolff Verlag. Leipzig 1917, Exemplar Nr. 236, Inventarnummer LNBZ 202, erworben 1929. Abbildung und Beitrag siehe Eva-Maria Hanebutt-Benz, in: Museum für Kunsthandwerk Frankfurt am Main. Aus den Sammlungen. Auswahlkatalog 1, S. 134–135.

13 Nach mündlichen Angaben Stefan Soltek, Leiter der Abteilung ›Buchkunst und Graphik‹ bis 2001, bildete der Ankauf im Jahr 1994 des Unikat-Künstlerbuchs »Menschen und Vasen« von Carola Willbrand aus sechst Bildmotiven mit verzierten Tapetenstücken und aufgenähten Strukturtapeten, Köln 1993, das erste Buchobjekt ohne Schrift. Inventarnummer: LNBZ 456.

14 Vgl. Hildebrand-Schat (wie Anm. 11) sowie Anne Thurmann-Jajes: Manual für Künstlerpublikationen. Aufnahmeregeln, Definitionen und Beschreibungen. In Zusammenarbeit mit Susanne Vögtle. Deutsche Ausgabe. Hrsg. zusammen mit Lilijana Stepancic und Sylvie Boulanger. Bremen 2010.

15 Anlässlich der Ausstellung »Tobias Rehberger. Flach. Plakate, Plakatkonzepte und Wandmalereien« vom 7. März bis 2. Mai 2010 der Abteilung Buchkunst und Graphik im Museum für Angewandte Kunst Frankfurt haben wir begonnen, den Sammlungsbestand um Künstlerpublikationen zu erweitern. Im Falle Tobias Rehbergers begründet sich dieser Umstand damit, dass er für jede seiner Ausstellungen ein Buch entwirft, welches das Konzept der Ausstellung in das Medium Buch und seine Produktions- und Wirkungslogik transformiert. Somit entstehen keine Ausstellungskataloge, sondern Künstlerbücher im Sinne der Artists' Books. Die Sammlung enthält alle bisher von ihm produzierten Künstlerbücher. Siehe auch die Publikation zur Ausstellung »Tobias Rehberger. Flach.« Hrsg. von Eva Linhart mit Texten von Eva Linhart und Jay Conrad Levinson. Deutsch und englisch. Gestaltet von Vier5 in Kooperation mit dem Künstler. Berlin: Distanz Verlag 2010.

16 Damit ist die Erweiterung um Arbeiten solcher Verlage gemeint, für die das Verlegen ein künstlerisches Projekt ist. So zeigte das Museum 2005 als die erste Ausstellung dieser Art »Das richtige Buch. Johannes Gachnang als Verleger«. Die Ausstellung hatte vier Stationen: Nach Frankfurt folgten das Lindenau-Museum in Altenburg, Aargauer Kunsthaus in Aarau und schließlich MAK in Wien. Die Exponate der Ausstellung zählen heute zum Nachlass des Berners Künstlers, Kurators, Architekten, Autors und Verlegers Johannes Gachnangs, der sich in der Schweizerischen Nationalbibliothek in Bern befindet. Zur Ausstellung erschien 2005 eine gleichnamige Publikation, herausgegeben von Eva Linhart mit Beiträgen von Peter Noever, Jutta Penndorf, Rudolf Schmitz, Christiane Meyer-Thoss, Barbara Wien, Georg Baselitz, Luciano Fabro, Stanley Brouwn, Stephan Kunz, Johannes Gachnang und Eva Linhart. Die zweite Ausstel-

lung fand 2011 statt und trug den Titel »Double Intensity. 30 Jahre Verlag Brinkmann & Bose«. Die gleichnamige Publikation zeigt alle Buchgestaltungen des Verlags einschließlich ihrer typografischen Konzeptionen mit Beiträgen von Klaus Theweleit, Rike Felka, Günter Karl Bose, Erich Brinkmann und Eva Linhart. Berlin: Verlag Brinkmann & Bose 2011. Zum Selbstverständnis vom Verlegen als Kunstprojekt siehe Eva Linhart: Der Verlag als Kunst. In: Double Intensity. 30 Jahre Verlag Brinkmann & Bose. Berlin: Verlag Brinkmann & Bose 2011, S. 9–14.

17 Im Rahmen der Ausstellung »Künstlerbücher_ Artists' Books. Internationale Exonate von 1960 bis heute« im Museum Stift Admont/Museum für Gegenwartskunst des Benediktinerstifts Admont, kuratiert von Michael Braunsteiner und Barbara Eisner, vom 1. Mai bis 2. November 2014 konnten wir entlang von 13 Exemplaren in Begleitung einer von Barbara Eisner produzierten Videopräsentation aller Künstlerbücher die Position des ›Museum Angewandte Kunst‹ vorstellen. Weitere beteiligte Sammlungen waren: Bayerische Staatsbibliothek in München; Zentrum für Künstlerpublikationen, Weserburg – Museum für moderne Kunst, Bremen; mumok in Wien; MAK in Wien; Universitätsbibliothek der Angewandten in Wien; Sammlung Wulf D. und Akka von Lucius aus Stuttgart; Sammlung Hubert Kretschmer, Archive Artist Publications aus München.

18 Eine Vorstellung zum Stellenwert des Künstlerbuchs im Museum Angewandte Kunst konnte ich im Rahmen des internationalen Kolloquiums »Unicum, das Unikat-Künstlerbuch – Phänomen oder Paradox« in der Schweizerischen Nationalbibliothek in Bern am 21. November 2014 vermitteln. Die Vorträge im Internet zu publizieren ist geplant.

19 In diesem Zusammenhang ist darauf hinzuweisen, dass es seit der Eröffnung des Meier-Baus 1985 stets die Bemühung gab, die Buchkunstsammlung durch eigene Wechselausstellungen und Publikationen präsent zu halten.

20 Christof Windgätter: Epistogramme. Vom Logos zum Logo in den Wissenschaften. Vortrag an der Hochschule für Grafik und Bechkunst Leipzig. Erschienen am Institut für Buchkunst. Leipzig 2012, S. 12.

21 Vgl. Windgätter (wie Anm. 20).

22 Vgl. Gottfried Boehm: Mythos als bildnerischer Prozess. In: Mythos und Moderne: Begriff und Bild einer Rekonstruktion. Frankfurt am Main 1983, S. 528–544. Siehe auch Zu einer Hermeneutik des Bildes. In: Seminar: Die Hermeneutik und die Wissenschaften. Hrsg. von Hans-Georg Gadamer und Gottfried Boehm. Frankfurt am Main 1978, S. 444–471.

23 Vgl. Eva Linhart: Buchraum als Kunstraum. In: Kveta Pacovska. Maximum Contrast. Buch und Dokumentation der gleichnamigen Ausstellung. Deutsch/Englisch. Hrsg. von Eva Linhart, mit einem Geleitwort von Jean-Christophe Ammann und Ulrich Schneider sowie weiteren Beiträgen von Stefan Soltek und Uta Schneider. Design: Kveta Pacovska. Bargteheide: Minedition 2008, S. 13–20.

24 Vgl. Ines v. Ketelhodt/Peter Malutzki: Zweite Enzyklopädie von Tlön. Ein Buchkunstprojekt: Fünfzig Bände innerhalb von zehn Jahren (1997 bis 2006). Die Bände erscheinen in einer Auflage von 40 nummerierten und signierten Exemplaren. Die Exemplare des Museums Angewandte Kunst tragen die Nr. 9; eine Dauerleihgabe des Kunstgewerbevereins Frankfurt am Main e.V., im Abonnement für das Museum/Abteilung Buchkunst und Grafik erworben. Band *Erde*, Flörsheim 2006, hat die Inventarnummer LNBZ 680,48 (siehe Abb. 3).

25 Vgl. Eva Linhart: Erde. In: Ketelhodt/Malutzki (wie Anm. 23), S. 68.

26 Zum Begriff »sehendes Sehen« in unterscheidender Korrespondenz zum »wiedererkennenden Sehen« siehe Max Imdahl: Zum Verhältnis zwischen Bildautonomie und Gegenstandsbezug. In: Wallraf-Richartz-Jahrbuch XXXVI (1974), S. 328 ff. Vgl. auch Gottfried Boehm: Bildsinn und Sinnesorgan. In: Neue Hefte für Philosophie (1980), Nr. 18/19, S. 118–132.

27 Zur Wendung von Rezeptions- zur Produktionsästhetik vgl. Jochen Schmidt: Die Geschichte des Geniegedankens in der deutschen Literatur, Philosophie und Politik 1750–1945. Bd. 1 und 2. Darmstadt 1985.

28 Eva Linhart/Mahret Kupka: Gimme! Gimme! Gimme!@. Die Kuratorinnen der Ausstellung im Gespräch über Ata, das Museum und angewandte Kunst. In: Zeitung zur Ausstellung »Give Love Back. Ata Macias und Partner« im Museum Angewandte Kunst vom 13. September 2014 bis zum 11. Januar 2015. Berlin 2014.

Abbildungsnachweis

© Museum Angewandte Kunst; 1: Lena Dittelmann, Frankfurt am Main, courtesy Adrian Koerfer; 2, 4: Axel Schneider, Frankfurt am Main; 3: Archiv Museum Angewandte Kunst

Sebastian Kötz

Victor Manheimer

Wissenschaftler, Sammler, Bibliophile, Emigrant

»Man kann ruhig sagen, eine große Privatbibliothek, die sich nicht etwa vor der Welt verschließt, hat einen unsichtbaren Stern im Baedeker der öffentlichen Meinung bekommen«,[1] schreibt Victor Manheimer 1927, kurz vor der Versteigerung des wohl eindrucksvollsten Teils seiner Bibliothek. Die Auktion seiner Sammlung von Erst- und Originalausgaben der deutschen Barockliteratur sorgt für Begeisterung in der »Bibliophilensekte«, die sich Mitte der 1920er Jahre zu einer »täglich noch vergrößernde[n] Glaubensgemeinschaft entwickelt hat«.[2] Die Versteigerung der Barocksammlung Manheimer und der entsprechende Katalog haben daran ihren Anteil: Sammler wie z.B. Hans Fürstenberg und »so mancher andere« lernen die Barockliteratur des 17. Jahrhunderts »erst durch Victor Manheimer näher kennen«.[3] Karl Wolfskehl zufolge ist Manheimer Bücherfreund und Büchersammler »im besonderen Sinne des Wortes«, einer, dem »Bücher nicht nur Arbeitsmittel sind, nicht nur Inhaltsvermittler« und der es versteht, seinen Büchern die »richtige Gesellschaft« zu geben.[4] Kurzum, die »deutsche Barockbibliothek Manheimer« ist eine »Einheit«.[5] »Gelehrter, Kenner und Liebhaber in Einem, hat ihr Besitzer offenbar das Bild dessen, was er schaffen wollte, immer in sich getragen und, mit jedem neuen Erwerbe bewußter werdend, schließlich diesen wundervoll gefügten Bau zur Vollendung gebracht«.[6] Trotz oder vielleicht auch gerade wegen der außerordentlichen Sammelleistung Manheimers gerinnt sein Name der Nachwelt zum Synonym für ein Nachschlagewerk. Die teilweise bis heute gültigen Einordnungen und Kommentare des Bibliomanen und Barockspezialisten Karl Wolfskehl zur deutschsprachigen Literatur des 17. Jahrhunderts suchen und finden Sammler und Antiquare seither ›bei Manheimer‹. Dass Victor Manheimer bereits 1924 einen Teil seiner Sammlung, seine Erst- und Sonderausgaben der deutschen Literatur *Von Gottsched bis Hauptmann*[7], versteigert, ist ungleich weniger bekannt. Immerhin: Der Sonderdruck des einleitenden Essays, der sich im Versteigerungskatalog dieses Teils der Sammlung von Victor Manheimer befindet, besitzt Seltenheitswert als Literatur über das Sammeln.[8]

Die Aufarbeitung der Biografie des Sammlers, die Umstände und Entstehung seiner außergewöhnlichen Bibliothek klärt, bleibt trotz dieser eigentlich zwingenden Anknüpfungspunkte lange Zeit aus. Ironischerweise führt erst die im Rahmen eines Provenienzforschungsprojektes begonnene Rekonstruktion der vergleichsweise unspektakulären Arbeitsbibliothek von Victor Manheimer zu einer näheren Auseinandersetzung mit dem Sammler. Dieser für Jahrzehnte unbeachtet gebliebene und in der Seminarbibliothek des Instituts für Deutsche Sprache und Literatur der Universität zu Köln aufgegangene Teil der Sammlung Manheimer wirft Fragen nach seiner Herkunft und nach dem Lebensweg des vormaligen Besitzers auf. Gleichzeitig verspricht seine Rekonstruktion Einblicke in die Persönlichkeit und das Interessenprofil des Sammlers, insbesondere in der Zusammenschau mit den durch die Auktionskataloge dokumentierten Teilen der Bibliothek.

Die früheste Lebenswelt, das großbürgerliche Milieu Berlins, zu dem Victor Manheimers Familie gehört wie wenige andere, sind Faktoren, die seine Interessen, seine Sammlung, seine Freundeskreise und seinen Werdegang maßgeblich beeinflussen. Doch anders als bei den herausragenden merkantilen Leistungen einzelner Familienmitglieder zu erwarten, bieten die kulturellen Interessen des Elternhauses die entscheidende Orientierung für den späteren Wissenschaftler, Sammler und Bibliophilen.

Elternhaus und Familie

Als ältestes von vier Kindern des Kaufmanns Ferdinand Manheimer und seiner Frau Betty, geb. Jacoby,[9] wird Victor Manheimer am 7. Dezember 1877 in Berlin geboren. Er stammt, wie er selbst schreibt, »sowohl väterlicher- wie mütterlicherseits aus ungewöhnlich reichen jüdischen Familien«,[10] was ihm eine von äußeren Sorgen befreite Jugend und Studienzeit beschert.

Der ›ungewöhnliche Reichtum‹ rührt nicht zuletzt vom kaufmännischen Geschick des Großvaters. Valentin Manheimer führte sein Geschäft ›V. Manheimer‹ von einer kleinen Firma zu einem der größten Konfektionsunternehmen Berlins.[11] Kein Wunder also, dass auch für Walter Benjamin der Besuch im Kaufhaus ›V. Manheimer‹ Teil seiner frühesten Großstadterfahrungen ist:

> In jenen frühen Jahren lernte ich »die Stadt« nur als den Schauplatz der »Besorgungen« kennen [...]. In der Schmach eines »neuen Anzugs« standen wir da, [...] und wir fühlten dem Götzendienst uns entronnen, deren Namen Mannheimer [sic] waren, Herzog und Israel, Gerson, Adam Esders und Mädler [...]. Eine Reihe unerforschlicher Massive nein Höhlen von Waren – das war »die Stadt«.[12]

Nach dem Tod von Valentin Manheimer leitet dessen Sohn Ferdinand die Geschäfte der Firma »klug und tatkräftig«[13] weiter. Victor Manheimers Vater übt großen Einfluss hinsichtlich der Interessen seines Sohnes für Literatur, Kunst und Musik aus. Beide sind Mitglieder der Goethe-Gesellschaft[14], es liegt also nahe davon auszugehen, dass die für Victor Manheimers Werdegang als Literaturwissen-

schaftler und Sammler so wichtigen Impulse des Elternhauses vorwiegend von seinem Vater ausgehen.[15] !1¡

Rose Manheimer, Victor Manheimers jüngere Schwester, entwickelt ebenfalls früh ein Interesse an Literatur: Bereits als junge Frau versieht sie ihre Bücher mit ihrem Exlibris. !2¡

Dass sie und ihr älterer Bruder gemeinsame Interessen haben, dürfte einer der Gründe für das zeitlebens innige Verhältnis der beiden Geschwister sein. Ob sich Victor Manheimers Bruder Oskar ebenfalls für Literatur interessierte, ist nicht bekannt. Sicher ist jedoch, dass sein Bruder Adolf Manheimer wie sein Vater seine merkantilen Interessen zum Beruf macht. Er führt die Geschäfte der Firma ›V. Manheimer‹ bis zu seinem Tod, nach dem die Firma liquidiert wird.

Auch das nähere Umfeld der Familie, ihre Freunde und Gäste, gehören um 1900 und später literarisch-künstlerischen und akademischen Kreisen an und dürften Victor Manheimers Werdegang nachhaltig beeinflusst haben. Georg Witkowski beispielsweise kennt Victor Manheimers Mutter Betty seit Kindertagen. In seinen Erinnerungen schreibt Witkowski über seine Freundin:

> Da tritt ins Zimmer ein etwas größeres Mädchen, die kleine Betty Jacoby, deren Eltern uns gegenüber in dem langen Gebäude des Admiralsgartenbades wohnten. Ich spüre eine innige Freude über ihren Besuch und will ihr mit Gewalt meine Holzeisenbahn schenken. Ich möchte diesen Vorgang nicht etwa psychoanalytisch deuten, doch mag wohl schon Erotisches hineingespielt haben. Betty Jacoby wurde ein ungewöhnlich schönes Mädchen und heiratete den Bruder meiner Tante Natalie Latz, Ferdinand Manheimer. […] Wenn sie von Zeit zu Zeit nach Leipzig kommt, sehen wir uns.[16] !3¡

!1¡ Ferdinand Manheimer

!2¡ Rose Tiktin, geb. Manheimer

!3¡ Betty Manheimer, fotografiert anlässlich ihrer Silbernen Hochzeit

Dass später auch Victor Manheimer und Georg Witkowski miteinander Kontakt haben, belegt ein Widmungsexemplar von *Goethes Leipziger Studentenjahre 1765–1768* von 1922, das sich in der ›Bibliothek Manheimer‹ in Köln befindet.[17]

Die Familie empfängt »alle Künstler [...] des damaligen Berlin« und insbesondere Musiker bei sich,[18] darunter »besonders intim auch französische Virtuosen wie Raoul Pugno [...], Jaques [sic] Thibaud und der Pianist Edouard Risler [...], der jahrelang im Hause meiner Eltern wohnte«,[19] wie Victor Manheimer berichtet. Der Kreis der Freunde und Bekannten der Familie, und damit von Victor Manheimer, ist erlesen, in der »stattlichen Wohnung« herrscht eine Atmosphäre »gehobene[r] Geselligkeit«.[20] Bruno Valentin, Victor Manheimers Cousin, geht sogar so weit zu behaupten, dass Victor Manheimer und seine Geschwister »wohl etwas zu sehr mit Kunst und Wissenschaft von Jugend an vollgepfropft und zu luxuriös erzogen [wurden], sodass sie später im Leben ihren Platz nicht ausfüllen konnten und den an sie gestellten Anforderungen nicht gewachsen waren«.[21] Victor Manheimer entscheidet sich, seine Kenntnisse der Literatur und Kunst in einem Studium zu vertiefen, und verzichtet damit auf die ebenfalls naheliegende Karriere als Kaufmann im Familienunternehmen.

Lehrjahre – von Berlin nach Straßburg

Nach dem Abitur 1895 immatrikuliert sich Victor Manheimer an der Friedrich-Wilhelms Universität Berlin und beginnt sein Studium der Deutschen Sprache und Literatur, Literaturgeschichte und Philosophie.[22] Während seines Studiums wechselt er von Berlin an die Universität Freiburg im Breisgau und von dort nach München, im Sommersemester 1897 geht er dann wieder zurück nach Berlin.[23] Die akademische Ausbildung Manheimers wird wesentlich durch Schüler Wilhelm Scherers geprägt. So besucht er beispielsweise Vorlesungen und Seminare bei Erich Schmidt, Richard Moritz Meyer, Franz Muncker und Max Roediger, und auch sein Doktorvater, der Germanist Gustav Roethe, ist ein Schüler Wilhelm Scherers. In der sogenannten ›Scherer-Schule‹ ist, wie bei vielen anderen Germanisten der Zeit auch, seit den 1880er Jahren eine »national-konservative Grundstimmung«[24] vorherrschend, wie sich am Beispiel von Erich Schmidt zeigen lässt: Dieser stellt sich wie »die meisten der Scherer-Schüler [...] offenherzig und hoffnungsvoll«[25] in die Dienste des deutschen Kaiserreiches. Dass Manheimer ähnlich konservativen Auffassungen, nicht nur das Fach betreffend, nahestand, ist damit sehr wahrscheinlich. Ein weiterer Hinweis dafür sind der Auktionskatalog aus dem Jahr 1924 sowie die rekonstruierte Arbeitsbibliothek Manheimers in Köln. Diese beiden Bestände bilden in wesentlichen Teilen den literarischen Kanon der Zeit ab. Insbesondere Goethe und Schiller – nicht untypisch für das jüdische Bürgertum – sind in beiden Teilen der Sammlung stark vertreten.

Die Frage nach der Grundlage für Victor Manheimers außergewöhnliche Barocksammlung hat der Sammler selbst beantwortet:

> Die Pergament- und Schweinslederbände deutscher Barockdichter, die ich mir damals in Göttingen für billiges Geld zulegte, sollten lediglich eine Art Handwerkszeug bedeuten und keiner von uns hätte gedacht, daß ich eines Morgens als Besitzer einer beinahe berühmten Sammlung deutscher Barockliteratur aufwachen würde, denn Barock war noch nicht an der Tagesordnung, und man hatte keine Ahnung, wie selten diese Erstausgaben etwa von Logau, Grimmelshausen und Caspar Stieler vorkommen, um deren Existenz sich allerdings auch noch kein Mensch außer den Fachleuten kümmerte.[26]

»Damals in Göttingen«, das sind die Jahre 1899 bis 1902. In dieser Zeit promoviert Victor Manheimer bei Gustav Roethe. *Die Lyrik des Andreas Gryphius*[27], so der Titel der Studie, erscheint 1904 im renommierten Wissenschaftsverlag Weidmannsche Buchhandlung Berlin. In seiner Arbeit unterzieht Manheimer die bis dahin maßgebliche Gryphius-Ausgabe von Hermann Palm einer Generalrevision, da sie viele Fehler und Auslassungen enthält.[28] Doch die eigentliche Leistung Manheimers liegt darin, wesentlich zu einem neuen Verständnis, nicht nur von Gryphius als zentralem Autor seiner Epoche, sondern der Dichtung des 17. Jahrhunderts allgemein beigetragen zu haben: Als einer der ersten gebraucht er den Terminus ›Barock‹ in der deutschen Literaturwissenschaft, ohne negative Konnotationen und im Sinne einer Epochenbezeichnung.[29] Die Schlüsselstelle in Manheimers Dissertation, die seine Behandlung der Literatur des 17. Jahrhunderts charakterisiert, liest sich wie folgt:

> Von drei Seiten fordert die Zeit [...] [die] Aufmerksamkeit [des Literarhistorikers] zur Arbeit heraus. Von der historischen Seite; denn es ist ein Jahrhundert der Anfänge, der Vorbereitung, des Tastens und Ringens. Von der psychologischen Seite; denn hinter dem einförmigen Alexandrinergewand stecken die verschiedensten und zum Teil bedeutende Individualitäten. Schließlich von der aktuellen Seite; denn es will mir gerade scheinen, als ob das Kunstgefühl noch keiner Periode seit zwei Jahrhunderten mit der ihren Stil suchenden Barockliteratur des siebzehnten Jahrhunderts im Grunde so verwandt gewesen ist, wie das Kunstgefühl unserer Tage. Innerlich leer oder im Tiefsten aufgewühlt, äußerlich von technisch formalen Problemen absorbiert, die sich mit den Existenzfragen der Zeit zunächst sehr wenig zu berühren schienen, – so waren die meisten Barockdichter, und ähnlich sind, so weit man sehen kann, wenigstens die Dichter unserer Zeit, die ihrer Produktion das Gepräge geben.[30]

»Manheimers Gryphius-Arbeiten zeugen«, so Marcel Lepper, »zunächst von jenem charakteristischen Nebeneinander von philologischer Arbeit am sprachlichen Befund einerseits und literarhistorischer Schreibweise andererseits. [...] Sie liefern darüber hinaus aber ein ausgezeichnetes Beispiel für den Übergang von einer quellensicheren Annäherung an die Literatur des 17. Jahrhunderts [...] zu einem anthropologisierenden, typologisierenden Neuzugang«.[31] Und genau diese Kombination, die große Kenntnis der Quellen, der Originalausgaben der deutschen Literatur des 17. Jahrhunderts und die in einer neuen Stilforschung resultierende Auseinandersetzung mit ihnen, lassen erkennen, warum Wolfskehl in Manheimers (Barock-) Bibliothek eine »Einheit« sieht. Die Sammlung ist »lebendig«, weil in ihr die »immer wieder ins Leben zu rufenden Denkmale [...] des schaffenden Geistes« keine »tote[n] Hülsen« sind, kein »nach äußerlichen Momenten zusammengetragenes Geröll«.[32] Die in ihr enthaltenen Bücher zeigen und bedingen die Art der Auseinandersetzung des Forschers und später des Sammlers mit der Literatur des 17. Jahrhunderts. Die Entwicklung vom Forscher zum Sammler hat Manheimer selbst kurz und prägnant zusammengefasst: »Ich kam [...] von der Literatur zu den Büchern, von der Wissenschaft zur Bibliophilie, vom Lesen zum Sammeln«.[33] Neben der Familie, die Victor Manheimers »Passion für Bücher«, an der er »schon als Primaner gelitten hatte«,[34] unterstützt, spielt auch sein späterer Freundes- und Bekanntenkreis eine wichtige Rolle. Während seiner Zeit in Göttingen lernt Manheimer den Rechtsanwalt Otto Deneke, den Germanisten Walther Brecht, der zur gleichen Zeit bei Gustav Roethe promoviert, sowie die Schriftsteller Otto Erich Hartleben, Hugo von Hofmannsthal und Rudolf Borchardt kennen.[35] Dass Manheimer in diesem Umfeld bibliophile Interessen entwickelt, ist kaum verwunderlich. Immerhin ist Otto Denekes Bibliothek »die erste richtige Büchersammlung«,[36] die Manheimer kennenlernt.

Wie Deneke sammelt Manheimer keineswegs vornehmlich unter bibliophilen Gesichtspunkten. Zwar empfindet er beim Anblick von Denekes Sammlung eine »wohlwollende Verständnislosigkeit«,[37] die sich sicher auch auf die vordergründig vorhandenen bibliophilen Reize bezieht, doch erkennt Manheimer schnell, dass die Sammlung, gerade weil sie auch als Arbeitsgrundlage dienen kann, von Bedeutung ist: Der »Katalog der Bibliothek Dr. Otto Deneke in Göttingen«[38] verzeichnet nicht nur eine umfangreiche Sammlung deutscher Literatur »seit ca. 1750, wobei das Hauptinteresse dem achtzehnten Jahrhundert zugewandt war«,[39] sondern dokumentiert eine Sammlung, deren »richtige Benutzung«, so Deneke, »notwendig eine wissenschaftliche sein« müsse.[40]

Hofmannsthal, Borchardt und Brecht sollen sich einige Jahre später als wichtige Mitarbeiter der berühmten Bremer Presse hervortun.[41] Manheimer kommt also früh mit Gleichgesinnten in Kontakt, was seinen bibliophilen Interessen und Ambitionen weiter Auftrieb verleiht. Wie wichtig diese Zeit für Manheimer ist, artikuliert sich in der Tatsache, dass er sich auch später der ideologischen und buchkünstlerischen Welt, für die Hofmannsthal und Borchardt stehen, über die Rezeption ihrer Arbeiten hinaus engagiert: Noch 1931 ist er als Gesellschafter der Bremer Presse geführt.[42]

Nach der Publikation seiner Doktorarbeit 1904 geht Victor Manheimer nach Straßburg. Er plant, sich an der Universität, die den Ruf einer »Arbeitsuniversität«[43]

hat, zu habilitieren, hat jedoch Mühe, die dortigen Professoren von seinem Vorhaben zu überzeugen.[44] Und auch sonst kämpft Victor Manheimer in Straßburg mit zahlreichen Widrigkeiten, wie er dem Germanisten Edward Schröder berichtet:

> Ich bin hier, was die Fachwissenschaft betrifft, völlig auf mich angewiesen und habe keinen, mit dem ich die Probleme, die mich beschäftigen, besprechen könnte. Meine Habilitation hat sich verzögert durch Krankheit meiner Mutter und Tod meines Vaters, durch viele geschäftliche und seelische Aufregungen, nicht zum wenigsten auch durch eigene Leiden.[45]

Was ihn schlussendlich nach eigenen Angaben auf die Universitätskarriere verzichten lässt, ist der Tod seines Vaters 1905.[46] Mit dem vorläufigen Ende seiner akademischen Ambitionen beginnt für Victor Manheimer ein völlig neuer Lebensabschnitt. Er siedelt nach München über und begibt sich unter die Bohemiens und Kulturschaffenden und in die Salons der Metropole an der Isar.

München

Zu den »Inseln der Stadt, wo sich, mit einiger Auslese, alles traf, was zuerst ihr Zauber angezogen und was später die Brandung des Krieges in ihr vorläufig noch wohltuendes Zwielicht geworfen hatte«, gehört für den Simplicissimus-Redakteur Hermann Sinsheimer »zuerst das Haus Mannheimer [sic]«.[47] Das ehemalige »Kavaliershäuschen, in einem verschwiegenen Park am Rande des Englischen Gartens gelegen«,[48] steht noch heute. Zwischen 1909 und 1921 ist es ein wichtiger Schauplatz des Münchner Bohème- und Gesellschaftslebens, eine Bühne für Berühmtheiten wie Thomas Mann, Erich Mühsam, Carl Sternheim und Max Halbe. Für den Letztgenannten sogar im doppelten Wortsinn: Im Sommer 1910 wird Goethes *Satyros* als Theaterstück bei Victor Manheimer aufgeführt, »der Dichter Max Halbe spielt mit, gelockt von den süßen Tönen verführerischer Frauen«. Vertont wird das Stück »von dem in Mainz geborenen Komponisten Edgar Istel (1880–1948), der […] auch anwesend ist«.[49] Manheimer öffnet

> das kleine Haus und den großen Park der kleinen und großen Welt von Schwabing und München, von Deutschland und Europa. […] Hier tafelte, trank, tanzte, tagte und nächtete eine Münchener Elite, hier feierte sie Gartenfeste, fällte sie ihre Urteile, sättigte sie sich an ihren Vorurteilen – in kleinen geschmackvoll möblierten Zimmern voll Büchern und Bildern oder auf den Rasenplätzen des Parks unter sonnen-, mond- und lampionbeschienenen Bäumen sitzend, von mittags bis Mitternacht und darüber hinaus. Es war eine Insel der Seligen, auf die im Sommer das Heu von den Wiesen des Englischen Gartens herüberduftete und wo im Winter die schönsten Frauen sich mit den gescheitesten Männern zu verstehen glaubten.[50]

Kurzum, das erkennt auch Franz Blei in einer Rezension zu Aufführungen der Schattenbühne bei Manheimer in der Zeitschrift *Hyperion* ganz richtig: Manheimers Haus ist ein Salon[51] und gehört damit zu den wichtigsten gesellschaftlichen Treffpunkten »vor, in und nach dem [Ersten] Weltkrieg«[52] in München. Hier pflegt der Gastgeber die gehobene Geselligkeit, die er seit Kindertagen kennt, und gründet selbst eine Familie. Victor Manheimer heiratet Hedwig Salomon, mit der er eine Tochter hat.[53] !4¡

!4¡
Hedwig Manheimer, geborene Salomon

Victor Manheimer sucht in München nicht nur den Austausch mit Schriftstellern, Musikern und Künstlern, sondern auch mit anderen Büchersammlern. In der ›Gesellschaft der Münchner Bibliophilen‹, gegründet 1907, knüpft und intensiviert Manheimer als frühestes Mitglied[54] Kontakte zu Sammlerpersönlichkeiten wie Carl Georg von Maassen, Rolf von Hoerschelmann, Alexander von Bernus, Emil Hirsch, Georg Müller, Hans von Weber und Karl Wolfskehl. In diesem Kreis aus Kennern, Bücherenthusiasten und Verlegern wandelt sich seine Bibliothek – sie ist nicht länger in der Hauptsache eine »Art Handwerkszeug«[55] für die letztendlich abgebrochene Universitätskarriere. In München ist ihr Besitzer »schon längst, bevor ich es wahr haben wollte, ein Sammler geworden«.[56] Zwar gilt ihm seine »Lesepassion [...] jedenfalls [als] das Primäre«, als Hauptgrund für das Büchersammeln, doch dient seine Bibliothek nicht mehr nur als Grundlage für eigene Arbeiten: »[D]ie unzähligen Bücher an der Wand bedeuteten ebenso viele Lesemöglichkeiten, jedes einzelne das Ziel einer besonderen Lesebegierde und Lesehoffnung, eine Anweisung auf eine ganz bestimmte Auseinandersetzung mit einem zwischen Buchdeckel und Buchdeckel eingeschlossenen Geistigen. Das war es: alle meine Bücher warteten«.[57] Für Manheimer ist »jedes Sammeln [...] eine Flucht; eine Flucht vor dem Alltag in die Passion, eine Flucht vor sich selbst in das Objekt«, allerdings ohne dabei ganz Selbstzweck zu sein. Denn trotz der »Freude am Besitz« und dem Genuss an der »Ungekanntheit des gesammelten Schatzes« artikuliert sich für Manheimer in seiner Büchersammlung »der Wunsch des wurzellosen Großstädters, sich mit einer handgreiflichen geistigen Tradition zu umgeben«, und »eine wissenschaftliche

Vollständigkeitslust« sowie »die Freude an der wachsenden Kennerschaft und Beherrschung einer Materie, während man doch fühlt, daß man nie auslernt«.[58] Der (zunächst) »ungekannte Schatz«, an dem Manheimers Freude an Kennerschaft »und Beherrschung einer Materie« wächst, ist seine Barocksammlung. Für die »geistige Tradition«, mit der sich Manheimer umgibt, stehen die im Auktionskatalog *Von Gottsched bis Hauptmann* dokumentierten Titel seiner Sammlung. Diese Liste, bestehend aus Klassikern der deutschen Literatur, veredelt Manheimer, indem er »stets ein Auge auf handschriftliche Eintragungen, zumal wenn sie von den Dichtern herrührten« hat, »wobei es sich aber nicht um gleichgültige Werke handeln durfte«.[59]

So finden sich u.a. Autographen von Hölderlin, Schiller, Goethe, Fichte, Wilhelm Grimm und Mörike in der Sammlung. Der Kölner Teil der Bibliothek von Victor Manheimer steht für die Verbindung dieses literarischen Kanons mit einer »wissenschaftlichen Vollständigkeitslust«. Hier finden sich etliche, schon damals ›klassische‹ Primärtexte – nicht nur der deutschen Literatur – als Neudrucke. Ihnen zur Seite stellt der Sammler beeindruckend umfangreiche Sekundärliteratur, von der in der Folge das Deutsche Seminar der Universität zu Köln als Käufer profitiert. In diesem Teil der Sammlung spiegelt sich Manheimers Biografie in besonderem Maße: Während der literarische Kanon stark repräsentiert ist, besaß Manheimer z.B. kaum Texte der literarischen Avantgarden, die später unter dem Begriff ›Expressionismus‹ zusammengefasst werden sollten – ein weiteres Zeichen dafür, dass er den konservativen Tendenzen seines Fachs und seiner Zeit nahesteht. Im Kölner Teil der Bibliothek finden sich die deutlichsten Spuren seiner persönlichen Interessen. Kunstgeschichte, Musik, Wissenschaftsgeschichte, Buchwesen und Buchkunst sind mit eigenen Teilsammlungen vertreten.[60] Victor Manheimer verfällt außerdem »dem Theater [...], und so füllte sich allmählich ein Schrank mit allen möglichen Theatralibus. Ich lebte ein Jahr in Paris, und so entstand eine Sammlung mit dem Thema Paris, (wie übrigens auch andere Städte und Länder, in denen ich mich aufhielt, immer sehr bald ihren Niederschlag in meiner Bibliothek fanden)«.[61] Der Bereich ›Theater‹ wächst besonders stark während Manheimers Zeit in München, wie auch das Ensemble zur Stadt selbst, in der er die »Hoch-Zeiten der eigenen Biographie«[62] verbringt. Hier ist er Mitglied des ›Neuen Vereins‹, eines Theatervereins, der es sich zur Aufgabe gemacht hat, Stücke neuerer und zeitgenössischer Autoren zur Aufführung zu bringen,[63] und ist als Vorstandsmitglied des Vereins an deren Organisation beteiligt.[64]

In München lernt Manheimer weitere Persönlichkeiten des literarisch-künstlerischen Lebens kennen oder intensiviert den Kontakt zu ihnen, darunter z.B. Arthur Schnitzler, Frank Wedekind und Georg Fuchs.

Manheimers wichtigste Bekanntschaft aus der Münchner Zeit ist jedoch der Barockspezialist, George-Herold und Bibliomane Karl Wolfskehl. Beide kennen sich aus der ›Gesellschaft der Münchner Bibliophilen‹, sie verbindet, neben ihrem Sammlerdasein, das gemeinsame Interesse an der Literatur des deutschen Barock.

Zwischen 1907 und 1921, Manheimers Zeit in München, besteht noch nicht die intensive Freundschaft, die beide Männer im Exil verbindet. Noch 1918 wendet sich Manheimer mit der zurückhaltenden Höflichkeit eines Bekannten mit der Bitte um Rat an Wolfskehl: »Ich übersende Ihnen den Katalog von Gilhofer und Ranschburg [...]. Ich wäre Ihnen sehr dankbar, wenn Sie mich auf schöne und preiswerte Inkunabeln oder illustrierte Bücher des 16. Jahrhunderts aus dem Katalog aufmerksam machen würden«.[65] 1929 fasst Manheimer das Verhältnis zu Wolfskehl in einem huldvollen Geburtstagsgruß zusammen:

> [Obwohl ich] nur mit dem Sammler und Kenner, dem Bibliophilen und Bibliomanen Wolfskehl in Berührung gekommen bin, habe ich seit dreißig Jahren mehr aus der Ferne auch den Dichter, Esoteriker, Propheten Wolfskehl, den Literarhistoriker und Essayisten, den Übersetzer, Schriftsteller, Herausgeber Wolfskehl verehrt, [...] den Münchner Wolfskehl, die Type Wolfskehl, das warme Herz und den klugen Kopf.[66]

Zu diesem Zeitpunkt befindet sich Victor Manheimer bereits einige Jahre in Rom, unterbrochen von gelegentlichen Reisen. Ab 1930 ist Victor Manheimer »unter die Journalisten gegangen als regelmäßiger Mitarbeiter der DAZ unter dem Strich und als römischer Kunstreferent für die Münch[ner] N[euesten] N[achrichten]«.[67] Mit seiner noch in Deutschland befindlichen Bibliothek ergeht es ihm daher, wie er selbst schreibt, »wie mit einer Freundin, die ich einmal innig geliebt und immer noch sehr gern habe, von der aber die Trennung doch einen Gewinn an Unabhängigkeit bedeute, da sich zuletzt [...] herausgestellt habe, daß sie eine Hypothek auf meine Bequemlichkeit geworden war«.[68] Der Verkauf des letzten, ca. 5000 Bände umfassenden Teils seiner Bibliothek im Herbst 1931 an die Universität zu Köln ist daher nur logische Konsequenz. Der Erlös, den er mit der Auflösung seiner Büchersammlung erzielt, sichert ihm vorerst ein Auskommen in der Emigration.

Emigration und Exil

»Sie wissen«, schreibt Karl Wolfskehl am 30. Juli 1935 an Victor Manheimer, »und doch möcht ichs noch einmal ausdrücklich sagen: mindestens von Zeit zu Zeit mit Ihnen zusammenzutreffen ist mir fast unumgängliches Bedürfnis geworden, und ich preise die Spätzeit, die mir diese Freundschaft noch beschert hat, bei so vielen Untergängen, Abspaltungen und Unbewähr spürt man es erst recht: ein seelischer Gewinn wiegt tausend Verluste zwiefach auf!« Für Wolfskehl bedeutet die Freundschaft zu Manheimer einen lebensbejahenden, genießerischen Zugang zum Dasein im Exil.[69] !5¡

Als die Repressionen gegen die deutschen Juden mit dem sogenannten ›Reichsbürgergesetz‹ im September 1935 ihren vorläufigen Höhepunkt erreichen, empfindet Karl Wolfskehl dies als eine »persönliche Schmach«, die er »glutrot empfinden muss«,[70] wie er seinem Freund am 17. Februar 1936 schreibt. Manheimer hingegen betrachtet den Gesetzerlass mit Distanz, und diesen Wesenszug bewundert Wolfskehl:

> [W]enn nur das Abstimmen, Abschmecken des Lebensgehaltes mir so leicht fiele wie Ihnen! Ich sage dies fast mit Bewunderung, jedenfalls mit Befriedigung. Denn einen wirklich reif Gewordenen zu erleben, einen, der in Abstand und Neigung nie die Balance verliert [...], ungerührt weiter schreitet, wo ihn Dinge und Aussenkram nichts mehr angehen [...] – eine solche Erfahrung ist geradezu ein Remedium gegen die eigene Kümmernis.[71]

In diesem Sinne appelliert Wolfskehl etwas mehr als ein Jahr später an Manheimer: »Sie müssen da sein, [...] lange noch, spendevoll genießen, genießerisch spenden! [...] Wie bei wenigen ist bei Ihnen Selbstgenügen ein Überfluss für die Anderen«.[72] !6¡

!5¡ Victor Manheimer in Rom, ca. 1934

!6¡ Passfoto von Victor Manheimer, Ende der 1930er Jahre

Manheimer und Wolfskehl vereinbaren sogar »fast auf Manneswort«,[73] gemeinsam nach Mexiko auszuwandern, doch Wolfskehl entscheidet sich 1938, nach der ›Gleichschaltung‹ Italiens, für Neuseeland. Dies bedeutet beinahe das Ende der Freundschaft zu Manheimer, denn »[a]ls es zum Klappen kam fehlte dem armen Victor doch die Entschlusskraft, ich machte meinen Weg allein, wir wurden fast cross, wechselten aber noch ein paar Briefe zwischen Holland und hier.«[74] Mit der Übersiedlung von Italien in die Niederlande am 12. April 1939 reagiert auch Victor Manheimer auf die zunehmende Einflussnahme der Faschisten. Er geht nach Amsterdam, wo er weiterhin Kontakt zu anderen, meist jüdischen Intellektuellen hält. Am 27. April 1940 schreibt Manheimer an seine Freundin, die Schriftstellerin und Philosophin Margarete Susman, er leide dennoch »unter geistiger Vereinsamung, und zwar umso intensiver, je fleißiger ich unter Leute gehe, an denen es längst nicht mehr fehlt. [...] Ich entbehre [...] aufs schmerzlichste Licht und Sonne und Süden, Landschaft, so wie ich sie verstehe, das Peripatetische, und so lebe ich denn, schon weil hier Norden ist, in der Verbannung«.[75] Manheimer findet Ablenkung in geistigen Tätigkeiten, denn er wendet sich der »Gelehrtenatmosphäre, der [er sich] jahrelang gänzlich entzogen hatte«[76] – insbesondere mit seinem Umzug nach München –, in den Niederlanden erneut zu.[77] Mit der Besetzung der Niederlande durch die deutsche Wehrmacht bietet aber auch Amsterdam keine Zuflucht mehr, wie Victor Manheimer erkennen muss. Am 2. Oktober 1941 schreibt er seiner Schwester Rose: »Was sonst noch bevorsteht? Ich bin auf alles gefasst, aber was kann einem schon geschehen, wenn man ein so reiches, merkwürdiges, lebenswertes Leben hinter sich hat, wie es mir geschenkt worden ist«.[78] Kurz darauf erfolgt der bürokratische Zugriff der Nationalsozialisten. »Ich leide neuerdings sehr unter dem Leerlauf des Formular-Komplexes, aufgehört hat die Heiligkeit des Privatlebens«,[79] schreibt er dem Philosophen Helmuth Plessner, mit dem er seit einiger Zeit einen intensiven intellektuellen Austausch pflegt, am 13. März 1942. »Immerhin, so reizbar meine Sensibilität ist, von meiner Heilbarkeit wird sie übertroffen, doch wird eine mir nur nicht ganz bewusste Hypothek auf den das innere Gleichgewicht regulierenden Zentren in dem Maße höher werden, je näher man mir auf den Leib rückt«.[80] Die Verhaftung Manheimers erfolgt vermutlich Anfang Dezember 1942. Ab August 1942 werden die in den Niederlanden bzw. Amsterdam ansässigen Juden durch amtliche Vorladungen in die ›Hollandsche Schouwbourg‹ bestellt und dort registriert, ab September 1942 nach Razzien gleich dorthin verschleppt. Das ehemalige Theater dient als Zwischenstation auf dem Weg ins Konzentrationslager bzw. als Gefängnis.[81] Auch Victor Manheimer wird hierhin verschleppt. Am 10. Dezember 1942 entzieht er sich der drohenden Deportation durch einen Fenstersprung. In den Akten des ›Stadsarchiefs Amsterdam‹ heißt es:

> Schulze meldet, dass am 10. Dezember 1942 um ca. 1.30 Uhr eine Person, die später scheinbar VICTOR ISRAEL MANHEIMER genannt wurde, geboren am 7. Dezember 1877 zu Berlin, arbeitslos, wohnhaft im Prins-Hendriklaan-Haus Nr. 36 in Amsterdam, aus dem Fenster des ersten Stocks der Hollandsche Schouwbourg gesprungen und danach bewusstlos auf der Straße liegen geblieben ist. Danach wurde er mit einer Gehirnblutung ins N.I.Z. gebracht, wo er noch am selben Abend um 3.20 Uhr an den erlittenen Verletzungen verstarb. Der Grund für diesen Selbstmord war, dass besagter Manheimer diesen Abend zum Transport überstellt werden sollte. Die Untersuchungen ergaben, dass ein Verbrechen ausgeschlossen werden kann.[82]

LITERATUR UND QUELLEN

Quellen

Unveröffentlichte Quellen

Amsterdam, Stadsarchief Amsterdam. Archief van de Politie
– Politierapporten 40–45: NL-SAA-20132294.

Berlin, Staatsbibliothek zu Berlin – Preußischer Kulturbesitz, Handschriftenabteilung
– Victor Manheimer an Julie Elias, 21. März 1930. Nachlass Julius Elias, Ka. 2: Manheimer, Victor.

Berlin, Universitätsarchiv der Humboldt-Universität zu Berlin
– Abgangszeugnis von Victor Manheimer: HUB, UA, Rektor und Senat, Abgangszeugnisse, Nr. 1108, Victor Manheimer, 19. März 1896.

Göttingen, Niedersächsische Staats- und Universitätsbibliothek
– Victor Manheimer an Edward Schröder, 6. Dezember 1904, 15. Mai 1905. Sign.: E. Schröder 622.

Groningen, Universiteitsbibliotheek
– Victor Manheimer an Helmuth Plessner, 16. März 1942. Nachlass Plessner, 142/283.

Hamburg, Staats- und Universitätsbibliothek
– Victor Manheimer an Ida Dehmel, 26. November 1939; DA: Br.: M: 867.

Marbach/Neckar, Deutsches Literaturarchiv
– Nachlass Margarete Susman. A: Susman (Victor Manheimer an Margarete Susman, 27. April 1940, 25. Mai 1940).
– Nachlass Karl Wolfskehl, A. Wolfskehl (Victor Manheimer an Karl Wolfskehl, 15. Juni 1918; 17. September 1929, 30. Juli 1935; Karl Wolfskehl an Victor Manheimer, 17. Februar 1936, 18. Mai 1937).

München, Monacensia. Literaturarchiv und Bibliothek
– Victor Manheimer an Max Halbe, 16. Mai 1935. Nachlass Max Halbe/Briefe. MH B 169.
– Victor Manheimer an Neuen Verein, 17. November 1910. NV B 87.

München, Stadtarchiv
– Meldekarte der Stadt München von Victor Manheimer. Sign.: EWK 65.

New York, Leo Baeck Institute
– Valentin, Bruno: History of the Families Valentin-Loewen and Manheimer-Behrend. Übersetzung von Gary Storch 2003. Verfasst 1945, überarbeitet 1963. Typoskript. Folder MS 558, S. 59.

Privatbesitz
– Victor Manheimer an Unbekannt, o. O., o. J. (wahrscheinlich Ende der 1930er Jahre), im Besitz von Victor Manheimers Enkel Anthony Ryman.
– Victor Manheimer an Rose Tiktin, geb. Manheimer, 2. Oktober 1941. Im Besitz von John Gordon.

Veröffentlichte Quellen

Baer, Joseph: Katalog der Bibliothek Otto Deneke in Göttingen. Die deutsche Literatur im XVIII. und XIX. Jahrhundert. Versteigerung, Dienstag den 19. bis Donnerstag den 21. Oktober 1909. Frankfurt am Main 1909.

Graupe, Paul/Hirsch, Emil: Aus der Bibliothek Victor Manheimer. Von Gottsched bis Hauptmann. Auktion XXXVII bei Paul Graupe, Berlin W35/Lützowstr. 38, am 10. und 11. November 1924.

Hollandsche Schouwburg – national holocaust memorial. URL: http://www.hollandscheschouwburg.nl/en/history/deportation-centre/the-hollandsche-schouwburg [05.01.2015].

Manheimer, Victor: Die Lyrik des Andreas Gryphius. Studien und Materialen. Berlin: Weidmannsche Buchhandlung 1904.

Manheimer, Victor: Die Lyrik des Andreas Gryphius. Teil I, Kapitel 1: Die Metrik in den lyrischen Gedichten des Gryphius. Vorabdruck der gleichnamigen Inaugural-Dissertation. Druck von G. Bernstein. Berlin 1903.

Manheimer, Victor: Essay über meine Sammlung. Einleitung zum Katalog der Versteigerung Deutscher Litteratur von Gottsched bis Hauptmann aus meiner Bibliothek. Paul Graupe Berlin/Emil Hirsch München, 10. November 1924. Sonderdruck für Freunde des Verfassers und der Versteigerungsfirmen. Bei Otto von Holten, Berlin im Oktober 1924 in 200 nummerierten Exemplaren auf Zanders-Bütten gedruckt.

Manheimer, Victor: Privatbibliothek. In: Der Querschnitt VII (1927), Heft 2, S. 124–125.

Sinsheimer, Hermann: Gelebt im Paradies. Erinnerungen und Begegnungen. München: Richard Pflaum Verlag 1953.

Witkowski, Georg: Von Menschen und Büchern. Erinnerungen 1863–1933. Durchgesehene und korrigierte Neuausgabe. Leipzig: Lehmstedt Verlag 2010.

Wolfskehl, Karl an Curt von Faber Du Faur, 27. September 1946. Zitiert nach Margot Ruben: Zehn Jahre Exil. Briefe aus Neuseeland. 1938–1948. Hrsg. und eingeleitet von Margot Ruben. Mit einem Nachwort von Fritz Usinger. Heidelberg/ Darmstadt: Verlag Lambert Schneider 1959, S. 289.

Wolfskehl, Karl: Einleitung zum Versteigerungskatalog der Barocksammlung Victor Manheimer. In: Sammlung Victor Manheimer. Deutsche Barockliteratur von Opitz bis Brockes. Mit Einleitung und Notizen von Karl Wolfskehl. Versteigerung am 12. Mai 1927. Karl & Faber, Kunst- und Literatur-Antiquariat München.

Literatur

Achtzehnter Jahresbericht der Goethe-Gesellschaft. In: Goethe-Jahrbuch. Herausgegeben von Ludwig Geiger. Band 24. Frankfurt am Main: Literarische Anstalt/Rütten & Loening 1903, S. 26.

Adolph, Rudolf: Hans Fürstenberg. Bibliophile Profile. Band III. Aschaffenburg: Paul Pattloch Verlag 1960.

Benjamin, Walter: Berliner Chronik. Berlin: Suhrkamp Verlag 1970.

Benjamin, Walter: Ursprung des deutschen Trauerspiels. Frankfurt am Main: Suhrkamp Verlag 1978.

Blei, Franz: Das Schattentheater. In: Hyperion. Eine Zweimonatsschrift. Hrsg. von Franz Blei. Erster Band der zweiten Folge. Achtes Heft. München: Hans von Weber Verlag 1909.

Dessoir, Max: Buch der Erinnerung. Stuttgart: Ferdinand Enke Verlag 1947.

E. Hoche, Alfred: Straßburg und seine Universität – Ein Buch der Erinnerung. München, Berlin: J. F. Lehmanns Verlag 1939.

Höppner, Wolfgang: Erich Schmidt (1853–1913). In: Wissenschaftsgeschichte der Germanistik in Portraits. Hrsg. von Christoph König, Hans-Harald Müller und Werner Röcke. Berlin, New York: Walter de Gruyter 2000.

Jahrbuch der Gesellschaft der Bibliophilen 8 (1906/07).

Jaumann, Herbert: Die deutsche Barockliteratur. Wertung – Umwertung. Eine wertungsgeschichtliche Studie in systematischer Absicht. Bonn: Bouvier Verlag Herbert Grundmann 1975 (Abhandlungen zur Kunst-, Musik- und Literaturwissenschaft 181).

Kötz, Sebastian: Katalog der »Bibliothek Manheimer« im Institut für Deutsche Sprache und Literatur der Universität zu Köln. Beilage zu: Sebastian Kötz: Die vergessene Bibliothek. Spurensuche zu Biographie und Büchersammlung von Victor Manheimer. Hrsg. von Wolfgang Schmitz. Köln: Universitäts- und Stadtbibliothek Köln 2013 (Kleine Schriften der Universitäts- und Stadtbibliothek Köln 38).

Kolk, Rainer: Liebhaber, Gelehrte und Experten. Das Sozialsystem der Germanistik bis zum Beginn des 20. Jahrhunderts. In: Wissenschaftsgeschichte der Germanistik im 19. Jahrhundert. Hrsg. von Jürgen Fohrmann und Wilhelm Voßkamp. Stuttgart, Weimar: Verlag J. B. Metzler 1994, S. 48–114.

Lepper, Marcel: Die ›Entdeckung‹ des ›deutschen Barock‹. Zur Geschichte der Frühneuzeitgermanistik 1888–1915. In: Zeitschrift für Germanistik 17 (2007) 2, S. 300–320.

Metzger, Erika A./Metzger, Michael M.: Reading Andreas Gryphius. Critical Trends 1667–1993. Columbia, SC (USA): Camden House, Inc. 1994.

Meyer, Michael: Theaterzensur in München 1900–1918. Geschichte und Entwicklung der polizeilichen Zensur und des Theaterzensurbeirates unter besonderer Berücksichtigung Frank Wedekinds. Neue Schriftenreihe des Stadtarchivs München. München: Kommissionsverlag UNI-Druck 1982.

Neue Deutsche Biographie. Band 16. Hrsg. von der historischen Kommission bei der Bayerischen Akademie der Wissenschaften. Berlin: Duncker & Humblot 1990.

Reiser, Rudolf: Alte Häuser, Große Namen. München. München: Stieber Verlag 2002.

ANMERKUNGEN

1 Manheimer: Privatbibliothek, S. 124.
2 Manheimer (wie Anm. 1).
3 Adolph: Hans Fürstenberg, S. 59–60.
4 Wolfskehl: Einleitung zum Versteigerungskatalog der Barocksammlung Victor Manheimer. In: Sammlung Victor Manheimer, S. 1.
5 Wolfskehl (wie Anm. 4).
6 Wolfskehl (wie Anm. 4).
7 Graupe/Hirsch: Aus der Bibliothek Victor Manheimer.
8 Vgl. Manheimer: Essay über meine Sammlung.
9 Vgl. Manheimer: Die Lyrik des Andreas Gryphius, S. 71.
10 Brief von Victor Manheimer, o. O., o. J.

(wahrscheinlich Ende der 1930er Jahre), im Besitz von Victor Manheimers Enkel Anthony Ryman und mit dessen freundlicher Genehmigung verwendet.

11 Vgl. Neue Deutsche Biographie, S. 34–35.

12 Benjamin: Berliner Chronik, S. 79–80. Der Name Manheimer begegnet Benjamin bei den Arbeiten an seiner Habilitationsschrift »Der Ursprung des deutschen Trauerspiels« erneut. Er identifiziert Manheimers Dissertation als frühes Dokument der sich verändernden Barockrezeption um 1900. Vgl. Walter Benjamin: Ursprung des deutschen Trauerspiels. Frankfurt am Main: Suhrkamp Verlag 1978, S. 36–37.

13 Dessoir: Buch der Erinnerung, S. 144.

14 Vgl. Achtzehnter Jahresbericht der Goethe-Gesellschaft. In: Goethe-Jahrbuch 24 (1903), S. 26.

15 Weitere Hinweise sind die gedruckten Widmungen in den Drucken der Dissertation Manheimers. Im Vorabdruck von 1903 dankt der Verfasser seinem Vater, im vollständigen Druck seinen Eltern jeweils auf der ungezählten Seite vor dem Inhaltsverzeichnis. Vgl. Manheimer (wie Anm. 9) sowie Victor Manheimer: Die Lyrik des Andreas Gryphius. Studien und Materialen.

16 Witkowski: Von Menschen und Büchern. Erinnerungen, S. 27.

17 Vgl. Kötz: Katalog der »Bibliothek Manheimer« im Institut für Deutsche Sprache und Literatur der Universität zu Köln, lfd. Nr. 2686. Beilage zu: Sebastian Kötz: Die vergessene Bibliothek.

18 Vgl. Dessoir (wie Anm. 13) sowie Brief von Victor Manheimer, o. O., o. J. (wahrscheinlich Ende der 1930er Jahre), im Besitz von Victor Manheimers Enkel Anthony Ryman.

19 Victor Manheimer an Unbekannt, o. O., o. J. (wahrscheinlich Ende der 1930er Jahre), im Besitz von Victor Manheimers Enkel Anthony Ryman.

20 Dessoir (wie Anm. 13).

21 Leo Baeck Institute New York. Valentin, Bruno: History of the Families Valentin-Loewen and Manheimer-Behrend, S. 59.

22 Vgl. Universitätsarchiv der Humboldt-Universität zu Berlin. Abgangszeugnis von Victor Manheimer.

23 Für eine detaillierte Darstellung von Victor Manheimers Studienverlauf, den von ihm besuchten Vorlesungen, Seminaren sowie seinen akademischen Lehrern vgl. Kötz: Die vergessene Bibliothek, Teil B, Kapitel 1.2., S. 35–41.

24 Kolk: Liebhaber, Gelehrte und Experten, S. 109.

25 Höppner: Erich Schmidt (1853–1913), S. 108.

26 Manheimer (wie Anm. 8), S. IV.

27 Manheimer (wie Anm. 15).

28 Vgl. Erika A. Metzger/Michael M. Metzger: Reading Andreas Gryphius, S. 93.

29 Vgl. Jaumann: Die deutsche Barockliteratur. Wertung – Umwertung. Eine wertungsgeschichtliche Studie in systematischer Absicht, S. 341–344. War im 19. Jahrhundert von »Schwulst« (des 17. Jahrhunderts) die Rede, so »als warnendes Lehrbeispiel« (S. 342). In Manheimers Studie erfährt die deutsche Literatur des 17. Jahrhunderts in der Analogie zu den literarischen Entwicklungen um 1900 erstmals eine Umwertung, die spätere Arbeiten, verstanden als »Angriffe von Außenseitern auf die konventionelle Abwertung« (S. 344), aufgreifen.

30 Manheimer (wie Anm. 15), S. XIII.

31 Lepper: Die ›Entdeckung‹ des ›deutschen Barock‹, S. 320.

32 Wolfskehl (wie Anm. 4).

33 Manheimer (wie Anm. 8), S. V.

34 Manheimer (wie Anm. 8), S. III.

35 Vgl. Manheimer (wie Anm. 8).

36 Manheimer (wie Anm. 8).

37 Manheimer (wie Anm. 8).

38 Baer: Katalog der Bibliothek Otto Deneke in Göttingen.

39 Baer (wie Anm. 38), S. IV.

40 Baer (wie Anm. 38), S. III.

41 Zum Verhältnis zwischen Manheimer und den hier genannten Freunden und Bekannten vgl. Kötz (wie Anm. 23), S. 49–62.

42 Vgl. »Liste der Gesellschafter [der Bremer Presse] vom 18.6.1931«, München: 18. Juni 1931. Derzeit im Besitz der Kunsthandlung Wolfgang Werner, Rembertistr. 1a, Bremen.

43 Hoche: Straßburg und seine Universität – Ein Buch der Erinnerung, S. 63.

44 Vgl. Kötz (wie Anm. 23), S. 62–72.

45 Victor Manheimer an Edward Schröder, 15. Mai 1905. Niedersächsische Staats- und Universitätsbibliothek Göttingen. Zwei Briefe von Victor Manheimer an Edward Schröder, 6. Dezember 1904, 15. Mai 1905. Sign.: E. Schröder 622.

46 Vgl. Victor Manheimer, o. O., o. J. (wahrscheinlich Ende der 1930er Jahre), im Besitz von Victor Manheimers Enkel Anthony Ryman.

47 Sinsheimer: Gelebt im Paradies, S. 168.
48 Sinsheimer (wie Anm. 47).
49 Rudolf Reiser: Alte Häuser, Große Namen. München. München: Stieber Verlag 2002, S. 183.
50 Sinsheimer (wie Anm. 47), S. 169.
51 Vgl. Blei: Das Schattentheater, S. 187.
52 Sinsheimer (wie Anm. 47).
53 Vgl. Stadtarchiv München. Meldekarte der Stadt München von Victor Manheimer. Sign.: EWK 65. Victor Manheimers Tochter wird 1919 geboren. Die 1917 geschlossene Ehe zwischen Victor Manheimer und Hedwig Salomon wird Anfang der 1920er Jahre wieder geschieden.
54 Vgl. Jahrbuch der Gesellschaft der Bibliophilen 8 (1906/07), S. 28. Manheimer wird hier als Münchner Mitglied geführt.
55 Manheimer (wie Anm. 8), S. IV.
56 Manheimer (wie Anm. 8).
57 Manheimer (wie Anm. 8).
58 Manheimer (wie Anm. 8).
59 Manheimer (wie Anm. 8), S. IX.
60 Eine detaillierte Darstellung Charakterisierung der »Bibliothek Manheimer« in Köln findet sich in Kötz (wie Anm. 23), Kap. C, S. 173–264.
61 Manheimer (wie Anm. 8), S. V.
62 Victor Manheimer an Max Halbe, 16. Mai 1935. Monacensia. Literaturarchiv und Bibliothek München. Nachlass Max Halbe/Briefe. MH B 169.
63 Vgl. Meyer: Theaterzensur in München 1900–1918, S. 5.
64 Vgl. Victor Manheimer an Neuen Verein, 17. November 1910. Monacensia. Literaturarchiv und Bibliothek München. NV B 87.
65 Victor Manheimer an Karl Wolfskehl, 15. Juni 1918. Deutsches Literaturarchiv Marbach. A:Wolfskehl.
66 Victor Manheimer an Karl Wolfskehl, 17. September 1929. Deutsches Literaturarchiv Marbach. A:Wolfskehl.
67 Victor Manheimer an Julie Elias, 21. März 1930. Staatsbibliothek zu Berlin – Preußischer Kulturbesitz, Handschriftenabteilung. Nachlass Julius Elias, Ka. 2: Manheimer, Victor.
68 Manheimer (wie Anm. 8), S. XI.
69 Karl Wolfskehl an Victor Manheimer, 30. Juli 1935. Hervorhebung im Original. Deutsches Literaturarchiv Marbach. A:Wolfskehl.
70 Karl Wolfskehl an Victor Manheimer, 17. Februar 1936. Deutsches Literaturarchiv Marbach. A:Wolfskehl.
71 Wolfskehl an Manheimer (wie Anm. 70).
72 Karl Wolfskehl an Victor Manheimer, 18. Mai 1937. Deutsches Literaturarchiv Marbach. A:Wolfskehl.
73 Karl Wolfskehl an Curt von Faber Du Faur, 27. September 1946. Zitiert nach Margot Ruben: Zehn Jahre Exil. Briefe aus Neuseeland. 1938–1948. Hrsg. und eingeleitet von Margot Ruben. Mit einem Nachwort von Fritz Usinger. Heidelberg/Darmstadt: Verlag Lambert Schneider 1959, S. 289.
74 Wolfskehl an Du Faur (wie Anm. 73), S. 289–290.
75 Victor Manheimer an Margarete Susman, 27. April 1940. Deutsches Literaturarchiv Marbach. Nachlass Margarete Susman. A:Susman.
76 Victor Manheimer an Margarete Susman, 25. Mai 1940. Deutsches Literaturarchiv Marbach. Nachlass Margarete Susman. A:Susman.
77 Vgl. Victor Manheimer an Ida Dehmel, 26. November 1939. SUB Hamburg: DA: Br.: M: 867. Victor Manheimer erhält einen Ruf an die Universität Amsterdam, an der er zumindest kurze Zeit arbeitet.
78 Victor Manheimer an Rose Tiktin, geb. Manheimer, 2. Oktober 1941. Im Besitz von John Gordon, dem ich für die Bereitstellung herzlich danke.
79 Victor Manheimer an Helmuth Plessner, 16. März 1942. Universiteitsbibliotheek Groningen. Nl. Plessner, 142/283.
80 Manheimer an Plessner (wie Anm. 79).
81 Vgl. Hollandsche Schouwburg – national holocaust memorial. URL: http://www.hollandscheschouwburg.nl/en/history/deportation-centre/the-hollandsche-schouwburg [05.01.2015].
82 Stadsarchief Amsterdam. Archief van de Politie. Politierapporten 40–45: NL-SAA-20132294.

Abbildungsnachweis

1–4, 6: Mit freundlicher Genehmigung von Anthony Ryman
5: Im Besitz des Verfassers

Katrin Teichmann

»... wer Plakate sammelt, treibt ein Stück Kulturgeschichte«

Plakatsammlungen im Deutschen Buch- und Schriftmuseum der Deutschen Nationalbibliothek Leipzig

Prolog

Um das »gesamte Buchgewerbe in technischer und künstlerischer Hinsicht zu heben und zu pflegen«,[1] beabsichtigte das 1884 gegründete Deutsche Buch- und Schriftmuseum Leipzig, mustergültige Druckerzeugnisse zusammenzuführen sowie die historische Entwicklung des grafischen Gewerbes von der Frühzeit bis in die Gegenwart zu veranschaulichen. Konzeptionell reihten sich die Gründer damit in das Bemühen anderer Gewerbemuseen des ausgehenden 19. Jahrhunderts ein, die sich geschichtlich und künstlerisch bildend, auch technisch belehrend an ein allgemeines oder wie in der Buchstadt Leipzig zuerst fachliches Publikum wandten: Lehrende und Schaffende rund um die eng vernetzten Druckereien, Verlage, Buchhandlungen und grafischen Betriebe. Zu den meist von begeisterten Sammlern zahlreich zusammengetragenen Muster- und Studienobjekten zählten Inkunabeln, Druckgrafiken, darunter frühe Lithographien, Zeugdrucke, Buntpapiere, Bucheinbände sowie Plakate. Denn: Das moderne Bildplakat hatte gerade die Straßen auch in Deutschland erobert und umgehend ein neues Sammelgebiet eröffnet. Frühzeitig auch im Leipziger Buchgewerbemuseum, in dem Plakate neben originalen Titelblättern, Satzproben, Initialen, Druckproben, Illustrationen und Belegen von Vervielfältigungsverfahren gleichwertig das Sammelspektrum zur angewandten Grafik bereicherten. Ebenso aktuell sammelte man in den Museen und Kabinetten in Hamburg, Dresden, Berlin, wo mittels erster Ausstellungen ab 1896 die Bewegung um das künstlerische Plakat in Deutschland befördert werden sollte.

Die ehemalige Plakatsammlung

Noch vor der Jahrhundertwende vermeldeten die Berichte zu den Blattsammlungen einen nicht näher bezifferten, gleichwohl angewachsenen Plakatbestand.[2] Ein wichtiges Ereignis für die museale Bestandsbildung war die 1914 in Leipzig veranstaltete ›Internationale Ausstellung für Buchgewerbe und Graphik‹ (Bugra), da sie den Fokus über das Gewerbetreiben hinaus auf kulturgeschichtliche Fragestellungen erweiterte. Eine der zahlreichen Bugra-Präsentationen dürfte für den Ausbau

!1¡
Der ›Verein der Plakatfreunde‹ präsentiert sich auf der Bugra 1914 in Leipzig

der Plakatsammlung besonders inspirierend gewesen sein: In der ›Halle Deutsches Buchgewerbe‹ veranstaltete der 1905 gegründete ›Verein der Plakatfreunde‹ eine umfangreiche Plakatausstellung aus der Sammlung seines Vorsitzenden Hans Sachs.[3] Mit über 700 Plakaten wurde auf 800 Quadratmetern ein lückenloses Bild der kaum 40-jährigen Entwicklung des modernen Künstlerplakates gegeben. !1¡

Für den ›Verein der Plakatfreunde‹ war es die erste kulturgeschichtliche Einordnung mit internationalem Anspruch zum Medium Plakat, das zugleich zum Sinnbild für eine entstehende industrielle Konsumgesellschaft wurde. Wie schon zuvor in Frankreich, Großbritannien, Belgien und den USA sind es auch in Deutschland anfangs überwiegend Künstler gewesen, darunter Edmund Edel, Lucian Bernhard, Hans Rudi Erdt, Julius Gipkens, Ludwig Hohlwein, Ernst Deutsch und Julius Klinger, die das Plakatschaffen nach 1900 prägten. Namen, die nicht zufällig für die im Buchgewerbemuseum nach dem Ersten Weltkrieg gezählten 2463 Nummern der Plakatsammlung wiederzufinden sind.

Um einiges angewachsen, dürfte dieser Bestand 1940 in das neu eröffnete Museum des Deutschen Buchgewerbehauses am Gutenbergplatz überführt worden sein. In den knappen Beschreibungen zum *Rundgang durch die Schausammlungen des Deutschen Buch- und Schriftmuseums* wurde die Plakatsammlung gesondert beschrieben. Bis in die Gegenwart sammelnd, befanden sich im reichen Bestand, »neben Arbeiten von heimischen Meistern des Plakates bemerkenswerte Arbeiten ausländischer Künstler.«[4] Das schloss die seit Museumsgründung 1884 angelegten Plakatbestände, die von der Bugra meist von Firmen übernommenen Plakatwerbungen sowie eine von der Stadt Leipzig überlassene Plakat-Abteilung[5] ein. !2¡ Den spärlich überlieferten Dokumentationen zufolge war der Bestand auf vergleichbarem Niveau mit anderen in dieser Zeit angelegten Plakatsammlungen, was die aufgeführten Namen der herstellenden Künstler und Firmen belegen; darunter die Königliche Akademie für graphische Künste und Buchgewerbe, Georg Belwe, Breitkopf & Härtel, Johann Vincenz Cissarz, Olaf Gulbransson, Thomas Theodor Heine, Julius de Praetere, Franz Stuck, Hans Unger, Emil Rudolf Weiß, Ludwig von Zumbusch. Deren gebrauchsgrafische Arbeiten gingen mit anderen im Buchgewerbehaus magazinierten und ausgestellten Beständen, auch darauf weist der Museumskatalog mit der Aufschrift ›Vor der Zerstörung!‹ unheilvoll hin, nahezu vollständig nach einem britischen Luftangriff vom 4. Dezember 1943 verloren.

!2¡
Rudolf Münger:
Die Schweiz. Zürich um 1900. Lithografie

Der überlassene Plakatbestand

An diese Sammeltradition wurde nachweislich erst 1958 wieder angeknüpft. Damals wurde im Inventar der Blattsammlungen der Eingang eines Bestandes verzeichnet, dessen kulturgeschichtlicher Wert erst jüngst wieder ins Blickfeld der Museumsarbeit rückte:[6] »Deutsche und ausländische Plakate, vorwiegend Ausgang 19. Jh. u. später [...] aus dem Nachlaß von Prof. Hans Wolfgang Singer, Dresden«. Kannte man den Kunstwissenschaftler, der von 1891 bis 1932 am Kupferstichkabinett in Dresden wirkte, bis dahin als Publizisten und ausgewiesenen Kenner originalgrafischer Verfahren, kam der Sammler mit Blick auf ein junges Genre der Gebrauchsgrafik hinzu. Bereits 1895, noch bevor sein Kollege Jean Louis Sponsel das Thema ›Modernes Plakat‹ 1897 als innovative Kunstausübung analysierte, veröffentlichte H. W. Singer einen bemerkenswerten Aufsatz in der Kunst- und Literaturzeitschrift *Pan*. Er konstatierte:

> Noch wissen die meisten Menschen gar nicht, dass man von künstlerischen Plakaten spricht, dass man sie sammelt, dass man diesen ganzen Kunstzweig zu einer Gleichberechtigung mit anderen graphischen Werken erobert hat, – und es werden schon dicke Quartbände darüber veröffentlicht, die das Thema wissenschaftlich erörtern, womöglich historisch erschöpfend darstellen wollen.[7]

Auffallend ist, dass der in Leipzig überkommene Bestand des Kunstwissenschaftlers sich über nur eine Dekade der Entwicklung des frühen Plakates von 1893 bis 1903 spannt. Dass Singers ursprüngliche Sammlung offensichtlich darüber hinausreichte, darauf verweisen die handschriftlich notierten Nummern bis 1843 neben dem Sammlerstempel ›HWS‹ auf der Rückseite der Plakate. Auch spiegelte die Auflistung der Plakate ansatzweise eine überlieferte Systematik, zunächst entsprechend der Entwicklungsgeschichte die relevanten Herkunftsländer Frankreich, Belgien, Holland, England, die USA und Deutschland sowie den Herstellungsbezug wie für Ausstellungen, Theateraufführungen, Waren, Bücher und Zeitschriften, teilweise unter Nennung der Künstler.

Am Phänomen des modernen Bildplakates war für den Sammler von besonderem Reiz, dass der Künstler »zum Zweck der Anzeige ein Werk schafft«,[8] ebenso die weiterentwickelte Technik des Farbdrucks. Für dessen Verbesserung experimentierte Jules Chéret, der ›Vater des modernen Plakates‹, in seiner 1866 in Paris gegründeten Lithografieanstalt. Er vergrößerte das Format mittels leistungsstarker Pressen für größere Steine, verwendete kontrastierende Farben Rot, Blau, Gelb, reduzierte deren Überdrucken, führte neue Effekte mittels Spritztechnik ein und beschränkte den Text zugunsten einer lebhaften Bildaussage. Zwei seiner großformatigen Lithografien mit den berühmt gewordenen ›Chéretten‹, die kokett posieren, sind auch im Leipziger Nachlass vertreten: *Palais de Glace Champs Elysees*

!3¡
Eugène Grasset: *Nouveau Larousse Illustré*. Paris 1898. Lithografie

von 1893 und *Bal au Moulin Rouge* von 1897. Diese Bilddokumente belegen, was Chéret erstmals im Plakat zu vereinen suchte: Inhalt und Form sowie Herstellungsweise und Zweckmäßigkeit. Denn das kurzlebige Medium musste im Großstadt-Gewimmel die Blicke der Passanten erobern. »Augenblickskunst« nannte es H. W. Singer.[9]

In diesem Sinne sind fast alle in diesem Bestand überlieferten Künstlerplakate, die für Kunst und Kultur sowie Zeitschriften, Bücher und Waren geworben haben, von vorbildhafter Wirkung. Zum Kreis der bahnbrechenden französischen Künstler gehörte auch Théophile-Alexandre Steinlen, der seine Tochter nebst Katzen als Plakat-Sujets für sterilisierte Milch ins Bild setzte. Ebenso Eugène Grasset, der eher dekorativ-idealisierend 1898 mit *Je sème à tout vent* (Ich säe aus in alle Winde) mit der Säerin des Wissens eine Variante des Verlagssignets für die sechsbändige Ausgabe des *Nouveau Larousse Illustré* geschaffen hatte. !3¡ Dagegen nutzte Gustave Henri Jossot wirkungsvoll Linie und Fläche für humoristische Plakatgestalten, die auch sein Album der Karikaturen *Mince de Trognes!!* bewarben.

Ebenso hoch im Kurs bei den Kunsthändlern in Paris, Brüssel und Dresden, wo die Galerie Ernst Arnold ansässig war und ab 1893 eine der wichtigen Adressen für Sammler gewesen ist, standen die modernen anspruchsvollen Plakate aus Belgien, England und den USA.

Zu den Meisterwerken englischer Plakatkunst zählte rasch nach Erscheinen die übergroße, auf zwei Steinen gedruckte Lithografie Maurice Greiffenhagens.

141

Aubrey Beardsley:
Pseudonym Library/ Autonym Library. London 1895. Lithografie und Buchdruck

!5¡ Edward Penfield: *Harper's*. New York 1895. Lithografie

!6¡ Thomas Theodor Heine: *Simplicissimus*. München 1896. Lithografie

Flächen- und farbwirksam in rot-gelb-schwarz setzte er im Jahr 1894 nach französischem Vorbild eine Dame mit Schirm, Charme und neuem Journal in Szene, um die britische Literaturzeitschrift *Illustrated Pall Mall Budget* zu bewerben. »Durch die vornehme Auffassung, die glückliche Wahl der Farben und die monumentale Größe, die durch diese Vereinfachung erreicht wird, wirkt das Plakat ungewöhnlich stark«,[10] analysierte H. W. Singer unmittelbar nach Erscheinen des Bildplakates. Ähnlich in der Wahl ihrer stilisierenden Mittel, die Fläche mittels Farbe ohne Konturen auf größte Entfernung berechnet, sind die Beggarstaff-Plakate von James Pryde und William Nicholson. Von den wenigen Drucken der Beggarstaffs ist einer, die schwarze Mädchen-Silhouette vor gelbem Grund auf dem *Kassama*-Maismehl-Werbeplakat überliefert. Ebenfalls 1894 erschien von Aubrey Beardsley der mit feiner Umrisslinie gefasste Flächendruck einer lasziv wirkenden Frauengestalt vor einer Londoner Buchhandlung, um für die Buchreihen *Pseudonym Library* und *Autonym Library* von T. Fisher Unwin Ltd. zu werben. !4¡

In den USA erhielt das künstlerische Plakat seine Förderung zunächst durch die Zeitschriftenverleger in New York, Chicago und Philadelphia. Sie vergaben Aufträge an Künstler, darunter Eugène Grasset, John Louis Rhead, Will Bradley und Edward Penfield, deren meist kleinformatige, serielle Anschläge rasch beliebte Sammelobjekte wurden. Sie alle haben der Plakatentwicklung entscheidende künstlerische Impulse gegeben, wobei Penfield für *Harper's Magazine* wie kein anderer werbepsychologisch alle Register gezogen hat. Als künstlerischer Leiter des New Yorker Verlages lieferte er von 1893 bis 1899 monatlich elegante, harmonisch abgestimmte Plakatmotive, um die Leserschaft des Magazins immerhin visuell am extravaganten Alltag der amerikanischen Oberschicht teilhaben zu lassen. ! 5 ¡

Zu den wenigen modernen Bildplakaten aus Deutschland, die von H. W. Singer überliefert wurden, gehört die Werbung von Thomas Theodor Heine für die 1896 gegründete satirische Zeitschrift *Simplicissimus*. Aufsehen erregte das satirische, karikierende Sujet einer mit dem Teufel tanzenden Malerin, die mit dessen Schwanzende den Zeitschriften-Titel schwungvoll in die Lüfte pinselt. Mit dieser forschen, amüsanten Bildsprache, den klaren Formen und schlichten, gleichwohl noch stumpfen Farben hatte sich Heine als einer der ersten deutschen Künstler vom historisierenden Stil des Plakatschaffens seiner Kollegen demonstrativ abgewandt. ! 6 ¡ Die später mit nur noch drei statt fünf Farben gedruckte kleinere Variante des Anschlages, die der Künstler als wirkungsvoller erkannte, befand sich leider nicht in dem vom Rat der Stadt Dresden 1958 an das Museum überführten Teilbestand. Dafür trägt die vorhandene Lithografie aus der erlesenen Sammlung von fast einhundert Plakaten – vermutlich von Singers Hand – die Nummer 1523.

Der verborgene Plakatbestand

Eine zweite geschlossene Sammlung ging 1972 aus dem Zentralantiquariat der DDR in den Plakatbestand des Leipziger Museums ein. Neben den Exemplaren aus wilhelminischer Zeit mit überwiegend historischen Bildmotiven, insbesondere zu Ausstellungen von Künstlern, Kunst-, Gewerbe- und Industrievereinen, sind es vor allem die Produktwelten der aufkommenden Konsum- und Industriewirtschaft, die uns auf den Plakaten begegnen. Allen voran aus den urbanen Zentren Berlin, Dresden, München, wo Künstler wie Georg Belwe, Lucian Bernhard, Vincenz Johann Cissarz, Hans Rudi Erdt, Julius Gipkens, Ludwig Hohlwein, Julius Klinger, Kurt Preißler und Max Schwarzer mit ihrem Plakatschaffen einer wirtschaftlich prosperierenden Reklameindustrie dienten. Ebenso rasch wuchs der Markt für Waren und Produkte, die dem alltäglichen Bedürfnis nach Kommunikation, Information und Unterhaltung dienten, darunter Tinten, Farben, Papier, Schreibgeräte, Bilder, Bücher und Zeitschriften, deren individuelle Eigenschaften über Bildbotschaften möglichst unverwechselbar herausgehoben werden mussten.

Zu den ersten Industriellen, welche die Vorteile eines Markenzeichens erkannten, gehörte Günther Wagner, der 1871 in Hannover ein Tintenfarben-Werk übernommen hatte. Im Rückgriff auf das Wappentier seiner Familie führte er den Pelikan als Schutzmarke für die Waren seiner bald weltweit agierenden Firma ein. Geschäftstüchtig wurde dort die Werbetrommel mit zahlreichen Plakat-Wettbewerben angekurbelt, die sich an Künstler wandten. Da die eingereichten Arbeiten über Ausstellungen publik gemacht wurden, hatte man einen mehrfachen Werbeeffekt. Einen Aufschlag zum Preisgeld gab es für jene Künstler, die zudem die Firmenfarben zur Ausführung auf dem Plakat verwendeten. Ein neues Element der Plakatwerbung brachte schließlich der Münchner Gebrauchsgrafiker Sigmund von Suchodolski ein, der 1909 zwei Entwürfe vorlegte, die den Pelikan im Bildzentrum nunmehr zur Marke stilisierten: als Garant für die Qualität und Zuverlässigkeit der angebotenen Waren. !7¡

Auf die schwierigen Umstände eines anderen Preisausschreibens, dessen Plakat auf der Höhe der Zeit für Buchgewerbe und Graphik werben sollte, machte im September 1913 die Vereinszeitschrift der Plakatfreunde aufmerksam: »Das Misslingen des Plakatwettbewerbes für die Internationale Ausstellung für Buchgewerbe, Leipzig 1914, […] hat zur Folge gehabt, dass man Professor Walter Tiemann, einen der Preisrichter, mit dem Entwurf eines neuen Plakats beauftragte.«[11]

Was der namhafte Künstler der Akademie für graphische Künste und Buchgewerbe vorlegte, war ein Motiv, das antike und moderne Tradition allegorisch zu verbinden suchte: Ein sich auf der Erde niederlassender Greif mit einem feuerlockigen, nackten Reiter, mit seiner Rechten rote Blumen streuend und einer am Himmel entfachten Fackel in der Linken.[12] Prometheus, der nicht nur das Feuer, sondern auch die Künste zur Erde brachte, wurde zum Fackelträger der Buchkunst. Auch der geflügelte Greif als Beschützer der Kunst und Wappentier der Buchdrucker hatte sich von seiner Heraldik mit weiten Flügelschlägen befreit. Den irdischen Bezug zur Ausstellung konnte indes erst die in Antiqua gesetzte Titelei vermitteln. !8¡

!7¡
Siegmund von Suchodolski: *›Pelikan‹-Tinte Günther Wagner Hannover und Wien.* Hannover um 1909. Lithografie

!8¡
Walter Tiemann: *Leipzig 1914. Mai – Oktober. Internationale Ausstellung für Buchgewerbe und Graphik.* Leipzig 1913. Lithografie

Die in die Sammlung eingegangenen Varianten des Plakates sind ganz im Sinne der Bugra-Veranstalter auch als Qualitäts- und Leistungsbelege der an der Herstellung beteiligten Firmen zu lesen. Neben der Künstlersignatur adressieren für Druck und Farbe beteiligte Hersteller wie folgt: Druck Eschenbach & Schaefer Leipzig-Stö. mit Farben von Gebr. Hartmann Ammendorf b. Halle, Druck Wezel & Naumann A.G. Leipzig mit Farben von Berger & Wirth Leipzig, Druck Moritz Prescher Nachf. A.-G. Leipzig-Leu. mit Farben der Chr. Hostmann-Steinberg'schen Farbenfabriken G.m.b.H. Celle/Hannover, Druck Richard Frenzel Leipzig. Das Ausstellungsplakat wurde somit selbst Produkt des postulierten Bildmottos, auf dem hohe Kunst und grafisches Gewerbe vereint agieren. Und doch blieb es vor allem ein Bekenntnis des Künstlers zur verschlüsselten Bildsprache, in deren symbolhafter Überhöhung noch keine Moderne aufbrach.

Tatsächlich neue Ansätze lassen sich an den überlieferten Plakaten der Berliner Firma Hollerbaum & Schmidt ablesen, die nach 1900 Künstler wie Hans Rudi Erdt, Albert Knab, Julius Klinger oder Paul Scheurich zum kommerziellen Schaffen für die Reklame vereinte. Deren künstlerischer Leiter, Ernst Growald, führte neue, produktfördernde Geschäftsmodelle ein und erklärte unternehmerisch: »Das Plakat ist keine Sache an sich, sondern nur Mittel zum Zweck.«[13] Es hatte zuallererst die Produkte im Schrift-Bild zu bewerben: mit flächigen Formen, kontrastreichen Farben und allgemein verständlichen wie assoziativen Motiven. Modern sein hieß unter den sich etablierenden Reklamefachleuten, den richtigen Ausdruck für die Anschauungen der Zeit zu finden und die Menschen visuell zum Konsum zu überreden.

Als billigeres Holzschliffpapier, massentauglicher Offsetdruck sowie daran angepasste Bilddruckverfahren nach 1900 die technologischen Garanten für eine temporeiche, auflagenstarke Informationsvermittlung wurden, waren Zeitungen und Zeitschriften ihre wichtigsten Medien. Im Getümmel der Nachrichten erschien seit 1899 *Die Woche*, eine der ersten illustrierten Zeitschriften Deutschlands, die zeitsparend alle sieben Tage die neuesten und wichtigsten Vorkommnisse des öffentlichen Lebens für ihre Leser zusammenfasste. Damit glaubte der Berliner Verleger August Scherl seinen Platz im hart umkämpften Zeitungsgeschäft neben Leopold Ullstein und Rudolf Mosse behaupten zu können. Entsprechend zielstrebig wurde die bei Hollerbaum & Schmidt beauftragte und von Albert Knab ausgeführte Plakatwerbung für die potentiellen Kunden der Zeitschrift bebildert. Frontal segelt allein im Gewässer ein Boot, signalrot wie der darunter gesetzte Titel, auf den Betrachter zu. Stilistisch an den künstlerischen Impulsen des Wiener Jugendstils anknüpfend, schmückt zudem das von Otto Eckmann entworfene Signet das Segel mit der Ziffer 7. !9¡

Im Künstlerstab des Berliner Ateliers war auch Paul Scheurich vertreten, den der Plakatexperte Hans Sachs 1915 zu den stärksten künstlerischen Individualitäten rechnete: »Er beherrscht alle Stile: von der Typisierung der modernen Großstadtmenschen bis zu einem graziösen, tändelnden Rokoko, so daß seine Plakate in

!9¡
Albert Knab:
Die Woche. Berlin 1910. Lithografie

ihrem unerhörten Reichtum der Abwechslung, in der Zeichnung und Farbe mit zu dem Besten gehören, was die deutsche Plakatkunst aufzuweisen hat.«[14] Neben dem großformatigen, eher lieblichen Schriftplakat ebenfalls für *Die Woche,* die 1913 mit dem Aufmacher zur Hochzeit der Prinzessin warb, konnte der Künstler eindrucksvoller noch mit seinem 1905 geschaffenen Anschlag für die Zeitschrift *Die Gartenlaube – Illustrirtes Familienblatt*, kurz zuvor von August Scherl übernommen, in die Sammlung eingehen.

Auch in Dresden entstand ein Zentrum des deutschen Plakatschaffens. Bereits 1896 fand dort – initiiert vom Direktor des Kupferstichkabinettes Max Lehrs – eine erste umfangreiche Ausstellung statt, die ästhetische Qualitätsmerkmale anschaulich machen sollte. Im selben Jahr erregte der Entwurf von Otto Fischer *Die alte Stadt* enormes Aufsehen. Dieser kam infolge eines Preisausschreibens zur Ausstellung ›Sächsisches Handwerk und Kunstgewerbe‹ zur Ausführung und wurde zuallererst bei den Handwerkern des beworbenen Unternehmens heftig kritisiert. In Expertenkreisen zählte es zu den ersten modernen deutschen Plakaten, da eine dem Medium entsprechende Gestaltung sichtbar wurde: in die Ferne wirkend, eine Botschaft verbreitend, Schrift und Bild im Motiv integrierend. Drei Jahrzehnte später knüpfte Willy Petzold, der seit 1922 als Gebrauchsgrafiker tätig war, in konstruktivistischer Manier für die Dresdener Jahresschauen an diese Gestaltungsprinzipien an. Für das auch in der Leipziger Sammlung vorhandene Plakat zur Jahresausstellung ›Das Papier 1927‹ setzte er werbewirksam auf Bild, Farbe und Schrift, um die Ästhetik des beworbenen Stoffes zur Geltung zu bringen: Auf dem Weiß des Papiers sind einfache geometrische Formen als farbige Quadratflächen gegeneinandergesetzt sowie die Texte als typografische Bildelemente gesetzt, um die plakatspezifische Fernwirkung zu erzielen. !10¡

!10¡
Willi Petzold: *Das Papier*. Dresden 1927. Lithografie

!11¡
Rudolf Koch: *Die Internationale Buchkunstausstellung*. Leipzig 1927. Offsetdruck

Für die Einzelerwerbungen von Plakaten, die bis zu den 1990er Jahren folgten, lassen sich keine zusammenhängenden Sammlungskomplexe mehr ablesen. Unter den sporadisch eingegangenen Exemplaren, die anlassbezogen für kulturelle und kulturpolitische Veranstaltungen warben, ragen nur einzelne Plakate repräsentativ heraus: Darunter die von Rudolf Koch 1927 und von Gert Wunderlich 1971 für die Internationale Buchkunst-Ausstellung in Leipzig werbenden Plakate. !11¡ Das Typografie-Plakat von Gert Wunderlich, Professor der Hochschule für Grafik und Buchkunst Leipzig, wurde als ›Bestes Plakat 1971‹ im Plakatwettbewerb der DDR prämiert. Sein Schrift-Signet blieb bis 1989 Markenbild für die seit 1927 veranstaltete internationale Leistungsschau auf dem Gebiet der Buchkunst.

Neuerwerbungen: Plakate zur Mediengeschichte

Als im Jahr 2010 das Deutsche Buch- und Schriftmuseum im vierten Erweiterungsbau der Deutschen Nationalbibliothek Leipzig neue Räumlichkeiten beziehen konnte, wurde die Grafische Sammlung für eine zusammenführende Magazinierung eingehend in den Blick genommen. Im Ergebnis konnten Provenienzen und inhaltliche Zusammenhänge wie für die ehemaligen Bestände des Buchgewerbevereins, von H. W. Singer oder aus dem Zentralantiquariat Leipzig nach über 50 Jahren rekonstruiert und in Erschließungs- und Digitalisierungsmaßnahmen überführt werden. Dennoch steht für tausende Plakate, die im selben Zeitraum angesammelt wurden, eine Sichtung und Bewertung ihrer Bewahrungs- und Sammelwürdigkeit noch aus. Nach dieser Sammlungsanalyse war deutlich erkennbar, dass entwicklungsgeschichtliche Stationen und Höhepunkte zum modernen Bildplakat nur noch ansatzweise darstellbar sind. Umso wichtiger wurde die daran anknüpfende Profilierung des Plakatbestandes, für dessen substantiellen Ausbau insbesondere Motive zur Mediengeschichte gesucht und gefunden wurden.

Konzeptionelle Grundlage für diese Neuausrichtung lieferte die Vorbereitung für eine 2012 realisierte Ausstellung, die 100 Plakate aus ihrer über 100-jährigen Geschichte speziell mit Werbebotschaften für klassische und moderne Medien inszenierte.[15] Neben den bereits erwähnten Plakatwerbungen für Bücher, Zeitungen und Zeitschriften, Schreibgeräte oder Beschreibstoffe kamen weiter gefasst die für Radio und Fernsehen, Hörbücher, Telefon, Telefax, für Buchausstellungen und Lesewochen oder Social Media-Plattformen hinzu. Ob Titel, Tinte oder Twitter: So vielfältig Medien als Vermittler von Information aufgefasst werden konnten, so offensichtlich sind Plakate Seismografen und Spiegel gesellschaftlicher Realitäten und Vorstellungen. Dabei folgte – wie hier an einer Auswahl neu erworbener Plakate skizziert – die plakative Synthese von Bild und Botschaft dem Zeitgeschmack und den Wertvorstellungen des Auftraggebers.

! 12 ¡
Hans Rudi Erdt: *Reichs-Bücherwoche*. Berlin 1916. Lithografie

So warb die Lithografie *Kauft Scherl-Bücher* vom ebenfalls bei Hollerbaum & Schmidt tätigen Künstler Hans Rudi Erdt mit einem Motiv, das zwischen Sachplakat und Karikatur changiert, für die Reichs-Bücherwoche 1916. Da mit Kriegsausbruch eine wichtige Käuferschicht für die Buchhandlungen verloren gegangen war, beabsichtigte der Börsenverein mit seiner Initiative den Kauf von Lesestoff für die Soldaten anzukurbeln, aber auch Buchhandlungen zum Spenden aufzufordern. Auf dem Werbeplakat reihte der Künstler akzentuiert vier Uniformierte, die eher finanzkräftigen Adel und Militär zu vertreten scheinen, als Lesende nebeneinander ins Blickfeld. ! 12 ¡

Zeitgleich erschien von Max Schwarzer in gänzlich anderer Stilistik die dekorative Plakatwerbung für die *Welt-Literatur* aus dem gleichnamigen Verlag. ! 13 ¡ Dieser warb nach dem Verkaufsprinzip der Groschenhefte für anspruchsvollen Lesestoff: Romane und Novellen, die auch per Feldpost versendbar waren. Max Schwarzer, der stets auf die ornamentale Urkraft im Plakat setzte, war Mitglied der 1914 gegründeten Vereinigung Münchner Plakatkünstler ›Die Sechs‹. Die lockte die ersehnten Auftraggeber mit sechs verschiedenen Entwürfen, aus denen dieser auswählen konnte. Eine Selbstvermarktung, um im härter gewordenen Reklamegeschäft, gerade neben Ludwig Hohlwein in München bestehen zu können.

! 13 ¡
Max Schwarzer:
Die Weltliteratur.
München 1916.
Lithografie

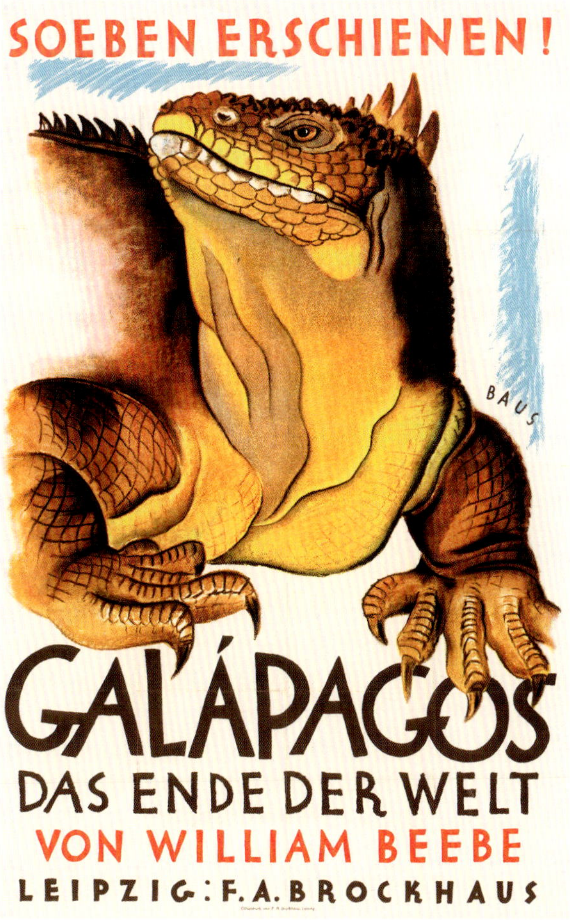

! 14 i
Georg Baus: *Soeben erschienen: Galápagos von William Beebe*. Leipzig 1926. Offsetdruck

! 15 i
Atelier Otto: *... und wenn alles auf dem Kopf steht*. Wien 1929. Lithografie

In Leipzig wurde der Grafiker Georg Baus mehrfach für die Reklame zur Reiseliteratur des Universalverlages F.A. Brockhaus tätig. In illustrativer Flächeninszenierung rückte er die Titelgestalten der Bücher unverkennbar ins Bild wie für *Tut-ench-Amun, ein ägyptisches Königsgrab* von Howard Carter und A.C. Mace oder *Unter Robben und Eisbären* von Fridtjof Nansen. Für den Roman von Charles William Beebe über die Galapagos-Inseln, von denen der amerikanische Forscher mit einer Vergiftung zurückgekehrt war, setzte Baus 1926 einen gelblich-braunen Landleguan als exotisches, gefährliches Wesen bildfüllend auf die Fläche, aktualitätsheischend gesteigert im Text »Soeben erschienen! Galapagos – Das Ende der Welt«. ! 14 i

Da die Lithografie nach und nach vom 1904 eingeführten Offsetdruck abgelöst wurde, konnten im Rotationsdruck neue Übertragungstechniken des Bildes auf die Druckplatte, der seitenrichtige Druck sowie massenhafte Auflagen realisiert werden. Auch der Herstellungsprozess vom Entwurf zum Druck veränderte sich dahingehend, dass Bild, Schrift und Druck der Plakate arbeitsteilig realisiert werden konnten. Auf diese Weise dürfte die aus dem Wiener Atelier ›Otto Plakate‹ stammende, dreigeteilte Affiche für ein Radio-Amateurgeschäft 1929 entstanden sein. Kopfüber, eingerahmt in allerlei Schrift, offeriert eine Figur auf rotem Schild ein Angebot zur möglichen Ratenzahlung. Rechts in der Bildmitte wird lupenartig, orange umrandet, eine fotografische Abbildung mit für den Selbstbau von Radiogeräten benötigten Teilen herausgehoben. Wie der Akrobat sollte die Überschrift »und wenn alles auf dem Kopf steht, ich bleibe doch billig!« Hinweis genug gewesen sein, um in Zeiten der Weltwirtschaftskrise auf das Geschäft aufmerksam zu machen. ! 15 ¡ Von mediengeschichtlichem Interesse ist, dass sich hier die Faszination am neuen Medium Radio motivisch widerspiegelt. Da industrielle Geräte teuer und in den Anfangsjahren schwer zu erwerben waren, dürfte die Radiotechnik wie auch der Selbstbau von preiswerten Empfängern für die Enthusiasten wie Schüler, Studierende, Arbeiter und Künstler besonders reizvoll gewesen sein.

Gleichwohl ließ die Nutzung elektromagnetischer Wellen für die Übertragung von Ton und Bild in den Alltag gerade die Firmen für die Radiogeräte-Herstellung rasch anwachsen, sodass das neue Medium um 1930 in etwa 60 000 Haushalten verfügbar war. Um im Wettstreit gegen die massenhaft angebotenen Billiggeräte zu bestehen, bewarben namhafte Firmen wie die Leipziger Firma Körting ihre Produkte mittels Plakat. Gerühmt für die hohe Qualität, welche die Produktpalette der teuren Röhrengeräte von Körting auszeichnete, wollte man wohl auch in Konkurrenz zu den ab 1933 vertriebenen billigeren Volksempfängern für die preiswerteren Produkte aus eigenem Hause weithin sichtbar aufmerksam machen: »NOVUM Die Leistung für den Preis – Das gab es noch nicht – RM 208.– bzw. 222.– «. Das offensichtlich gesondert in einen Schrift- und Bildteil zweigeteilte Plakat beeindruckte eher durch seine Ausmaße, die mit 1,71 (×0,59) Meter eine halbe Litfaßsäulen-Höhe erreichte.

Dass in Zeiten der Krisen und des Krieges häufig auf Zeitungsmakulatur oder stark holzhaltigen, packpapierähnlichen Papieren gedruckt wurde, belegen die vom Börsenverein in den 1930er und 1940er Jahren herausgegebenen Plakate: Massenweise für die von 1934 bis 1941 veranstaltete Woche des deutschen Buches, deren letzte Kampagne ›Buch und Schwert‹ propagierte. Zeitgleich warb der Verlag des Börsenvereins in Sütterlinschrift mit den vom Gebrauchsgrafiker Gerhard Brinkmann lieblich gezeichneten Figuren für die literarischen *Freunde unserer Kinder* oder traditionsbewusst mit dem Ausstellungsplakat von Walter Tiemann *Goethe in der Buchkunst der Welt*. Martialisch kündeten schließlich die Buchwerbungen für *Hitlers mein Kampf*, seriell gesteigert durch die propagierten Millionenauflagen, unmissverständlich von den nationalsozialistischen Idealen des Auftraggebers. Wenige Jahre zuvor noch sah man in der Hauptstadt die typografische und humorvolle Reklame-Gestaltung, wie sie unverwechselbar frech Kurt Poltiniak für den

!16¡ Propaganda-Studio: *Die neue Frauenzeitung. Für Dich*. 1946. Offsetdruck

Berliner Lokalanzeiger gezeichnet oder typografisch gestaltet hat. 1934 inhaftiert, danach im Untergrund lebend, gehörte der Karikaturist 1946 zu den Mitbegründern der Satirezeitschriften *Frischer Wind* und *Eulenspiegel*.

Nach dem Zweiten Weltkrieg wurden in der Werbung verstärkt Plakate insbesondere für Bücher und Zeitschriften als bildhafte Werbemittel genutzt. Sie zielten vorrangig auf ein allgemeines Interesse am Kulturgut Buch, förderten dessen Verbreitung und Absatz oder wirkten gesellschaftspolitisch.

Für die *Rhein-Neckar-Zeitung*, die bereits am 5. September 1945 als erste deutsche Tageszeitung durch die amerikanische Militärverwaltung eine Lizenz im damaligen Württemberg und Baden erhielt, folgte zügig die Verbreitung eines Bildplakates. In Manier der sachlichen Werbung gestaltete der Stuttgarter Walter Müller produktzentriert das aufgeschlagene Blatt mit Titel und Themen dominant ins Querformat, dahinter angedeutet mit Schopf vier Lesende und eine aus dem Dunkel schimmernde Stadt-Silhouette.

Seit dem 18. August 1946 erschien in der sowjetischen Besatzungszone eine achtseitige illustrierte Frauenzeitschrift mit dem Namen *Für Dich*. Die in einer wöchentlichen Auflage von 300 000 Exemplaren gedruckte Zeitung war für 30 Pfennig »in allen Kiosken und bei den Straßenhändlern« erhältlich. Der Entwurf eines anonymen Propaganda-Studios für die »neue Frauenzeitung«, von deren dritter Nummer drei Exemplare mit Fotografie einer jungen, optimistisch blickenden Frau abgebildet wurden, erschien emphatisch wirkend in Rot-Schwarz auf schwach geleimtem, dünnem Papier. !16¡

Je nach Auftraggeber – Verlage, Verbände, Parteien oder staatliche Stellen – wurden gedruckte Medien für Ferien, Fest- und Feiertage, Tage und Wochen des Buches, Messen und Ausstellungen beworben. Immer haben sich – auch das belegen die Beispiele für die folgenden Erscheinungsjahre in der Sammlung – namhafte Grafiker, Illustratoren und Künstler der Plakatwerbung angenommen, darunter Axel Bertram, Max Eugen Cordier, Arno Fischer, Ernst Keller, Celestino Piatti und Klaus Wittkugel. Ihre stilistischen Mittel blieben vielfältig: Mal schlicht und naturalistisch, sachlich und expressiv, mal abstrakt und konstruktivistisch setzten sie neben Druckgrafik, Zeichnung und Malerei auch die Fotografie ins plakative Medium.

Für die Schweizer Plakatkunst zur Medienwerbung konnten mehrere Arbeiten von Celestino Piatti, der als Plakatmaler über 500 Entwürfe vorlegte sowie als Gestalter zahlreicher Schweizer und ausländischer Verlage wie dem Deutschen Taschenbuchverlag tätig gewesen ist, erworben werden. Weitgehend unbekannt ist der Grafiker Ernst Keller, der 1918 bis 1956 an der Kunstgewerbeschule Zürich Design und Typografie lehrte, dort zahlreiche Lehrprogramme und neue Techniken entwickelte. Eines seiner wegweisenden Plakate, die durch eine typografisch einfache und doch wirkungsvolle Gestaltung auffallen, ist das 1948 vom Schweizer Buchhändler-Verein beauftragte Plakat *Ein schönes Buch macht Freude*. In effekt-

!17¡ Ernst Keller: *Ein schönes Buch macht Freude*. Zürich 1948. Linoldruck

!18¡ Celestino Piatti: *Erholung mit einem Buch*. Basel 1954. Lithografie

! 19 ¡
Moritz Götze: *Hörbücher auf der Leipziger Buchmesse*. Leipzig 2001. Digitaldruck

voller Flächenordnung und hier aufs Äußerste kalkulierter Farbgebung wurde die Wirkung von Keller durch den faserlos weichen, homogen dichten Linoldruck noch gesteigert. ! 17, 18 ¡

Der Schweizer Graphikdesigner Rolf Bangerter knüpfte an die reduzierten Gestaltungsprinzipien an, um das 1959 im Weltformat[16] erschienene Plakat für PRO Radio-Television, einer Vereinigung zur Förderung des Rundfunks und Fernsehens, zu werben. Auf schwarzen Grund setzte er den Text »TELEVISON ein Geschenk für die ganze Familie« als Medium der Information in die untere Bildhälfte. Darauf bauend, bilden einfache geometrische Formen ein Haus, dessen rotes Dach eine Antenne krönt. Als Fernsehbildschirm gestaltet, wird der Blick hingelenkt auf die Fernsehen schauende Familie, die als Fotografie im Bildzentrum des Hauses platziert ist. Bangerters Plakatgestaltung bekennt sich zu den elementaren Gestaltungsprinzipien der 1920er Jahre, die ebenso Sachfotografie in die Plakatwerbung einführten. Typografie, Farbe und Fotografie sind bild- und signalhaft so wirkungsvoll für ein gerade entstandenes Massenmedium auf das Plakat gekommen.

Unter den aktuelle Plakaterwerbungen zur Leipziger wie Frankfurter Buchmesse – dem Branchentreff für Neuerscheinungen – fallen unter den sachlich-nüchternen, kanonisierten Signet-Werbungen solche heraus, die von Künstlern aus dem Umfeld der Hochschule für Graphik und Buchkunst Leipzig oder der Burg Giebichenstein Kunsthochschule Halle gestaltet worden sind. So mit den farbenfroh flächigen Plakat-Zeichnungen des Leipzigers Thomas Müller für das

! 20 i
Aaron Wood: *Twitter – Be brief*. West Springfield, Massachusetts 2012. Offsetdruck

mittlerweile europaweit bekannte Literaturfestival ›Leipzig liest‹, das Autoren mit ihrem Publikum während der Leipziger Buchmesse auch in Kneipen, Museen und Galerien vereint. Oder vom Hallenser Grafiker Moritz Götze, der mit seinem 2001 geschaffenen Plakat *Leipziger Messe – Messen nach Maß! – ganz OHR – Hörbücher auf der Leipziger Buchmesse* motivisch den Veränderungsprozessen, denen das Buch mit der globalen Digitalisierung unterworfen ist, detailreich zeichnerisch auf die Spur gekommen ist. ! 19 i

Ebenfalls im Fokus der plakativen Sujets standen seit den 1990er Jahren die veränderten Gewohnheiten und Erwartungshaltungen der Medienkonsumenten, die dem Auflösungsprozess der klassischen Medienkanäle Filme, Literatur, Radio- und Fernsehsendungen ins Universalmedium Internet folgten. Der US-amerikanische Künstler Aaron Wood griff für seine seit 2011 über das Internet vertriebenen Plakat-Bestseller die weltumspannenden Social Media-Plattformen Facebook, Twitter und You Tube und deren Einflussnahme auf seine Nutzer auf. Dezidiert als ›old style propaganda posters‹ gestaltet, medialisierten sie die künstlerische Bild-Text-Botschaft an die Rezipienten ebenso universal wie unmissverständlich: »TWITTER – Be brief – The enemy might be listening in!«. ! 20 i

Jüngste Erwerbungen zielten auf die Entwürfe zu den Wettwerben ›100 beste Plakate‹, die seit 2001 im deutschsprachigen Raum aus Deutschland, Österreich und der Schweiz über die nationalen Grenzen hinweg hervorragendem Plakat-

!21¡
Raphael Schoen:
BLA BLA BLA KAT.
Kriens 2011.
Digitaldruck

design eine Bühne geboten haben. Zu den Höhepunkten des 2011 veranstalteten Wettbewerbs ›Plakate fürs Plakat‹ dürfen die Arbeiten von Nina Wagner und Lorenza di Fiore *Heute mache ich Blau – Dein Plakat* sowie der Seitenhieb von Raphael Schoen *blablablakat*, ! 21 ¡ einem Projektauftrag für den Verein Weltformat an der Hochschule Luzern Design & Kunst gerechnet werden: »Ein persönlicher Kommentar zu aktuellen Plakaten auf der Straße. Sie kommunizieren mit mir, doch zu 99 % interessieren mich ihre Aussagen nicht«.[17] Sie bezeugen, wie sich das Plakat als Thema und Motiv selbst feiert und hinterfragt – im Gewimmel einer hybriden Medienwelt, der die Plakatsammlung weiter folgen möchte.

ANMERKUNGEN

1 Hans H. Bockwitz: Das Deutsche Museum für Buch und Schrift 1884–1934. Leipzig 1934, S. 1.
2 Albert Schramm: Das deutsche Buchmuseum zu Leipzig. Leipzig 1925, S. 6.
3 Hans Sachs: Zwanzig Jahre deutscher Plakatkunst. In: Archiv für Buchgewerbe 1915, S. 238. Von Sachs stammt auch das Zitat in der Beitragsüberschrift.
4 Rundgang durch die Schausammlungen: Deutsches Buchmuseum zu Leipzig. Leipzig 1940, S. 10.
5 Letztere hatte der frühere Direktor des Städtischen Museums Hofrat Prof. Dr. Theodor Schreiber angelegt.
6 Katrin Teichmann: Anschlag. Plakate zur Mediengeschichte. In: Dialog mit Bibliotheken (2013), Nr. 2, S. 64–67.
7 Hans Wolfgang Singer: Plakatkunst. In: Pan (1895), S. 329.
8 Singer (wie Anm. 7).
9 Singer (wie Anm. 7), S. 331.
10 Singer (wie Anm. 7), S. 335.
11 Otto Pelka: Nochmals das Plakat der Bugra. In: Das Plakat (1913), Nr. 5, S. 208.
12 Vgl. Otto Pelka: Droht eine Reaktion? In: Das Plakat (1914), Nr. 2, S. 91.
13 Ernst Growald: Der Plakat-Spiegel. Erfahrungssätze für Plakat-Künstler und Besteller. Berlin 1904, S. 7.
14 Sachs (wie Anm. 3), S. 247.
15 Die Ausstellung *Anschlag. Plakate zur Mediengeschichte* lief von März 2013 bis Januar 2014.
16 Während in Deutschland 1922 vom Normenausschuss der Industrie die DIN-Normen für Plakatgrößen eingeführt worden sind, übernahm man in der Schweiz das bereits um 1900 von Wilhelm Ostwald entwickelte Weltformat von 128 × 90,5 cm.
17 100 Beste Plakate e.V. URL: http://www.100-beste-plakate.de [11.01.2015].

Abbildungsnachweis

Anja Grebe

Die Kunst der Insektenforschung

Maria Sibylla Merians »Metamorphosis Insectorum Surinamensium« (1705)

Zur Konzeption der »Metamorphosis Insectorum Surinamensium«

> Ferner so habe ich gegenwerdig noch in glässer mit liquor, ein Crocotil und vielerhant schlangen und andere gethierte, wie auch 20 runde schagtellen mit allerhand Sommervögelein, kepfer, Colobritger, lanternentrager [...] und andere gethierte die Zu verkaufen seint [...].[1]

Die Künstlerin und Naturforscherin Maria Sibylla Merian (1647–1717) war am 23. September 1701 nach mehr als zweijähriger Reise aus Surinam nach Amsterdam zurückgekehrt. ! 1 ¡ Im Gepäck hatte sie neben dem im Brief erwähnten Krokodil-, Schlangen- und Insektenpräparaten auch große Konvolute an Tier- und Pflanzenstudien. Ebenso wie für die Tierpräparate, suchte sie auch für die Zeichnungen und Aquarelle nach einem Abnehmer, weshalb sie ihren Korrespondenzpartner, den Nürnberger Arzt und Naturforscher Johann Georg Volckamer, um Hilfe bat. Ihr großer Wunsch war es, ihre Zeichnungen und Notizen im Druck zu veröffentlichen, denn, so schreibt sie, »ich wohlte es wohl denen herren gelehrten und liebhabern Zum besten und zu ihrer bliesier in den Druck geben, auf das sie sehen könten, was Gott der herr in America vor wunderliche gewerk So und gethierte geschaffen hat.«

Nicht ohne Stolz vermutet sie gegenüber Volckamer, dass »auch so leigt niemand eine solche schwere kostbare reise thun wirt, umb solcher sachen willen [...] auch sich aldar alle menschen verwunderten das ich noch mit dem leben darvon bin kommen [...] so das diesses werck nicht allein rar ist, sondern wirt es auch bleiben.« Inmitten ihrer aus Südamerika mitgebrachten Wunderdinge wird Maria Sibylla Merian selbst zu einer Kuriosität, weil sie als über 50-jährige Frau nicht nur die mehrmonatige, strapaziöse Schiffsreise, sondern auch das berüchtigte Tropenklima von Surinam überlebt hatte, »da doch die meisten menschen alda von der hitze sterben«.

Die Reise war nicht nur kräftezehrend, sondern hatte auch Merians Geldmittel erschöpft, weswegen sie sich nicht in der Lage sah, die geplante Druckausgabe über ihre Surinam-Forschungen selbst zu finanzieren. Ihre Idee war, das Werk »auf eine weise von einschreibung«, d.h. auf dem Wege der Subskription, zu pub-

1
Arnold Houbraken: Porträt von Maria Sibylla Merian und dem Bildnismaler David van der Plas (1718), Kupferstich-Illustration in Jacob Campo Weyermans *De levens-beschryvingen der Nederlandsche konst-schilders en konst-schilderessen*. Den Haag 1729

lizieren. Sie bat Volckamer um Hilfe bei der Suche nach potenziellen Subskribenten in seinem Bekanntenkreis: »Darumb ersuge ich den herrn diesses mit anderen verständigen liebhabern Zu überlegen, und mir hierinnen raht zu erdheillen wie ich solches am füglichsten dhun könnte, das es mir ohne schaden, und die herren gelehrten und liebhaber ihr Condendement mögten haben.«

Maria Sibylla Merian hatte bereits Erfahrung mit illustrierten Buchausgaben: 1675–1680 hatte sie in Nürnberg ihr dreibändiges *Neues Blumenbuch*, 1679–1683 die beiden Bände ihres ›Raupenbuchs‹ herausgebracht.[2] Bei beiden Werken handelt es sich um kleinere Quartformate mit jeweils geringem Seitenumfang. Hingegen lässt sich ihren Andeutungen gegenüber Volckamer entnehmen, dass sie beim neuen Werk plante, das Folioformat der aquarellierten Vorlagen als Maßstab für den Druck zu nehmen.[3] Diese auf Pergament gemalten Vorlagen könne sie, so die Mitteilung an den Nürnberger Patrizier, zwar gewinnbringend an einen interessierten Sammler verkaufen, doch wäre damit der Wunsch, ihre Erkenntnisse über die exotischen Naturwelten einem breiteren Fachpublikum zugänglich zu machen, zunichte gemacht: »aber dan kann es nur einer haben, und wie oben gedhacht so kost es viel gelt Zu verlegen, wan aber vieler liebhaber wohlten einschreiben und bey der einschreibung das gelt verlegen, damit ich ohne schaden könnte bleiben, so dhörfte ich es noch wagen.«

Ein Antwortschreiben Volckamers ist nicht überliefert. Merians Hoffnungen, genügend Subskribenten für ihr Buchprojekt zu finden, scheinen sich nicht erfüllt zu haben. Für eine geplante deutsche Erstausgabe fanden sich offenbar nur 12 Subskribenten.[4] So publizierte sie ihr Hauptwerk, die *Metamorphosis Insectorum Surinamensium*, 1705 zunächst in einer geringen Auflage von rund 60 Exemplaren in einer lateinischen und einer niederländischen Ausgabe im Selbstverlag.[5] Die Exemplare der Ursprungsausgabe überstiegen mit ihrem Großfolioformat von

!2¡
Maria Sibylla Merian: Rosenblüten mit zwei Schmetterlingen, Aquarell- und Deckfarbenstudie auf Pergament aus dem Album *Merian's Drawings of Surinam Insects &c* (um 1701–1705), ehem. Sammlung Sir Hans Sloane, London, British Museum

ca. 50 × 35 cm und der äußerst großzügigen, luftigen Seitengestaltung die übliche Ausstattung von naturwissenschaftlichen Werken bei weitem. Etliche der erhaltenen Exemplare der Originalausgabe sind zudem im aufwendigen Umdruckverfahren hergestellt, d.h. die noch feuchten Kupferstiche wurden unmittelbar nach dem Druck auf einen weiteren Papierbogen abgedruckt, sodass ein richtigseitiger Abdruck entstand, der dann von Merian bzw. ihren Töchtern handkoloriert wurde. Die Illustrationen in diesen Exemplaren erscheinen also richtigseitig und entsprechen damit den Aquarelldarstellungen der Tiere und Pflanzen, die Merian in ihrem Brief an Volckamer erwähnt. Durch das Umdruckverfahren in Kombination mit der nachträglichen Kolorierung schuf sie semi-unikale Exemplare, die dem Anschein eines mit Originalaquarellen der Künstlerin bebilderten Tafelwerks, »das nur einer haben [kann]«, möglichst nahe kamen. Es ist allerdings bekannt, dass Merian unter Hinzuziehung ihrer ebenfalls zu Malerinnen ausgebildeten Töchter Aquarellkopien ihrer Tier- und Pflanzenstudien für Sammler anfertigte. So befinden sich in den Sammlungen der Russischen Akademie der Wissenschaften in St. Petersburg, der Royal Collection in Windsor, des British Museum, des Herzog Anton Ulrich-Museums, des Frankfurter Städel und anderen Museen unterschiedliche Versionen desselben Motivs, die oft nur minimal voneinander abweichen.[6] !2¡

Einige dieser Konvolute blieben bis zu ihrem Tod offensichtlich weitgehend geschlossen in ihrem Besitz.[7] So erinnert sich der Frankfurter Patrizier und berühmte Bibliophile Zacharias Conrad Uffenbach (1683–1734) in seinen posthum edierten *Merkwürdigen Reisen durch Niedersachsen, Holland und England*, bei seinem Besuch bei der 62-jährigen Maria Sibylla Merian in Amsterdam 1711, ein Album mit gemalten Surinam-Studien gesehen zu haben:

> Sie zeigte uns erstlich ein Buch mit etwa fünfzig Figuren auf Pergament, mit Wasserfarben nach dem Leben unvergleichlich gemahlt. Es waren lauter Thiere, so sie in Surinam gesehen. [...] Viertens zeigte sie uns ihr eigen Werk von Surinamischen Insecten, so sie selbst gar sauber und nach dem Leben illuminirt, wie auch ihre zwey kleine Werke in 4. von Insecten, davon sie das meiste in Frankfurt, und das andere in Nürnberg edirt, auch illuminirt hat. Zu diesen hat diese fleissige Frau die Platten alle selbst gestochen. Ich kauffte diese ihre Werke von ihr, und mußte ihr vor das grosse, das sonst nur fünfzehen Gulden kostet, weil sie es selbst mit grossem Fleiß illuminirt hat, fünf und vierzig Gulden, und vor die beyden kleinere zwanzig Gulden, die sonst nur fünf Gulden kosten, bezahlen. Sie mußte mir ihren Namen mit eigener Hand hinein schreiben. Ich kauffte auch etliche Originalia von ihr.[8]

Uffenbachs Erwähnung birgt nicht nur interessante Informationen über den Käuferkreis von Merians Werken – er selbst war z.B. nicht als Naturforscher, sondern bibliophiler »Liebhaber« an ihren Arbeiten interessiert –, sondern auch zum verfügbaren Angebot und der Preisgestaltung. Die Preise waren wie damals – und

3
Maria Sibylla Merian: Metamorphosis Insectorum Surinamensium (1705), Tafel 22, aquarellierter Umdruck-Kupferstich, Exemplar: Nürnberg, Germanisches Nationalmuseum, Bibliothek, gr. 2° Kz MER 34/29 (S)

heute – üblich nach dem Ausstattungsaufwand und der Exklusivität der malerischen Ausgestaltung gestaffelt. Dabei lag der Preis der von Uffenbach erworbenen, eigenhändig illuminierten bzw. kolorierten Ausgaben etwa um das Dreifache über dem Preis für eine unkolorierte Normalausgabe. Gewissermaßen als gedruckte Unikate ließ sich der Sammler die Werke in der Art von Originalen von der Künstlerin und Verlegerin signieren.

Soweit bekannt, hat Maria Sibylla Merian nicht nur die Bilder bzw. deren Druckvorlagen und drei Illustrationen ihres Surinam-Buchs selbst gestochen und den größten Anteil der Texte verfasst, sondern auch die Typographie selbst entworfen.[9] Das Buch mit seinem Hauptteil von 60 Bild- und zugehörigen Textseiten besitzt einen klar gegliederten Aufbau. Auf das Titelblatt folgen eine Dedikationsseite »Aan alle Liefhebers en onderzoekers der Natuur« und eine zweiseitige Einleitung »Aan den Leezer«. Danach beginnt der Tafel-Text-Teil, bei dem sich bei korrekter Bindung stets eine Bildseite und eine Textseite gegenüberstehen. Da die Rückseiten der Bildseiten leer blieben, kommt es nach zwei Bild-Text-Seiten immer zu einer leeren Doppelseite. Zudem wechselt naturgemäß die Verteilung von Bild und Text auf der Doppelseite. Die Bilder stehen somit im Wechsel einmal links und einmal rechts, wobei der Hauptteil nach der von Merian vorgesehenen

Bindung üblicherweise mit einer Abbildung auf der linken Seite beginnt (Tafel 1) und mit einer Abbildung auf der rechten Seite endet (Tafel 60).

Um einen Eindruck von der spezifischen Bild- und Textgestaltung der *Metamorphosis Insectorum Surinamensium* zu bekommen, sei als Beispiel die Doppelseite mit Tafel 31 nach dem im Germanischen Nationalmuseum Nürnberg befindlichen Umdruckexemplar der niederländischen Originalausgabe näher vorgestellt.[10] Es handelt sich bei diesem Exemplar in niederländischer Sprache um das größte bekannte Exemplar der Erstausgabe. Die heute ungebunden aufbewahrten Blätter wurden vermutlich von der Künstlerin selbst durch seitliche Anstückungen auf ein Format von ca. 73 × 51 cm erweitert und als zusätzliche Besonderheit in Aquarelltechnik ergänzt. So erscheinen auf einigen Seiten Pflanzenblätter, die zuvor von der Blattkante überschnitten waren, nun vollständig. Im Falle der roten Lilien auf Tafel 22, die im Text als Lilio-Narcissus Polyanthos bzw. Lilium Americanum puniceo flore beschrieben werden, wurden z. B. die Spitzen der seitlich herausragenden Blätter ergänzt. Die Zusätze sind so kunstfertig angebracht, dass die Anstückungen und Ergänzungen in anderer Technik in der Regel erst bei nahsichtigem Betrachten erkennbar werden. ! 3 ¡ Leider ist nicht bekannt, für wen dieses besonders aufwendige Exemplar hergestellt wurde, doch kann der Auftraggeber bzw. Adressat am ehesten im Kreise der bibliophilen »liefhebers« vermutet werden.

Wie wichtig die Kolorierung nicht nur zur materiellen Aufwertung, sondern auch zum Verständnis der Darstellungsinhalte ist, zeigt das Beispiel von Tafel 31. ! 4 a, b ¡ Der wohl von Maria Sibylla Merian selbst kolorierte Kupferstich zeigt einen schlank aufragenden, leicht geschwungenen Zweig mit zwei Blättern und zwei Rosenblüten, um den verschiedene Insekten – zwei Schmetterlinge, eine Raupe und eine Puppe – verteilt sind. Blüten und Blätter sind jeweils aus leicht unterschiedlicher Perspektive wiedergegeben. Während die rosafarbene Blüte oben in Vorderansicht dargestellt ist, ist die weiße Blüte rechts unterhalb von schräg hinten zu sehen, sodass die Kelchblätter zu erkennen sind. Bei den beiden Blättern ist das halb verdeckte rechte von oben bzw. in Vorderansicht wiedergegeben, wohingegen beim linken teilweise die Unterseite zu sehen ist. Für die Insekten wurden unterschiedliche Ansichten gewählt: der frei auf dem Grund schwebende Schmetterling unten rechts erscheint in Draufsicht, der auf der rechten Blüte sitzende Falter in Dreiviertelansicht von der Seite, die quer zum Stiel auf dem linken Blatt dargestellte Raupe in Seitenansicht, und die Puppe sitzt bzw. hängt in leicht schräger Draufsicht an linken Seite des Stiels herunter.

Der Kupferstich zeichnet sich durch eine äußert detaillierte Darstellungsweise aus. Unter der Farbschicht erkennt man die unterschiedlich dicken und dicht gesetzten Schraffuren, mit denen die Maserung bzw. das Muster von Blättern, Blütenblättern und Flügeln wiedergegeben ist. Sie dienen einerseits der Veranschaulichung der botanischen bzw. zoologischen Charakteristika, andererseits verleiht das Gefüge von Linien und frei gelassene Partien den einzelnen Elementen Plastizität. Zudem wird durch die unterschiedlichen Ansichten Lebendigkeit und

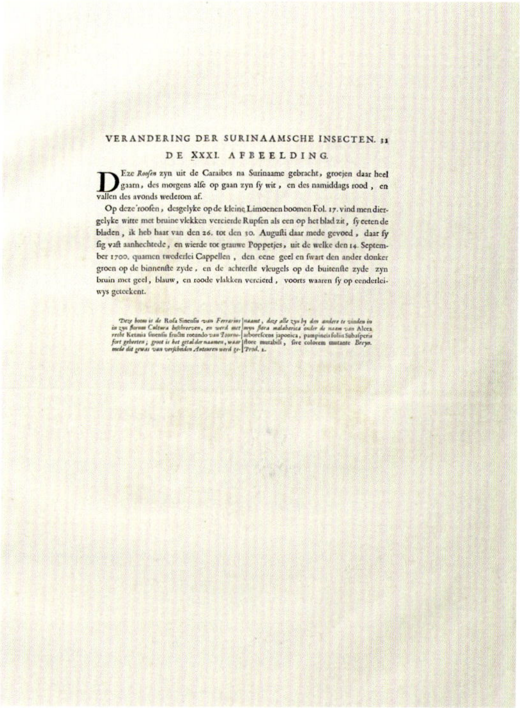

VERANDERING DER SURINAAMSCHE INSECTEN. 31

DE XXXI. AFBEELDING.

DEze *Rooſen* zyn uit de Caraibes na Surinaame gebracht, groejen daar heel gaarn, des morgens alſe op gaan zyn ſy wit, en des namiddags rood, en vallen des avonds wederom af.

Op deze roosen, desgelyke op de kleine Limoenen boomen Fol. 17. vind men diergelyke witte met bruine vlekken vercierde Rupſen als een op het blad zit, ſy eeten de bladen, ik heb haar van den 26. tot den 30. Auguſti daar mede gevoed, daar ſy ſig vaſt aanhechtede, en wierde tot grauwe Poppetjes, uit de welke den 14. September 1700. quamen twederlei Cappellen, den eene geel en ſwart den ander donker groen op de binnenſte zyde, en de achterſte vleugels op de buitenſte zyde zyn bruin met geel, blauw, en roode vlakken vercierd, voorts waaren ſy op eenderleiwys geteekent.

Deze boom is de Roſa Sinenſis *van Ferrarius in zyn florum Cultura beſchreeven, en werd met recht* Ketmia ſinenſis fructu rotundo *van Tournefort geheeten; groot is het getal der naamen, waar mede dit gewas van verſcheiden Auteuren werd genaamt, deze alle zyn by den andere te vinden in myn flora malabarica onder de naam van* Alcea arboreſcens japonica, pampineis foliis Subaſperis flore mutabili, ſive colorem mutante *Breyn. Prod. 2.*

! 4a,b !
Maria Sibylla Merian: Metamorphosis Insectorum Surinamensium (1705), Tafel 31 und Textseite zu Tafel 31, aquarellierter Umdruck-Kupferstich, Nürnberg, Germanisches Nationalmuseum, Bibliothek, gr. 2° Kz MER 34/29 (S)

Bewegung suggeriert; die Darstellung wirkt wie ein wirklicher Naturausschnitt in Momentaufnahme. Selbst der Schmetterling unten rechts, der in seiner symmetrischen Draufsicht an die noch ausführlicher zu besprechenden Darstellungen in Musterbüchern oder naturwissenschaftlichen Lehrbüchern erinnert, erscheint in der Zusammensicht weniger isoliert und wirkt wie im Anflug auf die Rosenblüte begriffen.

Der auf der rechten Seite stehende Text besteht aus einer durchlaufenden Kopfzeile mit der jeweiligen Seitenzahl des Textes – hier also 31 – und dem niederländischen Text, der oben auf der Seite beginnt und von einer kurzen Überschrift mit der Angabe der Abbildung – in diesem Fall »De XXXI. Afbelding« eingeleitet wird. Sowohl Kopf- als auch Titelzeile sind in Kapitalis gesetzt. Die nachfolgende, in kleineren Minuskellettern gesetzte Erläuterung ist zweigeteilt und besteht aus einem einspaltig gedruckten Hauptkommentar und einem zweispaltig gesetzten Nachkommentar in kleinerer Kursivschrift. Im Falle von Tafel 31 geht Merian im Haupttext zunächst kurz die Herkunft und die botanischen Besonderheiten der Pflanze und danach ausführlicher auf die Insekten und ihre Erfahrungen mit dieser Spezies ein, während der letzte Absatz den verschiedenen Bezeichnungen der Rose in der Fachliteratur gewidmet ist. Erst die Textlektüre hilft dem mit der tropischen Tier- und Pflanzenwelt nicht vertrauten Betrachter, einige Merkwürdigkeiten der Darstellung wie die tatsächlich korrekte unterschiedliche Färbung der Blüten und Schmetterlingsflügel zu verstehen, die sich auch auf den zugehörigen Aquarellstudien findet:

> Diese Rosen wurden aus der Karibischen See nach Surinam gebracht. Sie wachsen dort sehr gut. Morgens, wenn sie sich öffnen, sind sie weiß und nachmittags rot, und am Abend fallen sie wieder ab. Auf diesen Rosen, wie auch auf den kleinen Limonenbäumen fol. 17, findet man solche weißen, mit braunen Flecken verzierten Raupen, wie eine auf dem Blatt sitzt. Sie fressen die Blätter. Ich habe sie vom 26. bis zum 30. August damit gefüttert, als sie sich festmachten und zu grauen Puppen wurden, aus denen am 14. September 1700 zweierlei Tagfalter schlüpften, der eine gelb und schwarz, der andere dunkelgrün auf der Innenseite, die Hinterflügel sind auf der Außenseite braun und mit gelben, blauen und roten Flecken verziert. Ansonsten waren sie auf die gleiche Weise gezeichnet.[11]

Der kursiv gedruckte Text darunter lautet übersetzt:

> Dieser Baum ist die Rosa Sinensis, die von Ferrarius in seinem Florum Cultura beschrieben und die zu Recht von Tournefort Ketmia sinensis fructu rotundo genannt wird. Groß ist die Zahl der Namen, mit denen dieses Gewächs von den verschiedenen Autoren bezeichnet wird. Diese sind alle bei den anderen zu finden in meiner Flora Malabarica unter dem Namen Alcea arborescens japonica, pampineis foliis Subasperis flore multabili, sive colorum muntante Breyn. Prod. 2.

Die Ausführungen stellen eine Mischung aus persönlichem Erfahrungsprotokoll und kommentierter Darlegung des Forschungsstandes dar. Die Kombination der beiden Textgattungen ist typisch für Merians Surinam-Buch, das formal auf den ersten Blick zwar der Gattung ›Illustriertes naturwissenschaftliches Tafelwerk‹ entspricht – wenngleich es durch die schiere Größe und die stilllebenhafte Kompositionsweise der Bilder aus dem Rahmen fällt –, inhaltlich jedoch die Grenze zum illustrierten Bericht einer Forschungsreise überschreitet. Dieser Grenzüberschreitung war sich Maria Sibylla Merian bewusst, wie an ihrem Vorwort »An den Leser« deutlich wird. Darin stellt sie sowohl Texte wie Bilder als Wiedergabe eigener ›Beobachtungen‹ bzw. ›Erfahrungen‹ (»ondervindingen«) hin und erklärt ihre Kompositionsstrategie:

> Dieses Werk besteht aus sechzig Kupferstichen, auf denen an die neunzig Beobachtungen von Raupen, Würmern und Maden gezeigt werden, wie sie sich beim Häuten in Farbe und Form verändern und schließlich in Tagfalter, Eulenschmetterlinge, Käfer, Bienen und Fliegen verwandeln. Alle diese Tiere wurden auf die Gewächse, Blumen und Früchte gesetzt, die sie für ihren Lebensunterhalt fraßen.

> Es wurden hier noch hinzugefügt das Geschlecht [d.h. die Gattung, AG] der westindischen Spinnen, Ameisen, Schlangen, Eidechsen, wundersame Kröten und Frösche, die alle von mir in Amerika nach dem Leben gezeichnet und beobachtet wurden bis auf einige wenige, die ich auf Aussagen der Indianer hinzugefügt habe.

Bereits im Untertitel des Buches wird darauf hingewiesen, dass die Autorin »alles [...] in Amerika nach dem Leben und in natürlicher Größe dargestellt und beschrieben« habe, womit einerseits der Realitätsgehalt, andererseits die Novität des Inhalts betont wird. Während die Wiedergabe der ›Beobachtungen‹ in Bild- und Textform als eigene Leistungen vorgestellt wird, gibt sie an, das die kleiner gedruckten Erklärungen zu den lateinischen Bezeichnungen der Pflanzennamen von »Herrn Casparus Commelin, Medicinae Doctor Horti Medici Botanicus und Acad. Caesareo-Leopoldinae Collega« hinzugefügt wurden. Der Arzt und Botaniker Caspar Commelin (1668–1731) betreute u.a. den Botanischen Garten Amsterdams und hatte 1703 eine mit ganzseitigen Kupferstichen illustrierte Abhandlung über exotische Pflanzen publiziert.[12]

Indem Merian für die Erläuterungen zur Taxonomie der Pflanzen auf die Expertise Commelin zurückgriff, gab sie vordergründig ihre Nicht-Kompetenz auf diesem Gebiet zu. Die Maßnahme lässt sich aber auch verkaufstaktisch verstehen, indem sie auf diesem Wege ihrem Werk einen stärker akademischen Anstrich verlieh, der nun auch die ›Onderzoekers‹, d.h. Naturforscher, unter ihren Lesern zufriedenstellen konnte. Obwohl Commelin eine weithin bekannte Autorität war, wurde seine Rolle offensichtlich aber als nicht so wesentlich angesehen, dass er bereits auf der Titelseite als Mitautor oder Beiträger genannt worden wäre. Ein Grund ist sicher, dass trotz ihrer optischen Prominenz in den Abbildungen die Pflanzen in Merians Surinam-Buch inhaltlich letztlich nur eine Nebenrolle spielen, indem sie gewissermaßen den Hintergrund für die Insekten und Reptilien bilden, die das eigentliche Interesse des Bandes und Kompetenzfeld der Autorin darstellen.

Merian als Naturforscherin

Um die Spezifik von Maria Sibylla Merians Beschäftigung mit der Natur und des von ihr gesammelten Wissens in seiner künstlerischen, textlichen und typographischen Darbietung in den *Metamorphosis Insectorum Surinamensium* zu verstehen, ist ein kurzer Blick auf ihre Biographie notwendig. Maria Sibylla wurde 1647 als Tochter aus zweiter Ehe des berühmten Kupferstechers und Verlegers Matthäus Merian (1593–1650) in Frankfurt geboren.[13] Ausgebildet wurde sie bei ihrem Stiefvater Jacob Marrell, einem Schüler Georg Flegels und Jan Davidsz de Heems, sowie dessen Gesellen Abraham Mignon, die beide in der Tradition niederländischer Stilllebenmalerei der Mitte des 17. Jahrhunderts standen.[14] Bereits als Jugendliche begann sie nach Auskunft des Vorworts der *Metamorphosis* mit naturkundlichen Forschungen an Insekten und ihren Wirtspflanzen, die sie ebenso wie ihre Tätigkeit als Stilllebenmalerin auch nach ihrer Heirat mit dem Druckgraphiker und Verleger Johann Andreas Graff in dessen Heimatstadt Nürnberg fortsetzte. Hier publiziert sie, wie erwähnt, zwischen 1675–1683 ihre ersten illustrierten Blumen- und Insektenbücher, das als reines Tafelwerk edierte *Blumenbuch* sowie *Der Raupen wunderbare Verwandelung*, in welchem sie ihre Beobachtungen an heimischen Insekten schildert. Dank diesem Buch gilt Maria Sibylla Merian rückblickend als Begründerin der Insektenforschung in Deutschland.[15] Nach der Trennung von ihrem Ehemann 1685 verbrachte sie fünf Jahre mit ihren Töchtern bei der calvinistischen Sekte der Labadisten in Friesland, bevor sie 1690 nach Amsterdam zog, wo sie u. a. als Illustratorin naturkundlicher Werke arbeitete und enge Kontakte zu holländischen und ausländischen Sammlern und Naturforschern pflegte.[16] 1699 unternahm sie ihre über zweijährige Forschungsreise nach Surinam, deren Resultate sie in den *Metamorphosis insectorum Surinamensium* publizierte. 1717 stirbt Maria Sibylla in Amsterdam. 1719 erschien eine erweiterte Neuausgabe des Surinam-Buchs beim Amsterdamer Verleger Johannes Oosterwijk, der damit erstmals 12 Illustrationen veröffentlichte, die Maria Sibylla wohl für den zweiten Band ihrer Surinam-Reise vorgesehen hatte.[17]

Auch wenn, wie die Forschungen der letzten Jahrzehnte vermehrt erwiesen haben, künstlerisch tätige ebenso wie naturforschende Frauen im 17. und frühen 18. Jahrhundert keine Seltenheit waren, so stach Maria Sibylla Merian durch ihre Doppeltätigkeit als Malerin/Graphikerin und Naturforscherin sowie ihr dezidiertes Interesse an Insekten heraus, die auch zu dieser Zeit ein eher randseitiges Forschungsgebiet darstellten.[18] Der Maler und Künstlerbiograph Joachim von Sandrart, der Maria Sibylla in den 1670er Jahren in Nürnberg kennengelernt hatte, zeigte sich in seiner *Teutschen Academie* beeindruckt von ihren vielfältigen Interessen, Fähigkeiten und unterschiedlichen Betätigungsfeldern – einschließlich ihrer Leistungen als gute Hausfrau, d. h. Ehegattin und Mutter:

> [...] Kupferstechers Tochter / Namens Maria Sibilla Merianin / als die von Stamm ab / und eigner Begierde zu der edlen Mahlerey inclinirte / wie sie dann / vermittel dieses Heurahts / die verlangte gute Information in der Zeichen-Kunst und Mahlen mit Oel und Waßerfarben auf allerley Zieraht in Blumen / Früchten und Geflügel / besonderlich auch in den Excrementen der Würmlein / Fliegen / Mucken / Spinnen und dergleichen Natur der Thieren auszubilden / mit samt dern Veränderungen / wie selbige Anfangs seyn / und hernacher zu lebendigen Thieren werden / samt dern Kräutern / wovon sie ihre Nahrung haben / mit großen Fleiß / Zier und Geist/ so wol in der Zeichnung / als in den colorirten Farben / und Rundirungen meisterhaft zuwegen gebracht / [...] dergleichen täglich aus ihren expedienten Händen zu Schein kommen / daß sie dannenhero in

> dieser ruhmwürdigen Kunst / der natürliche Blumen / Kräutern und Thieren / allervollkommenst zu seyn das Lob hat [...] wie sie dann zu mehrerer Beyhülf denen / die solche Tugenden zu lernen und zu folgen verlangen / dergleichen curiose Lectionen gezeichnet / und [...] in Kupfer sauber und vernünftig geetzet hat / und noch heut zu Tage neben dern regulirten guten Haushaltungs-Führung / immerdar der Göttin Minerva ihre Tugenden in dergleichen aufopfert.[19]

In seinem biographischen Porträt zeichnet Sandrart Maria Sibyllas künstlerische Entwicklung von ihrer ererbten Begabung und Ausbildung als Kupferstecherin, ihrer durch eigenes Drängen erlernten Fähigkeit als Malerin und Zeichnerin von Natur-Stillleben und besonders ihrer durch eigene ›Begierde‹ erlangten Spezialisierung in der Darstellung von Insekten, die auch naturkundliche Phänomene wie Wirtspflanzen und Verwandlungsprozesse einschließen würde. Als weitere Tätigkeiten hebt er ihre Aktivitäten im Bereich der Vermittlung hervor, zum einen als Kunstlehrerin im direkten Kontakt mit den Schülern und zum anderen durch ihre Publikationen. Letztere würden auch ihr ökonomisches Talent als Verlegerin belegen.

Ein wichtiger Aspekt im Leben Merians wird von Sandrart jedoch nicht erwähnt, obwohl er großen Einfluss auf ihr Schaffen hatte. Es handelt sich um den bereits in ihrem Elternhaus praktizierten Frühpietismus.[20] Maria Sibyllas aus heutiger Sicht vielfach befremdliche ›Frömmelei‹, vor allem ihr fünfjähriger Aufenthalt bei der spiritistisch-calvinistisch-kommunistischen Sekte der Labadisten in Westfriesland von 1685 bis 1690, wird in der Merian-Forschung allerdings häufig eher als Hemmnis, allenfalls als notwendige ›Verpuppungphase‹ ihrer sonstigen wissenschaftlich-künstlerischen Betätigung gesehen.[21]

Auch für ihr eigenartiges Interesse für Insekten, die in ihrer Zeit vielfach noch als dem Urschlamm und Unrat erwachsenes Ungeziefer galten, das von den Theologen moralisierend mit der den Versuchungen der Welt ausgesetzten menschlichen Seele verglichen und zu einem Sinnbild für die Sündhaftigkeit des Menschen und der Vergänglichkeit des Leben wurde,[22] scheint es eine theologische Erklärung zu geben.

Ausführlich hat zuletzt die Historikerin Anne-Charlott Trepp in ihrer Habilitationsschrift zur *Erforschung der Natur als religiöse Praxis in der Frühen Neuzeit* Maria Sibylla Merian als Beispiel für die im Pietismus verwurzelte physikotheologische Deutung der Natur als »Medium individueller wie kollektiver Sinngebungen und Heilsbestrebungen«[23] analysiert und damit Merian in ihrer Zeit in Deutschland zu einer Hauptvertreterin des physikotheologischen Wissens in Theorie wie Praxis erklärt. Verwiesen wird u.a. auf das Vorwort zum ›Raupenbuch‹, in dem Merian herausstellt, dass es ihr bei der Veröffentlichung ihrer Forschungen nicht um die eigene »ungeziemende Ehrsucht«, sondern allein um die Ehre Gottes gehe, dessen Größe als Schöpfer gerade in kleinen, scheinbar unwürdigen Elementen der Natur zum Ausdruck komme. Der Publikation steht ein

Gedicht des Nürnberger Theologen Andreas Arnold (1656–1694) voran, in dem die Metamorphose der Raupen als Sinnbild für Tod und Auferstehung des Menschen gedeutet wird. Als Beispiel für die theologisch-moralisierende Sicht auf die Natur, wie sie sich in ungleich komplexerer Weise in den emblematischen Insekten-Darstellungen Joris und Jakob Hoefnagels findet, lässt sich auch ein Stammbuchblatt mit der Darstellung einer Rose anführen, das Maria Sibylla Merian mit dem Sinnspruch »Des Menschen Leben ist gleich einer Blume« versah.[24] !5¡

Was bei dieser physikotheologischen Deutung zurücktritt, sind die künstlerische Seite und ihre komplexen Kenntnisse über die Traditionen der Naturdarstellung und Stilllebenmalerei, die sich in ihren Werken offenbaren. Die Kunst gerät in diesen Deutungen schnell zum praktischen Erfüllungsgehilfen für zumeist als höherstehend angesehene Wissensbereiche und wird auf ihre traditionellen handwerklichen Eigenschaften reduziert. Diese Sichtweise auf die Künstlerin scheint sich zunächst mit ihrer Selbstcharakterisierung im Vorwort des ›Surinam-Buchs‹ zu decken, wo sie zunächst auf ihre bereits in der Jugendzeit begonnene Insektenforschung und erst danach auf ihre künstlerische Tätigkeit eingeht. Allerdings lassen sich ihre Ausführungen durchaus auch so interpretieren, dass die Insektenforschung auch der Förderung ihrer Kunstausübung diente:

> Dabei wollte ich mich zugleich in der Malkunst üben und sie alle nach der Natur zeichnen und beschreiben, wie ich auch alle Insekten, die ich zunächst in Frankfurt und danach in Nürnberg habe finden können, für mich selbst sehr genau auf Pergament gemalt habe.

!5¡
Jakob Hoefnagel: Archetypa studiaque patris Georgii Hoefnageli, Bd. 1, Tafel 8, Kupferstich, 1592

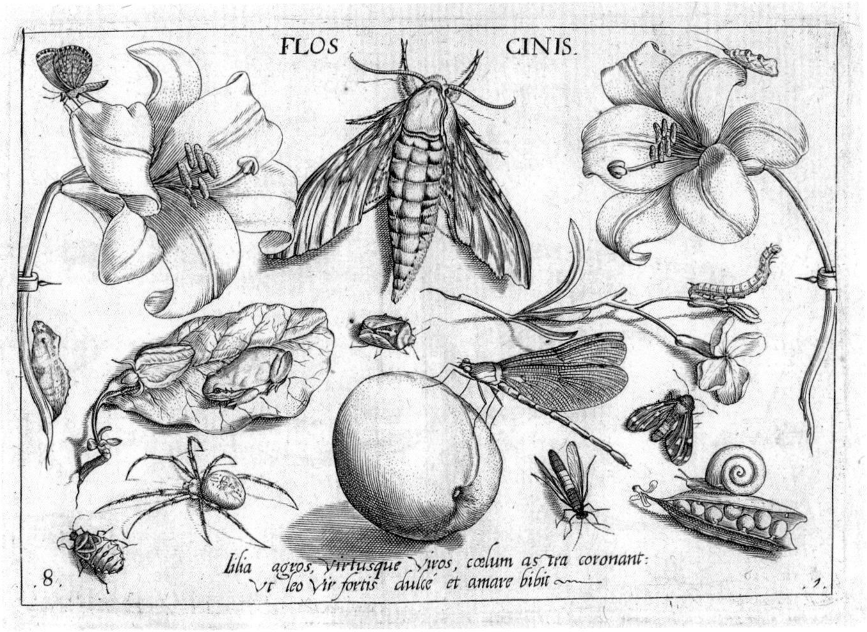

Statt Vorlagen abzuzeichnen, habe sie Natur selbst zum Vorbild genommen und ihren Werken auf diese Weise den in der Kunsttheorie der Neuzeit geforderten Wahrheitscharakter verliehen.

Das Surinam-Buch in der Tradition der Naturkundebücher

Die Illustrationen in Merians Werken, insbesondere im ›Raupenbuch‹ und im Surinam-Buch, setzen sich nicht nur in der Präzision der Darstellung und der realistischen Wirkung deutlich von älteren Naturkundebüchern ab. Bis Ende des 16. Jahrhunderts überwiegen in den Botanikbüchern und anderen naturwissenschaftlichen Lehrwerken Holzschnittillustrationen, die sich durch mehr oder weniger stark schematisierte, in den Größenverhältnissen meist völlig unrichtige, vor allem bei Insekten oft überdimensionierte Wiedergaben der Pflanzen und Tiere auszeichnen. Ohne die Kenntnis der zugehörigen Texte und selbst mit dieser ist oft weder eine korrekte Bestimmung der Gattung noch der Art möglich.

So heißt es in der 1529 bei Beck in Straßburg gedruckten und von Johannes von Cuba herausgegebenen deutschen Ausgabe des *Hortus santiatis* zur »Musca, ein muck oder flieg« unter Berufung auf ältere Autoritäten etwa:

> Die fliegen wachsen von unreynikeit / vnd hangen den vnreinen dingen an / vnd sein emsig an den wiesten stetten. Syse seind unruowig vnd vngestiem / widerwertig vnd stechend. So die todgeschlagen werden vnd in wasser ein weil vff ein stund geleit werden sy wider lebendig als die ymen. [...] Uß dem buoch der natur. Die muck macht im fliegen ein gethön mit dem vmbtreibenden lufft. [...] // Die würcküng. [...] Die fliegen seint guot zuo dem augenwee vnnd irer augbrawen. So die gebrant werden vnn mitt honig vff die kalen stett geleit machen har wachsen.[25]

Der zugehörige Holzschnitt kombiniert die in Kapitel LXXXI behandelten Fliegen mit einer Elster und einem Fliegenschnäpper (»Muscicapa«), denen das vorausgehende Kapitel gewidmet war. !6¡ Die den Fliegenschnäpper umkreisenden Fliegen sind also zugleich in ihrer Rolle als Beutetiere der nach ihnen benannten Vogelfamilie dargestellt. Die Fliegen sind sämtlich von oben gesehen und durch die umrisshafte Darstellungsweise praktisch ohne plastische Wirkung. Ihre stark schematisierte Wiedergabe lässt sie kaum von anderen Insektenarten im Buch unterscheiden.

Die Texte des *Gart der Gesundheit* wie auch anderer Naturlehren des 15. und 16. Jahrhunderts sind überwiegend von einer Wiederholung antiker und mittelalterlicher Vorlagen gekennzeichnet, deren Unklarheiten, Fehler und Lücken sie weiter tradieren.[26] Hingegen weisen Darstellungen von Insekten in Gemälden und in der Buchmalerei bereits im 15. Jahrhundert einen fast mimetischen Realismus auf, der sogar Grundlage für optische Vexierspiele werden konnte. Zu den frühesten Beispielen zählt das *Porträt eines Kartäusermönchs* des Brügger Malers Petrus Christus.[27] Auf dem gemalten Rahmen mit der Signatur-Inschrift »PETRVS XPI ME FECIT 1446« sitzt eine lebensgroße, realistisch wiedergegebene, im Verhältnis zur porträtierten Person jedoch viel zu große Fliege. Dies und der gemalte Schatten auf dem – allerdings ebenfalls gemalten Rahmen unterstreichen, dass sie

!6¡
Johannes von Cuba: Gart der Gesuntheit […], Holzschnitt-Illustration zum Kapitel »Musca, ein muck oder flieg«, Straßburg 1529, Exemplar: Nürnberg, Germanisches Nationalmuseum, Bibliothek, [Postinc.] 4° Nw. 1978

nicht zur Bild-, sondern Betrachterwelt gerechnet werden will. Die Positionierung auf der Schwelle zwischen den beiden Realitätsebenen und direkt über dem Namen des Malers ist sicher bewusst gewählt. Als Kostprobe seines Könnens wird die Fliege zum Ausweis seiner Kunstfertigkeit im imaginären Wettstreit mit der Natur, den antiken Meistern und den Malern eigenen Zeit. Darüber hinaus stellt sie eine Reflexion über den Status des Porträts als gemaltes Spiegelbild eines wirklichen Menschen dar, dessen Lebensechtheit die Fliege bestätigen scheint. Zugleich ist es die Schöpfung eines Künstlers, der die Flüchtigkeit des Moments in ein Monument der Ewigkeit verwandelt hat und sogar das für seine Unruhe bekannte Insekt zu bannen vermochte.

In der Buchmalerei des ausgehenden 15. Jahrhunderts kommt ein Moment der Medienreflexion hinzu, das sich als Reaktion auf die Umbruchsituation nach Erfindung des Buchdrucks verstehen lässt. Insbesondere die flämischen Buchmaler der sogenannten Gent-Brügger Schule reagierten darauf mit einem zunehmenden Illusionismus der Seitengestaltung, der die Medien- und Realitätgrenzen zu sprengen scheint. Dabei spielten auch Blumen und insbesondere Insekten eine Rolle. Ein Beispiel ist eine Seite im Londoner ›Stundenbuch des Lord William Hastings‹ (um 1480–1483).[28] !7¡ Den Textbeginn um das Suffragium des

17
Gent-Brügger Buchmaler: Stundenbuch des Lord William Hastings (um 1480–1483), London, British Museum, Add. ms. 54782, fol. 49r

hl. Christophorus rahmt eine vierseitige Bordüre mit goldockerfarbigem Grund, auf der Blüten der verschiedensten Arten und Farben wie zufällig ausgestreut erscheinen. Nahezu alle Pflanzen, darunter Stiefmütterchen, Vergissmeinnicht, Immergrün und eine tulpenähnliche Blüte, lassen sich botanisch bestimmen. Alle Blumen sind äußerst detailliert meist in verschiedenen Ansichten wiedergegeben und zur Steigerung des realistischen Effekts mit Schatten versehen, sodass die Illusion entsteht, dass es sich um echte Blüten handelt, die auf dem Untergrund verteilt sind. Die augentäuschende Wirkung wird dadurch gesteigert, dass der Maler nicht nur ein Blatt über den rechten Rand hinausragen ließ, sondern auch zwei Schmetterlinge so auf den Blüten platzierte, dass der Eindruck entsteht, dass sie sich, vom Duft der Blumen angelockt, soeben auf diesen niedergelassen haben. Vor allem der untere Schmetterling, dessen Flügel in den Schriftspiegel hineinragen, suggeriert nicht nur Bewegung, sondern lässt einen haptischen Effekt entstehen.

Dieses Moment erinnert an die antiken Künstlerlegenden, in denen der Instinkt der Tiere als Beweis für die überzeugende Illusionswirkung eines Bildes und damit die Virtuosität des Malers galten. Die zweidimensionale Buchseite ist zum dreidimensionalen Raum geworden, wobei der Miniaturist durch die illusionistische Gestaltung die spezifische Materialität des handgeschriebenen und -illustrierten Codex betont. Die gemalten Schatten erhöhen ebenso wie die Insekten die Illusion, dass es sich um echte Blüten handelt. Durch den Kunstkniff des Malers wird die Grenze zwischen Bild- und Betrachterwelt verwischt. Der Leser/Betrachter ist versucht, die Schmetterlinge mit der Hand wegzuwischen, um sie nicht beim Umblättern zwischen den Buchseiten zu zerquetschen.

Die illusionistischen Effekte in der Buch- und Tafelmalerei sind in vielen Fällen nicht ohne ein Naturstudium der Maler denkbar. Fast scheint es, als ob die exakte Form der Naturbeobachtung und -wiedergabe in den Bildkünsten ähnliche Praktiken in den Naturwissenschaften und der eher schematischen naturwissenschaftlichen Illustration herausgefordert hat, bei der ein Wandel des Darstellungsmodus ist erst gegen Ende des 16. Jahrhunderts zu bemerken ist.[29] Er geschieht zeitgleich mit einer erstmaligen umfassenderen wissenschaftlichen Beschäftigung mit Insekten.

Ein Meilenstein ist der 1602 publizierte Folioband *De Animalibus Insectis libri VII* des Bologneser Naturforschers und Sammlers Ulisse Aldovrandi (1522–1605), den Friedrich Simon Bodenheimer als »das erste nur den Insekten gewidmete Werk der Welt-Literatur« bezeichnete.[30] Die einzelnen Insektenarten werden in den jeweiligen, ihnen gewidmeten Kapiteln ausführlich im Hinblick auf ihre Anatomie, ihr Vorkommen, ihr Verhalten und ihren Nutzen bzw. Schaden beschrieben. Den Beschreibungen sind einzelne, ohne Rahmung in die Textkolumne inserierte Illustrationen beigegeben, auf denen die Tiere meist in Ansichten von oben oder der Seite zu sehen sind. Wie das Beispiel der Fliege (»Musca«) zeigt, gehen die Darstellungen zwar über die bisherigen, weitgehend umrisshaften Holzschnittillustrationen hinaus, indem sie auch Details zur Binnenzeichnung der Insektenkörper enthalten. Im Zusammenhang mit dem Text wird damit erstmals eine genauere Bestimmung der einzelnen Insektenarten ermöglicht. Die Insektenkörper erscheinen jedoch weiterhin wenig plastisch; eine genaue Vorstellung über die Gesamtbeschaffenheit der jeweiligen Insekten lässt sich aus den Darstellungen nicht gewinnen.

Ebenso wie bei seinem Vorgänger, dem Schweizer Gelehrten Conrad Gessner (1516–1565), steht Aldrovandis Beschäftigung mit Insekten im Rahmen einer umfassenden Erforschung der Natur und ihrer internen Zusammenhänge, im Zuge derer nun auch die lange nur wenig beachteten und sogar missachteten Kerbtiere ins Blickfeld rückte. Denn an Insekten und ihrer Metamorphose schien sich für viele Zeitgenossen geradezu paradigmatisch die Frage nach der Entstehung des Lebens studieren zu lassen. Für Gessner und andere offenbarte sich gerade in ihrer Kleinheit die Größe und Schönheit des göttlichen Schöpfungswerks. In Anlehnung an Aristoteles staunte Gessner, dass »selbst in den unscheinbarsten Gestalten, in fast nicht existenten Körpern, alle Seelenvermögen versammelt sein könnten.«[31]

Naturbeobachtung war für Gessner ein Mittel der Gotteserkenntnis. Hierbei kam jedoch der Kunst eine wichtige Rolle zu.[32] Sowohl Gessner als auch Aldrovandi besaßen neben ihren Realienkollektionen umfangreiche Zeichnungssammlungen, die Künstler in ihrem Auftrag angefertigt hatten, um die einzelnen Spezies festzuhalten. Die im Vergleich zu den älteren naturkundlichen Abbildungen wesentlich detailgetreueren Zeichnungen besaßen primär dokumentarischen Charakter und dienten als archivierbares Abbild Sammlungen zugleich als Ausgangspunkt für die weitere wissenschaftliche Arbeit und den gelehrten Austausch über die Bestände und die empirisch erworbenen Kenntnisse. Ein wichtiges Ziel war die Entwicklung einer übergeordneten Taxonomie der Insekten, wie sie sich für Insekten erstmals in den 1602 publizierten Ordnungssystematiken Aldrovandis findet. Die gezeichneten Tierstudien und nach diesen gedruckten Illustrationen waren für die Naturforscher um 1600 kein Selbstzweck, sondern ein Instrument der Wissenschaft und spielten eine zwar maßgebliche, aber letztlich dienend-illustrative Rolle im Hinblick auf die sich entwickelnde Taxonomie der Pflanzen- und Tiergattungen.

Merian und die Kunst der Insektenforschung

Betrachtet man Maria Sibylla Merians Gemälde, vor allem aber ihre Aquarelle und Kupferstiche, so wird deutlich, dass es sich bei den Kompositionen nicht um einfache Abbilder der Natur handelt. Wie die Illustrationen in den *Metamorphosis insectorum surinamensium* zeigen, hat Merian die einzelnen Bildelemente sehr wahrscheinlich tatsächlich vor Ort bzw. ausgehend von realen Exemplaren beobachtet und – wenn auch wohl nicht in der freie Natur, sondern in ihrem Atelier – zeichnerisch festgehalten. Dies legen neben den Aquarellstudien der Motive auch ihre gedruckten und ungedruckten Äußerungen sowie Zeugnisse von Zeitgenossen nahe. So realistisch und – wie das Vorwort des Surinam-Buchs behauptet – zumindest in Bezug auf die Insekten auch in der Größe mimetisch die Darstellungsweise ist, so künstlich ist die Zusammenstellung der jeweiligen Tiere und Pflanzen. Das oft sehr bewegte Erscheinungsbild der in verschiedenen Ansichten wiedergegebenen Pflanzen und Insekten erweckt zwar den Eindruck eines zufälligen, nach der Wirklichkeit wiedergegebenen Naturausschnitts, doch handelt es sich in Wahrheit um eine wohl ausgewogene Komposition, bei der die einzelnen Elemente ein spannungsvolles Gefüge bilden. Viele Bildseiten in den *Metamorphosis insectorum surinamensium* sind beispielsweise entlang eines vertikal aufragenden Blütenstiels oder Zweigs ausgerichtet, der als Mittelachse dient (z.B. Tafel 5, 6, 16, 22, 31). In anderen Fällen verlaufen die Achsen eher waagerecht (z.B. Tafel 23, 56, 60) oder diagonal (z.B. Tafel 7, 13, 15, 28).

Diese Kompositionsformen entsprechen am ehesten niederländischen Blumenstillleben des 17. Jahrhunderts, die oftmals von Insekten belebt wurden und mit denen Maria Sibylla Merian seit ihrer Ausbildung bei Jacob Marrell vertraut war. Sie selbst praktizierte diese Gestaltungsweisen in ihren autonomen Gemälden und Aquarellen. Von dieser Perspektive aus betrachtet, stellen ihre Kupferstichillustrationen auf realistischer Anschauung basierende künstliche Natur-Kompositionen dar. Betrachtet man in den *Metamorphosis insectorum surinamensium* etwa das Beispiel von Tafel 31, so waren sich ein Botaniker oder Entomologe und der Laie spätestens nach der Textlektüre im Klaren darüber, dass der Stich die Metamorphose des Falters ebenso wie der Blume im Zeitraffer und gewissermaßen als Erzählung mit verteilten Rollen wiedergibt. Erst der Text löst die Simultandarstellung wieder in eine Sequenz auf und stellt die Metamorphose in der zeitlichen Abfolge der einzelnen Stadien als genau definierter Prozess dar.

Merians Vorgehensweise als Wissenschaftlerin und Künstlerin lässt sich folgendermaßen beschreiben: Die empirisch generierten Erkenntnisse über die Natur wurden im künstlerischen Werkprozess unter Rückgriff auf die Praktiken und Gestaltungsmuster der Stilllebenmalerei zu einem Werk transformiert, das man als ›naturwissenschaftliches Kunstwerk‹ definieren könnte. Teilweise machte sich Merian nach eigener Aussage sogar die noch relativ neue Technik des Mikroskops zunutze.[33] Auf Tafel 9 des Surinam-Buchs ist oberhalb des Granatapfelbaums mit einer aufgeplatzten Frucht ein blau-braun-gefiederter Schmetterling in Aufsicht dargestellt. ! 8 ¡ Zu diesem heißt es im Text: »Der blaue Tagfalter sieht durch das Vergrößerungsglas wie blaue Ziegel aus, die die gleiche Form wie Dachziegel haben, die sehr ordentlich und regelmäßig liegen. Es sind breite Federn wie die Federn der Pfauen, von wundersamem Glanz, wert anzuschauen, da sich dieser nicht beschreiben läßt.«[34]

Wie Viktoria Schmidt-Linsenhoff in ihrer Analyse des Surinam-Buchs dargelegt hat, eröffnet das Mikroskop eine neue, wesentlich intensivere und gewissermaßen hyper-realistische Dimension der Wirklichkeitswahrnehmung, deren Erfahrung Merian kaum mehr in Worte zu fassen weiß und nur in Analogien mit der ›normalen‹ Wirklichkeit zu umschreiben versucht. Das Mikroskop wird bei Merian zu einem Instrument, noch tiefer in die Strukturen der Natur einzudringen. Dabei spiegelt der Kommentar die nahezu überwältigende Wirkung, welche die Betrachtung durch das optische Gerät auf die Künstlerin hatte. Neben der Ästhetik (»von wundersamem Glanz«) klingt beim Text zu Tafel 9 ihr Staunen über die Natur und Bewunderung für die Komplexität der göttlichen Schöpfung an, die sie dem Leser zu vermittelt versucht.

Betrachtet man das Verhältnis von Bild und Text in den Insektenwerken Maria Sibylla Merians, so handelt es sich im Unterschied zu den meisten naturwissenschaftlichen Lehrwerken der Frühen Neuzeit bei ihren Kupferstichen nicht um Illustrationen im herkömmlichen Sinne einer visuellen Ergänzung des Textes. Den Hauptpart spielen vielmehr die Bilder, die sie auch als autonome Aquarelle verkaufte, während die Texte eine Erklärung und Vertiefung des Geschauten darstellen und die Darstellungen einschließlich der jeweiligen Größenverhältnisse erst ganz verständlich machten. Die Kupferstiche sind auch ohne die Texte als stilllebenhafte Kunstwerke gültig, ihren vollen wissenschaftlichen Wert erhalten

!8¡
Maria Sibylla Merian: Metamorphosis Insectorum Surinamensium (1705), Tafel 9, aquarellierter Umdruck-Kupferstich, Nürnberg, Germanisches Nationalmuseum, Bibliothek, gr. 2° Kz MER 34/29 (S)

sie jedoch erst durch die zugehörigen Erläuterungen. Im Hinblick auf die Genese lässt sich vermuten, dass beide Elemente gleichermaßen auf bildlichen und schriftlichen Notizen beruhen, die Merian in der empirischen Phase in enger zeitlicher und inhaltlicher Verbindung vor Ort bzw. während ihrer Aufzuchtexperimente aufgezeichnet und später retrospektiv ausgearbeitet, ausformuliert, ergänzt und arrangiert hat.

Mit ihrer bekennend subjektiven, experimentell-beschreibenden Herangehensweise unterscheidet sich Maria Sibylla Merian von vielen entomologischen Publikationen ihrer Zeit, die mehrheitlich die Natur interpretieren und eine übergeordnete Systematik anstreben, wie sie auch in den Anordnungen der Kunst- und Wunderkammern bzw. Naturalienkabinette versucht wurde.[35] Statt einer Taxonomie der Insekten ging es Merian um die Darstellung von Umständen und Prozessen der Verwandlung. Diese von Natalie Zemon Davis als »ökologische Sichtweise« beschriebene Art der Naturbeobachtung spiegelt sich in den Texten und Illustrationen ihrer Werke.[36]

Merians Insektenbücher werden zum Präzedenzfall der Verbindung von Natur-Wissen und Kunst-Wissen, sowohl in Text wie Bild, wobei es sich keinesfalls um eine Einverleibung des einen in das andere, sondern eher um eine wechselseitige Transformation und Symbiose handelt. Das Surinam-Buch lässt sich als kunstvoll arrangierte Naturbeobachtung beschreiben, in der persönliche Anschauung zu Erfahrungswissen wird, das schließlich in Form von Bild und Text dem Leser/Betrachter vermittelt wird. Kunst und Natur, Kunstwissen und Naturwissen werden nicht gegeneinander ausgespielt, sondern transformierend überblendet, um auf diese Weise einen Beitrag zum allgemeinen Naturverständnis in erstaunlich globaler Perspektive zu leisten.

ANMERKUNGEN

1 Dieses und die folgenden Zitate aus Maria Sibylla Merian, Brief an Johann Georg Volckamer, Amsterdam, 8. Oktober 1702, Erlangen, Universitätsbibliothek, Trew-Bibliothek, Brief-Sammlung MS. 1834, Merian Nr. 1; zit. nach der Transkription von Elisabeth Rücker: Maria Sibylla Merian. Unternehmerin und Verlegerin. In: Maria Sibylla Merian 1647–1717. Künstlerin und Naturforscherin. Ausst.-Kat. Frankfurt am Main. Hrsg. von Kurt Wettengl. Ostfildern-Ruit: Hatje 1997, S. 254–269, hier S. 264–265.

2 Maria Sibylla Merian: Florum Fasciculus Primus [...]. Nürnberg: Johann Andreas Graff 1675. Maria Sibylla Merian: Florum Fasciculus Alter [...]. Nürnberg: Johann Andreas Graff 1677. Maria Sibylla Merian: Florum Fasciculus Tertius [...]. Nürnberg: Johann Andreas Graff 1680. Maria Sibylla Merian: Neues Blumenbuch [...]. Nürnberg: Johann Andreas Graff 1680. Maria Sibylla Merian: Der Raupen wunderbare Verwandelung und sonderbare Blumennahrung. Anderer Theil [...]. Frankfurt am Main: Johann Andreas Graff, Leipzig, Nürnberg: David Funken 1679. Maria Sibylla Merian: Der Raupen wunderbare Verwandelung und sonderbare Blumennahrung [...]. Nürnberg: Johann Andreas Graff, Frankfurt, Leipzig: David Funken 1683.

3 Merian, zit. nach Rücker (wie Anm. 1), S. 265: »das mahle ich nun darbey, eben auf die manier wie ich vordiessen in Deutschlant gethan habe, aber alles auf bergament in grossfolio«.

4 Angabe nach Elisabeth Rücker: Maria Sibylla Merian 1647–1717. Ihr Wirken in Deutschland und Holland. Bonn: Königlich Niederländische Botschaft 1980, S. 25. Auch eine geplante englische Ausgabe kam wohl ebenfalls aus Mangel an Subskribenten nicht zustande.

5 Maria Sibylla Merian: Metamorphosis Insectorum Surinamensium [...]. Amsterdam: Maria Sibylla Merian 1705. Maria Sibylla Merian: Verandering der Surinaamsche insecten [...]. Amsterdam: Maria Sibylla Merian 1705.

6 Vgl. Ella Reitsma: Maria Sibylla Merian & Daughters. Women of Art and Science. Amsterdam, Los Angeles: Uitgeverij Waanders 2008, bes. S. 133–168.

7 Ihre Tochter Dorothea Maria Merian, die mit dem Stilllebenmaler Georg Gsell verheiratet war, verkaufte einen Teil des Konvoluts an Zar Peter I., nachdem sie ihrem Mann 1718 nach St. Petersburg gefolgt war. Er befindet sich heute in der Bibliothek der Russischen Akademie der Wissenschaften in St. Petersburg. Zum Petersburger Merian-Album vgl. Maria Sibylla Merian – die St. Petersburger Aquarelle. Hrsg. von Eckhard Hollmann. München, Berlin: Prestel 2003.

8 Zacharias Conrad Uffenbach: Uffenbachs Merkwürdigen Reisen durch Niedersachsen, Holland und England, Bd. 3. Frankfurt, Leipzig: Gaum 1753–1754.

9 Zur Beteiligung weiterer Kupferstecher an der Umsetzung der Illustrationen vgl. Reitsma (wie Anm. 6), S. 204–205.

10 Nürnberg, Germanisches Nationalmuseum, Bibliothek, gr. 2° Kz MER 37/29 [S]. Vgl. Kräuter und Blumen. Kommentiertes Bestandsverzeichnis der botanischen Bücher bis 1850 in der Bibliothek des Germanischen Nationalmuseums Nürnberg. Bearb. von Eduard Isphording. Nürnberg: Verlag des Germanischen Nationalmuseums 2008, S. 200–201, Nr. 138.

11 Diese und die folgenden Übersetzungen nach Maria Sibylla Merian: Metamorphosis Insectorum Surinamensium ofte Verandering der Surinaamsche Insecten [...]. Amsterdam: Maria Sibylla Merian 1705. Hrsg. von Helmut Deckert. Frankfurt am Main: Insel Verlag 2002 (verkleinerter, um die Leerseiten reduzierter Nachdruck der niederländischen Originalausgabe in Dresden, Sächsische Landesbibliothek, Zool. 145).

12 Caspar Commelin: Praeludia botanica ad publicas plantarum exoticarum demonstrationes Lugduni Batavorum. Leiden: Haringh 1703. Zu Commelin vgl. Dirk O. Wijnands: The botany of the Commelins. A taxinomical, nomenclatural and historical account of the plants depicted in the Moninckx Atlas and the four books by Jan and Caspar Commelin on the plants in the Hortus Medicus Amstelodamensis 1682–1710. Rotterdam: Balkema 1983.

13 Zur Biographie vgl. Sibylla Merian 1647–1717. Künstlerin und Naturforscherin. Ausst.-Kat. Frankfurt am Main. Hrsg. von Kurt Wettengl. Maria Ostfildern-Ruit: Hatje 1997; Natalie Zemon Davis: Metamorphosen. Maria Sibylla Merian. In: dies.: Drei Frauenleben. Glikl, Marie de l'Incarnation, Maria Sibylla Merian. Berlin: Wagenbach 1995, S. 167–245; Reitsma (wie Anm. 6). Zu den Publikationen des Merian-Verlags gehörte neben den berühmten topographischen Werken u. a. auch 1641 die Neuausgabe des *Florilegium novum* (1612) von Johann Theodor de Bry, dem Schwiegervater Matthäus Merians.

14 Zu Marrell vgl. Gerhard Bott: Stillebenmaler des 17. Jahrhunderts – Jacob Marrell. In: Kunst in Hessen und am Mittelrhein 6 (1966), S. 85–118. Zu Mignon vgl. Magdalena Kraemer-Noble: Abraham Mignon 1640–1679. Catalogue raisonné. Petersberg: Michael Imhof Verlag 2007.

15 Vgl. Friedrich Simon Bodenheimer: Materialien zur Geschichte der Entomologie bis Linné. Berlin: W. Junk 1928, S. 207–212.

16 Vgl. Reitsma (wie Anm. 6), S. 103–131.

17 Lateinische Ausgabe: Maria Sibylla Merian: Dissertation de Generatione et Metamorphosibus Insectorum Surinamensium [...]. Amsterdam: Johannes Oosterwijk 1719. Niederländische Ausgabe: Maria Sibylla Merian: Over de Voortteeling en Wonderbaerlyke Verandering Der Surinamesche Insecten [...]. Amsterdam: Johannes Oosterwijk 1719.

18 Vgl. Lucia Tongiorgi Tomasi: »La femminil pazienza«. Women Painters and Natural History in the Seventeenth and Early Eighteenth Centuries. In: The Art of Natural History. Illustrated Treatises and Botanical Paintings, 1400–1850. Hrsg. von Therese O'Malley / Amy R. W. Meyers. New Haven, London: Yale University Press 2008.

19 Joachim von Sandrart: Teutsche Academie [...]. Bd. 2. Nürnberg: Endter u. a. 1675, S. 339.

20 Zu diesem und dem Folgenden vgl. Anne-Charlott Trepp: Von der Glückseligkeit alles

zu wissen. Die Erforschung der Natur als religiöse Praxis in der Frühen Neuzeit. Frankfurt am Main: Campus 2009, bes. S. 210–337.

21 Vgl. u.a. Helmut Deckert: Zwischen Kunst und Wissenschaft. Die Werkleistung der Maria Sibylla Merian. In: Merian (wie Anm. 11), S. 133–160, hier S. 144.

22 Vgl. Bodenheimer (wie Anm. 15), S. 207–212.

23 Trepp (wie Anm. 20).

24 Bamberg, Staatsbibliothek, Inv.-Nr. 1 R 90. Vgl. Werner Taegert: »Deß Menschen leben ist gleich Einer Blum«. Stammbuch-Aquarelle der Maria Sibylla Merian. In: Wettengl (wie Anm. 13), S. 88–93, S. 102, Kat. 35. Zu Hoefnagel vgl. Thea Vignau-Wilberg: Archetypa studiaque patris Georgii Hoefnagelii 1592. Natur, Dichtung und Wissenschaft in der Kunst um 1600. München: Staatliche Graphische Sammlung 1994; Marjorie Lee Hendrix: Joris Hoefnagel and the ›four elements‹. A study in sixteenth-century nature painting. Ann Arbor: University Microfilms International 1984.

25 Gart der Gesuntheit: zu latin Ortus sanitatis / von allerley Thieren, Vöglen, Vischen oder Mörwundern, und edlem Gstein / daruß gezogen von den natürlichen Meistern, was dem Menschen zu seiner Gesundheit dienet [...]. Hrsg. von Johannes von Cuba. Straßburg: Balthasar Beck 1529 (VD16 H 5126), Kap. LXXXI. Zum *Gart der Gesuntheit* vgl. Bodenheimer (wie Anm. 15), S. 214–218.

26 Zu den in den Naturlehren tradierten Wissen über Insekten vgl. Bodenheimer (wie Anm. 15), S. 205–246.

27 Petrus Christus: Porträt eines Kartäusermönchs, 1446, New York, Metropolitan Museum, Inv. 49.7.19; vgl. From Van Eyck to Bruegel. Early Netherlandish Painting in The Metropolitan Museum of Art. Ausst. Kat. New York. Hrsg. von Maryan W. Ainsworth. New York: The Metropolitan Museum of Art 1998, bes. S. 148–149, Kat. 21.

28 London, British Library, Add. ms. 54782. Vgl. Derek H. Turner: The Hastings Hours. London: Thames & Hudson 1983; Illuminating the Renaissance. The triumph of Flemish manuscript painting in Europe. Ausst. Kat. Los Angeles, London. Hrsg. von Thomas Kren/Scot McKendrick. Los Angeles: J. Paul Getty Museum 2003, S. 192–194.

29 Vgl. Thea Vignau-Wilberg: ›In minimis maxime conspicua‹. Insektendarstellungen um 1600 und die Anfänge der Entomologie. In: Early Modern Zoology – The Construction of Animals in Science, Literature and the Visual Arts (Intersections, Yearbook for Early Modern Studies, 7). Leiden: Brill 2007, S. 217–243; Janice Neri: The Insect and the Image. Visualizing Nature in Early Modern Europe, 1500–1700. Minneapolis, London: University of Minnesota Press 2011.

30 Bodenheimer (wie Anm. 15), S. 247. Ulisse Aldrovandi: De animalibus insectis libri septem, cum singulorum iconibus ad viuum expressis [...]. Bologna: Giovanni Battista Bellagamba 1602, S. 376.

31 Zit. nach Angela Fischel: Natur im Bild. Zeichnung und Naturerkenntnis bei Conrad Gessner und Ulisse Aldrovandi. Berlin: Gebr. Mann Verlag 2009, S. 51.

32 Zu diesem und dem Folgenden vgl. Fischel (wie Anm. 31).

33 Zur Frühgeschichte des Mikroskops und der Praxis des Mikroskopierens im 17. Jahrhundert vgl. Klaus Meyer: Geheimnisse des Anthoni van Leeuwenhoek. Ein Beitrag zur Frühgeschichte der Mikroskopie. Lengerich u.a.: Pabst 1988. Ich danke Nils Büttner, Stuttgart, für den Hinweis auf diese und weitere Publikationen zur Geschichte der Mikroskopie.

34 Zit. nach Merian (wie Anm. 11), S. 27.

35 Zu diesem noch wenig erforschten Zusammenhang vgl. mit Bezug auf Aldrovandi den Beitrag von Maria Cristina Tagliaferri/Stefano Tommasini/Sandra Tugnoli Pattaro: Ulisse Aldrovandi als Sammler. Das Sammeln als Gelehrsamkeit oder als Methode wissenschaftlichen Forschens? In: Macrocosmos in Microcosmo. Die Welt in der Stube. Zur Geschichte des Sammelns 1450 bis 1800. Hrsg. von Andreas Grote. Opladen: Leske + Budrich 1994, S. 265–281.

36 Vgl. Zemon Davis (wie Anm. 13), S. 184.

Abbildungsnachweis

Trustees of the British Museum: Abb. 1, 2, 5; Nürnberg, Germanisches Nationalmuseum: Abb. 3, 4, 6, 8 (Fotos: Johanna Ziegler); Wikimedia Commons: 7

Helmut Hilz

Ein neuer Weg der Wissenschaftskommunikation

Die Anfänge der wissenschaftlichen Zeitschrift im 17. Jahrhundert

Die Welt der wissenschaftlichen Zeitschriften, gerade der zu den Naturwissenschaften, befindet sich seit einigen Jahren in einem tiefgehenden Umbruch.[1] Die Zahl der Titel, die entweder zusätzlich oder sogar ausschließlich in elektronischer Form erscheinen, ist inzwischen beträchtlich. Die meisten Bibliotheken beziehen schon heute das Gros ihrer Zeitschriften nicht mehr in der Print-Version. Diese Veränderung zeigt den wahrlich revolutionären Medienwandel der Gegenwart mit großer Deutlichkeit.

Das Aufkommen der wissenschaftlichen Zeitschrift als neues Medium in der Frühen Neuzeit stellte jedoch eine mindestens ebenso tiefgreifende Umwälzung dar. Die Beziehungen zwischen den Gelehrten, die bis dahin durch den mündlichen Austausch, vor allem aber durch die Briefkorrespondenz geprägt waren, wurden durch die Entstehung und dauerhafte Etablierung der wissenschaftlichen Zeitschrift auf eine völlig neue Basis gestellt. Mit dieser neuen und gegenüber dem Buch wesentlich schnelleren Publikationsform war es nun möglich, den breiteren Kreis der Fachkollegen in einer zeitsparenden Form in die Diskussionen mit einzubeziehen. Den Briefwechsel gab es deshalb aber weiterhin und gerade dessen Veröffentlichung sollte die Inhalte der wissenschaftlichen Zeitschriften in ihrer Anfangsphase wesentlich mitbestimmen.

Über 350 Jahre, seit 1665, begleiten wissenschaftliche Zeitschriften nunmehr die Entwicklung der Wissenschaften. Damals wurden im Abstand weniger Monate in Frankreich und England die ersten Zeitschriften begründet. Deren Inhalte prägten im Wesentlichen die Veröffentlichung der wissenschaftlichen Korrespondenz, Rezensionen und Artikel vor allem naturwissenschaftlichen Inhalts. Die ersten Gelehrten ihrer Zeit publizierten im *Journal des Sçavans*, den *Philosophical Transactions* oder den seit 1682 erscheinenden *Acta Eruditorum*.

Es war eine Epoche des Aufbruchs in Kultur und Wissenschaft, aber gleichzeitig auch eine Zeit zahlreicher Kriege und Katastrophen. Frankreich wurde seit 1661 von Ludwig XIV. regiert und war in den Jahrzehnten seiner Herrschaft ständig in Kriege verwickelt. In England wütete 1665/66 die Große Pest, der rund 100 000 Menschen zum Opfer fielen. Mit dem Großen Brand von London im September

1666 brach eine weitere Katastrophe über das Land herein. Das Heilige Römische Reich Deutscher Nation erholte sich nur langsam von den Folgen des Dreißigjährigen Krieges (1618–1648), wurde es doch in der zweiten Hälfte des 17. Jahrhunderts von Frankreich und dem Osmanischen Reich bedrängt. Diese Bedrohung gipfelte 1683 in der Belagerung Wiens. Für die Wissenschaften, allen voran die Naturwissenschaften,[2] war diese Epoche trotz aller widrigen äußeren Umstände eine Zeit des Aufbruchs und großer Entdeckungen. Diese spiegeln sich nicht zuletzt im neuen Medium der wissenschaftlichen Zeitschrift wider.

Der Hintergrund des neuen Mediums: Die »Wissenschaftliche Revolution«

Die Naturwissenschaften haben im 16. und 17. Jahrhundert einen tiefgreifenden Wandel durchlaufen, der ihre Inhalte und Methoden ebenso wie ihre gesellschaftliche Relevanz betraf. Für die grundsätzliche Umgestaltung in dieser Epoche hat sich in den Geschichtswissenschaften die heute weitgehend akzeptierte Bezeichnung »Wissenschaftliche Revolution« durchgesetzt.[3]

Den Beginn der Wissenschaftlichen Revolution symbolisieren zwei erstmals im Jahr 1543 erschienene Bücher: Nikolaus Kopernikus' *De revolutionibus orbium coelestium* und Andreas Vesals *De humani corporis fabrica*. Kopernikus leitete mit seinem Buch die Kopernikanische Wende, also die Ablösung vom geozentrischen und die Hinwendung zum heliozentrischen Weltbild ein. Vesal präsentierte ein neues Bild des menschlichen Körpers und setzte sich mit Nachdruck für eine Verbindung von Beobachtung und Theorie ein.

Ebenso wie in Astronomie und Medizin kam es auch in der Physik und Mathematik bis zum Beginn des 18. Jahrhunderts zu grundlegenden Neuerungen. Diese sind vor allem mit den Namen Galileo Galilei, Johannes Kepler, René Descartes, Isaac Newton und Gottfried Wilhelm Leibniz verbunden. Die Gesetze der Mechanik wurden ebenso in der Zeit der Wissenschaftlichen Revolution entdeckt wie die Infinitesimalrechnung.

Mit den Inhalten veränderten sich auch die Methoden der Wissenschaften: Das zweckgerichtete Experiment steht im Zentrum des neuen Wissenschaftsverständnisses. Damit einhergehend erlangten Messen und Wägen für die Forschung grundlegende Bedeutung und erforderten neue Instrumente und Versuchsapparaturen. Deshalb entwickelten Naturwissenschaftler in Zusammenarbeit mit Instrumentenbauern im 17. Jahrhundert eine Reihe wissenschaftlicher Instrumente, die die Breite ihrer Erkenntnisse überhaupt erst ermöglichten: das Mikroskop, das Teleskop, das Thermometer, das Barometer, die Luftpumpe und die Präzisionsuhr.[4] Um sich die zunehmend komplexen Rechnungen zu erleichtern, versuchten sich Wilhelm Schickard, Blaise Pascal und Gottfried Wilhelm Leibniz am Bau erster Rechenmaschinen. Paris und London entwickelten sich zu den wichtigsten

Zentren der Instrumentenfertigung und damit gerade diejenigen Städte, die auch die Erscheinungsorte der ersten wissenschaftlichen Zeitschriften werden sollten.

Die Wissenschaftliche Revolution begleitete die Publikation grundlegender Werke, von denen einige Berühmtheit erlangten: Galileis *Sidereus Nuncius* (1610), Descartes' *Discours de la méthode* (1637) und Newtons *Philosophiae naturalis principia mathematica* (1687) zählen zu den berühmtesten Beispielen. Das Schreiben und Publizieren von Büchern aber war zeitaufwändig und stellte aufgrund der zunehmend komplexeren mathematischen Ausdrucksweise Drucker und Verleger vor immer größere Herausforderungen. Vermögende Naturwissenschaftler – etwa Johannes Hevelius oder Christiaan Huygens – reagierten darauf mit der Einrichtung eigener Druckereien. So war es ihnen möglich, einen hohen Qualitätsstandard einzuhalten; den meisten Forschern standen indes die dafür nötigen Mittel nicht zur Verfügung.

Neue Formen der Wissenschaftsorganisation

Die Epoche der Wissenschaftlichen Revolution verlangte nach neuen Formen der Zusammenarbeit unter den Forschern. Die im Verlauf des Mittelalters gegründeten Universitäten mit ihrem Schwergewicht auf Theologie, Jura und Medizin genügten den Bedürfnissen der Naturwissenschaftler als alleinige Orte der Forschung und des wissenschaftlichen Diskurses nicht länger. Mit der Wissenschaftlichen Revolution wurde deshalb eine Alternative zu den Universitäten notwendig. So entstanden 1603 in Rom die ›Accademia dei Lincei‹ und 1657 in Florenz die ›Accademia del Cimento‹, die jedoch schon nach wenigen Jahren ihre Bedeutung verloren. Sie waren erste Orte des Informationsaustauschs, der Diskussion und des gemeinsamen Experimentierens. Diese Akademien in Italien regten zur Nachahmung an. Nacheinander wurden 1652 in Schweinfurt die heute als ›Leopoldina‹ bekannte ›Academia Naturae Curiosorum‹, 1660 in London die ›Royal Society‹, 1666 in Paris die ›Académie des Sciences‹ und schließlich 1700 in Berlin die ›Kurfürstlich Brandenburgische Sozietät der Wissenschaften‹ gegründet.[5]

Die Gründung dieser Institutionen stellt für sich selbst einen tiefen Einschnitt der Wissenschaftsgeschichte dar, entstanden damit doch erstmals wissenschaftliche Institutionen außerhalb des traditionellen universitären Rahmens. Deren Schwerpunkt lag auf den aufstrebenden Disziplinen Astronomie, Physik, Mathematik und Chemie. Sie vereinten unter ihrem Dach nicht nur an den Universitäten ausgebildete Forscher. So waren bis zur Mitte des 19. Jahrhunderts zwei Drittel der wenige Hundert Mitglieder zählenden ›Royal Society‹ keine Gelehrten im engeren Sinn.[6] Teilweise traf dies auch andernorts zu. So gehörte der Feinmechaniker Jacob Leupold (1674–1727), der ab 1724 auch als Autor eines vielbändigen *Theatrum machinarum* hervortreten sollte,[7] seit 1715 der Berliner Akademie an. Die Aufnahme verdankte er seinem Ruf als hervorragender Instrumentenbauer, der die für

Experimente unentbehrlichen Barometer, Thermometer, Proportionalzirkel, Luftpumpen und Waagen herstellte.

Die Akademien und die übrigen wissenschaftlichen Gesellschaften teilten drei Ziele, die letztlich allesamt in den Bereich der Wissenschaftskommunikation fielen: den Austausch neuer Erkenntnisse unter den Mitgliedern der Gesellschaften, die Weitergabe der Kenntnisse an weitere interessierte Kreise und schließlich deren gedruckte Veröffentlichung in regelmäßig erscheinenden Publikationen.[8]

Akademien als Orte der Wissenschaftskommunikation

Die Akademien förderten durch ihre regelmäßigen Sitzungen den Austausch unter ihren Mitgliedern. Die neuesten Ergebnisse wurden vorgestellt, diskutiert, und es wurden gemeinsam Experimente durchgeführt. Schon bald wuchs das Bedürfnis der Akademiemitglieder, ihre Erkenntnisse auch einem breiteren Fachpublikum mitzuteilen. Ein naheliegender Gedanke war es, die Ergebnisse der wissenschaftlichen Arbeiten der Akademiemitglieder wie auch allgemein interessierende Nachrichten aus der Wissenschaft in regelmäßiger Form zu publizieren.

Periodisch erscheinende, der Öffentlichkeit allgemein zugängliche Publikationen gab es in Form der Zeitungen seit dem Beginn des 17. Jahrhunderts. Als ›Ur-Zeitungen‹ gelten die beiden aus dem Jahr 1609 erhaltenen Zeitungen *Aviso* und *Relation*. Mit diesen in Wolfenbüttel bzw. Straßburg erscheinenden Zeitungen ging Deutschland der internationalen Entwicklung voran. 1631 erschienen mit der *Gazette* und seit 1665 mit der *Oxford Gazette* dann auch in Frankreich und England erste Zeitungen.[9] Damit war eine Publikationsform entstanden, deren wesentliche Merkmale die Periodizität des Erscheinens wie auch die Aktualität und Vielfalt der Inhalte waren.

Da die Autoren durch das Schreiben und Publizieren von Büchern meist viele Jahre in Anspruch genommen wurden, war es naheliegend, das in Form der Zeitung geschaffene Publikationsmodell auch für die Zwecke der Wissenschaft anzuwenden. Es waren nicht die alten Universitäten, die nach schnelleren Publikationsformen verlangten, sondern die Gelehrten, die sich den zunehmend ins Zentrum des Interesses rückenden Naturwissenschaften widmeten. Die Wissenschaftliche Revolution, mit der die Entstehung der Akademien wechselseitig verknüpft ist, erforderte aufgrund der rasch wachsenden Kenntnisse eine schnelle Form der Information und Kommunikation. Die neuesten Entdeckungen und Entwicklungen sollten schnell bekannt gemacht werden. Daher lag es nahe, eine »Zeitung für die Gelehrtenwelt«[10] zu schaffen. Doch wandten sich die ersten wissenschaftlichen Zeitschriften mit ihren naturwissenschaftlichen Beiträgen nicht nur an die Gelehrtenwelt, sondern gerade auch an das breitere Publikum. Mit der Aufklärung brach eine Epoche an, in der die Beschäftigung von Laien mit den Naturwissenschaften geradezu in Mode kam.

Dass es gleichzeitig an Möglichkeiten fehlte, sich über die aktuellen Neuerscheinungen zu informieren, kam verstärkend hinzu. Bis zum Beginn des Dreißigjährigen Krieges hatten die Frankfurter Messkataloge diese Aufgabe befriedigend erfüllt, doch standen diese nach 1648 nicht wieder in der früheren Qualität zur Verfügung. Den Gelehrten blieb deshalb nichts anderes übrig, als mit Kollegen zu korrespondieren – wie sie das auch schon während des Mittelalters getan hatten –, um so von für sie relevanten Publikationen zu erfahren. Dies war sicherlich in Paris, London und Leipzig als geistigen Zentren und Mittelpunkten des jeweiligen nationalen Buchhandels leichter als anderswo, was wiederum die Gründung von Zeitschriften in diesen Städten begünstigte.

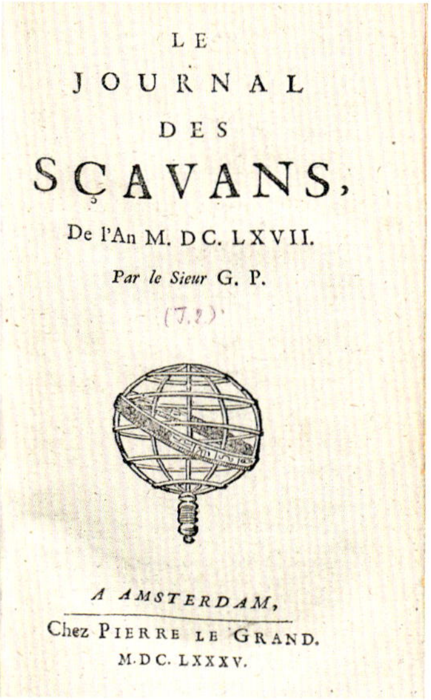
LE
JOURNAL
DES
SÇAVANS,
De l'An M. DC. LXVII.
Par le Sieur G. P.
(7.2)
A AMSTERDAM,
Chez PIERRE LE GRAND.
M.DC. LXXXV.

!1¡ Titelblatt des Jahrgangs 1667 des *Journal des Sçavans*. Es handelt sich um den 1685 in Amsterdam erschienenen Nachdruck in Oktavformat

Die französische Initiative – Das *Journal des Sçavans*

François Eudes de Mézeray (1610–1683), Historiker und Mitarbeiter der offiziösen Zeitung *Gazette* in Paris, hatte 1663 wohl als erster die Idee, eine regelmäßig erscheinende Publikation zu den Wissenschaften und zu neu erschienenen Büchern zu gründen. Einen der Schwerpunkte sollten Berichte aus den Naturwissenschaften bilden. Das 1665 erstmals erscheinende *Journal des Sçavans* sollte im Wesentlichen den Vorstellungen Mézerays folgen.[11] !1¡

Dieser bewohnte das gleiche Haus in der Rue Montorgueil in Paris wie Denis de Sallo (1626–1669), der schon bald zum Begründer der ersten wissenschaftlichen Zeitschrift werden sollte. Wie schon sein Vater gehörte de Sallo dem ›Parlement‹ in Paris an, einer Institution, die im Ancien Régime sowohl die Aufgaben eines höchsten Gerichts als auch einer Verwaltungsbehörde vereinte. Die damit verbundenen Pflichten erfüllte de Sallo offenbar nur mit mäßigem Erfolg, genoss jedoch wegen seiner herausragenden Bildung trotzdem einen ausgezeichneten Ruf. Dadurch wurde der als Begründer des Merkantilismus bekannte Jean-Baptiste Colbert (1619–1683) auf ihn aufmerksam. Colbert gründete 1663 die auch als ›Petite Académie‹ (Kleine Akademie) bekannte ›Académie royale des Inscriptions et Belles Lettres‹, in die er auch Denis de Sallo berief. Mit anderen Mitgliedern der Colbertschen Akademie entschloss sich de Sallo, die Idee der Gründung einer wissenschaftlichen Zeitschrift wieder aufzugreifen. 1664 erhielt er von Ludwig XIV. das Recht verliehen, regelmäßig über Arbeiten aus der Mathematik, den Naturwissenschaften, der Geschichte, den Schönen Künsten und der Theologie zu berichten.[12]

Unter dem Titel *Journal des Sçavans*[13] erschien die Zeitschrift erstmals am 5. Januar 1665. Sie sollte in erster Linie über neu erschienene Bücher und deren Inhalte informieren. Daneben waren Gelehrtennachrufe, Berichte über die Arbeit der wissenschaftlichen Gesellschaften und Entscheidungen weltlicher ebenso wie kirchlicher Gerichte als Inhalte vorgesehen. Die Kommentare de Sallos erregten schon nach kurzer Zeit den Unmut der Kirche wie auch den von Gelehrten, die sich in ihrer Eitelkeit verletzt fühlten. Deshalb musste die Zeitschrift schon im März 1665

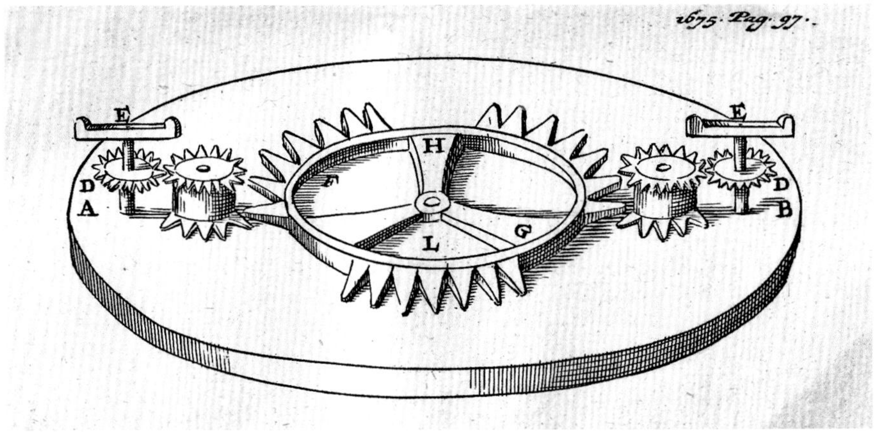

!2¡
Stich der von Gottfried Wilhelm Leibniz konstruierten Taschenuhr. Diese stellte er 1675 Jean Gallois, dem Herausgeber des *Journal des Sçavans*, in einem darin veröffentlichten Brief vor

ihr Erscheinen einstellen und erschien erst wieder ab Januar 1666. Mit der Leitung der Redaktion hatte Colbert anstelle von de Sallo den Hauslehrer seiner Kinder, Abbé Jean Gallois (1632–1707), betraut. Gallois, der bis 1674 für diese Aufgabe zuständig war, gelang es, das *Journal des Sçavans* dauerhaft zu etablieren. !2¡ Dies nicht zuletzt durch den Verzicht auf allzu harsche Kritik. Bis 1724 sollte die Zeitschrift in vierzehntägigem Rhythmus im Umfang von zwölf Seiten in Quartformat erscheinen. Danach gingen die Herausgeber auf eine monatliche Erscheinungsweise über.

Seit der Gründung der ›Académie des Sciences‹ 1666 war es ganz selbstverständlich, dass die Akademiemitglieder ihre neuesten Erkenntnisse im *Journal des*

Sçavans publizierten, nicht zuletzt um damit auch ihre Prioritätsansprüche zu untermauern.[14] Letztendlich wurde die Zeitschrift damit zu einer offiziellen Publikation der Akademie, deren Mitglieder über die Gestaltung und die Inhalte fast allein entschieden.

Die Inhalte waren stets gemischt, was heute für eine Zeitschrift völlig selbstverständlich erscheint. Doch stellte dies eine Neuerung dar, da die herkömmlichen Bücher immer einem Gegenstand gewidmet waren. Den ganz überwiegenden Teil des Inhalts des *Journal des Sçavans* machten regelmäßig Berichte über neu erschienene Bücher aus, die die Leser auf für sie wichtige Neuerscheinungen aufmerksam machten. Diese wurden auch beurteilt, was zur Begründung des modernen Rezensionswesens führte. Aus heutiger Sicht war die Zeitschrift sogar vorwiegend eine Rezensionszeitschrift. So enthielt beispielsweise die am 20. Dezember 1666 erschienene Ausgabe einen ausführlichen Bericht über Robert Hookes neu erschienenes Werk *Micrographia*. Dabei waren zur Illustration auch zwei, Kleinlebewesen darstellende Stiche beigegeben. Daneben wurden, allerdings deutlich weniger ausführlich, zwei Werke zur Theologie besprochen.

Vom Umfang her an zweiter Stelle standen Nekrologe über verstorbene Gelehrte, worin das soziale Selbstverständnis der ›respublica literaria‹ zum Ausdruck kommt. An dritter Stelle standen endlich die Forschungsbeiträge selbst. Fast ausschließlich waren diese den Naturwissenschaften, der Technik und der Medizin gewidmet. Dabei wurde nicht zuletzt regelmäßig über die Arbeit anderer wissenschaftlicher Gesellschaften, vor allem der ›Royal Society‹ in London, berichtet.

Es ist bemerkenswert, dass 1665, also in einer Zeit, in der das Lateinische noch die Lingua franca der internationalen Wissenschaft war, die erste wissenschaftliche Zeitschrift in französischer Sprache publiziert wurde. Der Briefverkehr unter Gelehrten bediente sich unverändert des Lateinischen, das noch den wissenschaftlichen Buchmarkt dominierte. Doch hatte in Frankreich im Vergleich zum deutschen Sprachraum das Latein bereits einen Teil seiner Bedeutung verloren. Die Verwendung des Französischen kann dies aber nicht allein erklären. Es kommt darin wohl auch ein seit dem Regierungsantritt Ludwig XIV. im Jahr 1661 wachsendes nationales Selbstbewusstsein zum Ausdruck. Offenbar stellte diese Publikationssprache im europäischen Maßstab ein Hindernis dar, und um auch Lesern, die des Französischen nicht mächtig waren, die Nutzung zu ermöglichen, erschienen Auszüge der ersten fünf Jahrgänge in Leipzig unter dem Titel *Ephemerides Eruditorum* in lateinischer Übersetzung.

Mit dem *Journal des Sçavans* etablierte sich in der zweiten Hälfte des 17. Jahrhunderts eine, mit Ausnahme der Jahre 1792 bis 1816, ununterbrochen bis heute erscheinende wissenschaftliche Zeitschrift. Für Naturwissenschaftler interessante Artikel bestimmten den Inhalt seit ihrer Begründung wesentlich. Schon 1665 verfügte die Publikation über ein internationales Netzwerk, dem der in Leiden wirkende Physiker Christiaan Huygens ebenso angehörte wie der Sekretär und Begründer der ersten englischen Zeitschrift Henry Oldenburg.

England zieht nach – Die *Philosophical Transactions*

Während Denis de Sallo nur für wenige Monate als Herausgeber wirkte und wissenschaftshistorisch keine größere Bedeutung hat, hat sein englischer Widerpart, Henry Oldenburg (um 1619–1677), die Entwicklung der von ihm initiierten Zeitschrift über viele Jahre geprägt und war als Wissenschaftsorganisator eine eminent wichtige Figur.

Oldenburg war in Bremen geboren und aufgewachsen, er studierte am ›Gymnasium illustre‹ seiner Heimatstadt sowie in Utrecht Theologie. Danach begleitete er wohl vorwiegend englische Schüler auf ihren Reisen durch Europa und trat dabei mit vielen herausragenden Persönlichkeiten in Verbindung. 1653 wurde er dann vom Rat der Stadt Bremen in diplomatischer Mission nach England entsandt und blieb dauerhaft dort. In England kam er mit Robert Boyle (1627–1691), einem herausragenden und auf vielen Gebieten tätigen Naturwissenschaftler, der vor allem wichtige Beiträge zur Chemie lieferte, in Kontakt und konnte auf diese Weise Beziehungen zu den führenden wissenschaftlichen Kreisen nicht nur in England, sondern in ganz Europa knüpfen. Er baute so schrittweise ein Netzwerk auf, das ihm künftig bei der Herausgabe der Zeitschrift von großem Nutzen sein sollte. Die Geistesgrößen seiner Zeit kannte er oft persönlich, so etwa in den Niederlanden den Naturforscher Christiaan Huygens und den Philosophen Baruch de Spinoza.

Obwohl Oldenburg bei der Gründung der ›Royal Society‹ 1660 selbst nicht anwesend war, erhielt er aufgrund seiner engen Beziehungen nicht nur zur englischen Wissenschaftselite schon ein Jahr später einen der beiden Sekretärsposten übertragen und sollte in den Folgejahren die Entwicklung der Gesellschaft dauerhaft prägen. Die Verbesserung der wissenschaftsinternen Kommunikation wurde von ihm ebenso wie von Robert Boyle, Robert Hooke (1635–1702/03) und Robert Moray (1608/09–1673), dem ersten Präsidenten der ›Royal Society‹, als dringend notwendig angesehen.

Als Henry Oldenburg am 11. Januar 1665 den Mitgliedern der ›Royal Society‹ die erste Ausgabe des *Journal des Sçavans* präsentierte, hat dies die folgenden Entscheidungen zweifellos beschleunigt.[15] Seine Aufgaben als Sekretär konzentrierten sich deshalb darauf, die Mitglieder über die Arbeit auf dem Kontinent zu informieren und umgekehrt dort über die Tätigkeit der ›Royal Society‹ zu berichten. Zu diesem Zweck unterhielt Oldenburg ein mindestens 50 Personen umfassendes Netz an Korrespondenten, deren Briefe einen nicht unwesentlichen Teil der von Oldenburg initiierten Zeitschrift ausmachten. Er korrespondierte mit Gelehrten aus Frankreich, Deutschland, Italien, Polen und Portugal sowie aus den britischen Kolonien in Nordamerika.[16]

Mit den *Philosophical Transactions* begründete Oldenburg eine bis heutige erscheinende wissenschaftliche Zeitschrift. Deren erste Ausgabe erschien am 6. März

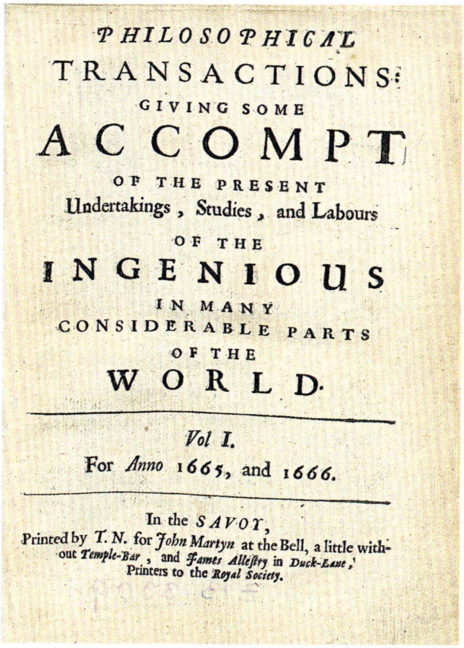
PHILOSOPHICAL
TRANSACTIONS:
GIVING SOME
ACCOMPT
OF THE PRESENT
Undertakings, Studies, and Labours
OF THE
INGENIOUS
IN MANY
CONSIDERABLE PARTS
OF THE
WORLD.

Vol I.
For *Anno* 1665, and 1666.

In the *SAVOY*,
Printed by *T. N.* for *John Martyn* at the Bell, a little without *Temple-Bar*, and *James Allestry* in *Duck-Lane*, Printers to the *Royal Society*.

!3¡ Titelblatt des ersten Jahrgangs der *Philosophical Transactions*

1665, also nur zwei Monate nach dem erstmaligen Erscheinen des *Journal des Sçavans*. !3¡ Oldenburg gab die Zeitschrift auf eigene Verantwortung und Kosten, aber mit Zustimmung und unter Aufsicht der ›Royal Society‹ heraus. Erst mit dem 1753 erscheinenden Band 47 sollten die *Philosophical Transactions* auch offiziell von der ›Royal Society‹ publiziert werden.

Auch im Fall der *Philosophical Transactions* bildeten die schon länger existierenden Zeitungen das Vorbild für die Publikation. Oldenburg erwog 1664, eine periodisch erscheinende Publikation mit Themen aus Politik und Wissenschaft zu füllen. Anders als das *Journal des Sçavans* sollte sie jedoch nicht vierzehntäglich, sondern in monatlichem Abstand erscheinen. Der wesentlichere Unterschied lag jedoch in der inhaltlichen Begrenzung auf die Naturwissenschaften. Für Artikel zur Geschichte und Theologie sollte in den *Philosophical Transactions* grundsätzlich kein Platz sein. Diese Gebiete hatten keinerlei Bezug zur Arbeit der ›Royal Society‹ und Oldenburg lehnte deren Berücksichtigung, vermutlich um die Zeitschrift vor Angriffen zu schützen, prinzipiell ab. Die Vermeidung möglicher Angriffsflächen war möglicherweise auch der Grund dafür, dass die *Philosophical Transactions* – anders als das *Journal des Sçavans* – weniger Rezensionen neu erschienener Bücher enthielt. Oldenburg war es nicht entgangen, dass de Sallo aufgrund der heftigen Reaktionen schon im März gezwungen war, das Erscheinen seiner Zeitschrift vorläufig einzustellen.

Oldenburg beschränkte also im Gegensatz zu de Sallo den Inhalt seiner Zeitschrift von Anfang an auf die Naturwissenschaften und die Technik. Dabei legte er besonderen Wert auf die Darstellung der von Mitgliedern der ›Royal Society‹ durchgeführten Experimente. Doch waren die Gebiete, die einzelne Autoren über größere Zeiträume hinweg behandeln sollten, sehr vielfältig. So hat Robert Hooke, einer der herausragenden Naturwissenschaftler des 17. Jahrhunderts, über so unterschiedliche Gebiete wie Astronomie, Mikroskopie, Geologie und sogar zu Themen der Architektur geschrieben.

Einer Publikation in der Zeitschrift ging jeweils eine Begutachtung durch die Fellows der ›Royal Society‹ voraus. Die für die Veröffentlichung vorgesehenen Texte mussten zuerst eingereicht werden und wurden dann in einer Sitzung der Gesellschaft vorgestellt. Ein oder zwei Fellows hatten sie innerhalb von zwei Wochen zu beurteilen und berichteten dann über ihr Ergebnis. Das ›Peer-Review-Verfahren‹, heute ein Kennzeichen für die Qualität einer wissenschaftlichen Zeitschrift, wurde damit schon in den Anfangsjahren der *Philosophical Transactions* begründet.[17]

Oldenburg übersetzte, obwohl kein englischer Muttersprachler, wiederholt naturwissenschaftliche Werke aus dem Lateinischen ins Englische und umgekehrt vermutlich Teile von Boyles Werken vom Englischen ins Lateinische.[18] Als Publikationssprache der *Philosophical Transactions* wählte er ebenfalls die Landessprache. Dabei hatte Oldenburg nicht nur das wissenschaftliche Publikum im engeren Sinn im Auge, sondern auch die breite, an derartigen Themen interessierte und aufnahmebereite Öffentlichkeit. Nicht zuletzt dürfte dabei die bereits erwähnte Tatsache, dass zwei Drittel der Mitglieder der ›Royal Society‹ keine Gelehrten waren, eine wichtige Rolle gespielt haben. Der große Leserkreis führte freilich dazu, dass mancher Beitrag die Sensationslust der Leser stillen sollte.[19] Auf diese Weise gewann Oldenburg auf den Britischen Inseln sicherlich zahlreiche Leser für seine Publikation. Auf dem Kontinent konnte der damit jedoch kaum Aufmerksamkeit wecken. Deshalb erschienen in den Anfangsjahren, von 1666 bis 1669, eine lateinische Ausgabe und Auszüge der Zeitschrift in einer französischen Ausgabe. Einige Jahrgänge wurden im 18. Jahrhundert schließlich auch ins Deutsche und Italienische übersetzt.[20]

Das Englische war in der zweiten Hälfte des 17. Jahrhunderts auf dem Kontinent noch wenig verbreitet und deshalb in der wissenschaftsinternen Kommunikation weitgehend bedeutungslos. Der Aufstieg des Englischen zu einer Weltsprache setzte erst im 18. Jahrhundert ein, als das Land schnell an politischer und wirtschaftlicher Bedeutung gewann. Für seine zunehmende Rolle als Wissenschaftssprache darf der Einfluss der *Philosophical Transactions* nicht unterschätzt werden: Durch die hochkarätigen Artikel der Zeitschrift wurde es für Naturwissenschaftler zunehmend wichtiger, sich zumindest Lesekenntnisse des Englischen anzueignen.[21]

Verglichen mit dem *Journal des Sçavans* hatten die *Philosophical Transactions* für Naturwissenschaftler eine wesentlich größere Bedeutung. Die nahezu ausschließliche Beschränkung des Inhalts auf Naturwissenschaften und die Technik

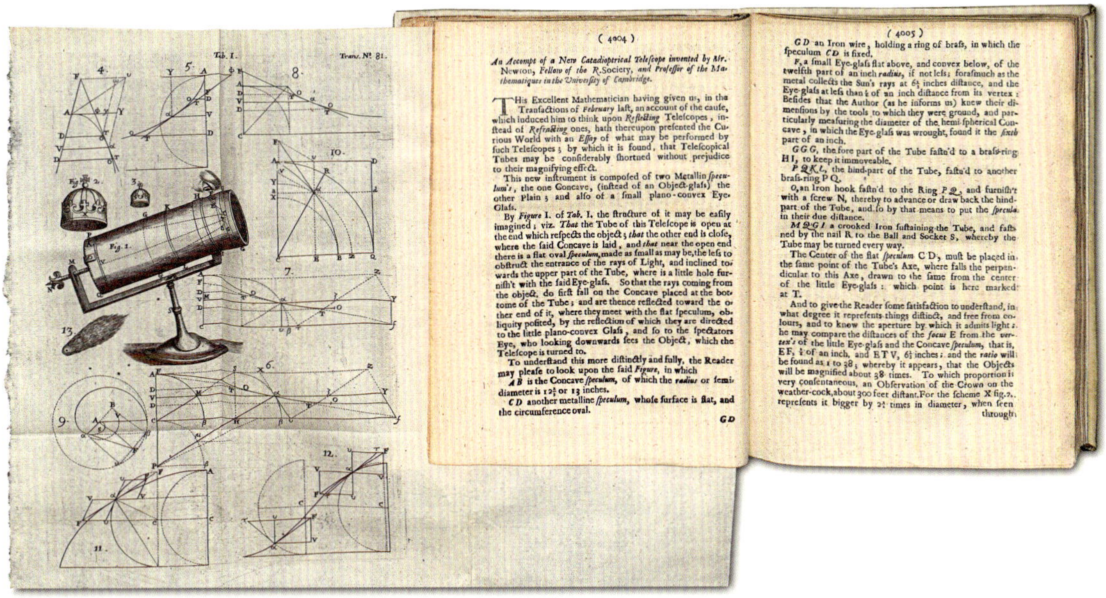

(4004)

An Accompt of a New Catadioptrical Teleſcope invented by Mr. Newton, *Fellow of the* R.Society, *and Profeſſor of the Mathematiques in the Univerſity of Cambridge.*

THis Excellent Mathematician having given us, in the Tranſactions of *February* laſt, an account of the cauſe, which induced him to think upon *Reflecting* Teleſcopes, inſtead of *Refracting* ones, hath thereupon preſented the Curious World with an *Eſſay* of what may be performed by ſuch Teleſcopes; by which it is found, that Teleſcopical Tubes may be conſiderably ſhortned without prejudice to their magnifying effect.

This new inſtrument is compoſed of two Metallin *ſpeculum's*, the one Concave, (inſtead of an Object-glaſs) the other Plain; and alſo of a ſmall plano-convex Eye-Glaſs.

By *Figure* I. of *Tab.* I. the ſtructure of it may be eaſily imagined; viz. *That* the Tube of this Teleſcope is open at the end which reſpects the object; *that* the other end is cloſe, where the ſaid Concave is laid, and *that* near the open end there is a flat oval *ſpeculum*, made as ſmall as may be, the leſs to obſtruct the entrance of the rays of Light, and inclined towards the upper part of the Tube, where is a little hole furniſh't with the ſaid Eye-glaſs. So that the rays coming from the object, do firſt fall on the Concave placed at the bottome of the Tube; and are thence reflected toward the other end of it, where they meet with the flat ſpeculum, obliquity poſited, by the reflection of which they are directed to the little plano-convex Glaſs, and ſo to the ſpectators Eye, who looking downwards ſees the Object, which the Teleſcope is turned to.

To underſtand this more diſtinctly and fully, the Reader may pleaſe to look upon the ſaid *Figure*, in which

AB is the Concave *ſpeculum*, of which the *radius* or ſemidiameter is 12⅔ or 13 inches.

CD another metalline *ſpeculum*, whoſe ſurface is flat, and the circumference oval.

GD

(4005)

GD an Iron wire, holding a ring of braſs, in which the ſpeculum *CD* is fixed.

F, a ſmall Eye-glaſs flat above, and convex below, of the twelfth part of an inch *radius*, if not leſs; foraſmuch as the metal collects the Sun's rays at 6⅓ inches diſtance, and the Eye-glaſs at leſs than ⅙ of an inch diſtance from its vertex: Beſides that the Author (as he informs us) knew their dimenſions by the tools to which they were ground, and particularly meaſuring the diameter of the hemi-ſpherical Concave, in which the Eye-glaſs was wrought, found it the *ſixth* part of an inch.

GGG, the fore part of the Tube faſtn'd to a braſs-ring HI, to keep it immoveable.

PQKL, the hind-part of the Tube, faſtn'd to another braſs-ring PQ.

O, an Iron hook faſtn'd to the Ring *PQ*, and furniſh't with a ſcrew N, thereby to advance or draw back the hind-part of the Tube, and ſo by that means to put the *ſpecula* in their due diſtance.

MQGI a crooked Iron ſuſtaining the Tube, and faſtned by the nail R to the Ball and Socket S, whereby the Tube may be turned every way.

The Center of the flat *ſpeculum* CD, muſt be placed in the ſame point of the Tube's Axe, where falls the perpendicular to this Axe, drawn to the ſame from the center of the little Eye-glaſs: which point is here marked at T.

And to give the Reader ſome ſatisfaction to underſtand, in what degree it repreſents things diſtinct, and free from colours, and to know the aperture by which it admits light: he may compare the diſtances of the *focus* E from the *vertex's* of the little Eye-glaſs and the Concave *ſpeculum*, that is, EF, ⅙ of an inch, and ETV, 6⅓ inches: and the *ratio* will be found as 1 to 38; whereby it appears, that the Objects will be magnified about 38 times. To which proportion is very conſentaneous, an Obſervation of the Crown on the weather-cock, about 300 feet diſtant. For the ſcheme X fig. 2. repreſents it bigger by 2½ times in diameter, when ſeen

through

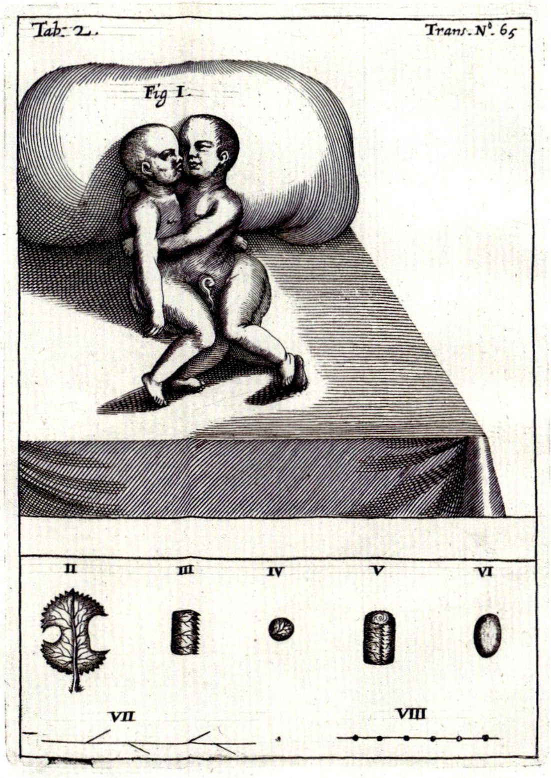

!4¡
Isaac Newton veröffentlichte 1672 einen Beitrag zu dem von ihm einige Jahre zuvor entwickelten Spiegelteleskop

!5¡
Der Jahrgang 1670 der *Philosophical Transactions* enthielt einen Artikel zu Siamesischen Zwillingen

Philosoph: Transact: Numb: 148.

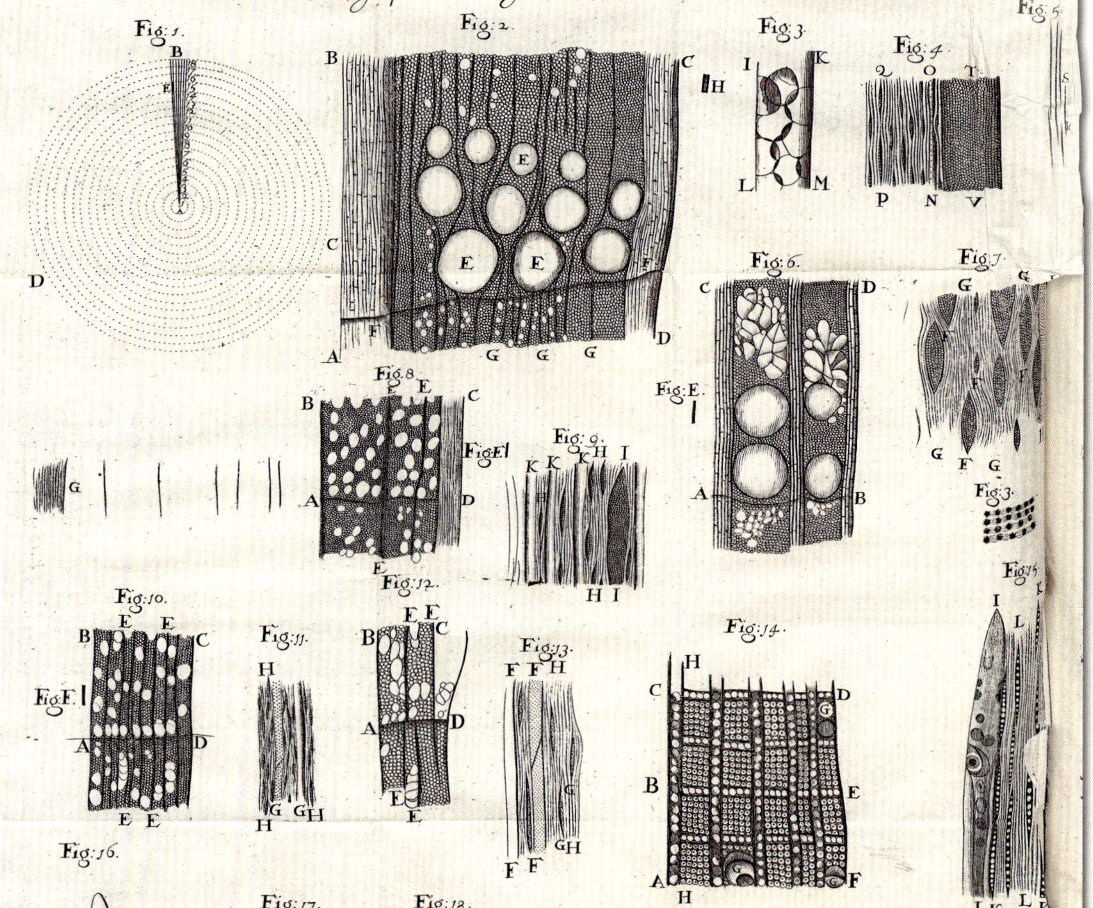

zeichnete die Zeitschrift von Anfang an aus. Das wichtigste Gebiet war die Medizin, gefolgt von der Geologie und der Technik. Dagegen dominierte beim Gesamtinhalt des *Journal des Sçavans* die Theologie vor der Medizin und der Geschichte. ! 4–6 ¡

Während der Inhalt des *Journal des Sçavans* ganz überwiegend, schätzungsweise zu neun Zehnteln, von Rezensionen geprägt wurde, machten diese in den *Philosophical Transactions* nur rund ein Fünftel des Inhalts aus. Einen wesentlichen Teil des Inhalts bildete der Abdruck von Briefen an die ›Royal Society‹ oder an Oldenburg wie auch von deren Antworten an auswärtige Gelehrte. Hinzu kam die Korrespondenz, die vorher bereits im *Journal des Sçavans* veröffentlicht worden war. Die Gelehrtenbriefe waren ein Spiegelbild der aktuellen wissenschaftlichen Debatten, astronomischen Beobachtungen und Experimente. Vor allem aus der Veröffentlichung der Briefe, die Oldenburg und andere Fellows mit Gelehrten aus ganz Europa austauschten, leitet sich der internationale Anspruch der Zeitschrift her. Durch die Veröffentlichung der Korrespondenz wurde die Zeitschrift innerhalb weniger Jahre zu der mit Abstand wichtigsten Informationsplattform in den Naturwissenschaften. Es war nun möglich, in Portugal oder Schweden eine Debatte zwischen den Fellows und beispielsweise Gelehrten in Polen zu verfolgen.

Doch boten die *Philosophical Transactions* auch Platz für umfangreichere Beiträge. So veröffentlichte 1666 der Mathematiker John Wallis (1616–1703) einen 18-seitigen Aufsatz über die Ursachen der Gezeiten.[22] Wissenschaftliche Aufsätze, die dann in Auszügen auch im *Journal des Sçavans* erschienen, prägten den Stil der *Philosophical Transactions* wesentlich.[23] Die Autoren waren zwar überwiegend Engländer, doch publizierten auch viele Kontinentaleuropäer Beiträge.

Die *Philosophical Transactions* erschienen in monatlichem Abstand in Heften von anfänglich 16 Seiten Umfang in Quartformat. Diesen waren gelegentlich zumeist als Kupferstiche ausgeführte Illustrationen beigegeben. Die Auflage lag bei wenigen Hundert Exemplaren, die zum Teil auf dem Kontinent Verbreitung fanden. Es ist bemerkenswert, dass es in der zweiten Hälfte des 17. Jahrhunderts bereits möglich war, eine Zeitschrift mit großer Regelmäßigkeit zumindest in die benachbarten Länder zu liefern.

Die noch heute existierende Zeitschrift erschien in den ersten Jahrzehnten im Verlag von John Martyn (1617/18–1680), einem der bedeutendsten englischen Verleger seiner Zeit, der vor allem auch naturwissenschaftliche Werke in seinem Programm hatte. Der Verleger spielte im Handel naturwissenschaftlicher Werke zwischen England und dem Kontinent eine wichtige Rolle. So ist es nicht erstaunlich, dass ihm 1663 das ausschließliche Recht, die Veröffentlichungen der ›Royal Society‹ zu verlegen, verliehen wurde.[24] Das Drucken und Verlegen naturwissenschaftlicher Werke gehörte zu den anspruchsvollen Feldern des Publikationswesens, da die komplizierte, nicht allgemein verständliche Materie erhebliche Anforderungen stellte.

! 6 ¡
Antoni van Leeuwenhoek berichtete Robert Hooke 1683 über seine mikroskopische Untersuchung von Holzfasern

Erste wissenschaftliche Journale in Deutschland

Mit dem Gedanken, auch in Deutschland eine wissenschaftliche Zeitschrift zu begründen, trug sich als erster der Mathematiker und Philosoph Gottfried Wilhelm Leibniz. Dieser hatte an 169 Orten in Europa und Asien mehr als tausend Briefpartner, darunter seit 1670 auch Henry Oldenburg.[25] So war Leibniz mit der Arbeit und den Inhalten der *Philosophical Transactions* bestens vertraut. Aus den halbjährlich zur Leipziger Buchmesse erscheinenden Messkatalogen wollte er jeweils 100 Werke auswählen und in einer *Nucleus librarius semestralis* genannten Zeitschrift vorstellen. Doch wurde sein Gesuch um ein Privileg des Kaisers abgelehnt.[26]

Wie in Frankreich und England entstand die erste wissenschaftliche Zeitschrift in Verbindung mit einer Akademie, der bereits erwähnten, 1652 in Schweinfurt von dem Arzt Johann Lorenz Bausch (1605–1665) begründeten ›Academia Naturae Curiosorum‹. 1712 wurde diese erste naturwissenschaftliche Akademie Europas dann in ›Kaiserlich Leopoldinisch-Carolinische Deutsche Akademie der Naturforscher‹ umbenannt. Sie besteht ohne Unterbrechung bis heute und führt seit 2008 den Namen ›Deutsche Akademie der Naturforscher Leopoldina – Nationale Akademie der Wissenschaften‹. Die Initiative zur Gründung einer Zeitschrift ging nicht von Bausch selbst aus, sondern von dem Akademiemitglied und Breslauer Stadtphysikus Philipp Jacob Sachs von Löwenheim (1627–1672). Seit 1670 publizierte die anfänglich vor allem auf die Medizin fokussierte Akademie mit den *Miscellanea curiosa medico-physicarum Academiae Naturae Curiosorum* die erste wissenschaftliche Zeitschrift im deutschen Sprachraum.

Die Zeitschrift, die völlig auf Rezensionen verzichtete, war in den ersten Jahrzehnten ihres Bestehens primär auf die Medizin ausgerichtet und kann damit als eine Vorläuferin der sich im 18. Jahrhundert entwickelnden Fachzeitschriften betrachtet werden. Die *Miscellanea curiosa medico-physicarum* haben allerdings nach einigen Jahrzehnten begonnen, auch Beiträge zur Mathematik und den Naturwissenschaften zu veröffentlichen. Die jährlich erscheinende Zeitschrift wandte sich vor allem an Ärzte und war damit an eine des Lateinischen kundige Zielgruppe gerichtet. Sie erschien deshalb in den ersten hundert Jahren ihres Bestehens in lateinischer Sprache. Unterscheidet sie dies von den französischen und englischen Vorläufern, so teilt sie mit diesen ihr Bestehen bis zur Gegenwart. Nach zahlreichen Namensänderungen erscheint sie seit 1968 unter dem Titel *Nova acta Leopoldina – Abhandlungen der Deutschen Akademie der Naturforscher Leopoldina*.

Daniel Georg Morhof (1639–1691), der als einer der Begründer der Literaturgeschichte gilt, hatte schon gegen Ende der 1660er Jahre vorgeschlagen, auch in Deutschland eine monatlich erscheinende, über die europäischen Neuerscheinungen informierende Publikation zu gründen. Diesen Ansprüchen genügten die *Miscellanea curiosa medico-physicarum* nicht, doch sollte es noch bis 1682 dauern,

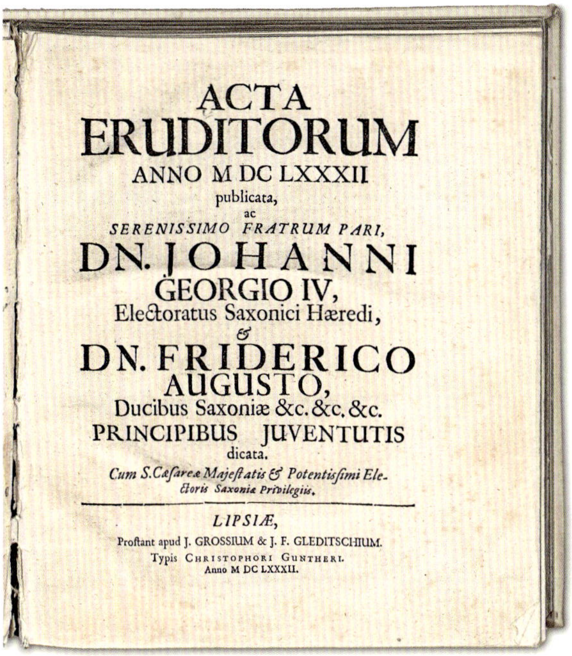
ACTA
ERUDITORUM
ANNO M DC LXXXII
publicata,
ac
SERENISSIMO FRATRUM PARI,
DN. JOHANNI
GEORGIO IV,
Electoratus Saxonici Hæredi,
&
DN. FRIDERICO
AUGUSTO,
Ducibus Saxoniæ &c. &c. &c.
PRINCIPIBUS JUVENTUTIS
dicata.
Cum S. Cæsareæ Majestatis & Potentissimi Electoris Saxoniæ Privilegiis.
LIPSIÆ,
Proſtant apud J. GROSSIUM & J. F. GLEDITSCHIUM.
Typis CHRISTOPHORI GUNTHERI.
Anno M DC LXXXII.

!7¡
Das Titelblatt des ersten Jahrgangs der *Acta Eruditorum*

bis mit den *Acta Eruditorum* eine erste allgemeine, auch Rezensionen enthaltende wissenschaftliche Zeitschrift im deutschen Sprachraum entstand. !7¡ Den Entstehungshintergrund bildeten drei in Leipzig ansässige gelehrte Gesellschaften. Der Leipziger Universitätsprofessor Otto Mencke (1644–1707) war in deren Umfeld tätig und wurde dadurch zur Gründung der Zeitschrift angeregt. Diesem Umstand ist es zuzuschreiben, dass viele der künftigen Beiträger dieser Zeitschrift ebenfalls Professoren an der sächsischen Landesuniversität waren.[27] Mit dem aus Leipzig stammenden Gottfried Wilhelm Leibniz, der unter dem Titel *Nova methodus pro maximis* im Jahr 1684 in den *Acta Eruditorum* erstmals zur Infinitesimalrechnung publizierte, konnte Mencke einen in ganz Europa bekannten Gelehrten als Autor gewinnen.

Mencke hatte wie Oldenburg das Bremer ›Gymnasium illustre‹ besucht und danach in Jena und Leipzig Theologie studiert. Nach der Beendigung seines Studiums bereiste er erstmals die Niederlande und England. 1669 erhielt er in Leipzig eine Professur für ›Philosophia practica‹ und las über Moral und Politik. 1680 bereiste er ein zweites Mal die Niederlande und England. Diese Reise nutzte er, um sein Projekt einer wissenschaftlichen Zeitschrift den dort führenden Gelehrten bekannt zu machen. Mit Robert Boyle, John Wallis und Antoni van Leeuwenhoek traf er bekannte und einflussreiche Naturwissenschaftler. Die Anregungen dieser Reise wie das über die Jahre entstandene Netzwerk nutzten dem Zeitschriftenprojekt, für das Mencke 1681 auch in Deutschland zu werben begann.[28] Nachdem er dieses 1682 erfolgreich in Gang gesetzt hatte, blieb die Zeitschrift dauerhaft Menckes wichtigstes Arbeitsfeld. Der umtriebige Mencke war wiederholt Rektor der Universität Leipzig und Dekan der Philosophischen Fakultät. Für bedeutende eigene Veröffentlichungen ließ ihm die Redaktion von 25 Bänden und drei Supplementbänden seiner Zeitschrift jedoch keine Zeit.[29]

Diese orientierte sich sowohl inhaltlich wie aufgrund ihrer monatlichen Erscheinungsweise sowohl am Vorbild des *Journal des Sçavans* als auch an den *Philosophical Transactions*. Den Inhalt bildeten Aufsätze, Notizen, wissenschaftliche Nachrichten aus den Zeitschriften des Auslands und Buchbesprechungen. Anfänglich verteilte sich der Inhalt zu jeweils einem Drittel auf die Medizin und Naturwissenschaften, die Theologie sowie die Fächer Geographie, Geschichte und Philosophie. Die Naturwissenschaften sollten ihren Anteil über die hundert Jahre des Erscheinens der *Acta Eruditorum* beibehalten. Dagegen verlor die Theologie sukzessive zugunsten von Geographie, Geschichte und Philosophie an Gewicht. Letztere machten schließlich rund die Hälfte des Inhalts aus.[30] Die inhaltliche Verteilung spiegelt damit die Entwicklung des gesamten Buchmarktes wider, auf dem am Ende des 18. Jahrhunderts die Theologie nur noch ein gutes Zehntel der Neuerscheinungen stellte.[31] Während die Naturwissenschaften am gesamten Inhalt mit einem Drittel vertreten waren, hatten unter der Leitung Menckes fast alle der 300 Originalschriften einen naturwissenschaftlichen Inhalt. Wie beim *Journal des Sçavans* und den *Philosophical Transactions* bestimmten damit auch bei den *Acta Eruditorum* die Bedürfnisse der Naturwissenschaftler den Inhalt der Zeitschrift wesentlich.

Einen großen Teil des Gesamtinhalts machten dauerhaft und fächerübergreifend ausführliche Buchbesprechungen aus. Besprochen wurden Publikationen aus ganz Europa, hier ähneln die *Acta Eruditorum* stark dem *Journal des Sçavans*. Angesichts der zunehmend weniger überschaubaren Buchproduktion stellten die Rezensionen eine große Hilfe dar, um auf wichtige Publikationen aufmerksam zu werden. Besprochen wurden neben Werken aus Deutschland (31 Prozent) vorrangig solche aus den Niederlanden (28,5 Prozent), England (15,5 Prozent), Frankreich (12 Prozent) und Italien (9 Prozent). Ebenso war die Korrespondenz mit namhaften Gelehrten in ganz Europa von erheblichem Umfang; 200 Mitarbeiter in 69 europäischen Städten trugen mit ihren Beiträgen zum Inhalt bei.[32]

Durch die regelmäßige Lektüre der Zeitschrift war es möglich, sich über die wissenschaftlichen Fortschritte auf allen Gebieten auf dem Laufenden zu halten. Deshalb wurde die Zeitschrift schon bald zur Pflichtlektüre an den Universitäten des Heiligen Römischen Reichs Deutscher Nation. Allerdings war dies nur Lesern möglich, die lateinische Texte mühelos lesen und verstehen konnten. Die Tatsache, dass die Zeitschrift in Latein erschien, ist der am stärksten und unmittelbar auffallende Unterschied zu den Vorbildern. Mencke befürchtete offensichtlich einen mangelnden Absatz außerhalb des deutschen Sprachraums, hätte er Deutsch als Publikationssprache gewählt. Hinzu kam, dass das Lateinische bei den Neuerscheinungen auf dem deutschen Buchmarkt um 1680 noch dominierte; erst 1692 sollten die deutschsprachigen Bücher auf der Leipziger Messe überwiegen. Für eine Publikation, die sich an Gelehrte wandte, stand damit die Wahl des Lateinischen letztlich außer Frage. Damit schränkte die Zeitschrift aber gleichzeitig ihren Leserkreis im deutschen Sprachraum ein. Dafür fand die Zeitschrift aber im Ausland recht guten Absatz, so gingen beispielsweise jeweils 50 Exemplare nach London.[33] Trotzdem erreichte sie durch das Latein aber auch im fremdsprachigen Ausland nicht alle potentiellen Leser. Dies zeigt die Übersetzung des 1682 publizierten ersten Jahrgangs, der Beiträge von Bernoulli und Leibniz enthielt. 1683 erschien dieser in Den Haag unter dem Titel *Ouvrages des Savans* in französischer Übersetzung. Doch scheint es bei dem einen Jahrgang geblieben zu sein.[34]

Nachdem Otto Mencke 1707 verstorben war, wurden die *Acta Eruditorum* von seinem Sohn und schließlich von seinem Enkel weitergeführt. Nachdem jedoch 1754 der Leipziger Professor Karl Andreas Bel (1717–1782) die Leitung übernommen hatte, verlor die Zeitschrift an Ansehen und stellte schließlich 1782 ihr Erscheinen ein.[35]

Die Zeitschrift erschien während ihrer gesamten Existenz in Leipzig und wurde von J. Grosse und J. F. Gleditsch verlegt. Eine verlegerisch sicherlich nicht leichte Aufgabe, stellten doch die zahlreichen mathematischen Formeln eine große handwerkliche und redaktionelle Herausforderung dar. Die Verleger entschieden sich ebenso wie die des *Journal des Sçavans* und der *Philosophical Transactions* für die Veröffentlichung im Quartformat. Die großzügig gestalteten Seiten mit ihren breiten Seitenrändern boten Platz für Notizen. Nicht selten wurden den einzelnen Heften zur Illustration auch Kupferstiche beigegeben.

Erste Zeitschriften in Italien und Dänemark

Das Vorbild Frankreichs und Englands löste nicht nur in Deutschland, sondern auch in weiteren Ländern die Gründung wissenschaftlicher Zeitschriften aus. Oftmals erschienen diese aber nur wenige Jahre und sind deshalb nur eingeschränkt vergleichbar.

Italien war, ähnlich wie Deutschland, in eine Vielzahl von selbstständigen Staaten aufgeteilt. Die wichtigsten Zentren des geistigen Lebens, vor allem in Bezug auf die Naturwissenschaften, waren Padua, Bologna, Florenz und Pisa. Dagegen standen Rom und vor allem Neapel im Ruf, rückständig zu sein. Obwohl die ersten Akademien in Italien entstanden waren, ging von keiner dieser frühen Gelehrtengesellschaften die Initiative zur Gründung einer wissenschaftlichen Zeitschrift aus.

Mit dem seit 1668 in Rom erscheinenden *Giornale de' letterati* wurde eine Zeitschrift ohne Rückbindung an eine Akademie gegründet. Die Initiative ging von dem römischen Gelehrten Francesco Nazzari (1634–1714), Professor an der Universität ›La Sapienza‹ und Leiter der Druckerei der Glaubenskongregation, aus. Die von ihm gegründete, monatlich erscheinende Zeitschrift orientierte sich am *Journal des Sçavans* und veröffentlichte vor allem Besprechungen von in und außerhalb Italiens erschienener Literatur, nicht zuletzt zu naturwissenschaftlichen Themen. Doch schon 1679 stellte die Publikation ihr Erscheinen wieder ein. Die an ihre Stelle tretenden Zeitschriften erschienen ebenfalls nur wenige Jahre: gleichfalls unter dem Titel *Giornale de' letterati* von 1680 bis 1690 in Parma und von 1692 bis 1695 in Modena. Diese wurde dann von der 1696 bis 1717 in Venedig erscheinenden *Galleria di Minerva* ersetzt.[36] Es gab damit in Italien bis zum Beginn des 18. Jahrhunderts eine Reihe von mehr oder weniger kurzlebigen Zeitschriftenunternehmen. Eine wesentliche Ursache der fehlenden Kontinuität ist in der mangelnden Rückbindung an eine Akademie oder Universität und damit in der ungesicherten Finanzierung zu suchen.

18

Die im Jahr 1684 von Leibniz in den *Acta Eruditorum* veröffentlichte erste Publikation zur Infinitesimalrechnung. Mit dieser Veröffentlichung begründete Leibniz seinen Prioritätsanspruch gegenüber Newton

Während sich das *Giornale de' letterati* am *Journal des Sçavans* orientierte, nahmen sich die ebenfalls kurzlebigen, 1673 bis 1680 in Kopenhagen erscheinenden *Acta medica et philosophica Hafniensia* die *Miscellanea curiosa medico-physicarum* zum Vorbild. Diese Zeitschrift diente in erster Linie dem dänischen Arzt und Mathematiker Thomas Bartholin (1616–1680), dem vermutlich bekanntesten Mediziner seiner Zeit, als Sprachrohr. Diese erste wissenschaftliche Zeitschrift Skandinaviens hatte vor allem die wissenschaftliche Korrespondenz Bartholins und seine Kommentare zum Inhalt und enthielt nur wenige Rezensionen.[37]

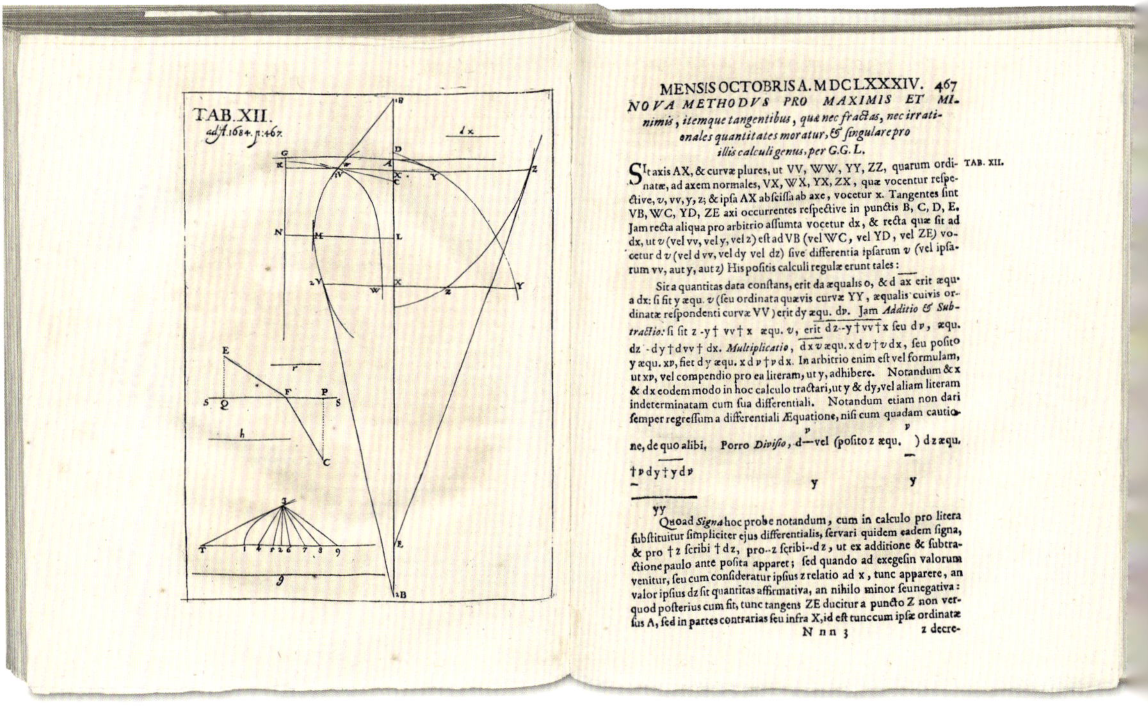
TAB. XII.

MENSIS OCTOBRIS A. MDCLXXXIV. 467

NOVA METHODUS PRO MAXIMIS ET MINIMIS, itemque tangentibus, quæ nec fractas, nec irrationales quantitates moratur, & singulare pro illis calculi genus, per G.G.L.

TAB. XII.

Sit axis AX, & curvæ plures, ut VV, WW, YY, ZZ, quarum ordinatæ, ad axem normales, VX, WX, YX, ZX, quæ vocentur respective, v, vv, y, z; & ipsa AX abscissa ab axe, vocetur x. Tangentes sint VB, WC, YD, ZE axi occurrentes respective in punctis B, C, D, E. Jam recta aliqua pro arbitrio assumta vocetur dx, & recta quæ sit ad dx, ut v (vel vv, vel y, vel z) est ad VB (vel WC, vel YD, vel ZE) vocetur d v (vel d vv, vel dy vel dz) sive differentia ipsarum v (vel ipsarum vv, aut y, aut z) His positis calculi regulæ erunt tales:

Sit a quantitas data constans, erit da æqualis o, & d ax erit æqu. a dx: si sit y æqu. v (seu ordinata quævis curvæ YY, æqualis cuivis ordinatæ respondenti curvæ VV) erit dy æqu. dv. Jam *Additio & Subtractio:* si sit z -y † vv † x æqu. v, erit dz--y † vv † x seu dv, æqu. dz -dy † dvv † dx. *Multiplicatio*, dxv æqu. xdv † vdx, seu posito y æqu. xv, fiet dy æqu. xdv † vdx. In arbitrio enim est vel formulam, ut xv, vel compendio pro ea literam, ut y, adhibere. Notandum & x & dx eodem modo in hoc calculo tractari, ut y & dy, vel aliam literam indeterminatam cum sua differentiali. Notandum etiam non dari semper regressum a differentiali Æquatione, nisi cum quadam cautione, de quo alibi. Porro *Divisio*, d v/y vel (posito z æqu. v/y) dz æqu. † vdy † ydv / yy

Quoad *Signa* hoc probe notandum, cum in calculo pro litera substituitur simpliciter ejus differentialis, servari quidem eadem signa, & pro † z scribi † dz, pro -z scribi -dz, ut ex additione & subtractione paulo ante posita apparet; sed quando ad exegesin valorum venitur, seu cum consideratur ipsius z relatio ad x, tunc apparere, an valor ipsius dz sit quantitas affirmativa, an nihilo minor seu negativa: quod posterius cum fit, tunc tangens ZE ducitur a puncto Z non versus A, sed in partes contrarias seu infra X, id est tunc cum ipsæ ordinatæ z decre-

N n n 3

Ein Blick ins 18. Jahrhundert

Die Zahl der wissenschaftlichen Zeitschriften war im 17. Jahrhundert überschaubar und in den meisten Ländern Europas sollten – wie in Nordamerika – erst im Folgejahrhundert solche erscheinen. Überall bildeten die Naturwissenschaften einschließlich der Medizin den eindeutigen inhaltlichen Schwerpunkt. Für Naturwissenschaftler in Frankreich, England und Deutschland war es an der Wende zum 18. Jahrhundert nichts Außergewöhnliches mehr, seine Forschungsergebnisse zuerst im *Journal des Sçavans*, den *Philosophical Transactions* oder den *Acta Eruditorum* zu publizieren. !8–10¡

Für die naturwissenschaftlich ausgerichteten Zeitschriften brachte das neue Jahrhundert vorerst keine großen Änderungen, gingen doch die meisten einschlägigen Neugründungen weiterhin von wissenschaftlichen Akademien und Gesellschaften aus. Dazu gehörten in Deutschland Publikationen der Akademien in Berlin (ab 1710), München (ab 1763) und Mannheim (ab 1766). Die institutionelle Anbindung dieser Zeitschriften sicherte ihr langfristiges Erscheinen. Daneben gab es freilich auch naturwissenschaftlich, vor allem naturhistorisch ausgerichtete Zeitschriften, denen eine derartige Anbindung fehlte. Die wenigsten davon sollten länger als

!9¡ Rezension von Christiaan Huygens' epochalem, 1690 in Amsterdam publizierten Werk *Traité de la Lumière*

!10¡ Das Herz darstellender Stich im Jahrgang 1698 der *Acta Eruditorum*

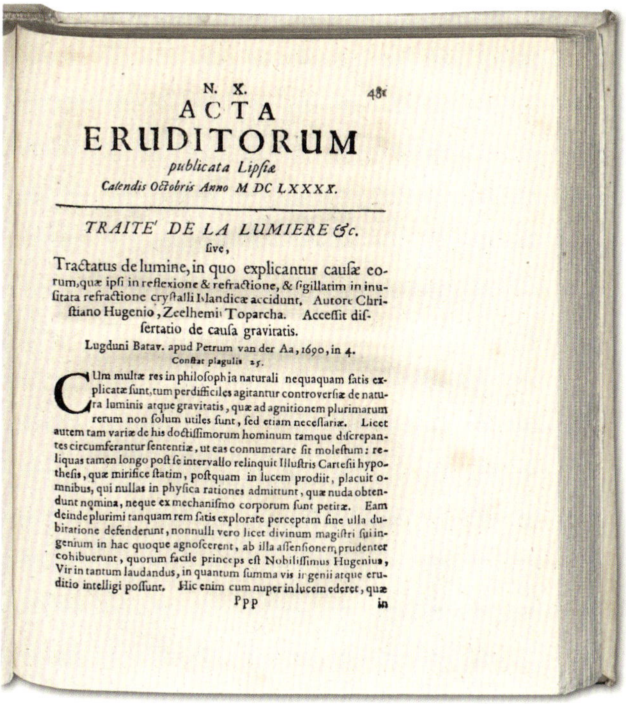
N. X. 481

ACTA ERUDITORUM

publicata Lipsiæ

Calendis Octobris Anno M DC LXXXX.

TRAITE' DE LA LUMIERE &c.

sive,

Tractatus de lumine, in quo explicantur causæ eorum, quæ ipsi in reflexione & refractione, & sigillatim in inusitata refractione crystalli Islandicæ accidunt, Autore Christiano Hugenio, Zeelhemii Toparcha. Accessit dissertatio de causa gravitatis.

Lugduni Batav. apud Petrum van der Aa, 1690, in 4.

Constat plagulis 25.

CUm multæ res in philosophia naturali nequaquam satis explicatæ sunt, tum perdifficiles agitantur controversiæ de natura luminis atque gravitatis, quæ ad agnitionem plurimarum rerum non solum utiles sunt, sed etiam necessariæ. Licet autem tam variæ de his doctissimorum hominum tamque discrepantes circumferantur sententiæ, ut eas connumerare sit molestum: reliquas tamen longo post se intervallo relinquit Illustris Cartesii hypothesis, quæ mirifice statim, postquam in lucem prodiit, placuit omnibus, qui nullas in physica rationes admittunt, quæ nuda obtendunt nomina, neque ex mechanismo corporum sunt petitæ. Eam deinde plurimi tanquam rem satis explorate perceptam sine ulla dubitatione defenderunt, nonnulli vero licet divinum magistri sui ingenium in hac quoque agnoscerent, ab illa assensionem prudenter cohibuerunt, quorum facile princeps est Nobilissimus Hugenius, Vir in tantum laudandus, in quantum summa vis ingenii atque eruditio intelligi possunt. Hic enim cum nuper in lucem ederet, quæ

Ppp in

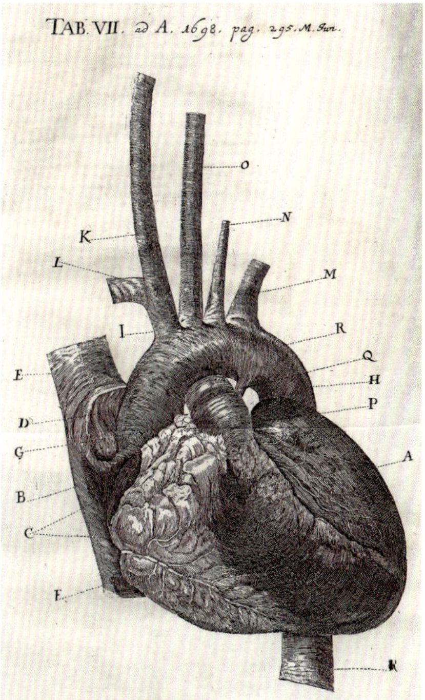

! 11 ¡
Das *Journal der Physik*, Beispiel einer frühen Fachzeitschrift

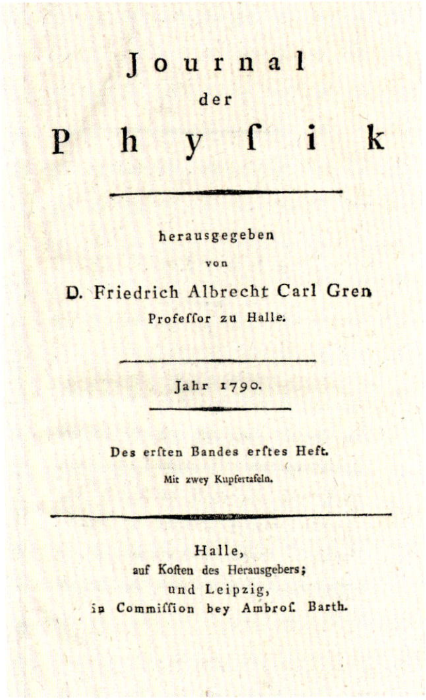

Journal
der
Phyſik

herausgegeben
von
D. Friedrich Albrecht Carl Gren
Profeſſor zu Halle.

Jahr 1790.

Des erſten Bandes erſtes Heft.
Mit zwey Kupfertafeln.

Halle,
auf Koſten des Herausgebers;
und Leipzig,
in Commiſſion bey Ambroſ. Barth.

fünf Jahre erscheinen.[38] Wichtig für die weitere Entwicklung war aber vor allem die zunehmende Spezialisierung der Wissenschaften; so entstanden gegen Ende des 18. Jahrhunderts verstärkt auf die Medizin, die Chemie oder die Physik beschränkte Periodika. ! 11 ¡

Das Vorbild der vorrangig naturwissenschaftlich orientierten Zeitschriften führte im Verlauf des 18. Jahrhunderts zur Entstehung fachlich spezialisierter Periodika in weiteren Wissenschaftszweigen. Die heute unter dem Begriff der Geisteswissenschaften subsumierten Fächer, zuerst die Theologie, bedienten sich nun ebenfalls dieses neuen Mediums. Viele dieser neu gegründeten Zeitschriften erschienen jedoch nur über einen kurzen Zeitraum, da ihnen häufig noch die Anbindung an eine Institution fehlte.

Nicht zuletzt aufgrund der vielen kurzlebigen Zeitschriftentitel sind bis 1830 allein für den deutschsprachigen Raum mehr als 6600 Zeitschriftentitel nachweisbar. Mit 696 Titeln stellten Zeitschriften zu Naturwissenschaften und Medizin unverändert das Gros der wissenschaftlichen Zeitschriften, gefolgt von der Geschichte mit 612 und der Theologie mit 535 Titeln.[39] Diese Zahlen machen deutlich, dass die Zeitschriften sich dauerhaft als wichtigste Publikationsform der Naturwissenschaft und Technik etablieren konnten und monographischen Veröffentlichungen den Rang streitig machten.

ANMERKUNGEN

1 Der Herausgeberin dieses Jahrbuchs, Prof. Ute Schneider, danke ich ebenso wie meinen Kollegen am Deutschen Museum, PD Dr. Ulf Hashagen und Prof. Andreas Kühne, ganz herzlich für die kritische Durchsicht des Manuskripts und ihre Anregungen.

2 Überwiegend wurden in der Frühen Neuzeit die heute als Naturwissenschaften bezeichneten Fächer unter dem Begriff ›Natur-Lehre‹ subsumiert. Parallel wurden dazu die Bezeichnungen ›Natur-Kunde‹, ›Natur-Wissenschafft‹ und ›Physick‹ wie auch ›Physica‹ und ›Philosophia naturalis‹ verwendet. Vgl. dazu Johann Heinrich Zedler: Grosses vollständiges Universal-Lexicon Aller Wissenschaften und Künste. Band 23. Leipzig u. a. 1740, Sp. 1147–1167. In diesem Beitrag sollen zugunsten der leichteren Lesbarkeit die heute gängigen Begriffe ›Naturwissenschaften‹ wie auch ›Naturwissenschaftler‹ verwendet werden.

3 Vgl. Hans Wußing: Die Große Erneuerung. Zur Geschichte der Wissenschaftlichen Revolution. Basel u. a. 2002, S. 1.

4 Vgl. Paolo Rossi: Die Geburt der modernen Wissenschaft in Europa. München 1997, S. 283.

5 Vgl. Rossi (wie Anm. 4), S. 296; John Gribbin: Science. A History, 1543–2001. London 2003, S. 121–122.

6 Vgl. The Royal Society 1660–1940. A History of its Administration under its Charters. Hrsg. von Henry Lyons. Cambridge 1944, Appenix II, S. 341.

7 Vgl. Helmut Hilz: Jacob Leupolds Theatrum Machinarum – Die erste technische Enzyklopädie. In: Librarium – Zeitschrift der Schweizerischen Bibliophilen-Gesellschaft 54 (2011), S. 95–111.

8 Vgl. Roger Hahn: The anatomy of a scientific institution. The Paris Academy of Sciences, 1666–1803. Berkeley 1971, S. 3.

9 Vgl. Jürgen Wilke: Grundzüge der Medien- und Kommunikationsgeschichte. 2. Auflage. Köln u. a. 2008, S. 40–44 und S. 65–67.

10 Otto Dann: Vom *Journal des Scavants* zur wissenschaftlichen Zeitschrift. In: Gelehrte Bücher vom Humanismus bis zur Gegenwart. Hrsg. von Bernhard Fabian und Paul Raabe. Wiesbaden 1983, S. 65.

11 Vgl. Harcourt Brown: History and the learned journal. In: Journal of the History of Ideas 33 (1972), S. 365–378, hier S. 365–367; Raymond Birn: Le Journal des Savants sous l'Ancien Régime. In: Journal des savants 1965, S. 15–35, hier S. 16.

12 Vgl. Birn (wie Anm. 11), S. 17.

13 Die Zeitschrift hatte häufig leichte Titeländerungen: 1665–1682 *Journal des Sçavans*, 1683–1686 *Journal des Savants*, 1687–1696 *Le Journal des Sçavans*, 1697–1701 *Le Journal des Savans*, 1702–1790 *Le Journal des Sçavans*, 1791–1792 *Journal des Savans;* seit 1833 wird sie bis heute als *Journal des Savants* publiziert. Vgl. dazu Jean-Pierre Vittu: »JOURNAL DES SAVANTS (1665–1792, puis 1797 et depuis 1816.« In: Dictionnaire des journaux, 1600–1789, sous la direction de Jean Sgard. Paris 1991. Online verfügbar unter: http://www.dartmouth.edu/~mavall/libguides/documents/french/savants.pdf [06.01.2015]; G. Gabel: Journal des Savants. In: Lexikon des gesamten Buchwesens. Band 4. 2. Auflage. Stuttgart 1995, S. 100.

14 Vgl. Roger Hahn: L'anatomie d'une institution scientifique. L'Académie des Sciences de Paris, 1666–1803. 2. Auflage. Brüssel 1993, S. 37–38.

15 Vgl. David Banks: Starting science in the vernacular. Notes on some early issues of the *Philosophical Transactions* and the *Journal des Sçavans*, 1665–1700. Online verfügbar unter: http://asp.revues.org/213 [06.01.2015].

16 Vgl. Tara Nummedal/Paula Findlen: Words of Nature – Scientific Books in the Seventeenth Century. In: Scientific Books, Libraries, and Collectors. A Study of Bibliography and the Book Trade in Relation to the History of Science. Hrsg. von Andrew Hunter. Aldershot 1999, S. 164–215, hier S. 195–196.

17 Vgl. Margaret Willes: Reading matters. Five centuries of discovering books. New Haven 2008, S. 40.

18 Vgl. R. K. Bluhm: Henry Oldenburg, F.R.S. (c. 1615–1677). In: The Royal Society – Its origins and founders. Hrsg. von Harold Hartley. London 1960, S. 183–197, hier S. 193.

19 Vgl. Iordan Avramov: The birth of Philosophical Transactions – Henry Oldenburg and his market for »Philosophical Communication«.

In: Institutions and societies for teaching, research and popularisation. Hrsg. von Andrée Despy-Meyer. Turnhout 2002, S. 265–270, passim.

20 Vgl. Nummedal/Findlen (wie Anm. 16), S. 199; Marie Boas Hall: Henry Oldenburg. In: Oxford Dictionary of National Biography. Band 41. Oxford 2004, S. 673–676, hier S. 675.

21 Vgl. Dieter Stein: Weltsprache Englisch: Dominanz und Beherrschung. Online verfügbar unter: http://www.phil-fak.uni-duesseldorf.de/anglist3/weltsprache_englisch.pdf [06.01.2015].

22 Vgl. John Wallis: An essay of Dr. John Wallis, exhibiting his Hypothesis about the Flux and Reflux of the Sea. In: Philosophical Transactions 2 (1666), S. 263–281.

23 Vgl. Banks (wie Anm. 15).

24 Vgl. Charles A. Rivington: Early printers to the Royal Society 1663–1708. In: Notes and Records of the Royal Society of London 39 (1984), S. 1–27, hier S. 9.

25 Vgl. Joachim Whaley: Das Heilige Römische Reich Deutscher Nation und seine Territorien. Band II: Vom Westfälischen Frieden zur Auflösung des Reichs. Darmstadt 2014, S. 110.

26 Vgl. Ulrich Hensing: Acta Eruditorum (1682–1782). In: Deutsche Zeitschriften des 17. bis 20. Jahrhunderts. Hrsg. von Heinz-Dietrich Fischer. Pullach bei München 1973, S. 29–47, hier S. 30–31.

27 Vgl. Joachim Kirchner: Zur Entstehungs- und Redaktionsgeschichte der Acta Eruditorum. In: Archiv für Buchgewerbe und Gebrauchsgraphik 65 (1928), Heft 4, S. 75–88, hier S. 75–76.

28 Vgl. Hensing (wie Anm. 26), S. 33; Hubertus Laeven: The Acta Eruditorum under the editorship of Otto Mencke (1644–1707). Amsterdam 1990, S. 40–41.

29 Vgl. Notker Hammerstein: Mencke, Otto. In: Neue Deutsche Biographie 17 (1994), S. 33–34. Online verfügbar unter: http://www.deutsche-biographie.de/pnd119120984.html [06.01.2015].

30 Vgl. Grafik zu Nova Acta Eruditorum 1682–1773. Themenverteilung und Entwicklung. URL: http://de.wikipedia.org/wiki/Acta_Eruditorum#mediaviewer/File:1682-1773_Acta_Eruditorum,_Themenverteilung.png [06.01.2015].

31 Vgl. Michael North: Genuss und Glück des Lebens – Kulturkonsum im Zeitalter der Aufklärung. Köln u. a. 2003, S. 10.

32 Vgl. Whaley (wie Anm. 25), S. 112.

33 Vgl. Andreas Würgler: Medien in der Frühen Neuzeit. München 2009 (Enzyklopädie deutscher Geschichte 85), S. 45.

34 Vgl. Hauff & Auvermann, Berlin, Auktion 74, 24. und 25. Oktober 2014, Nr. 945.

35 Vgl. Joachim Kirchner: Das deutsche Zeitschriftenwesen – Seine Geschichte und seine Probleme. Teil 1. 2. Auflage. Wiesbaden 1958, S. 20.

36 Vgl. Stefano la Colla: Periodici. In: Enciclopedia Italiana di Scienze, Lettere ed Arti. Band 26. Rom 1935, S. 756–759, hier S. 756.

37 Vgl. David A. Kronick: A History of Scientific and Technical Periodicals. The Origins and Development of the Scientific and Technological Press 1665–1790. New York 1962, S. 81; Bernard Houghton: Scientific periodicals – Their historical development, characteristics and control. London 1975, S. 17.

38 Vgl. Robert Mortimer Gascoigne: A Historical Catalogue of Scientific Periodicals, 1665–1900. With a Survey of Their Development. New York, London 1985, S. 93–94.

39 Vgl. Wilke (wie Anm. 9), S. 94–96.

Sabine Knopf

»Ein lieblicher Nachtigallengesang aus dem Garten der Kindheit«

Bildungsbürgerliche Kinderzeitschriften im späten 19. Jahrhundert – Ein internationaler Vergleich

Als ab Oktober 1872 die *Deutsche Jugend* im Leipziger Verlag Alphons Dürr zu erscheinen begann, war sich die »gesamte Presse [...] einig in der Beurteilung, dass hier ein Jugendwerk edlen Stils, von bleibender Bedeutung ins Leben getreten sei, wie keine andere Nation ein ähnliches aufzuweisen habe.«[1]

Trotz des hohen Anspruchs der Zeitschrift, den Verlag und Herausgeber vertraten, ist man bei diesen Worten versucht zu fragen, ob nicht der neu erwachte Nationalstolz nach dem Deutsch-Französischen Krieg dieses Urteil in seiner Ausschließlichkeit beeinflusste. Erst recht möchte man wissen, ob es in anderen kulturprägenden Ländern, etwa in England, Amerika und Frankreich, in jenem Zeitraum nicht auch Vergleichbares gab.

Gerade die Periode von der Mitte des 19. Jahrhunderts bis etwa um 1900, in der sich tiefgreifende soziale und bildungspolitische Veränderungen im Gefolge der Industrialisierung vollzogen, wird in einigen westlichen Ländern, wie England und Frankreich, als das ›Goldene Zeitalter‹ der Kinderliteratur bezeichnet. Seit der Mitte des 19. Jahrhunderts stieg nicht nur das Volumen der Buchproduktion, auch die Presse spielte bekanntlich eine größere Rolle. Im Geschäft mit Kinderbüchern und Kinderzeitschriften entbrannte ein immer stärkerer Wettbewerb unter den renommierten Verlagshäusern.

Im Wettbewerb um Käuferschichten mit höheren Einkommen und gehobenen Ansprüchen bemühte man sich nun immer mehr um literarische und künstlerische Qualität. Die Konkurrenz versuchte man durch berühmte Beiträger auszustechen. Herausgeber, die sich bereits einen Namen in der Kinderliteraturszene gemacht hatten, wurden engagiert, um den gewachsenen Ansprüchen Rechnung zu tragen. Das Medium Jugendzeitschrift war nun nicht mehr Stiefkind und Nebenprodukt der Verlage, es wurde zum Experimentierfeld dafür, wie gute Kinderliteratur in Text und Bild beschaffen sein sollte. Ganze Romane für Kinder von bekannten Schriftstellern wurden vor der Buchveröffentlichung in Fortsetzungen abgedruckt. Dadurch erreichten die Texte eine höhere Auflage. Die Schriftsteller erhielten mehr Honorar und der finanzielle Aufwand für die Illustrationen konnte durch den geschäftlichen Erfolg wieder eingespielt werden.[2]

Mit oft ausgeklügelten Marketingtricks versuchte man die jungen Leser wie auch die kaufende Elternschaft zu gewinnen. Ausschlaggebend für diese stürmische Entwicklung auf dem Buch- und Zeitschriftenmarkt war aber auch ein sich wandelndes Bild von Kindern und ihren eigenen Bedürfnissen nach Unterhaltung, die endlich als legitim anerkannt wurden. Der Hamburger Lehrer Dietrich Theden bezeichnete bereits 1882 das Gebiet der Jugendschriften und damit auch der Periodika als unüberschaubar »selbst für Bestorientierte«.[3] Er kritisierte die sogenannte Reichhaltigkeit der Jugendzeitschriften, die oft literarische Stücke für jedes Alter brachten und nicht auf eine Zielgruppe fixiert waren. Damit nahm er die sich gerade abzeichnende Differenzierung auf dem Jugendzeitschriftenmarkt vorweg. Ebenso forderte er eine klare Unterscheidung zwischen Jugendzeitschrift und Familienblatt, auch wenn der Rezeptionsraum für die universal angelegten, nicht nach Alter und Geschlecht differenzierten Kinderzeitschriften in der Regel die Familie war.

Aufgrund der Fülle des Materials an Kinderzeitschriften in der zweiten Hälfte des 19. Jahrhunderts soll der Fokus vor allem auf Periodika für Kinder mit höherer Qualität, mit künstlerischem Anspruch in Text und Illustrierung gerichtet werden, wie sie das Bildungsbürgertum kaufte. Ein Vergleich zwischen Deutschland, England, USA und Frankreich versucht Besonderheiten, Gemeinsamkeiten, Wechselwirkungen und nationale Unterschiede darzustellen.

!1¡
Beratung bei Georg Wigand, dem Verleger des *Deutschen Jugendkalenders*, mit Ludwig Richter und Julius Schnorr von Carolsfeld. In: Daheim Nr. 30 vom 23. April 1870

!2¡ *Deutscher Jugendkalender:* Illustration zu Robert Reinicks Märchen *Prinz Goldfisch und das Fischermädchen*, 1850

!3¡ *Deutscher Jugendkalender:* Illustration zu Reinicks Märchen *Die Schilfinsel* von Hugo Bürkner, 1852

Der *Deutsche Jugendkalender*

Auch wenn es seit dem Ende des 18. Jahrhunderts bereits Zeitschriften für Kinder in Deutschland gab, waren diese in der Regel auf moralische Belehrung sowie Kenntnisvermittlung angelegt. Eine Ausnahme bildete vielleicht Weißes *Kinderfreund*. Mit der Transformation des alten Volkskalenders in das Medium Kinderzeitschrift gelang dem Verleger Georg Wigand !1¡ um die Mitte des 19. Jahrhunderts ein erfolgreiches Unternehmen, das sich bei jungen Lesern großer Beliebtheit erfreute. Die Seltenheit des *Deutschen Jugendkalenders* (1847–1858) auf dem heutigen Antiquariatsmarkt ist dafür ein Beweis. Nach einer Anregung des Dresdner Illustrators und Holzschneiders Hugo Bürkner (1818–1897) entstand dieses Periodikum für Kinder (und die Familie). Der Maler und Dichter Robert Reinick (1805–1852) war zunächst als Autor, dann auch als Herausgeber mit beteiligt. Bis 1852 lieferte er die meisten literarischen Beiträge, seine heute noch gelesenen Märchen, Lieder und Gedichte. Reinick schrieb die meisten Texte eigens für diesen Kalender. !2,3¡ Er bot damit allen Altersstufen geeignete Lese- bzw. Vorlesestoffe. Vor allem in den ersten Jahren enthielt der Kalender auch Beiträge anderer Autoren, etwa von Hermann Kurz und Berthold Auerbach. Der vielseitig begabte Reinick konnte bereits editorische Erfahrungen mit einbringen. Sein Bestreben war es, das Niveau der zeitgenössischen Jugendliteratur zu heben. Er stand dabei in der Tradition der deutschen Romantik, die sich auch auf alte volksliterarische Formen besann, wie Märchen und Kinderreime. Nach Reinicks frühem Tod gab Ludwig Bechstein den *Jugendkalender* noch einige Jahre heraus, 1858 folgte Otto Roquette. Das Periodikum erreichte nun nicht mehr die Qualität der frühen Jahre. Der Kalender erschien in Auflagen von 4000 bis 6000 Exemplaren, der Preis betrug drei Silbergroschen. Der innovative Verleger durchbrach »als einer der ersten [...] das alte, häufig gemüth- und pietätvolle Verhältniß des Verlegers und seiner Autoren«. Durch diese Umgestaltung der Verleger-Autoren-Beziehung schuf Wigand sich Freiräume für »eine größere speculative Initiative in der literarischen Production«[4] mit all ihren Vor- und Nachteilen. Auch wenn der *Jugendkalender* sehr beliebt war, konnte Wigand oft nur 2/3 der Auflage verkaufen. An Reinick schrieb er deshalb am 3. September 1847: »[...] trotz der vielen Millionen Deutscher sind es mehr oder weniger doch immer nur dieselben Leute, welche derartige Artikel kaufen.«[5] Aus Biographien und Briefen weiß man, dass Eduard Mörikes Kinder diesen Kalender lasen, und dass auch der Dichter Heinrich Seidel, ein Pastorensohn, ihn alljährlich zu Weihnachten geschenkt erhielt.

Julius Lohmeyer, Sohn eines Apothekers und späterer Herausgeber der *Deutschen Jugend*, hob die für ihn prägenden Einflüsse hervor:

> Wessen Kinderzeit unter den Anregungen und Einflüssen dieser Lieder und Bilder stand, wer diese reinen Linien und Formen unbewußt in sich sog, der hat gewiß auch in jenen Tagen einen verklärenden Schönheitshauch mit sich ins Leben hinaus genommen. Wie ein lieblicher Nachtigallengesang aus dem Garten der Kindheit tönen ihm diese Klänge auf dem ganzen Lebenswege nach.[6]

Die Zielgruppe war ganz offensichtlich eine bildungsbürgerliche Elite, bei der Kaufkraft, Kunstsinn und Bildung zusammenkamen.

Die Kosten des *Jugendkalenders* waren für den Verleger durch die Honorare und die aufwändige Herstellung sehr hoch. Robert Reinick erhielt für seine herausgeberische Tätigkeit 10 bis 12 Louisdor. Dazu kam die reiche Illustrierung mit Holzstichen von Dresdner Künstlern, die immer wieder gerühmt wurde. Auch der *Jugendkalender* war ein Gemeinschaftswerk des Kreises um Ludwig Richter, ähnlich wie das berühmte *A-B-C-Buch für große und kleine Kinder* (1845) und die *Ammenuhr, aus den Knaben Wunderhorn* (1843).

Beteiligte Künstler waren Ludwig Richter, Eduard Bendemann, Lorenz Frölich, Julius Schnorr von Carolsfeld, Julius Hübner und andere. Ihre verschiedenen Illustrationsstile bildeten einen besonderen Reiz. Für diesen Teil war Hugo Bürkner als eine Art künstlerischer Leiter verantwortlich. Bilder und Texte waren in der Typographie eng miteinander verflochten, was auf französische Einflüsse zurückzuführen war.

Bürkner war seit 1846 Lehrer und ab 1855 Professor am Atelier für Holzschneidekunst an der Dresdner Kunstakademie. Er entwickelte die Xylographie in Dresden zu einer anspruchsvollen Vervielfältigungstechnik weiter. Das Atelier war auf Drängen Leipziger Buchhändler gegründet worden, um der französischen und englischen Übermacht auf dem Feld des Holzstichs zu begegnen, der seit 1840 eine Blütezeit erlebte und wesentlichen Anteil an der Entwicklung des illustrierten Buchs und der illustrierten Zeitschrift hatte. Führende Verlage auf diesem Gebiet waren Georg Wigand, der einige englische Holzschneider nach Leipzig einlud, später dann Alphons Dürr.

Die *Deutsche Jugend*

Reinicks *Jugendkalender* war für Alphons Dürr das Vorbild für die Konzipierung der *Deutschen Jugend*, der bedeutendsten deutschen Jugendzeitschrift des 19. Jahrhunderts. In einer Festschrift des Verlages wird das Blatt vorrangig als Idee des Schriftstellers Julius Lohmeyer (1834–1903) beschrieben, der auch als dessen Herausgeber fungierte. Lohmeyer habe »die gefeiertsten Meister deutscher Kunst und Dichtung im Bunde mit den hervorragendsten Jugendschriftstellern zu einem freudigen Zusammenwirken im Dienste der Jugend« vereint.[7] Dürrs angesehener Kunstverlag wollte mit seiner Jugendzeitschrift aber auch den neuen kulturellen und politischen Aufgaben Rechnung tragen, wie sie die Reichsgründung 1871 mit sich brachte:

> Der Plan entstammte dem allgemeinen Aufschwung vaterländischen Geistes, wie ihn die Freude an dem zu neuer Herrlichkeit entstandenen deutschen Reiche in jener auf den glorreichen Krieg unmittelbar folgenden Zeit überall hervorrief. Das neue Unternehmen wollte in ästhetischer und künstlerischer Beziehung jene Bestrebungen wieder aufnehmen, von denen Robert Reinick und Hugo Bürkner einst bei der Herausgabe ihres noch heute kaum übertroffenen Jugendkalenders ausgegangen waren. Darum galt es allen trocken lehrhaften Ton zu meiden und mit künstlerischer Empfindung die vorgesteckten hohen Ziele zur Mitarbeit an der Erziehung der Jugend zu allem Schönen und Edlen zu verwirklichen.[8]

Lohmeyer wies 1877 selbst auf den Zusammenhang zwischen dem alten und dem neuen Periodikum für Kinder hin:

> Unsere Jugendliteratur besitzt nur wenige dichterische und künstlerische Schöpfungen, die denen im »Jugendkalender« und im »A-B-C-Buch« an die Seite gestellt werden können [...] Zum ersten Male sehen wir [...] hervorragende Meister der Kunst mit einem edlen Dichtergenius vereinigt, um in gemeinsamer Thätigkeit und von dem Gedanken durchdrungen, daß gerade den Kindern das Beste geboten werden müsse, [...]. Eben unter den künstlerischen Einflüssen und Erinnerungen an den alten, trauten Jugendkalender und vom gleichen Grundgedanken getragen, wurde auch unsre ›Deutsche Jugend‹ ins Leben gerufen.[9]

Lohmeyer hatte zunächst von 1868 bis 1872 in der Redaktion der satirischen Zeitschrift *Kladderadatsch* in Berlin gearbeitet. Dessen Verleger, Albert Hofmann, versuchte das humoristische Genre in das Medium Kinderbuch zu übertragen. Hier sind die Anfänge des Jugendschriftstellers Julius Lohmeyer zu suchen. Bis 1885 verfasste er mehr als 20 Kinderbücher. Als Autor wurde Lohmeyer zwar gelobt, aber auch kritisiert, weil er nicht auf gleicher Ebene zu den Kindern sprach, sondern ihr Treiben eher von oben herab ironisch kommentierte. Sein dichterisches Talent hielt sich in Grenzen. Größeres leistete er als Herausgeber und Anreger. Eine im Mai 1872 von ihm und dem Verlag Alphons Dürr versandte Einladung zur Mitarbeit an der neuen Zeitschrift *Deutschen Jugend* war von Erfolg gekrönt. Bereits am 1. Oktober 1872 konnte das erste Heft erscheinen. In einem Eingangsgedicht wandte sich Lohmeyer im ersten Heft an die künftigen Leser und versprach ihnen, »[m]it Dichtergaben, Gaben deutscher Kunst den Lebensmorgen lieblich euch zu schmücken«. Von dem Historienmaler Anton von Werner[10] ließ er sich im Geschmack der Wilhelminischen Ära als fahrender Sänger in altdeutscher Tracht darstellen, der bei Dichtern und Künstlern Werke für die Kinder einsammelte. Das Blatt war für alle Altersstufen gedacht sowie für Jungen und für Mädchen. Eine Differenzierung nach Altersgruppen, Geschlechtern und speziellen Interessen, wie sie gerade für das letzte Drittel des 19. Jahrhunderts charakteristisch ist, war hier nicht beabsichtigt. Das Spektrum war verhältnismäßig breit. Neben Märchen, Erzählungen und Gedichten enthielt das Blatt auch naturkundliche und historische Sachbeiträge, Lebensbilder, Mal- und Bastelanleitungen, eine Rätselecke und einen Briefkasten für Leserzuschriften. In der Zeitschrift fehlten allerdings Darstellungen über neue Erkenntnisse in den Naturwissenschaften und der Technik fast völlig.

Die literarischen Beiträge sind im Vergleich zu anderen deutschen Kinder- und Jugendzeitschriften oft recht anspruchsvoll. Neben Texten heute weitgehend vergessener Autoren finden sich Erstdrucke von Werken von Theodor Storm, wie seine Novelle *Pole Poppenspäler*. Im November 1873 saß Storm bereits an jener »Puppenspielergeschichte«, die er auf Lohmeyers Wunsch hin verfasste. Er sandte einen Teil seines Manuskriptes im Januar 1874 an die Redaktion zur Begutachtung, ob der Text in das Konzept der Zeitschrift passe. Am 29. Januar 1874 schrieb er an Lohmeyer: »Wie steht es mit den Illustrationen, ich wäre begierig, einmal etwas davon zu sehen«.[11] Er wünschte sich dafür Paul Meyerheim. Der Verlag beauftragte an seiner Stelle Carl Offterdinger, mit dessen realistischen Bildern Storm jedoch einverstanden war. *Pole Poppenspäler* erschien im Band 4 (1874). !4¡ Auf einer Postkarte ist von einem Honorar von 247 Mark dafür die Rede.

Von den Vertretern der Jugendschriftenbewegung um Heinrich Wolgast wurde die Erzählung später immer wieder als Musterbeispiel benannt, wie man für die Jugend schreiben solle. Ein Jahr zuvor war Storms Gedenkblatt für die Geschichtenerzählerin Lena Wies herausgekommen, zu dem Fedor Flinzer die Bildbeigaben schuf. Ebenfalls in dieser Zeitschrift veröffentlicht wurde *Von Kindern und Katzen* (Bd. 9, 1877) und *Schneewittchen, dramatische Scene*, beide mit Bildern von Eugen

Klimsch (Bd. 11, 1878), dessen vom französischen Illustrationsstil beeinflusste Bilder durch die *Gartenlaube* in Mode kamen. Der Kontakt zwischen Storm und Lohmeyer riss nie ganz ab. Noch am 24. Januar 1886 teilte Storm seinem Freund Erich Schmidt mit, dass er wieder »eine Kleinigkeit für die ›Deutsche Jugend‹ schreibe, die ihn seit langem darum gebeten« habe.[12] Es handelte sich um die Novelle *Aus engen Wänden*, die er dann doch der *Deutschen Rundschau* überließ.

Um Eduard Mörike zu gewinnen, bat man Georg Scherer, dessen berühmtes *Illustriertes deutsches Kinderbuch* in Dürrs Verlag erschien, um Vermittlung. Mörike sandte daraufhin drei Gedichte, *An eine junge Freundin*, *Wir sahen dich im geschwisterlichen Reigen …* und *Ich hatt ein Röslein …* Alphons Dürr bedankte sich am 22. Juli 1872 bei Scherer: »Herr Lohmeyer meldet mir, dass er von Ed. Mörike einen sehr schönen Beitrag empfangen hat. Besten Dank dafür!«[13] Auch der damals hochgeschätzte Emanuel Geibel beteiligte sich mit mehreren Gedichten.

Verlag und Herausgeber schalteten gern Freunde und Mitarbeiter ein, um bekannte Schriftsteller für die neue Zeitschrift zu interessieren. Den Maler Anton von Werner bat Lohmeyer am 21. Dezember 1872, mit dem Erfolgsautor Victor von Scheffel über eine mögliche Zusammenarbeit zu sprechen:

!4¡ *Deutsche Jugend* 4 (1874). Illustration von Carl Offterdinger zu Theodor Storms *Pole Poppenspäler*. Erstdruck

> Ich würde hoch erfreut sein, wenn er sich ernstlicher für die junge Schöpfung interessierte, die [...] in ganz Deutschland lebhaften Anklang zu finden scheint. Am meisten wäre mir gedient, wenn uns Scheffel bald mit einigen Beiträgen unterstützte [...] Eine Ballade von Scheffel würden Sie doch wohl mit einer Illust.[ration] schmücken? Sie können sich denken, wie sehr mich eine solche Doppelgabe beglücken würde.[14]

Zu der gewünschten Zusammenarbeit kam es nicht. Viele Briefe spiegeln das unablässige Bemühen von Herausgeber und Verleger um namhafte Beiträger wider. Von dem berühmten Chirurgen Richard Volkmann-Leander, dessen *Träumereien an französischen Kaminen* gerade bei Breitkopf & Härtel herausgekommen waren, erhielt Alphons Dürr das neue Märchen *Von Himmel und Hölle*, das im ersten Halbband 1873 erschien.

Im zweiten Halbband des gleichen Jahres veröffentlichte der Verlag das Gedicht *König Lenz* von ihm mit einer Illustration von Paul Thumann. In einem Brief an Dürr hatte Volkmann diese »Kleinigkeit« angeboten, »ein paar gestern im Sonnenschein niedergeschriebene Verse«.[15] Dürr, der mit Volkmann-Leanders Onkel, dem Verleger Hermann Härtel befreundet war, wünschte sich wohl eine engere Zusammenarbeit. Mehrfach hatte er versucht, mit Volkmann über dieses Thema zu sprechen. Volkmanns medizinische Lehrtätigkeit in Halle ließ dem Autor jedoch kaum Zeit dafür, so schrieb er, dass er dem »Unternehmen mit Interesse« folge und sich »gern gelegentlich durch einen Beitrag [...] daran beteiligen« wolle.[16]

Zu den Hauptautoren der *Deutschen Jugend* zählte dagegen Victor Blüthgen (1844–1920). Zahlreiche seiner Kindergedichte und Märchen wurden hier erstmals veröffentlicht. Er verfasste auch Bearbeitungen bekannter literarischer Werke für die Jugend, etwa des frühneuzeitlichen *Froschmeuseler*-Epos von Georg Rollenhagen. Blüthgens gereimte Fassung erschien mit Illustrationen von Fedor Flinzer in Band 6 (1875). Band 12 (1878) enthält eine Kinderversion von E. T. A. Hoffmanns *Kater Murr*. In Dürrs Verlag gab er 1878 den Lohmeyer gewidmeten Märchenband *Die Hesperiden* heraus. In seinen Märchen war er von der Romantik, aber auch von H. C. Andersen beeinflusst, den er, wie viele Zeitgenossen, sehr verehrte. Von seiner Wertschätzung dieser literarischen Form zeugt die Vorrede: »Ein gutes Märchen ist eben ein Kunstwerk, und was ihm den Märchencharakter aufdrückt, ist eine gewisse naiv-poetische Art, auf die Wirklichkeit zu sehen und gestaltend zu verwerten.« Seine Lyrik für Kinder fasste Blüthgen 1904 in dem Sammelband *Im Kinderparadies* zusammen. Blüthgens Märchen und Gedichte waren auch in England beliebt. Sie tauchten – ähnlich wie die von Volkmann-Leander – in einigen anspruchsvolleren Kinderzeitschriften auf, in *Aunt Judy's Magazine*, *The Nursery* und in Amerika in *Harper's Young People*.

Ende 1877 war Blüthgen gemeinsam mit seinem Freund Lohmeyer nach Leipzig gezogen, wo er ab 1878 auch als Redakteur und Autor für die *Gartenlaube* tätig war. Während seiner Leipziger Zeit unterhielt er freundschaftliche Kontakte zu Fedor

Flinzer und zu Georg Bötticher, dem Vater von Joachim Ringelnatz. Bötticher war seit Beginn der 1870er Jahre auch schriftstellerisch tätig. Erste Veröffentlichungen von ihm brachte die *Deutsche Jugend*, wie das Märchen *Das Wurzelmännchen* (Bd. 2, 1873) und *Am stillen Garten* (Bd. 4, 1874).

Heinrich Seidel verfasste zwischen 1879 und 1884 siebzehn Märchen für die *Deutsche Jugend*, darunter *Erika*, *Ein Sommermärchen*, *Die schwimmende Insel*, *Der Wassermann*, *Das Weihnachtsland*, *Der Venediger*, *Das versunkene Schloß* und *Der Hexenmeister*. Leider wurde der damals noch kaum bekannte Dichter weniger gut bezahlt als andere Beiträger. Für ein Märchen erhielt er nur 80 Mark.

Julius Sturm, ein Freund Ludwig Bechsteins, gehörte ebenfalls zu den fleißigen Beiträgern der Zeitschrift. Bekannt geblieben ist sein Lied *Schneewittchen hinter den Bergen* in einer Vertonung des Leipziger Gewandhauskapellmeisters Carl Reinecke (1824–1910). Von Reineckes beliebten Kinderliedern brachte die *Deutsche Jugend* auch Vertonungen nach Texten von Hoffmann von Fallersleben und von Robert Reinick.

Weitere Beiträger waren Theodor Fontane, Felix Dahn (*Gothen-Treue*), Johannes Trojan, Karl Gerok, Otto Sutermeister, Carmen Sylva, Amelie Godin, Frida Schanz und Gustav Schalk. Die deutschnationale Tendenz wurde in Gedichten und Erzählungen von Fedor Köppen vertreten. Deutsche Märchen und Erzählungen aus der germanischen Mythologie ergänzten diese Bestrebungen. Mit Beiträgen ausländischer Schriftsteller hielt man sich zurück. Eine Ausnahme bildete das bekannte schwedische Weihnachtsmärchen *Lille Vigg* (1871) von Victor Rydberg. Es erschien erst 1880 in Band 15.[17] Von Hans Christian Andersen und von den Brüdern Grimm kamen im untersuchten Zeitraum bis 1885 keine Märchen in der *Deutschen Jugend* heraus; vielleicht, weil fast nur Originalbeiträge veröffentlicht wurden. Lediglich zu Andersens 70. Geburtstag brachte die Zeitschrift 1875 eine Würdigung, *Der alte Dichter*, von Johannes Meyer.

Die *Deutsche Jugend* war in der Ausstattung und Illustrierung noch sehr der Spät- und Nachromantik verpflichtet. Die Illustrationen stammten von angesehenen zeitgenössischen Künstlern, wie Ludwig Richter, Oscar Pletsch, Moritz von Schwind, Eugen Neureuther, Fedor Flinzer, Carl Offterdinger, Hugo Bürkner, Paul Thumann, Anton von Werner, Joseph Führich, Albert Hendschel, Ludwig Burger, Karl Fröhlich und anderen. Die illustrative Qualität übertraf oftmals den literarischen Rang so mancher Autorenbeiträge. Alphons Dürr hatte Oscar Pletsch (1830–1888), den »beliebtesten Kindermaler des deutschen Bürgertums zwischen 1860 und 1880«[18], zum künstlerischen Leiter der Zeitschrift ernannt. Mit seinen Bildern aus dem Kinder- und Familienleben war Pletsch nicht nur in Deutschland, sondern auch in England, den USA, Frankreich und Schweden sehr bekannt und beliebt. Von Pletsch stammte auch die Titelzeichnung zur *Deutschen Jugend* mit einer Kindergruppe. ! 5 ¡

Seine Illustrationen wurden meist von dem Dresdner Holzschneider Hugo Bürkner auf den Druckstock übertragen. Es gab aber auch in Leipzig Holzschneide-

!5¡
Deutsche Jugend 1 (1873). Titelzeichnung von Oscar Pletsch

ateliers. Die sorgfältige und reiche Illustrierung und der ehrgeizige Anspruch, nur Originalbeiträge von möglichst erstrangigen Autoren zu bringen, verschafften der Zeitschrift eine herausgehobene Stellung, wirkten sich aber auch auf den Preis aus. Eine preiswerte Version davon war der *Deutsche Jugendschatz* (1872–1888).

Die dargestellte idyllische Kinderwelt, die vorzugsweise in ländlichen oder kleinstädtischen Milieus angesiedelt ist, erscheint wie ein Spiegel vorindustrieller Zeiten, nach denen sich viele Zeitgenossen in Zeiten wachsender Industrialisierung sehnten. Als der Farbdruck in der Kinderliteratur ab den 1880er Jahren an Bedeutung gewann, kamen die einfarbigen Genre-Darstellungen von Pletsch und anderen Künstlern der Richter-Schule aus der Mode. Die anspruchsvoller gewordenen Leser erkannten sich darin nicht mehr wieder und die Darstellungen des Lebens von Kindern des gehobenen Bürgertums veränderten sich.

Auch die an der *Deutschen Jugend* beteiligten Künstler drängte es nach farbigen Bildgestaltungen. Paul Thumann gestand Dürr, dass er einige ursprünglich für ihn angefertigte Zeichnungen an den Verlag Stroefer in München weitergegeben habe. Die Bilder befänden sich nun zur Reproduktion in England, da die Qualität in Deutschland unzureichend sei. Stroefer sei für gute farbige Bilder bekannt, er habe auch ein Buch von Kate Greenaway herausgebracht. Um Dürr zu beschwichtigen, schrieb Thumann, für einen Verlag von so ausgeprägtem Charakter sei es sicher schwierig, seinem Profil noch eine neue Eigenart hinzuzufügen.[19]

Dürr, der einst die Werke der Nazarener in Schwarz-Weiß-Reproduktionen in seinem Verlag verbreitet hatte und nun den Ludwig-Richter-Kreis pflegte, fühlte sich vom Eindringen farbiger Illustrationen aus England auf den deutschen Markt verunsichert. Ratsuchend wandte er sich an den künstlerischen Leiter der *Deutschen Jugend*, Oscar Pletsch. Dieser antwortete ihm am 28. April 1880:

> Sie fragen mich nach dem englischen Kinderbuch »Under the Window« – was soll man zu dieser englisch-japonesischen Kunstrichtung sagen! Gewiß amüsieren sich Kinder über jede Karrikatur [!], aber mit Recht verbietet man Kindern das giftige Zuckerwerk. Ich habe vielfach bei Kindern beobachtet, daß diese grellen Bilder, nachdem der Reiz der Neuheit verloren, gar keine Beachtung fanden, wogegen Richter und andere deutsche Kinderbilder immer wieder begehrt waren [...].[20]

Im Gegensatz zu Greenaway verehre und bewundere er jedoch den englischen Illustrator Walter Crane sehr.[21]

Fünf Jahre später, 1885, gab Alphons Dürr seine kinderliterarische Produktion auf und verkaufte sämtliche Rechte. Die Zeitschrift fiel an den Herausgeber zurück, der eine zeitgemäßere Ausstattung mit farbigen Illustrationen anstrebte und nun auch die beliebten Abenteuererzählungen brachte. Auf Farbabbildungen musste aus Kostengründen auch in den neuen Verlagen bald wieder verzichtet werden. Nach mehrfachem Verlagswechsel (Dürr, Simion, Kröner, Union, Richter) ging die berühmte Zeitschrift 1894 ein.

Lohmeyers Zeitschrift wurde in ihrer Zeit hochgeschätzt und vom preußischen Unterrichtsministerium empfohlen. Die deutschen Kronprinzen Wilhelm und Heinrich waren treue Leser der *Deutschen Jugend*. Die national-liberalen *Grenzboten* würdigten bereits 1872 das Blatt: »Denn zum ersten Male sammelt eine lediglich der Unterhaltung und Belehrung der deutschen Jugend gewidmete Monatsschrift die besten Dichter, die hervorragendsten Jugendschriftsteller und die tüchtigsten Künstler der Nation unter ihre Mitarbeiter. [...] eine solche Zeitschrift ist noch nicht dagewesen.«[22]

Mindestens ebenso wichtig war den *Grenzboten*, dass die Jugendzeitschrift zu einer »Bildung des Volkes im nationalen Sinne« beitrug, durch die Wiederbelebung »jener besten Schätze deutschen Wesens, auf denen zuletzt die Macht und Größe und die Zukunft unserer Volkes ruht.« Dazu zählte der Schriftleiter Hans Blum »deutschen Ernst und deutsche Gemüthsinnigkeit, Sittenreinheit und frommen Sinn, Wahrheitsliebe und Pflichttreue«.[23]

Die *Deutsche Jugend* blieb noch lange genug im Gedächtnis der Nachwelt, um auf die illustrierte deutsche Jugendliteratur der kommenden Jahre nachhaltig weiter zu wirken. Die Bemühungen des Dürr'schen Verlags um künstlerische Qualität von Text und Bild wurden von Vertretern der Jugendschriften- bzw. Kunsterziehungsbewegung wieder aufgegriffen. Eine neue Künstlergeneration um 1900, die auch Einflüsse aus England und Frankreich aufnahm und verarbeitete, bemühte sich um eine Modernisierung der Ausstattung, ebenso wie engagierte Herausgeber auf die literarische Qualität neuer Texte für die Heranwachsenden achteten.

Kinderzeitschriften in England

In England dominierten in der ersten Hälfte des 19. Jahrhunderts Periodika mit belehrenden und religiösen Inhalten, die oft in Sonntagsschulen ausgegeben oder von religiösen Gesellschaften verbreitet wurden. Mit steigender Alphabetisierung der Bevölkerung, dem Aufschwung der Druckindustrie und einem zunehmenden Wohlstand erweiterte sich der Markt für Kinderbücher und Kinderzeitschriften beträchtlich. Während es um 1824 nur fünf englische Kinderzeitschriften gab, waren es um 1900 etwa 160. Der Zeitraum ab 1860 wird allgemein als das ›Goldene Zeitalter‹ der Kinderliteratur bezeichnet. Wirklich ausschlaggebend für diese Entwicklung war eine Neubewertung der Kindheit. Hinter ihrer Verklärung als einem goldenen Zeitalter verbarg sich das regressive Verlangen der viktorianischen Gesellschaft nach einer vorindustriellen ländlichen Welt. Kinder wurden mit Reinheit, Unschuld und Einfachheit gleichgesetzt. Wohl erst jetzt gestand man Kindern ein eigenes Innenleben zu und verstand, dass sie eine besondere Art von geistiger Nahrung brauchten. Die Unterhaltung rückte in den Vordergrund. Unter den Kinderzeitschriften, die seit den 1850er Jahren in wachsender Zahl erschienen, fallen einige durch künstlerisch anspruchsvolle Erzählungen und phantastische Geschichten besonders auf: *The Playmate*, *The Charm*, *The Monthly Packet*, *Aunt Judy's Magazine* und *Good Words for the Young*.

Der Rezeptionsraum für diese etwas teureren Blätter für die Mittelklasse war weiterhin die gesamte Familie. An märchenhaft-phantastischer Literatur für Kinder, die im spätviktorianischen Zeitalter so beliebt war, gab es um die Mitte des 19. Jahrhunderts noch wenig Auswahl in England, sodass Übersetzungen ausländischer Werke diese Lücke zunächst füllen mussten. Einzelne Erzählungen auf diesem Gebiet brachten Charlotte Yonges *Monthly Packet* mit *The Treasures of the Deep* (1852), das *Children's Journal* bei W. Kent & Co. mit *The Elfin Wood* (1863, nach Tiecks *Elfen*) und *Little Ida's Flowers* (1863, nach H. C. Andersen).

Die Zeitschriften von Joseph Cundall

Ein Vorreiter auf diesem Gebiet war der Londoner Verleger Joseph Cundall (1818–1895), der bereits um die Mitte des 19. Jahrhunderts mehrere kurzlebige Zeitschriftenprojekte startete, in denen er der phantastischen Literatur mehr Raum bieten wollte. Leider musste auch er feststellen, dass in England daran Mangel herrschte. Bevor England zum klassischen Land der phantastischen Kindererzählung werden konnte, war man auf Material aus dem Ausland angewiesen, etwa aus dem *Deutschen Jugendkalender* und auf weitere Bücher aus dem Verlag von Georg Wigand. Joseph Cundall brachte zunächst ein Periodikum für Kinder mit dem Titel *The illustrated juvenile miscellany* (1846–47) heraus, dessen Fortsetzung er *The Play-*

mate. A pleasant companion for spare hours (1848–49) nannte. In dieser Zeitschrift veröffentlichte Cundall Erzählungen, Gedichte und Märchen von Felix Summerly, Dinah Mulock Craik und anderen englischen Autoren, aber auch Texte von Robert Reinick, Albert Ludwig Grimm, Berthold Auerbach, der Brüder Grimm sowie von Hans Christian Andersen. Andersens Märchen waren erst kurz zuvor, 1846, von Mary Howitt ins Englische übertragen worden. Sie wurden sofort populär und trugen neben der Grimmschen Sammlung wesentlich zur Entwicklung einer fantastischen Kinderliteratur in England bei.

Cundall versprach seinen jungen Lesern in der Vorrede zum *Playmate*: »I will sing sweet ballads, and read poetry and pleasant stories full of charming adventures, and to you, youngsters, I will unfold the wondrous marvels that are found in faerie land and ancient fable [...] Do you love pictures? I will give you such a playmate has seldom offered you before. Pictures by artists well known to fame.«

Die Holzstiche im *Playmate* !7¡ nach Zeichnungen von Edward H. Wehnert, Harrison Weir, Lorenz Frölich, Peschel, Henry Warren u.a. stammten aus dem

!6¡ *The Playmate.* Joseph Cundall. 1848/49. Einband von Richard Burchett

Londoner Holzstich-Atelier der Brüdern Dalziel. Den von der Romantik inspirierten farbigen Einband mit Akanthusranken und Stabwerk entwarf Richard Burchett. Cundall ging 1849 bankrott und ging daher eine Partnerschaft mit Henry M. Addey ein. 1852 veröffentlichte er die Kinderzeitschrift *The Charm*. Aufgrund der großen Ähnlichkeit in Aufbau und Zusammenstellung der Beiträge darf man *The Charm* als eine Fortführung des *Playmate* ansehen. Cundall veröffentlichte im ersten Jahrgang Reinicks *Schilfinsel* unter dem Titel *The Sedge Island*. Auch der Jahrgang 1854, der nach der Trennung von Cundall unter der Firma Addey & Co. erschien, enthielt deutsche Beiträge in englischer Übersetzung, etwa *Prince Gold-Fish and the Fishermaid* von Reinick und *The Old Wizard and his Children* von Ludwig Bechstein. Die Texte und die zugehörigen Illustrationen stammten meist aus dem *Jugendkalender*, der auch in England Anklang fand und nicht nur für Cundall & Addey, sondern auch für die Herausgeber von *Aunt Judy's Magazine* eine Fundgrube darstellte.

Aunt Judy's Magazine

Ab Mai 1866 erschien *Aunt Judy's Magazine* bei George Bell in London. [8] Als Margaret Gatty das Angebot erhielt, eine Kinderzeitschrift herauszugeben, hatte sie sich bereits als Verfasserin von Märchen im Stil von Andersen, *The Fairy Godmothers* (1851), und *Parabeln aus der Naturgeschichte* einen Namen gemacht. Später verfasste sie *Aunt Judy's Tales* (1859) und *Aunt Judy's Letters* (1862). Die Bücher handelten von einer Familie mit vielen Kindern, deren ältere Schwester ihnen Geschichten zur Unterhaltung erzählte. Dies war Gattys begabtere Tochter Juliana (1841–1885), die hier zu ›Aunt Judy‹ wurde. Juliana Gatty schrieb ebenfalls für die Zeitschrift, um das Einkommen der Familie aufzubessern. Sie hatte zuvor Erzählungen in Charlotte Yonges Journal *The Monthly Packet* veröffentlicht.

In der Vorrede zu ihrer neuen Zeitschrift versprach Margaret Gatty den besorgten Eltern: »Parents need not fear an overflowing of amusement.« Belehrung sollte in Anekdoten, biographischen und historischen Texten durchaus noch enthalten sein. Sie gab aber auch Buchempfehlungen. Am 1. Juni 1866 empfahl sie wärmstens *Alice im Wunderland* von Lewis Carroll mit den Illustrationen von John Tenniel. Andersens Märchen, von denen sie einige abdruckte, erklärte sie im *Christmas Volume* von 1868 für besonders geeignet zur Lektüre im Familienkreis.

In einem Sonderband, der im Mai 1868 erschien, veröffentlichte sie *Bruno's Revenge* von Lewis Carroll, eine kleine Erzählung, aus der später der Roman *Sylvie and Bruno* entstand. In einem Brief teilte Margaret Gatty dem Autor Carroll mit: »I need hardly tell you that the story is *delicious*. It is beautiful and fantastic and childlike, and I cannot sufficiently thank you. I am so *proud* for *Aunt Judy* that you have honoured *her* by sending it here…«. In Band 9 (1871) erschienen sieben *Puzzles from Wonderland*, die Carroll für das Magazin verfasst hatte. In ihren Buchempfehlungen in Band 9 wies Margaret Gatty noch auf Lieder aus Carrolls *Alice im*

Wunderland in der Vertonung von William Boyd hin. Ihr Sohn Alfred Scott Gatty, ein begabter Komponist, hatte 1871/72 ebenfalls Kinderlieder von Carroll komponiert, die in der Zeitschrift veröffentlicht wurden.

An Illustratoren wurden für *Aunt Judy's Magazine* Künstler von Rang wie Randolph Caldecott, George Cruikshank, Lorenz Frölich, John Gilbert, Charles Keene, A. W. Cooper, Gordon Browne und Thomas Morten gewonnen.

Als Margaret Gatty 1873 starb, wurde das Blatt von ihren Töchtern Horatia und Juliana fortgeführt.

Juliana Gatty heiratete später Alexander Ewing. Sie war eine Kennerin der deutschen Literatur, auch der für Kinder, und liebte die Märchen von Grimm, Andersen und Bechstein. Ihre Geschichten lehnten sich an die Erzählstruktur der Grimmschen Märchen an.[24] Anregungen für ihre Erzählkunst boten ihr auch die Holzschnitte in Robert Reinicks *ABC-Buch* aus dem Ludwig-Richter-Kreis. Sie übernahm in *Aunt Judy's Magazine* sowohl Texte als auch Illustrationen aus

Deutschland. Besonders der *Deutsche Jugendkalender* von Robert Reinick und die *Deutsche Jugend* boten ihr dazu willkommene Anregungen. In der Weihnachtsnummer von 1879 finden sich Illustrationen von Fedor Flinzer, Paul Thumann und Eugen Klimsch, die auch für Dürrs *Deutsche Jugend* tätig waren. Bilder von Oscar Pletsch und Ludwig Richter wurden häufig von ihr verwendet. Flinzers Poem, *The Adventures of an Elf* (*Schreckliche Abenteuer des Koboldchens Fingerling*) dichtete sie nach und veröffentlichte den Text und die dazugehörigen Scherenschnitte aus der *Deutschen Jugend* im November 1875. Auch die märchenhafte Erzählung *Das Wurzelmännchen* von Georg Bötticher !6¡ (Bd. 2, 1873) übertrug sie 1876 als *The Little Parsnip Man* ins Englische. An Texten von Victor Blüthgen veröffentlichte sie aus der gleichen Quelle *The Hens of Hencastle* (*Die Hühnerburg*, Deutsche

!7¡
Aunt Judy's Magazine (1879). Illustration von Randolph Caldecott zu Juliana Ewing: Jackanapes

!8¡
Deutsche Jugend 2 (1873). Illustration von Georg Bötticher zu seinem Märchen *Das Wurzelmännchen*

Jugend, Bd. 11) und *The Tailor and the Wolves* (Deutsche Jugend, Bd. 5, 1875) sowie das Gedicht *How nice it would be* (*Ach, wer das doch könnte!*).

Ihre zuvor in der Zeitschrift abgedruckten Märchen brachte Juliana Ewing 1882 als *Old-fashioned Fairy Tales* heraus. In der Vorrede nannte sie Märchen eine wertvolle Lektüre, die keineswegs die kindlichen Vorstellungen von der Wahrheit durcheinanderbrächten. Vielmehr könnten sie die ersten Grundlagen der Moral lehren, die Liebe zur Natur befördern und die Phantasie kultivieren.[25] Ihre Kindermärchen *Amelia and the Dwarfs*, *The Land of Lost Toys* und *Benjy in Beastland* zeigen starke Ähnlichkeiten mit Lewis Carrolls berühmten *Alice*-Büchern.

1882 ging *Aunt Judy's Magazine* bankrott, obwohl John Ruskin die Zeitschrift noch einmal mit 100 Pfund unterstützt hatte. Das Blatt war inzwischen altmodisch geworden.

Die Geschichten von Juliana Ewing, wie *Jackanapes*, werden bis heute aufgelegt, trotz ihrer viktorianischen Moral. Sie waren in ihrer Zeit so populär und erfolgreich, dass sie auch in Deutschland bei Bernhard Tauchnitz und in Frankreich bei Jules Hetzel erschienen.

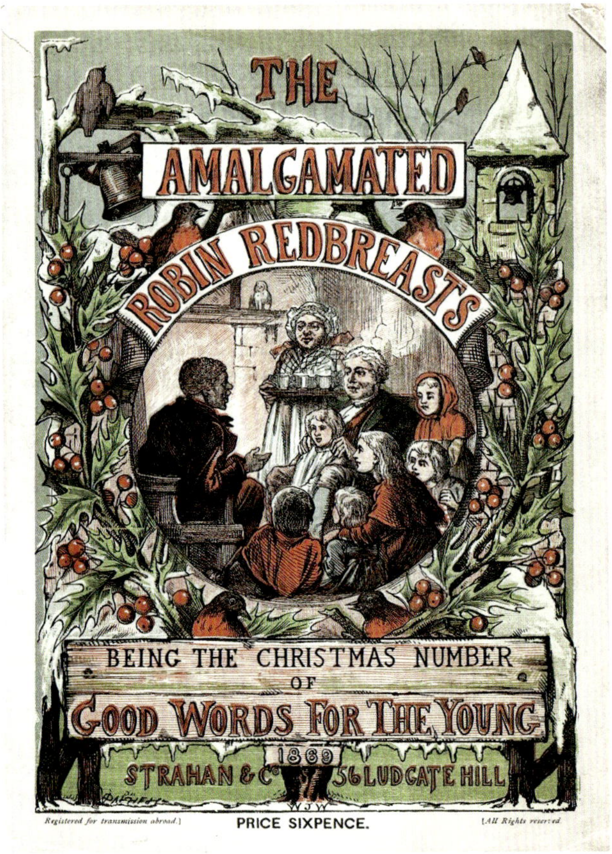

19
Good Words for the Young. Christmas Number [Weihnachtsausgabe]. 1869. Einband (*The Amalgated Robin Redbreast*)

!10¡
Good Words for the Young. Illustration von Arthur Hughes zu George MacDonalds *At the Back of the North Wind*, 1868

Good Words for the Young

Eine berühmte Kinderzeitschrift aus dem Verlag von Alexander Strahan in London war *Good Words for the Young* (1868–1877). !9¡ Sie veröffentlichte zahlreiche Märchen und phantastische Erzählungen. Strahan wollte der Jugend in einem Zeitalter, in dem der Markt von billiger Massenware bestimmt wurde, anspruchsvolle geistige Nahrung bieten. George MacDonald (1844–1905) publizierte hier seine ersten märchenhaft-phantastischen Kindergeschichten. Er war ein früher Vertreter dieses Genres. Die phantastischen Geschichten waren die Hauptattraktionen des Blatts, weniger die frommen Beiträge des ersten Herausgebers Norman Macleod. Macleod war ein Geistlicher, der bereits die *Good Words* für die Erwachsenenwelt im gleichen Verlag herausgab und sich mit zwei Zeitschriften überfordert fühlte. MacDonald übernahm daher 1870 die Redaktion der Kinderzeitschrift. Der Verleger Strahan bot ihm für diese Arbeit 600 Pfund im Jahr an.

Die erste Ausgabe 1868 wurde mit *Madame How und Lady Why* von Charles Kingsley eröffnet, der in einem Gespräch zweier Feen eine Einführung in die Geologie gab. Es folgte das erste Kapitel von George MacDonalds phantastischer Erzählung *At the Back of the North Wind* mit Illustrationen von Alfred Hughes. !10¡ In dem Märchen gelingt dem kindlichen Helden Diamond ein Blick in eine andere Welt. Seine Reisen mit dem Nordwind sind Träume, die wie der jähe Einbruch einer Phantasie-Welt in den Alltag erscheinen. Die sozialen Schilderungen der Welt des viktorianischen England sind von Charles Dickens beeinflusst. Zu MacDonalds Hauptwerken für Kinder zählt *The Princess and the Goblin* (1872), ein Buch, das J. R. R. Tolkien als Kind liebte und das W. H. Auden auf eine Stufe mit Carrolls *Alice*-Büchern stellte. In dem Märchen wird die Königstochter Irene von einem im

Bergwerk arbeitenden Jungen namens Curdie vor Kobolden bewahrt, die sie rauben und mit ihrem hässlichen Prinzen verheiraten wollen. Im Kampf gegen feindliche Mächte erhalten die beiden Kinder Hilfe durch die Zauberrequisiten von Irenes feenhafter Ururgroßmutter. Alle Erzählungen und Märchen von MacDonald wurden später auch in Buchform herausgebracht und wurden zu Klassikern der englischen Kinderliteratur.

In späteren Ausgaben veröffentlichte die Zeitschrift auch eine Reihe von Andersens Märchen. Eine phantastisch-utopische Geschichte verfasste Jean Ingelow mit *Nineteen Hundred and Seventy-Two*. Es war eine Zukunftsreise in das London des Jahres 1972. Beeinflusst war die Verfasserin vielleicht von Jules Vernes Roman *Fünf Wochen im Ballon*. Weitere Autoren von *Good Words for the Young* waren Mary und William Howitt, Henry Kingsley, Dinah Mulock Craik sowie Charles Camden (i.e. Richard Rowe).

Alexander Strahan beschäftigte auch erstklassige Illustratoren, wie Arthur Hughes, Arthur Boyd Houghton, George C. J. Pinwell, W. S. Gilbert, J. Mahoney, Ernest Griset, J. Baptist Zwecker, W. J. Weigand, Edward Dalziel, Thomas Dalziel, William Small und Tom Hood.

Die Zeitschrift enthielt eine gute Mischung verschiedener Illustrationsstile, die sich den jeweiligen Inhalten anpassten. Darstellungen häuslichen Lebens wechselten mit Zeichnungen nach der Natur, historischen Darstellungen, Karikaturen und Märchenillustrationen. Arthur Hughes, der zum Umkreis der Präraffaeliten zählte, begann seine Karriere bei dieser Zeitschrift, er wurde ihr Hauptillustrator. Zwischen 1868 und 1873 illustrierte er George MacDonalds *At the Back of the North Wind*, Ranald Bannermans *Boyhood*, *The Princess and the Goblin*, Henry Kingsleys Roman *The Boy in Grey* und William Brighty Rands' *Lilliput Lectures*. Hughes Illustrationen sind eine Synthese von religiösen, fantastischen und literarischen Bildmotiven. Sie wurden im Atelier der Brüder Dalziel in Holz gestochen und setzten neue Maßstäbe für die Illustrierung von Kinderliteratur.

Leider sanken die Verkaufszahlen nach einer Weile und Strahan war darüber sehr beunruhigt. MacDonald schrieb an seine Frau, Strahan hielte den hohen Anteil an Märchen für eine Ursache dafür.[26]

Nachdem Strahan in finanzielle Schwierigkeiten geraten war, gab MacDonald die Zeitschrift noch eine Weile ohne Honorierung heraus, schließlich gab er sie 1873 ab. Die Zeitschrift änderte bald darauf ihren Namen in *Good Things*, da sie neben Poesie und Prosa für Kinder nun auch vermehrt Rätsel und Bildmaterial enthielt. Zu diesem Zeitpunkt wurde sie von dem Verleger Henry S. King (1817–78) vertrieben, da der hochverschuldete Strahan den Namen seiner Firma nicht mehr verwenden durfte. King führte die Zeitschrift mit Texten aus Büchern seines Verlags, wie den *Fantastic stories* (1874) von Richard von Volkmann-Leander, und unter Benutzung preiswerter ausländischer Klischees fort, dann übernahm Strahan die Herausgabe. Etwa ab 1874 unterschied sich das Blatt nicht mehr von anderen Kinderzeitschriften. 1877 wurde es wegen mangelnder Nachfrage eingestellt.

Grundsätzlich hatte sich in England im Laufe des 19. Jahrhunderts die Haltung gegenüber Märchen, phantastischen Erzählungen und Abenteuergeschichten verändert. *Chamber's Journal* schrieb 1887 über jenen bemerkenswerten Wandel in der Kinderliteratur der letzten 50 Jahre, die Zuchtrute von einst sei inzwischen durch den Zauberstab der Feen ersetzt worden.[27]

Kinderzeitschriften in den Vereinigten Staaten

Nach dem Ende des amerikanischen Bürgerkriegs hatte sich die Auffassung über Kinderliteratur radikal verändert. *Putnam's Magazine* verkündete 1868 emphatisch: »Verily there is a new era in this country in the literature for children.«[28] Bedeutende Verlage wie Ticknor & Fields, Hurd & Houghton, Charles Scribner, Harper, Lothrop und andere erkannten den wachsenden Markt für Kinder- und Jugendzeitschriften und starteten eigene Projekte mit neuen Inhalten.

Our Young Folks

Our Young Folks erschien von 1865 bis 1873 in der berühmten Bostoner Verlagsfirma Ticknor & Fields und stellte in Amerika den Beginn der unterhaltenden Zeitschriftenlektüre für Kinder dar.[29] Nicht nur im Inhalt, auch drucktechnisch war *Our Young Folks* von hoher Qualität. Die Zeitschrift wurde von der Harvard University Press hergestellt. James T. Fields scheute als Verleger keine Kosten und Mühen, um das Blatt zu einem ernsthaften Konkurrenten des weit verbreiteten *Youth Companion* (1827–1929)[30] werden zu lassen. Als er Charles Dickens eine Lesereise durch Amerika finanzierte, um den damals berühmtesten englischsprachigen Autor enger an seinen Verlag zu binden, bat er ihn im Frühjahr 1867 um eine Geschichte für *Our Young Folks*. Dickens erhielt für die relativ leichtgewichtige *Holiday Romance* ein Honorar von 1000 Pfund. Für die Bebilderung engagierte Fields den bedeutenden englischen Zeitschriften-Illustrator John Gilbert (1817–1897). Im Dezember 1867 verkündete der Verlag in einem Prospekt, die Zeitschrift sei in der Jugendliteratur der Welt ohne Beispiel:

> [...] we have given authors and artists the highest prices to work, [...] that you might have only the best [...]. Charles Dickens has written a story for you alone. [...] Then, John Gilbert, who is called the greatest designer in all England, has made the pictures for Mr. Dickens' story [...] he said that he would take as much interest in American boys and girls as Mr. Dickens, and that he would draw [...] the very prettiest picture he possibly could.[31]

Dickens' Geschichte erschien von Januar bis Mai 1868 in Fortsetzungen. Auch Longfellows Gedicht *Christmas Bells*, Louisa Alcotts *Nellys Hospital* und Lucretia Hales *Peterkin Paper* wurden zuerst in *Our Young Folks* veröffentlicht. Die Zeit-

!11¡
Our Young folks. Edward Lear. *The Owl and the Pussy-Cat*, 1870

schrift brachte drei von Edward Lears berühmtesten Liedern mit Illustrationen von J. H. Howard. Das erste war *The Owl and the Pussy-Cat* (Nr. 62, Februar 1870, S. 111–112). !11¡ In der März-Nummer folgte das *Känguruh und die Ente* (Nr. 63, S. 146–147). Die Beiträge wurden im Januar-Heft 1870 enthusiastisch angekündigt:

> We shall give, in the February number, a capital specimen of nonsense-poetry, by Edward Lear, an English artist. [...] The author is one of Tennyson's intimate friends, and the fact that these verses have been [...] read and laughed over by the poet and his children, adds to their interest. It takes a genius to write real nonsense. Few besides the immortal »Mother Goose« have ever had the gift of doing so, in a manner acceptable to children.[32]

Our Young Folks versammelte unter seinen Autoren aus Neuengland noch Henry W. Longfellow, Harriet Beecher-Stowe, John Townsend Trowbridge, Louisa Alcott, John G. Whittier, Lydia Maria Child, T. B. Aldrich (*The Story of a Bad Boy*), Mary Ann Hallock, Edgar Fawcett, Edmund Morris, Mayne Reid, Edmond Kirke, Gail Hamilton und Lucy Larcom. An ausländischen Beiträgen finden sich einige von P. J. Stahl (Pseudonym des französischen Autors und Verlegers Pierre Jules Hetzel). Hier erschienen auch die *Peterkin Papers* von Lucretia Hale, die ein Klassiker wurden und nach Einstellung von *Our Young Folks* später bei *St. Nicholas* fortgesetzt wurden. Viel Raum wurde patriotischen Gedichten und Erzählungen gegeben. Auch Körperertüchtigung und Gesundheit spielten in diesem Zusammenhang eine Rolle. Ein *Besuch im Congress* zählte zu den belehrenden Artikeln für die künftigen jungen Staatsbürger. Zu den jugendlichen Lesern gehörte damals der spätere Präsident Theodore Roosevelt. Für die Hausmusik brachte die Zeitschrift Musikbeilagen mit Klavierarrangements von Werken von Mozart, Beethoven,

Hummel, Meyerbeer und Robert Schumann. Die Zeitschrift beschäftigte meist erstklassige Illustratoren: Winslow Homer, John Tenniel, Felix O. Darley, William John Hennessy, Alfred Fredericks, H. L. Stephens, John Gilbert, Harry Fenn und andere. Nach dem großen Brand in Boston und geschäftlichen Verlusten verkaufte Fields die Zeitschrift an Scribner, sie verschmolz später mit *St. Nicholas*.

The Riverside Magazine

Our Young Folks war das Vorbild für eine weitere, literarisch anspruchsvolle Kinderzeitschrift, *The Riverside Magazine* (1867–70). !12¡ Sie erschien bei Hurd & Houghton (Boston und New York) und übertraf ihre Vorgängerin. Von der Qualität von *Our Young Folks* beeindruckt, wollte Henry Oscar Houghton, der berühmte Drucker der *Riverside Press*, die Leistungsfähigkeit seiner Druckerei in den Dienst der Herausgabe von amerikanischer Literatur für Kinder stellen. Die damals noch überall präsente englische Jugendliteratur sollte damit ein wenig zurückgedrängt werden. Die erste Ausgabe der neuen Zeitschrift erschien im Januar 1867. Sie besaß einen attraktiven Umschlag und war brillant gedruckt. Zum Herausgeber war

!12¡ *The Riverside magazine.* Einband 1870

Horace E. Scudder (1838–1902) ernannt worden. Er besaß Geschick im Umgang mit seinen Verlegern und die Gabe, Talente anzuziehen. Scudder wusste zudem, dass Kinder die herkömmliche moralisierende und belehrende Kinderliteratur ablehnten und eine unterhaltsame, phantasievolle Lektüre bevorzugten. Er brachte daher die ersten Geschichten von Frank Stockton und Sarah O. Jewett heraus. Ein weiterer Beiträger war der Maler und Schriftsteller Christopher Cranch, der 1870 *An Old Cats Confessions* veröffentlichte. Scudders größter Erfolg bestand jedoch darin, Hans Christian Andersen als Autor für seine amerikanische Jugendzeitschrift gewonnen zu haben.

In Amerika wurden Märchen lange Zeit als überholt und nicht mehr zeitgemäß abgelehnt, es gab daher keine eigene Märchentradition. Horace Scudder setzte sich in seinem *Riverside Magazine* vehement für Märchen als Kinderliteratur ein. Er schrieb am 25. Oktober 1866 an Andersen:

> We in America have no such rich soil for fairy tales, but we are doing our best to make a beautiful world about the hearts of our young countrymen. I am now engaged in establishing a new magazine, which I am to conduct and which is to be published in New York by the Messrs. Hurd and Houghton, eminent publishers there.«[33]

Da Andersen zunächst schwieg, wiederholte Scudder seine Bitte um Beiträge am 13. März 1868 und sandte ihm ein Exemplar des gerade ins Leben gerufenen *Riverside Magazines*: »it is our effort to adapt the needs of the children in a new country, where European civilization is found, modified by the circumstances of nature and government. But there is always a place in such a magazine for your stories [...]«.[34]

Der 61-jährige Andersen war sich nicht sicher, ob das *Riverside Magazine* der rechte Ort für seine Märchen sei, da sie sich sowohl an Kinder als auch an Erwachsene richteten. Schließlich ließ Andersen sich von dem Honorar von 500 US-Dollar für zwölf neue Geschichten überzeugen. Er garantierte Scudder nicht nur die Exklusivrechte auf die englischen Übersetzungen weiterer Märchen, sondern auch auf deren Erstdruck. In Dänemark und anderen Ländern würde er diese frühestens drei Monate nach deren Absendung an Scudder freigeben. Dafür erhielt Andersen zwischen 1868 und 1875 Honorare von 2200 US-Dollar von Hurd & Houghton, dem Verleger des *Riverside Magazine*. Nach den Angaben von Sven Hakon Rossel veröffentlichte Scudder 17 Andersen-Märchen im *Riverside Magazine*.[35] Weitere erschienen zwischen 1871 und 1873 in *Scribner's Monthly*, nachdem die Zeitschrift verkauft worden war.

Das *Riverside Magazine* war von großem Einfluss auf die Entwicklung von *St. Nicholas*, der bedeutendsten amerikanischen Kinderzeitschrift. Scudders Magazin selbst war leider ein finanzieller Misserfolg, da die Verleger zu wenig Exemplare in Umlauf brachten, um die Kosten zu decken. Nach nur vier Jahren wurde die Zeitschrift eingestellt und an Scribner verkauft. *Scribner's Monthly*, das die Rechte zunächst übernahm, war ein neues, von Roswell Smith gegründetes Familienblatt, das in Konkurrenz mit *Harper's* treten wollte.

!13¡
St. Nicholas or Your Life. Plakat, November 1878, unbekannter Künstler

St. Nicholas

1872 entschieden die drei Inhaber des Verlages, Charles Scribner jun., Gilbert Holland und Roswell Smith, nicht auf den Resten des *Riverside Magazine* aufzubauen, sondern selbst eine neue, eigenständige Kinderzeitschrift zu entwickeln. Mary Mapes Dodge wurde dafür als Herausgeberin gewonnen. Sie hatte sich als Autorin für Kinder mit dem Roman *Hans Brinker* bereits einen Namen gemacht und gab damals mit Harriet Beecher-Stowe die literarische Wochenzeitschrift *Hearts and Homes* heraus. Roswell Smith forderte sie auf, ihre Vorstellungen, wie eine Kinderzeitschrift beschaffen sein solle, darzulegen. Sie verfasste dazu einen Brief an ihn. Diese programmatische Erklärung wurde im Juli 1873 in *Scribner's Monthly* gemeinsam mit der Ankündigung der neuen Zeitschrift mit dem Titel *St. Nicholas* abgedruckt: »Wir arbeiten, um die Zustimmung von Vätern und Müttern zu finden und bringen eine verwässerte Variante der Erwachsenen-Zeitschriften heraus.«[36] Ein Blatt für Kinder folge jedoch anderen Gesetzen. Es müsse ein Spielfeld, ein Vergnügungspark (pleasure ground) für Kinder sein. Eine Kinderzeitschrift müsse kühner, stärker, wahrhaftiger und kompromissloser als die anderen Blätter sein.

Nachdem das erste Heft für die Druckerei fertig war, reiste die Herausgeberin Mary Mapes Dodge im Mai 1873 nach Europa, um neue Mitarbeiter für das ehrgeizige Projekt zu gewinnen. Sie besuchte in England George MacDonald, die Rosettis und Charles Dodgson (Lewis Carroll). Als sie zurückkehrte, erfuhr sie, dass die Verleger inzwischen die Bostoner Kinderzeitschrift *Our Young Folks* erworben hatten und dass aufgrund des vorhandenen Materials *St. Nicholas* bereits ab dem nächsten Monat erscheinen sollte und nicht erst im Januar 1874. Die neue Zeitschrift *St. Nicholas.* !13¡ veröffentlichte anspruchsvolle literarische Texte für Kinder und trug maßgeblich zur Weiterentwicklung der amerikanischen Kinderliteratur und Kinderbuchillustration bei.

Die Herausgeberin, die dafür ein Honorar von 5000 Dollar erhielt, hatte die Gabe, bedeutende Autoren und Illustratoren für ihre Zeitschrift zu gewinnen. Ihr Mitherausgeber wurde Frank Stockton, er galt später als einer der Bahnbrecher der phantastischen Kinderliteratur in Amerika. Die berühmten, heute noch gelesenen Kinderromane von Frances Burnett Hodgson *Sara Crew* und *Lord Fauntleroy.* !14¡ erschienen als Vorabdrucke zuerst in *St. Nicholas*, ebenso Mark Twains *Tom Sawyer im Ausland.* Louisa Alcott veröffentlichte hier 32 Erzählungen. Kipling sandte der Herausgeberin seine *Dschungelbuch*-Geschichten. Howard Pyle (1853–1911), der 1877 bei *St. Nicholas* mit Illustrationen im Stil Albrecht Dürers begann, brachte der amerikanischen Jugend das europäische mittelalterliche Leben nahe. Er adaptierte und illustrierte Stoffe für die Jugend, wie die Siegfried-Sage, König Artus und Robin Hood.

Auch die *Brownie*-Serien des kanadisch-amerikanischen Kinderbuchautors und Illustrators Palmer Cox (1840–1924) erschienen ab 1883 zuerst in *St. Nicholas*. Palmer Cox gestaltete seine *Brownies* nach schottischen Sagengestalten. Auf Wunsch von Theodore Roosevelt zeichnete er auch einen Cowboy-Brownie. Die *Brownies* erlangten eine solche Berühmtheit, dass mit ihnen für Seife, Biskuits und Kameras geworben wurde.

Viele Autoren von *St. Nicholas* waren bereits Beiträger des *Riverside Magazine* gewesen, so die Herausgeberin Mary Mapes Dodge, Lucretia Hale, Rose Terry, Rebecca Harding Davis, Sarah Orne Jewett und Horace Scudder. Für *St. Nicholas* arbeiteten außerdem Robert Louis Stevenson, Henry W. Longfellow, Joël Chandler Harris (*Uncle Remus*), Lewis Caroll (*Bruno's Revenge*, Dezember 1877), Jack London, Walter Crane, Arthur Rackham, Maxfield Parish, Reginald Birch, Norman Rockwell, Charles Dana Gibson, Frank Stockton, Julian Hawthorne und andere bekannte Schriftsteller und Künstler.

Das Erscheinen dieser Zeitschrift markierte in Amerika den endgültigen Durchbruch der romantischen Auffassung von Kindheit als einem Stadium unschuldiger Verspieltheit, zu dem auch ein entsprechendes kinderliterarisches Programm gehörte. Es sollte die bisherige belehrende Literatur ablösen und den Schwerpunkt auf Unterhaltung und Vergnügen legen. Ganz auf moralische Hinweise wollte man zwar nicht verzichten, diese aber sollten nicht mehr vordergründig und langweilig sein, damit sie auch von den Kindern angenommen würden. Die Herausgeberin war der Meinung, dass die besten Kinderzeitschriften ihre Leser indirekt belehrten.

"'ARE YOU THE EARL?' SAID CEDRIC. 'I 'M YOUR GRANDSON. I 'M LORD FAUNTLEROY.'"

14
St. Nicholas. Bd. XIII, 1885/86. Illustration von Reginald Birch zu Frances Burnett, *Lord Fauntleroy*

Nach fünf Jahren hatte das Magazin eine Auflagenhöhe von mehr als 50 000 Exemplaren erreicht. Zum Erfolg und zur Qualität von *St. Nicholas* trug auch die großzügige finanzielle Unterstützung des Verlegers bei. Er zahlte hohe Honorare. Der Herausgeberin standen außerdem das Bildmaterial und die regulären Autoren von *Scribner's Monthly* zur Verfügung.

Gedruckt wurde die Zeitschrift durch die de Vinne Press, die auch *Scribner's Monthly* produzierte. 1881 gründete Roswell Smith für *St. Nicholas* eine Tochtergesellschaft von Scribner, *The Century Company*. Die Anerkennung der Zeitschrift in Europa war ebenso groß wie in Amerika. Der amerikanische Dichter John G. Whittier erklärte: »It is little to say of this magazine that it is the best child's periodical in the world.«[37] *The New York Tribune* fand, dass *St. Nicholas* ein höheres Stadium in Text und Bild erreicht hätte als jede andere Kinderzeitschrift zuvor. Selbst die *London Literary World* erklärte: »There is no magazine for the young that can be said to equal this choice production of Scribner's Press.«[38]

St. Nicholas wurde auch in England durch verschiedene Verlage vertrieben: F. Warne, T. Fisher Unwin und Macmillan.

!15¡

Daniel Lothrop. Werbeplakat für *Wide Awake* und andere Verlagserzeugnisse, 1881

Wide Awake

Eine direkte Konkurrenz von *St. Nicholas* war *Wide Awake* (1874–1893), eine Zeitschrift des Verlages Lothrop in Boston für Kinder und die Familie. [15] Herausgeber waren Ella Farman Pratt und Charles S. Pratt. Auch dieses Blatt zog bekannte Autoren an. Margaret Sidney's erfolgreiche, später auch verfilmte Buchreihe *Five Little Peppers* erschien ab 1881 zuerst in Fortsetzungen in *Wide Awake*. Die Autorin heiratete im gleichen Jahr ihren Verleger Daniel Lothrop. Beiträger waren Edgar Fawcett, Louise Chandler Moulton, Kate Chopin, Elizabeth Stuart Phelps, Edward Everett Hale, Sarah O. Jewett und Howard Pyle. Illustratoren, die für *Wide Awake* arbeiteten, waren Alfred Brennan, W. T. Smedley, John Derwent. Wie andere Kinderzeitschriften wurde *Wide Awake* später von *St. Nicholas* aufgekauft.

Harper's Young People

Der Verlag Harper brachte neben Blättern für Erwachsene ab 1879 auch *Harper's Young People* auf den heiß umkämpften Markt für Jugendzeitschriften. [16] Harper war bereits vor dem Bürgerkrieg Verleger von Kinderbüchern gewesen. Es lag daher nahe, dass auch er ein Periodikum für Kinder herausbrachte. Das aufwändig hergestellte Blatt mit guten Illustrationen, als dessen Herausgeber der Autor Kirk Munroe gewonnen wurde, stand jedoch immer etwas im Schatten der berühmteren Zeitschrift *St. Nicholas*. Das lag wohl vor allem an den literarischen Beiträgen, deren Zusammenstellung eher zufällig wirkt. Die Zeitschrift brachte auch einige Texte aus Deutschland in englischer Übersetzung, im März 1880 etwa Victor Blüthgens Märchen *Der Schneider und die Wölfe*, das in der gleichen Übersetzung zuerst in *Aunt Judy's Magazine* 1879 erschienen war. Im April des gleichen Jahres veröffentlichte *Harper's Young People* ein Märchen der Berliner Schriftstellerin und Illustratorin Marie von Olfers (*Naseweiß und Dämelchen*) unter dem Titel *Puck and Blossom*.

Im Dezember 1882 kam das lange angekündigte Märchen des berühmten englischen Autors George MacDonald, *Photogen and Nycteris* (*Tagjunge und Nachtmädchen*), mit Illustrationen von Alfred Fredericks heraus. Zu den Höhepunkten bei den Kinder- und Familiengeschichten zählte Louisa Alcotts Erzählung *A Christmas Turkey and how it Came* (Dezember 1885). Am Beispiel der Geschichte eines Gewohnheitstrinkers sollten amerikanische Kinder ermutigt werden, selbst die Hände zu regen, um das Versagen ihrer Eltern wettzumachen und der Familie ein Weihnachtsfest zu ermöglichen. Dies gelingt den älteren Geschwistern der Familie, Kitty, Tom und Sam durch kleine Arbeiten, Verkäufe und Hilfeleistungen sowie durch die Unterstützung einiger edelgesinnter Angehöriger der amerikanischen Mittelklasse. [17]

! 16 ¡
Harper's Young People. Plakat, undatiert

! 17 ¡
Harper's Young People. »Weihnachtsbescherung«. (Santa Claus visits the van Johnsons). Illustration von J. E. Kelly. Bd. 1, Nr. 9, 1879

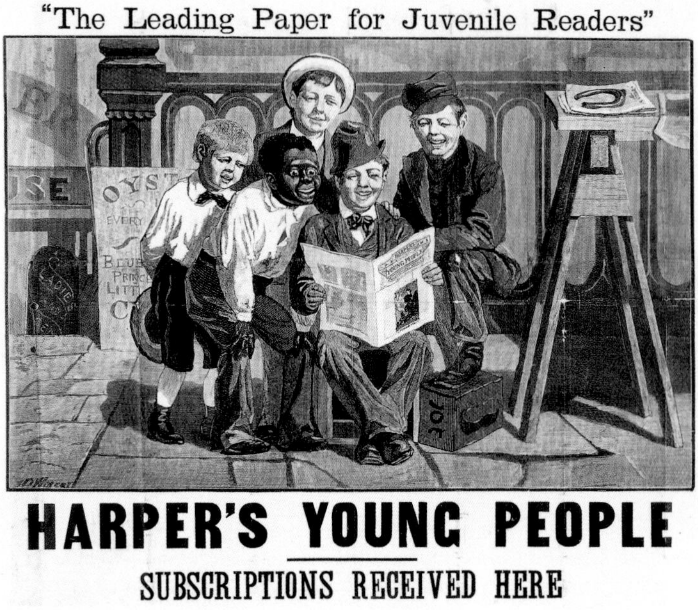

Das Beispiel der Kinder beschämt den Vater, der das Trinken aufgibt und von seinem Lohn einen Truthahn für das Christfest nach Hause bringt. Alcott, damals eine der berühmtesten Kinderbuchautorinnen, verfasste insgesamt acht Erzählungen für Harper's Kinderzeitschrift, die meisten für die Weihnachtsnummern. Zu ihnen gehörte auch *A Christmas Dream*, eine Kinderversion von Dickens' *Christmas Carol*, die die Wandlung und Bekehrung eines verwöhnten reichen Kindes zum Thema hat.

Eine wichtige Rolle spielte für *Harper's Young People* in den 1880er/90er Jahren der Illustrator und Schriftsteller Howard Pyle. Der künstlerische Leiter des Verlags, Charles Parson, verschaffte Pyle Arbeit bei *Harper's Weekly*, später war Pyle auch für *Harper's Young People* tätig. Er schuf dafür nicht nur Illustrationen, sondern verfasste auch Märchen und humoristische Verse. Nach deren Erstveröffentlichung in *Harpers's Young People* kamen sie unter dem Titel *Pepper and Salt* (1886) in Buchform heraus. Weitere Autoren von *Harper's Young People* waren Mark Twain, Sarah O. Jewett und John Townsend Trowbridge.

In den 1890er Jahren veränderte sich die Zeitschrift. Sie erhielt den Titel *Harper's Round Table*, der an die Tugenden von König Artus' Tafelrunde erinnern und zu deren Kultivierung im Familienkreis das Blatt beitragen wollte.

Die amerikanischen Kinderzeitschriften, *Our Young Folks*, *The Riverside Magazine* und *St. Nicholas*, bezogen ihr kindliches Publikum gern durch Wettbewerbe und Leserseiten mit ein. Durch den Abdruck von Arbeiten junger Leser ermöglichten sie späteren Autoren und Illustratoren, sich frühzeitig auszuprobieren. Viele bekannte Schriftsteller, wie Frank Stockton, Jack London, Richard Harding Davis, Ring Lardener, C. A. Stephens und Horatio Alger jr., veröffentlichten ihre ersten Beiträge in *St. Nicholas*. In Frankreich erschien eine französische Variante des Blatts in Zusammenarbeit mit der Century Company. Ein Auswahlband sollte sogar ins Arabische, zur Freude der muslimischen Kinder, übersetzt werden.[39]

Kinderzeitschriften in Frankreich

Ähnlich wie in England so galt auch in Frankreich die Zeit von der Mitte des 19. Jahrhunderts bis etwa um 1900 als ein ›goldenes Zeitalter‹ der Kinderliteratur und -presse. Im Zweiten Kaiserreich, das von 1852 bis 1870 dauerte, wurde um den Sohn von Kaiser Napoleon III. ein regelrechter Kult betrieben. Kindheit und Familie erlebten in jener Zeit eine starke Aufwertung. Nach der Einführung der Schulgesetze durch den Unterrichtsminister François Guizot vom 28. Juni 1833 entwickelte sich ein riesiger Wachstumsmarkt für die Freizeitlektüre von Kindern. Zwischen 1850 und 1880 gab es eine regelrechte Explosion auf dem Gebiet der Kinderzeitschriften. Zwischen 1848 und 1870 wurden 71 Zeitschriften für Kinder neu gegründet. Vor allem zwei Verleger wetteiferten mit ihren Kinderzeitschriften um die Gunst der Leser, Louis Hachette und Pierre Jules Hetzel.

La Semaine des enfants

Hachette, der zunächst Schulbücher verlegt hatte, widmete sich Mitte des 19. Jahrhunderts auch der schönen Literatur und brachte mehrere illustrierte Buchreihen heraus. Für Kinder verlegte er mit seinen Schwiegersöhnen Louis Bréton und Emile Templier die *Bibliothèque rosé* und die *Bibliothèque des merveilles*. Ab 1857 brachte er eine illustrierte Wochenzeitschrift für Kinder, *La Semaine des enfants*, heraus. Die Zeitschrift versprach, Kinder zu unterhalten und zu unterrichten, wobei sie deren Aufmerksamkeit durch interessante Erzählungen und schöne Stiche zu gewinnen suchte.[40] Der Aufbau war dreigeteilt, historische Erzählungen, etwa über Chlodwig und Karl den Großen, wurden von Märchen und Anekdoten abgelöst. Es folgte eine Rubrik Verschiedenes, die Wunder der Schöpfung und der Industrie vorstellte, aber auch eine kleine Chronik enthielt. In Hachettes Kinderzeitschrift erschienen zum ersten Mal die beliebten *Nouveaux Contes des Fées* der Comtesse Sophie de Ségur (1799–1874) in Fortsetzungen mit Illustrationen von Gustave Doré. Der Kontakt war entstanden, als Hachette wegen des Verkaufs seiner *Bibliothèque des chemins de fer* (Eisenbahnbibliothek) mit ihrem Ehemann Eugène de Ségur, dem Präsidenten der Eisenbahngesellschaft, verhandelte. Ségur übertrug Hachette die Exklusivrechte an den Geschichten seiner Ehefrau Sophie, der Verleger zahlte dafür 1000 Francs. Hachette erwarb mit ihren Werken ein Vermögen. Sophie de Ségur wurde zu einer der am meisten gelesenen französischen Kinderbuchautorinnen der zweiten Hälfte des 19. Jahrhunderts.

!18¡ *La Semaine des enfants.* Illustration von Gustave Doré zu Sophie de Segurs Märchen *Blondine,* 1857

Das Wunderbare in ihren Märchen, wie *Der verzauberte Fliederwald*, *Blondine*, ! 18 i *Prinzessin Rosette und Prinz Charmant*, *Der kleine Henri*, *Ourson das Bärenkind* sowie *Die kleine graue Maus*, wurde von dem jungen Gustave Doré in einem postromantischen, phantastischen Stil wiedergegeben.[41] Hachette beauftragte noch weitere gefragte Illustratoren, wie Bertall, Horace Castelli, Emile Bayard, Paul-Dominique Philippoteaux sowie Theodore-Georges Fath, der ein Titelblatt für die *Semaine des enfants* zeichnete. Sie war eine der ersten Kinderzeitschriften, die bereits Ende der 1850er Jahren Bildergeschichten für Kinder veröffentlichte, etwa die berühmten *Les défauts des enfants* von Bertall, die aber dem Zeitcharakter gemäß noch eine angehängte kleine Moral vermittelten.

De Zeitschrift vertrat eine ausgesprochen literarische Ausrichtung. Sophie de Ségur wollte mit ihren Werken Kindern die Anpassung an eine neue Gesellschaft in einer sich rasch verändernden Welt des 19. Jahrhunderts erleichtern. Andere Autoren in Hachettes *Semaine des enfants* waren Charles Dickens mit einer *Oliver Twist*-Adaption im April 1863 und mit *Ebenezer Scrooge* nach *A Christmas Carol* im April 1864, H. C. Andersen (*Das alte Haus*, Juli 1860 und *Die Schneekönigin*, Februar 1863), die Brüder Grimm (*Hans im Glück*, Januar 1857) sowie Louis Ratisbonne, Alexandre Dumas, E. Jarry, J. F. Cooper, Mayne-Reid, Emile Carpentier, Eugène Nyon, Alfred des Essarts und Maurice Barr.

Magasin d'éducation et de récréation

Bald traten andere französische Verleger in die Fußstapfen von Louis Hachette. Pierre Jules Hetzel gründete mit seinem Freund Stanislas Jean Macé im März 1864 das *Magasin d'éducation et de récréation*, an dem ab 1868 auch Jules Verne als Mitherausgeber beteiligt war. ! 19 i In der Vorrede zum ersten Heft schrieben die Herausgeber: »Bildung und Erholung – das sind zwei Begriffe, die in unseren Augen zusammengehören. Die Belehrung soll sich in einer Form präsentieren, die Interesse weckt: Sonst schreckt sie ab und wird verleidet; dagegen soll die Unterhaltung eine moralische Wahrheit enthalten, also nützlich sein …«

Von der Académie française wurde Hetzels Unternehmen bereits 1867 für seine Verdienste um die Verbreitung von Kenntnissen mit dem Prix Montyon ausgezeichnet. Die meisten Texte verfasste Hetzel selbst unter dem Pseudonym P. Stahl. Hetzel bearbeitete auch Werke anderer Schriftsteller, vor allem aus dem Ausland, die dann unter seinem Namen erschienen. So brachte er im Band 18 (1873) als »Geschichte der Familie Chester« die Erzählung *The Ramble of a Rat* der Engländerin Charlotte Maria Tucker in seiner Adaption heraus. Zu Verfassern wissenschaftlicher Beiträge für Kinder gehörten berühmte Gelehrte, wie der Astronom Camille Flammarion, der Geograph Vivien de Saint-Martin, Eugène Viollet-le-Duc, der ›Vater der Denkmalpflege‹, Louis du Temple, der mit seinem Bruder Felix die ersten Flugmaschinen baute, und der Chemiker Henri Etiennne de Sainte-Claire Deville.

SUPPLEMENT AU N° DU 15 X^BRE DE LA REVUE DES DEUX MONDES.

Im Anhang warb der Verlag für Jules Vernes Erfolgsromane, wie *In Achtzig Tagen um die Welt*. Viele Werke dieses Autors wurden in Hetzels Zeitschrift in illustrierten Fortsetzungen abgedruckt und bildeten eine besondere Attraktion für die Leser.

Auch Werke von Hector Malot, *Sans famille* (1878, dt. *Heimatlos* mit den Illustrationen von Emile Bayard), Jules Sandeau, *La Roche aux mouettes* (1871, dt. *Der Möwenfelsen*), und die Science-Fiction-Romane von André Laurie erschienen in Hetzels *Magasin* in Vorabdrucken.

Das *Magasin* bemühte sich um bedeutende Illustratoren, wie Cham, Doré, D'Argent, Bertall, Froment, Fath, Gavarni, Séguin, Riou. Der Däne Lorenz Frölich (1820–1908), ein zeitweilig in Paris lebender ehemaliger Schüler Ludwig Richters, fiel durch seine ansprechenden Darstellungen kleiner Kinder auf. Auch deutsche Illustratoren, wie Ludwig Richter und Oscar Pletsch, waren in Hetzels Zeitschrift vertreten. Im Allgemeinen bevorzugte Hetzel Illustratoren, die gewöhnt waren, zu beobachten, nicht zu erfinden, also eine realistische Richtung verfolgten.

Hachettes *Semaine* und Hetzels *Magasin*, die beiden wichtigsten Kinderzeitschriften des Zweiten Kaiserreichs verschmolzen 1876 miteinander. Beide Verleger veröffentlichten literarische Texte zunächst in ihren Kinderzeitschriften, bevor sie diese noch einmal in Buchform herausbrachten. Sie weckten damit die Neugier potentieller Käufer auf die Bücher. Gleichzeitig erzielten sie hohe Auflagenzahlen und höhere Gewinne.

Während der Zeit der Dritten Republik gewannen weitere Kinderzeitschriften an Bedeutung, etwa *Le Journal de la Jeunesse*, das ab 1872 bei Hachette erschien und der größte Konkurrent von Hetzels *Magasin* war. Zu den beliebtesten Autoren des Blatts gehörten Zénaide Fleuriot (1829–1890) und Jules Girardin (1832–1888) mit *Les braves Gens*. 1916 wurde es mit Hetzels *Magasin* vereinigt. Die neue Zeitschrift erschien unter einem Doppeltitel.

Saint-Nicolas

Der 1865 gegründete pädagogische Verlag Charles Delagrave brachte im Dezember 1879 eine französische Adaption der erfolgreichen amerikanischen Jugendzeitschrift *St. Nicholas* unter dem Titel *Saint-Nicolas. Journal illustré pour Garçons et Filles* heraus, die bis 1914 erschien. ! 20 ¡

Das Vorwort zum ersten Heft versprach Unterhaltung und Belehrung durch die herausragendsten Schriftsteller und Illustratoren. Die in Frankreich erscheinende Zeitschrift kopierte den Umschlagentwurf des amerikanischen Magazins. Um einen glanzvollen Auftakt zu erzielen, bat der Verleger den berühmten Opernkomponisten Jules Massenet, ein Lied vom heiligen Nikolaus zu vertonen. Für die französische Kinderzeitschrift arbeitete hauptsächlich der Illustrator Louis Boutet de Monvel (1851–1913), weitere beteiligte Künstler waren Edmond Morin, Ernest Meissonier und Yan d'Argent. In den Inhaltsverzeichnissen sind auch viele ameri-

! 19 ¡
Werbung für Pierre-Jules Hetzels Verlagserzeugnisse, 1890

!20¡ Titelblatt zu Charles Delagraves *Saint-Nicolas.* Paris 1889

kanische Namen vertreten: Birch, Cox, Fredericks, Knight, Wilson Manson, was auf eine rege Zusammenarbeit zwischen Delagrave und der Century Company in New York hindeutet. Auch der aus Quebec stammende Kanadier Palmer Cox steuerte für die französische Parallel-Zeitschrift von Anfang an Zeichnungen und Texte bei. Deutsche Namen sind nach dem Deutsch-französischen Krieg kaum anzutreffen, nur Hermann Kaulbachs Bild »Kannst du lesen?« schmückt einen Beitrag über Farben. Von dem Schweden Carl Larson sind dagegen einige frühe Bilder vertreten.

Die Texte waren meist französischer Herkunft oder wurden dafür ausgegeben. Bei *Der kleine Lord* mit Bildern von Reginald Birch gab man immerhin an, dass die Geschichte »nach Hodgson-Burnett« verfasst sei. In späteren Jahrgängen finden sich Beiträge von Rudyard Kipling, der auch für die amerikanische Ausgabe schrieb.

1890 brachte Delagrave unter dem Titel *L'Écolier illustré* noch eine preiswertere Ausgabe von *Saint-Nicolas* heraus. Der erste Weltkrieg setzte dem Unternehmen ein Ende. In einem letzten Brief verabschiedete sich Saint-Nicolas in charmanter Form von seinen jungen Lesern als ihr »Adoptiv-Großvater«, nicht ohne der Hoffnung auf eine Wiederaufnahme nach dem Krieg Ausdruck zu verleihen. Dazu kam es aber leider nicht. Eine Ära war vorübergegangen.

Resümee

Die Kinder- und Jugendzeitschriften verschiedener Länder des behandelten Zeitraumes weisen starke Ähnlichkeiten miteinander auf. Sie waren für ähnliche Zielgruppen gedacht und markieren alle einen deutlich bemerkbaren Wandel in der Kinderliteratur, der etwa ab der Mitte des 19. Jahrhunderts einsetzte. An die Stelle der moralischen oder religiösen Unterweisungen in Kinderzeitschriften traten nun literarisch wertvolle, weltliche Texte und qualitätsvolle Bilder. Daran hatte das neue, von der Romantik inspirierte Bild vom Kind wesentlichen Anteil, das sich nun in größeren Kreisen durchsetzte. Herausgeber und Verleger schufen eine neuartige Literatur für Kinder. Wesentliche Einflüsse gingen dabei zunächst von der deutschen Romantik aus, wobei die eigenen Traditionen der jeweiligen Länder auch eine Rolle spielten. Dem im Ludwig Richter-Umkreis entstandenen, von Robert Reinick herausgegebenen *Deutschen Jugendkalender* und den Märchen der Grimms und von Andersen kamen dabei eine zentrale Rolle zu, ebenso einigen für Kinder verfassten Texten der deutschen, englischen und französischen Romantiker. In Übersetzungen herausgebracht, regten sie eine neue, kindzentrierte, zum Teil auch phantastische Literatur an. Hier übertraf England später bei weitem seine deutschen Vorbilder. Frankreich schöpfte einige Anregungen aus der deutschen Romantik, hatte aber seine eigenen Traditionen. Mit den Werken von Jules Verne mündete die phantastische Tendenz bereits in die Science-Fiction-Literatur. Erst spät hat das auf Eigenständigkeit bedachte Frankreich mit *Saint-Nicolas* ein amerikanisches Erfolgsmodell kopiert. In Deutschland wurden Ernst Brausewetters *Knecht Ruprecht* und andere Sammelbände von Zeitschriften zu Vorläufern bzw. Ausgangspunkten einer neuen Ära um 1900. Stark vereinfacht lassen sich zwei Tendenzen erkennen: die Regression, mit dem Wunsch nach einer Rückkehr zu vorindustriellen Zeiten, und einer Rückkehr zur Kindheit. Die Illustrationen dazu erscheinen entweder rückwärtsgewandt-romantisch oder nehmen phantastische Züge an. Die zweite Tendenz zielt eher auf eine Adaption an die sich wandelnden Zeiten. Diesen Anforderungen suchte man zu genügen, indem man naturwissenschaftliches und technisches Wissen vermitteln wollte, sowie durch erzählende Literatur eine Verhaltensmodellierung anstrebte. Diese Texte wurden meist von Bildern mit realistischeren Zügen begleitet. Oft boten Zeitschriften Literatur beider Richtungen an. Frühe Ansätze realistischen Erzählens finden sich vor allem in den amerikanischen Zeitschriften für die Jugend, die in ihrer Qualität alle anderen in jener Zeit übertrafen.

ANMERKUNGEN

1 Die Buchhandlung Alphons Dürr in Leipzig 1853–1903. Leipzig 1903, S. 117.
2 Vgl. Otto Albrecht: Die Jugendlitteratur der Gegenwart. Leipzig 1901, S. 1–28.
3 Dietrich Theden: Die deutsche Jugendlitteratur. Hamburg 1893, S. 21.
4 Robert Koenig: Ein Förderer des deutschen Holzschnitts. In: Daheim 6 (1870), Nr. 30, S. 470.
5 Aus Biedermeiertagen. Briefe Robert Reinicks und seiner Freunde. Bielefeld/Leipzig 1910, S. 156.
6 Deutsche Jugend (1877), Band 9, S. 1, Fußnote Lohmeyers.
7 Die Buchhandlung Alphons Dürr (wie Anm. 1), S. 116.
8 Die Buchhandlung Alphons Dürr (wie Anm. 1), S. 116.
9 Deutsche Jugend (1877), Band 9, S. 1–2.
10 Von ihm stammt das Gemälde »Die Proklamation des Deutschen Kaiserreichs« (1877).
11 Deutsche Nationalbibliothek Leipzig. Deutsches Buch- und Schriftmuseum (DBSM), Sammung Alphons Dürr, Storm an Lohmeyer, 29. Januar 1874.
12 Theodor Storm-Erich Schmidt. Briefwechsel. Teil II. Hrsg. von Karl-Ernst Laage. Berlin 1976, S. 119.
13 Mörike im Spiegel seiner Briefe von Verlegern, Herausgebern und Redakteuren. Hrsg. von Hans-Ulrich Simon. Stuttgart 1997, S. 234.
14 DBSM, Slg. Dürr, Lohmeyer an Anton von Werner, 21. Dezember 1872.
15 DBSM, Slg. Dürr, R. Volkmann-Leander an Dürr, undat. Brief [1873].
16 DBSM, Slg. Dürr, Volkmann an Dürr, 2. Februar 1873.
17 Vorwort zu Victor Blüthgen: Die Hesperiden. Leipzig: Dürr 1878, unpaginiert.
18 http://www.isgv.de/saebi [16.02.2015].
19 Vgl. DBSM, Slg. Dürr, P. Thumann an A. Dürr, Brief 4, undatiert.
20 DBSM, Slg. Dürr, Pletsch an Dürr, 28. April 1880.
21 Vgl. DBSM (wie Anm. 20).
22 Weihnachtsbüchertisch. In: Die Grenzboten (1872), 2. Semester, Teil 2, S. 319–320.
23 Weihnachtsbüchertisch (wie Anm. 22).
24 Vgl. Horatia K. F. Eden: Juliana Horatia Ewing and her Books. London 1885.
25 Vgl. Juliana Ewing: Old-fashioned Fairy Tales. London 1896, Vorrede, S. IX.
26 Vgl. William Raeper: George Mac Donald. Tring 1988, S. 269.
27 Vgl. Chamber's Journal vom 25. Juni 1887, S. 401.
28 Putnam's Magazine of Literature, Science, Art and National Interests (1868), Nr. 12, Band 2, S. 760.
29 Vgl. Alice M. Jordan: From Rollo to Tom Sawyer. Boston 1948, S. 124.
30 Der *Youth Companion* wollte zu Tugend und Frömmigkeit ermuntern. Erst ab den 1890er Jahren wurde der Schwerpunkt auf Unterhaltung gelegt.
31 Prospekt für 1868, unpaginiert, beigebunden.
32 Verlagsprospekt für 1870.
33 Zitiert nach Selma G. Lanes: Through the Looking Glass. Boston 2004, S. 68.
34 Lanes (wie Anm. 33), S. 70.
35 Nach Erik Dal waren es 16 Märchen. Vgl. Erik Dal: Andersen's Tale and America. In: Scandinavian Studies (1968), Nr. 1, Band 40, S. 10.
36 »Children's Magazines«. In: Scribner's Monthly, Band 6, Juli 1873, S. 352.
37 Zitiert nach Scientific American (1879), Nr. 19, Band 41, S. 302.
38 St. Nicholas (1878), Band 6, Nr. 2, Anzeigenteil (S. 7).
39 Vgl. Scientific American (1879) wie Anm. 37.
40 Vgl. Alain Fourment: Histoire de la presse des jeunes et des journaux d'enfants. Paris 1987, S. 88. Vgl. auch das Vorwort zur ersten Ausgabe der »Semaine des enfants« (1857), Band 1, S. 2.
41 Penny Brown bezeichnet diesen Stil Dorés als »magischen Realismus«. Vgl. Penny Brown: Gustave Dorés Magical Realism. The nouveaux contes des fées of the comtesse de Segur. In: Modern Language Review (2000), Heft 4, Band 95, S. 964.

Hartmut Pätzke

Einiges zu Ernst Rudolf Vogenauer

25. April 1897 in München – 18. August 1969 in Berlin

Ernst Rudolf Vogenauers Werk scheint, sieht man von den gepriesenen *10 Buchzeichen* aus dem Jahre 1924 ab, nahezu vergessen zu sein. Er war jedoch ein recht produktiver Mann, dessen Schaffen bis 1945 hauptsächlich durch seine Arbeit in der Reichsdruckerei bestimmt war.[1] Außer diversen Drucksachen und Büchern, deren Gestaltung ihm übertragen wurde, waren Briefmarken seit der Weimarer Republik ein wichtiges Arbeitsgebiet. In der Nazizeit hatten sie zwar überwiegend kulturelle Motive zum Gegenstand, dienten aber dennoch dem Herrschaftsanspruch und Prestige Großdeutschlands. Über Jahrzehnte, bis in die 1950er Jahre hinein, war er zudem überwiegend als Gestalter für die Deutsche Buch-Gemeinschaft Berlin, später Berlin und Darmstadt, tätig. Seit 1946 war er Lehrer an der von Prof. Otto Sticht, einem Metallplastiker, im Mai gegründeten privaten ›Kunstschule des Nordens‹. Als sie zur ›Hochschule für Angewandte Kunst‹ gewachsen war, wurde Sticht am 4. November 1947 als kommissarischer Direktor nicht weiter bestätigt.[2] Der heutige Name ›Kunsthochschule Weißensee‹[3] fiel nicht mehr in Vogenauers Zeit in Weißensee.

Zur Ausbildung Vogenauers

Vogenauer hat eine solide Ausbildung genossen. Das kam ihm in der Reichsdruckerei zugute, die mit ihren ›Reichsdrucken‹ höchste Qualität lieferte. Sieht man sich einige seiner Entwürfe in ihren einzelnen Stufen an, die zur Vollendung einer Briefmarke für den Druck führen, erkennt man dahinter einen Mann, der um äußerste Präzision bemüht war.

Nach einer Lehre als Buchdrucker von 1911 bis 1913 war er Juwelierzeichner bei Neresheimer und Lithograph und Zeichner bei J. Kuschner. Dieser Tätigkeit schloss sich ein Meisterkurs für Graphik von 1913 bis 1916 an. Als Graphiker war er während des Ersten Weltkrieges bei Oskar Cousèe tätig. Danach war er von 1919 bis 1920 Schüler an der Kunstgewerbeschule in München bei Prof. Gordon und Prof. Hellmuth Ehmcke (1878–1965) und wurde Mitglied des 1907 gegründeten

Deutschen Werkbundes. Vogenauer gibt als Beginn seiner Arbeit in der Reichsdruckerei bereits 1920 an. Walther G. Oschilewski gratuliert in *Imprimatur* 1938[4] Ehmcke zum 60. Geburtstag und nennt dessen Schüler. Vogenauer ist nicht dabei.

Erste Achtungserfolge

Bereits 1920 tritt Vogenauer im Münchener Heft 5/6 des *Archivs für Buchgewerbe und Graphik*[5] mit Briefmarken, Exlibris und Plakaten hervor. Schon am Beginn der Werbeseiten des Heftes steht die in ihrem Duktus ziemlich charakteristisch erscheinende Werbung des Künstlers für »Mandruck«, einer »Pflegestätte für Liebhaberdrucke aller Art«, worin in großen Lettern nur MÜNCHEN und zum Schluss VOGENAUER hervorgehoben sind. In dem Heft erscheint der Graphiker auch mit drei Exlibris, für Margarete Handl, für Margarete Biermeier und für Erich Etzold. Unter den »preisgekrönten bayerischen Briefmarken« besticht er mit zwei Marken.

Und für eine »Original Künstler-Graphik auf Hambökplatte«, einer Unotypie, lässt die mehrfigurige ganzseitige Zeichnung Vogenauers einen expressiv sich ausdrückenden Künstler erkennen. In *Das Plakat* vom Januar 1921 sind sowohl zwei Zigarrenpackungen von Vogenauer als auch drei Plakate abgebildet, darunter für eine Originalzeichnung der *Fliegenden Blätter* bei Braun und Schneider als »Das passendste Weihnachtsgeschenk«.

In dem großen, verdienstvollen, von Christoph Stölzl verantworteten Katalog des Münchner Stadtmuseums, *Die Zwanziger Jahre in München* (1979), ist Ernst Rudolf Vogenauer in den von Gerhard Finckh bearbeiteten ›Ausgewählten Künstlerbiographien‹ München vernachlässigt. Er wird genannt, aber sein weiterer Lebens- und Schaffensweg und sein Tod, zehn Jahre zuvor, sind unbekannt.

Zum Entstehen der *10 Buchzeichen*

Die *10 Buchzeichen*, Radierungen, die schon in Berlin entstanden, sind seine am stärksten beachteten graphischen Werke. Aufschlussreich sind die Briefe zum Entstehen der Mappe, die Vogenauer an Heinrich Graf seit 1923 richtet,[6] worin er am 1. April (»kein Aprilscherz«) mitteilt, dass er »das Vorwort bei Holten drucken« lassen wird. »Es ist mir dadurch möglich, die Satzangaben zu machen und den Druck des Vorworts zu überwachen.«[7] Und als »ehrenwörtliche Versicherung mit Handschlag« erklärt er: »Die Mappe erscheint zu Pfingsten 1924.« Und am 6. September 1923 schreibt Vogenauer aus Berlin W 35 Flottwellstraße 3/III:

> Zur Mappe bringe ich nun das Vorwort [...] Ich bin nun endlich soweit angelangt, daß ich abstrakte Dinge zeichne, das Figürliche ist so ziemlich erledigt.

> Mein Denken geht auf's Konstruktive hin. Ich mache dem Sammler und Ihnen keine kleinste Konzession mehr an. Also das Vorwort zu meiner Mappe ist umseitig in der ca. 15. Fassung. Zu beachten ist genau: 1. Es gibt keine großen Anfangsbuchstaben (Versalien) ä = ae; ö = oe; ü = ue zu setzen. Nur fette Egyptienne Schrift / andere nehm ich nicht an. Satzspiegel ist compress zu setzen. Bitte um Satzprobe.[8]

Und am 25. Mai 1924 heißt es an Herrn Graf: »Ich brauche 30 Mappen mindestens. Sie sollen natürlich nicht glauben, daß Sie das für mich recht billig liefern müßten. Ich möchte, daß sie eine angemessene Entschädigung berechnen.«[9] Seinen Brief führt er fort:

> Die Platte Gedenkblatt Lenin mit dem schwarzen Kreuz in der Stirne des magischen Mannes wollen Sie besonders beachten. Es ist die große Platte. Ich habe dafür ca. 30 Skizzen gemacht und habe es schwer durchrungen. Von diesem Blatt werden wir vielleicht einzelne Abzüge machen um vielleicht mal bei besonderem Anlaß an Kunstfreunde der linksradikalen Kunst etwas widmen zu können.[10]

Und am 31. Mai 1924 heißt es:

> Sämtliche Exemplare sind auf China zu drucken. Das Muster (Lenin Gedenkblatt) auf dem starken Papier ist mir unsympathisch. Alles andere werde ich befolgen. Ich persönlich verkaufe kein einziges Exemplar. Am liebsten möchte ich Ihnen gerne etwas noch zur Herausgabe mitdazuzahlen [...] Wegen Ihrer Reise nach Moskau werde ich Ihnen sobald ich etwas mehr Luft habe, noch ausführlicher schreiben. Am liebsten ginge ich mit Ihnen.[11]

Vogenauer hielt sich seit 1920 in Berlin auf. Es wird darauf hingewiesen, dass er die ›Erste Russische Kunstausstellung‹ 1922 in der Berliner Galerie van Diemen, Unter den Linden 21, gesehen habe. El Lissitzky mit seiner ›Trunkenen Sonne‹ und Tatlin könnten ihn zu seinem revolutionären ›Lenin‹ angeregt haben. ›Lenin‹ gehörte ursprünglich nicht zum Konzept der Mappe, war durch den plötzlichen Tod des Revolutionärs und Gründers des Sowjet-Staates am 21. Januar 1924 in Gorki bei Moskau hervorgerufen worden. Ein Lenin-Porträt, 1919, von Fritz Zalisz (1893–1971) hingegen, ist ganz realistisch gehalten.[12]

In dem Katalog *Exlibris vom 18. Jahrhundert bis zur Gegenwart. Sammlung Schloß Burgk* (1984)[13] wird angegeben, dass Vogenauer 30 Exlibris in den Jahren 1918 bis 1924 geschaffen habe. Aus *10 Bücherzeichen*, ohne die Mappe zu nennen, werden fünf Exlibris des Bestandes aufgeführt, ›toller‹ und ›klara zetkin‹ werden auf Seite 63 abgebildet. Allerdings sind es keine echten Exlibris, wie es im ›Eigner-Register‹ suggeriert wird. Walter von Zur Westen nennt 1925, in der dritten vermehrten Auflage in seinem Standardwerk *Exlibris (Bucheignerzeichen)* in der Reihe der Kulturgeschichtlichen Monographien, Nr. 4, Ernst Rudolf Vogenauer: »eine Anzahl

Münchner Künstler, wie E. R. Vogenauer [...] jetzt in Berlin, [...] pflegen die Buchmarke mit Eifer und Geschick.«

10 Buchzeichen von 1924, ein Auftragswerk für Heinrich Graf, legt in der Interpretation bis heute eine große Nähe zur sozialistisch-kommunistischen Gedankenwelt nahe. Doch sieht eine Beurteilung des Gesamtwerkes Vogenauers ein klein wenig anders aus, wenn man feststellt, dass Vogenauer als Angestellter in der Reichsdruckerei in den Jahren 1933 bis 1945 auch Aufträge erfüllt hat, die in außerordentlicher Weise Adolf Hitler und Nazideutschland dienten. Ob er daran gedacht haben könnte, sich dem zu entziehen, wird nur schwer oder überhaupt nicht feststellbar sein.

Zur Rezeption der *10 Buchzeichen*

Als 1988 in der *Bildenden Kunst* ein Beitrag von Richard Hiepe zu den *10 Buchzeichen* erschien,[14] wurde das dankbar aufgenommen. Nur hatte die Redaktion vergessen mitzuteilen, dass der Text ein Nachdruck aus *tendenzen* von 1981 war,[15] die begleitenden Abbildungen der *tendenzen* fehlten. Zudem fehlt in diesem Beitrag noch die Fußnote 8: Carl Rabus in Murnau, der in der frühen Berliner Zeit mit Vogenauer gemeinsam in der Pension Kulk gelebt hatte, ist verkürzt in die Fußnote 4 gelangt.[16] Das Exlibris Stegrist ist nicht abgebildet. Der Tod von Rabus am 28. Juli 1983 in Murnau ist merkwürdigerweise unbekannt, obwohl es Richard Hiepe gewiss wusste. So erscheint dieser Beitrag eher als ein Raubdruck.

Anscheinend gänzlich neu entdeckt wurden die *10 Buchzeichen* durch den Antiquar Jürgen Holstein (*1936) in den *Marginalien* 2002[17] mit einem zusätzlichen Text von Hermann Raum (1924–2010).[18] Raum war Vizepräsident des Verbandes Bildender Künstler der DDR und Spezialist für gegenwärtige Kunst sowohl in der Bundesrepublik Deutschland als auch in Westberlin und kannte die *tendenzen*, in denen er auch selbst veröffentlichte, gut. Mit keiner Silbe verweist er auf den Galeristen der Neuen Münchner Galerie, der einen Neudruck in 100 Exemplaren von den originalen Druckplatten zustande brachte. Der Text in *tendenzen* gibt Richard Hiepes Einführung zu dem Neudruck wieder.[19] Richard Hiepe (1930–1998) war ein marxistischer Kunsthistoriker,[20] der in der *Bildenden Kunst* in den 1950er Jahren unter dem Pseudonym Richard Süden publizierte und dem an der Kunsthochschule Braunschweig im März 1976 durch die CDU-Landesregierung die von allen zuständigen Gremien einstimmig vorgeschlagene Professur aufgrund seiner Weltanschauung verwehrt worden war.

In der Reichsdruckerei

Ein ganz außerordentlich wertvolles Buch, *Eugenia*, handgeschrieben und mit Holzschnitten versehen, hat Vogenauer 1925 für den Phantasus Verlag G.m.b.H. als einen Pressendruck in 500 Exemplaren herausgebracht. Im Impressum teilt er dazu mit: »Diese Legende wurde für den Verlag der PHANTASUS G.M.B.H: Berlin-Wilmersdorf geschrieben und illustriert von Ernst Rudolf Vogenauer. Das Buch wurde dann als Facsimile in 500 numerierten Exemplaren durch die Reichsdruckerei in Berlin gedruckt.«[21] Mitgeteilt wird jeweils die Nummer des Exemplars. Seit 1923 lag die Gestaltung der Kalender der Reichsdruckerei in den Händen von Vogenauer. Mir sind die Kalender der Jahre 1923, 1925, 1926, 1927, 1932 und 1940 bekannt. Der Kalender für 1940 galt dem Andenken an Johannes Gutenberg. Merkwürdigerweise ist unter den in *Imprimatur* Band IX genannten Veröffentlichungen zum Gutenberg-Jahr dieser Kalender nicht genannt.[22] Vogenauer nahm einen hohen Rang mit seinen Arbeiten für die Reichsdruckerei ein. 1942 ist ihm in der *Gebrauchsgraphik*[23] ein umfangreicher Artikel gewidmet, der alles übertrifft, was sonst in Zeitschriften, auch späterhin, zu ihm zu lesen war. Die Briefmarken belegen, wie stark Vogenauer am Bild der Zeit, wenn auch in einem sehr kleinen, aber vieltausendfach genutzten und sichtbar gewordenen Bild, beteiligt war. Dabei sind ziemlich viele Briefmarken, auch die für Danzig, von fünf Pfennig bis zu 40 Pfennig mit zusätzlichen Zahlungen von fünf Pfennig bis zu 15 Pfennig für das WHW (Winterhilfswerk) versehen. Durch Jahrzehnte hat Vogenauer beträchtlichen Anteil an der Gestaltung von Briefmarken gehabt. Wie aus seinem Nachlass hervorgeht, wurde auch manches verworfen oder kam nicht zur Ausführung.

Wenn man in Heft 1 der *Gebrauchsgraphik* von 1942 schaut, sind dort Briefmarken-Entwürfe für die Reichsdruckerei Berlin auf einer Seite farbig abgebildet. Eine Hitler-Marke fällt sofort auf. Einen breiten Raum nimmt die ›Freie Stadt Danzig‹ ein, darunter 15, 25 und 40 Pfennig-Marken mit dem Porträt von Schopenhauer (1788–1861), sowie eine 25 Pfennig-Marke ›Kampf dem Krebs. Krebs ist heilbar‹ für Wilhelm Konrad Röntgen.

In einem undatierten Blatt der Bundesdruckerei an die Briefmarkenfreunde, in der die Tradition der Reichsdruckerei fortgesetzt wird, hebt deren Geschäftsführer, Moritz Gerke, hervor: »Briefmarken sind Botschafter ihres Landes. Sie spiegeln die kulturelle Vielfalt ebenso wider wie das politische Leben. Sie sind Gradmesser von Veränderungen und zugleich Zeugnis der jeweiligen politischen Entwicklung. Sie sind Kunstwerke, die durch das Zusammenwirken von Kunst und Technik ihre Gestalt annehmen.«[24]

Briefmarken in der Nazizeit

Ein doch überraschendes Kapitel bilden die Entwürfe für Briefmarken in der Nazizeit. !1¡ Zwar sind darunter auch einige zur Kulturgeschichte im weiteren Sinne zu finden, aber die beiden Briefmarken des Deutschen Reiches, jeweils mit den Werten 12+38, eine davon in der rechten oberen Ecke, sehr zurückhaltend, kaum lesbar, mit dem ›20. April 1942‹ versehen, dem 53. Geburtstag des ›Führers‹, und das Doppelporträt Hitler und Duce 1941 anlässlich eines Staatsaktes zum Abschluss des Antikomintern-Paktes 1937, gehören in das hehre Bild, das die Nationalsozialisten in Europa und darüber hinaus von sich selbst zu propagieren suchten. Eine Postkarte für den Europäischen Postkongress, Wien 1942, reiht sich ein in die Aktivitäten Vogenauers mit einem Wert von 6+4 innerhalb der Post des Großdeutschen Reiches. Es ist auffällig, dass die Interpretationen zu der Mappe *10 Buchzeichen* von der Arbeit Vogenauers in der Reichsdruckerei für die Post des Deutschen Reiches und dann des Großdeutschen Reiches keine Kenntnis haben. So entsteht, betrachtet man das Lebenswerk, ein etwas einseitiges Bild. Vogenauer war kein Mitglied der NSDAP und trat 1936 der Deutschen Arbeitsfront (DAF) bei. Er ist an herausragender Stelle ein Beiträger innerhalb des Systems geworden. Was Heinrich Hoffmann tausendfach mit Fotos geschaffen hat, hat Vogenauer in der Briefmarke verwirklicht. Mit einem Porträt Hitlers steht Vogenauer in der Kunst nicht alleine. Der Bildhauer Johannes Friedrich Rogge (1898–1983) hat nicht nur um 1938 eine Hitler-Büste geschaffen, er wurde auch zum Porträtisten für Lenin, Stalin, Thälmann und Wilhelm Pieck.[25]

In einem großen Bild ziert den Eingang zum Schlossmuseum in Berlin eine Marke für die Deutsche Goldschmiedekunst im Wert von 12+88. Für Robert Koch wurde zum 14. Dezember 1943 mit einer Marke 12 + 38 anlässlich des 100. Geburtstags des Bakteriologen erinnert. Anlässlich des 25-jährigen Bestehens des Deutschen Luftpostdienstes (1919–1944) sind für das Großdeutsche Reich zwei Briefmarken im Entwurf von Vogenauer in Umlauf gelangt: 42 + 108, auf blauem Grund im Hochformat und 12 + 8 auf rotem Grund in einem Breitformat. Nicht verwendet wurde der Entwurf ›1919–1944. Fünfundzwanzig Jahre Deutscher Luftpostdienst‹ mit einem Wert von 6 + 4. Noch am 6. Januar 1945 entstand ein Entwurf für 600 Jahre Stadtrecht Stadt Oldenburg, eine Briefmarke des Großdeutschen Reiches mit dem Wert 6 + 14.

Entworfen hat Vogenauer auch das *Goldene Buch der Flieger*, wohl für keinen anderen Mann als Reichsmarschall Hermann Göring. Es hebt den Gebrauchsgraphiker in der nationalsozialistischen Diktatur zugleich in eine recht bedenkenswerte Position, wenn es zutreffen sollte, dass er innerhalb der Reichsdruckerei Devisen für das verbrecherische System gefälscht haben soll. Oder sollte er in die Nähe der Häftlinge aus mehreren europäischen Ländern gerückt werden, die überlebten, da sie unter einem SS-Sonderkommando im KZ-Sachsenhausen, strengstens geheim, Dollarnoten fälschen sollten, unter ihnen Peter Edel (1921–1983), Enkelsohn des bedeutenden Plakatkünstlers Edmund Edel (1863–1934), der im zweiten Band seiner Autobiographie *Wenn es ans Leben geht* (1979) davon berichtet? Das Porträt und somit die Verherrlichung von in ihrer Zeit herrschenden Politikern, von rechts oder links, im Bildnis, worin die Briefmarke eine bedeutende Stellung einnimmt, wären wohl eine nähere international angelegte Untersuchung wert.

!1

Briefmarken, Entwürfe Ernst Rudolf Vogenauer

Eupen-Malmedy wieder deutsch, 1939

Briefmarke anlässlich des 53. Geburtstages des Führers, 20. April 1942

Hitler-Briefmarke 12 + 38

Briefmarken Deutsche Goldschmiedekunst, 1943

Robert Koch zum 100. Geburtstag 1943. Diese Briefmarke ist unten links mit dem Namen des Entwerfers, E. R. Vogenauer, bezeichnet. Das ist für Briefmarken ungewöhnlich

Jubiläumsmarken 25 Jahre Deutscher Luftpostdienst 1919–1944

Deutsche Buch-Gemeinschaft

Kontinuierlich entstanden Gestaltungen für die Deutsche Buch-Gemeinschaft, nach Schätzung von Hein Köster ca. 150. Die Deutsche Buch-Gemeinschaft wurde 1924, wie die genossenschaftlich organisierte Büchergilde Gutenberg, gegründet, ein Unternehmen der Mitglieder, bürgerlicher Leser und für deren Bücherschrank. Der Name Deutsche Buch-Gemeinschaft war geschützt. Praktisch war das gleiche Format der Reihen: Romane neuerer Schriftsteller, aber auch ›Bildung und Wissen‹ standen zur Auswahl. Vogenauer hat auch Signets (dbg) für die Deutsche Buch-Gemeinschaft entworfen, für die er Jahrzehnte tätig war. Im Unterschied zur Büchergilde Gutenberg, die 1933 in die Hände der Deutschen Arbeitsfront geriet und auch im Exil in der Schweiz unabhängig weiterarbeitete, bestand die Deutsche Buch-Gemeinschaft ohne Zäsuren weiter. Es entstand *Die Mär von Ulenspiegel und Lame Goedzak* von Charles de Coster mit dreißig Zeichnungen von Raffaello Busoni in der Gestaltung von Vogenauer. Große Aufgaben wurden selten an ihn herangetragen. Repräsentativ ist der Band *Albrecht Dürer. 1471–1528. Sämtliche Holzschnitte*, den Otto Fischer aus Basel 1938 einleitete und herausgab, der als Kunsthistoriker bekannt und zuvor in Stuttgart Museumsdirektor war. Er ist als Autor hervorgetreten mit dem Werk *Die Kunst Indiens, Chinas und Japans*, Band 4 der Propyläen-Kunstgeschichte, das 1925 erschien und 1928 eine zweite Auflage erlebte. *Dürer* ist Band 8/9 der Liebhaberdrucke der Deutschen Buch-Gemeinschaft. *Der liebe Augustin* von Horst Wolfram Geissler in der Gestaltung von Vogenauer erschien auch 1938. Überaus erfolgreich wurde Edwin Redslobs *Des Reiches Straße*, das 1941 erschien.

1947 übernahm Vogenauer die Gestaltung für *Es waren ihrer sechs*, des Romans der ›Weißen Rose‹, das Buch von Alfred Neumann, an dem er vom September 1943 bis zum Frühsommer 1944 schrieb und das 1945 zuerst im Stockholmer Neuen Verlag erschien. Allerdings wirkt der Schutzumschlag zu dem gleichen Buch von Erika Hansen, erschienen in der Carl Habel Verlagsbuchhandlung Berlin im Jahr darauf, moderner. 1947 entstand auch der Einbandentwurf für Goethes *Faust. Erster und zweiter Teil*, ein Band in Halbleinen, auf dessen Rücken in Gold auf Rot gehalten der Name Goethe darübergesetzt ist, ›Faust‹ in kleinerer Schrift gänzlich dem vorderen Einbanddeckel folgend.

In den 1950er Jahren, als Vogenauer als Westberliner noch in Berlin-Weißensee lehrte, hat er vor allem die Gestaltung einiger Werke der amerikanischen Literatur übernommen, so zu Graham Greenes *Der stille Amerikaner*, zu Ernest Hemingways *Fiesta*, *Wem die Stunde schlägt* und zu *Der alte Mann und das Meer*, bevor der amerikanische Autor für diesen Roman den Nobelpreis erhielt.

1945 – ein Jahr des Neubeginns

Vogenauer war noch zum Volkssturm eingezogen worden. Er hatte Glück, in Gefangenschaft zu geraten und nach Aufenthalten in Johannisthal, Wriezen, Landsberg, Woldenberg, Lychen und Templin bereits am 28. April 1945 entlassen zu werden. Die Reichsdruckerei war weitgehend zerstört, Vogenauer ohne Arbeit, wie er selbst angab. Seine vielfältigen Erfahrungen im gebrauchsgraphischen bzw. künstlerischen Bereich nutzte er bis um 1950 sowohl für Verlage als auch seit 1946 für seine Lehrtätigkeit in Berlin-Weißensee. Berlin war eine Viersektorenstadt, in der die Besatzungsmächte auch kulturell mit- und gegeneinander konkurrierten. Für die Deutschen war der Kulturbund zur demokratischen Erneuerung Deutschlands bis 1947[26] ein Sammelbecken der unterschiedlichsten kulturellen Belange. Im November 1947 wurde der Kulturbund im amerikanischen und britischen Sektor verboten. Sein Büro hatte er bis dahin in der Schlüterstraße 45, wo zuvor die Reichskammer der bildenden Künste ihren Sitz gehabt hatte. Weißensee im sowjetischen Sektor war kein traditioneller Ort für die Kunst. Auch die Hochschule in Charlottenburg unter der Leitung von Karl Hofer (1878–1955) und Heinrich Ehmsen (1886–1964) war von den Russen lizensiert worden. Den Unterschied der beiden Einrichtungen drückte die Namensgebung aus. Weißensee sollte für die Ausbildung der angewandten Bereiche zuständig sein.

Direkt politisch betätigte sich Vogenauer nicht. Merkwürdigerweise gibt es auch keinen Beleg dafür, dass er im Verband Bildender Künstler Deutschlands, gegründet 1950, seit 1952 selbständig, Mitglied gewesen ist. Hingegen gab es eine AG West-Berlin innerhalb dieses Verbandes, die am 10. September 1962 aufgelöst wurde, ohne die Mitglieder zu informieren.[27]

Die Bewerbung in Weißensee

Prof. Edwin Redslob – ein bedeutender Gewährsmann

Unter den vier ›Empfehlungen‹, die Vogenauer am 28. September 1946 nennt, steht Heinrich Jost, Frankfurt am Main, von der Bauerschen Gießerei,[28] an erster Stelle, dem Prof. Edwin Redslob folgt, der übrigens am 6. Januar 1946 über ›Die Kunst als Wegbereiterin der Zukunft‹ in einer kulturellen Morgenfeier in Weißensee, veranstaltet von der Wirkungsgruppe bildender Künstler Weißensee, gesprochen hat. Auch Karl Hofer und Max Pechstein unterstützten die Gründung der Schule. Was Edwin Redslob (1884–1973) als Gewährsmann betrifft, »so ist die Berufung auf ihn erstaunlich und Beleg für die politische Naivität Vogenauers«, meint leichtfertig Jürgen Holstein.[29] Edwin Redslob war promovierter Kunsthistoriker und seit April 1912 Direktor der Städtischen Kunstsammlungen zu Erfurt, seit 1913 Vertrauensmann des Deutschen Werkbundes für Thüringen. 1918/19 übernahm er die Leitung des Kunstvereins in Erfurt. 1919 wurde er als Direktor der staatlichen Kunstsammlungen von Württemberg nach Stuttgart berufen. Seit dem 1. Juli 1920 war er hauptamtlich Reichskunstwart. Zu den Gebieten, mit denen er sich als Kunsthistoriker befasst hat, gehörten die Spezialgebiete des Gestalters Vogenauer von Anbeginn, so auch in der Reichsdruckerei: Banknoten, Briefmarken, amtliche Graphik, Reichsdrucke, Graphik, Nothilfe-Marken. In der Veröffentlichung des Kunstarchivs Nr. 21[30] hat Redslob noch einmal seine Ansichten über die gerade genannten Gebiete dargelegt. Im Bereich ›Urkunden‹ nennt er auch Vogenauer. In der Reihe *Deutsche Kunstbücher,* herausgegeben von der Reichsdruckerei im Goethe-Gedenk-Jahr 1932, gedruckt und verlegt von der Reichsdruckerei, ist *Goethes Leben* von Edwin Redslob erschienen, ohne den Namen des Gestalters zu nennen. Den *Faust* von Goethe hat Vogenauer wenigstens zweimal gestaltet. Für die Deutsche Post entstand eine Briefmarke im Wert von 60 Pfennig. Für Redslobs *Des Reiches Straße. Frankfurt-Berlin. Der Weg der deutschen Kultur vom Rhein nach Osten*, das seit 1941 in der Deutschen Buch-Gemeinschaft erschien und 1943 in der fünften erweiterten und durchgesehenen Auflage bei Philipp Reclam jun., hat Vogenauer die Gestaltung übernommen.

1945 war Redslob Honorarprofessor an der Friedrich-Wilhelms-Universität Berlin geworden, 1946 Honorarprofessor an der Technischen Hochschule Berlin und 1948 Mitbegründer der Freien Universität Berlin, bis 1949 ihr geschäftsführender Rektor und von 1949 bis 1950 Rektor. Bereits 1946 plädierte er in seinem Beitrag zur Kunstschau in Berlin-Weißensee: »Eine Kunsthochschule inmitten einer Arbeitervorstadt soll erstehen, eine Stätte der Kunst im Bezirk der Fabriken. Hier gerade wird der Künstler und mit ihm auch der Kunsthandwerker und Graphiker gewünscht. Es geht um das Auge der neuen Zeit.«[31] *Toleranz* heißt ein Essay, der 1947 im zweiten Jahrgang von *Das Greifenbüchlein* enthalten ist, versehen mit einer Lizenz der sowjetischen Militärverwaltung in Deutschland.[32] Es ist nicht auszuschließen, dass der mit Theodor Heuss gleichaltrige Redslob darauf eingewirkt haben könnte, dass die Aufträge der Deutschen Bundespost für die 30 Pfennig-Heuss-Briefmarke und für die 2 Mark-Heuss-Briefmarke an Vogenauer gefallen sind.[33] Für die Deutsche Bundespost schuf Vogenauer eine 20 Pfennig-Marke für den UNICEF-Friedensnobelpreis: die Darstellung einer Mutter mit ihrem kleinen Kind auf dem Arm. Im Jahr 1946 machten zwei Ausstellungen auf die zeitgenössische französische Kunst in Berlin aufmerksam, auf die französische Graphik in der Schlüterstraße 45,[34] dem Sitz der Kammer der Kunstschaffenden und auch des Kulturbundes, und im Berliner Schloss wurde eine Ausstellung ›Moderne Französische Malerei‹[35] gezeigt. Die Einführung im Katalog, zur Malerei von Jean Cassou, war jeweils viersprachig: Französisch, Russisch, Englisch und Deutsch. Im Juli folgte eine Ausstellung zur Skulptur von Rodin bis in die Gegenwart.[36] Der viersprachige Katalog ist wiederum eingeleitet von Jean Cassou, Generalkonservator des Museums für Moderne Kunst Paris.

!2¡ *Internationale Plakate der Gegenwart*, Ausstellung Berlin (West), 1950, Amt für Kunst Tempelhof, Entwurf Ernst Rudolf Vogenauer, 1950, Deutsche Zentraldruckerei AG, Berlin SW 11, 61,6 × 42,8 cm

Vogenauer selbst, der in der Gontermannstraße 19 in Berlin-Tempelhof wohnte, war in seinem Wohnbezirk äußerst aktiv. Davon zeugen Plakate, aber auch die Ausstellung 1949 gemeinsam mit Alexander Archipenko vom 1. bis 29. Juni im Amt für Kunst Tempelhof, !2¡ wo er Federzeichnungen und Ölgraphiken zeigte, noch in seinem Dozentenstatus in Weißensee.

Die Jahre als Lehrer in Berlin-Weißensee

Vogenauer war seit 1946 Lehrer an der Hochschule für angewandte Kunst in Berlin-Weißensee, 1949 war er gleichzeitig mit Gerhard Kreische (1905–1974)[37] durch Präsident Paul Wandel, Deutsche Zentralverwaltung für Volksbildung, zum Professor ernannt worden. Im Wintersemester 1949/50 unterrichtete er Graphik, während Professorin Eva Schwimmer (1901–1986) aus Berlin-Charlottenburg für Illustration und Professor Kurt Tillessen (1899–1952) aus Berlin-Wilmersdorf für Gebrauchsgraphik verantwortlich war. Dozent für Lithographie war Franz Edwin Gehrig-Targis (1896–1968) aus Berlin-Nikolassee. Heinrich Ilgenfritz (1899–1969) aus Berlin-Wilmersdorf mit Reproduktionstechnik und Wertdruck sowie Gerhard Kreische mit Künstlerischer Elementarlehre und Schrift boten mit Vogenauers Interessen eng verwandte Themen an.[38] Nicht wenige Künstler, die in der Kunstszene der DDR einen sichtbaren Platz einnehmen, zumindest in nahezu allen Überblicksdarstellungen auftauchen, bekennen sich als Schüler von Vogenauer. Merkwürdig erscheint, dass in den Unterlagen des Verbandes Bildender Künstler der DDR, die in das Archiv der Akademie der Künste gelangt sind, kein Hinweis auf eine Mitgliedschaft Vogenauers zu finden ist, wie mir der Leiter des Archivs, Michael Krejsa, freundlicherweise mitteilte.

In seinem Bewerbungsschreiben vom 29. September 1946, Semesterbeginn war bereits am 1. April 1946, an Otto Sticht gab er an: »Ausstellungen in München, Leipzig, Berlin, Paris, Amsterdam, Antwerpen, London, Ohio«. Buchillustration und Gesamtbuchgestaltung nannte er für den Phantasus-Verlag Berlin, DBG Berlin, Steuben-Verlag, Minerva-Verlag und Gerhard Stalling-Verlag. Und er betonte seine Ausstellungen in Berlin seit 1945, machte auf seine Plakate für die Berliner Städtischen Bühnen aufmerksam, für die Volksbühne und für das Hebbel-Theater, auch auf ein FDGB-Plakat ›Arbeiter und Bauern an die Hochschulen‹. Seit dem 1. Oktober 1946 war Ernst Rudolf Vogenauer an der Kunstschule des Nordens als Dozent angestellt. Er leitete eine Klasse für freie Graphik. In der ersten Beurteilung heißt es: »Er ist gleichzeitig ein ausgezeichneter Pädagoge und fördert die Ziele der Hochschule in jeder Weise.«[39] Am 7. Dezember 1948 wurde er schon kritischer gesehen. »Er ist als Individualist mit ausschließlich künstlerischen Interessen zu betrachten, nicht fortschrittsfeindlich, aber auch kein aktiver Bündnisfaktor des Fortschritts. Ich schlage vor, die Amtsbezeichnung ›Professor‹ einstweilen nicht vorzunehmen«, schreibt die Kaderleiterin.[40] Doch am 5. Oktober 1949 (zwei Tage später wurde die DDR gegründet) heißt es: »Hiermit ernenne ich Sie zum Professor für Grafik in der Hochschule für Angewandte Kunst Berlin-Weißensee, unterzeichnet Wandel, der Präsident, Deutsche Verwaltung für Volksbildung in der Sowjetischen Besatzungszone.« Das Programm, das Vogenauer 1949 anbot, ist umfangreich: Entwurf II, Bild, Grafik, Thema und Gestaltung, Buch-Illustration, Schriftgestaltung, Konzentr. Übungen, Kinet. Zeichnen, Montage.[41] Der Fasching an der Hochschule für Angewandte Kunst 1950 ist dank Vogenauers außerordentlich umsichtigem Wirken zu einem recht frohen Fest geworden, in dem er der Hauptakteur war, das ›Imago‹, so nannte sich die Veranstaltung, von der Eintrittskarte, über Tücher bis hin zum Plakat anziehend machte. Von Direktor Mart Stam erhielt er ab dem 1. September 1951 die Vergütungsgruppe VIII, ein Einzelvertrag für Illustration garantierte ihm ab dem 1. September 1951 1600 DM und eine Amtsvergütung von jährlich 3000 DM.

In der Broschüre *Kampf gegen den Formalismus in der Kunst und Literatur. Für eine fortschrittliche deutsche Kultur* sind Kollegen Vogenauers an der Hochschule für angewandte Kunst genannt, die des ›Formalismus‹ bezichtigt wurden: Horst Strempel (1904–1975), Arno Mohr (1910–2001) und Herbert Behrens-Hangeler (1898–1981). Die Broschüre endet mit einer »Entschließung des Zentralkomitees der Sozialistischen Einheitspartei Deutschlands auf der Tagung am 14., 16. und 17. März«, in der auch Vogenauers Kollege, der Maler und Graphiker Max Lingner

(1888–1959), der aus dem französischen Exil nach Deutschland zurückkehrte, mit »Zügen des Formalismus« belastet wurde.[42] Das Kostümfest ›Imago‹ vom 2. bis 4. Februar 1950, dessen Plakate und Einladungskarten von Vogenauer stammten, !3¡ dem Hochschulfasching ›Imago-Mummenschanz‹, führte mit dem Hinweis des Formalismus schließlich zur Entlassung einiger Lehrer, unter ihnen Eva Schwimmer, aber vor allem zur Beurlaubung des Direktors Jan Bontjes van Beek.[43]

Freundschaft verband Vogenauer besonders mit Arno Mohr und Werner Klemke (1917–1994), dem hochgeschätzten Gebrauchsgraphiker und Illustrator.[44]

Vogenauer war ein beliebter Lehrer, dessen Verantwortungsbereich in den Jahren wechselte. Von der freien Graphik gelangte er zur Illustration. Dem folgte mit großer Begeisterung die Spielzeuggestaltung, die dem Handwerklichen verbunden blieb und sich kaum für eine industrielle Produktion eignete. Dann betrat er das Feld der Formgestaltung, das an der Hochschule einen Platz suchte, verpflichtet dem Bauhaus-Gedanken, wie auch sonst an dieser Schule. 1959 erhöhte der amtierende Direktor Gustav Urbschat, Nachfolger von Prof. Bert Heller, Vogenauers Gehalt aufgrund seines Einzelvertrages auf 2000 Mark. In der ersten Übersicht zu der Hochschule, die 1959 anlässlich des zehnten Jahrestages der Gründung der DDR erschien, ist Vogenauer in Abbildungen mit Briefmarken zum Geophysikali-

!3¡
Imago Berlin (Ost) ca. 1947/49, Hochschule für angewandte Kunst, Berlin Weissensee, Entwurf Ernst Rudolf Vogenauer, ca. 1947/49, Druckerei der Hochschule, 61,1 × 42,8 cm

schen Jahr und Luftpostmarken, mit drei Firmenzeichen, mit Klappern und Beißhölzer für Kleinstkinder und mit bemaltem Holzspielzeug vertreten.[45] Er wurde Abteilungsleiter der Abteilung Werkstätten und Einrichtungen. Schließlich war er im Laufe seines Künstlerlebens, auch technisch als Lithograph und Mann des Holzschnitts geübt, Leiter der Hochschulwerkstätten im Monbijou-Park.

Zugewandt hat sich Vogenauer auch der Keramik, vor allem Tellern und Schalen, geeignet als Wandschmuck. Behilflich waren ihm dabei seine Kollegen in Weißensee, der Keramiker Wolfgang Henze (1904–1969) und der Keramiker Rudolf Kaiser (1910–1980), mit dem er 1956 in Berlin gemeinsam eine Ausstellung hatte. Eine kleine Schale für die Meißner Manufaktur um 1961 war wohl eine Eintagsfliege.

Nach 15 Jahren an der Hochschule, die Mauer war schon gebaut, gab ihm der Rektor, der Maler und Graphiker Prof. Fritz Dähn eine ganz positive Bilanz; einen Dank, aus dem hervorgeht, dass Vogenauers Position in der Hochschule nicht einfach zu beschreiben ist. Es heißt dort: »Die Persönlichkeit teilt sich in allen Abteilungen mit. Er hat vielfache künstlerische Ausdrucksmöglichkeiten, die er zum Einsatz bringt. Und er sagt jedermann gründlich seine Meinung, manchmal ein wenig zu hart, manchmal zu impulsiv.«[46]

Es betrübte Vogenauer sehr, dass ihm nach seiner Emeritierung 1962 der Weg zu seinen Studenten verwehrt war. Axel Bertram (*1936), ein bekannter Gebrauchsgraphiker, der sich für sein Fach auch in Worten stets sehr engagierte, hat seinen Lehrer in der *Wochenpost* Nr. 39 von 1990 liebevoll mit *Der schöpferische Fensterputzer* beschrieben: »Er war immer in Bewegung, heftig gestikulierend unterstrich er seine Rede, unruhig, wendig, eilig, aber nicht hastig. Im Grunde ließ sich Vogenauer Zeit, er bewirtschaftete sie freilich so gründlich, als habe er nicht viel davon.«[47]

Bilder und Grafiken von Herbert Behrens-Hangeler, Werner Klemke, Arno Mohr und Kurt Robbel bezeugen kollegiale Verbundenheit. Viele Briefe, die er schrieb und empfing, die im Nachlass sein sollen, die seine Verbundenheit mit seinen Kollegen in Weißensee, seiner alten Wirkungsstätte, belegen, sollten gelesen und auch veröffentlicht werden.

Bücher für den Steuben-Verlag Paul G. Esser Berlin

Bereits 1925 hatte Vogenauer mit *Eugenia* ein umfangreiches Werk mit Schrift und Holzschnitten geschaffen. Unmittelbar nach dem Krieg war Vogenauer als Gestalter vor allem für drei Verlage tätig. Während er die Arbeit für die Deutsche Buch-Gemeinschaft fortsetzte, war er für den Minerva-Verlag und für den Steuben-Verlag bis zur Währungsreform tätig.

Für die *Steuben-Blätter*, Hefte zwischen 16 und 24 Seiten mit einem internationalen Programm, hat Vogenauer 1947 und 1948, jeweils im Mittelfeld farblich unterschieden, den Umschlagentwurf gemacht. Mir liegen einige dieser Blätter, auch aus der Bibliothek meines Vaters, vor, in denen er, wohl nach Fahrten mit dem Zug von Leipzig nach Böhlen zu seinem Arbeitsplatz, in den Jahren 1947 und 1948 auf der letzten Seite mit Bleistift den Tag der Lektüre eingetragen hat. Es sind dies Nr. 11, Friedrich von Stendhals *Der Liebestrank* (1947), gedruckt bei Axt in Berlin-Halensee, aber ohne Jahreszahl, und Jens Peter Jacobsens *Ein Schuss in den Nebel* (Nr. 12). Das angenommene Erscheinungsjahr 1947 ist aus dem handschriftlichen Eintrag zu Clemens Brentanos *Die 3 Nüsse* aus dem Jahr 1948 (Nr. 25) ablesbar. In *Das neue Buch. Katalog der Neuerscheinungen 1945 bis 1947* treten die Steuben-Blätter 1 bis 10 zum Einzelpreis von 80 Pfennig mit ihren 16 bis 20 Seiten sichtbar in einem Block hervor.[48]

Recht unkonventionell und zuerst erinnernd an die *10 Buchzeichen*, in der Staatsdruckerei zu Berlin 1948 gedruckt, überrascht die Gestaltung der Broschur zu Heinrich von Kleists *Über das Marionettentheater*. !4¡

!4¡ Einbandzeichnung zu Heinrich von Kleist *Über das Marionettentheater.* 1948

!5¡ Einband zu Ulrich Heidenkamp *PW in Texas.* 1946

!6¡ Einbandzeichnung zu Gert H. Theunissen *Ärgernis und Zuversicht.* 1947

Bücher für den Minerva-Verlag

Im Minerva-Verlag in Berlin-Hannover, gegründet von Franz Cornelsen (1908–1989) gemeinsam mit Gert H. Theunissen (1907–1974) und Sinus Sinodoru, übernahm Vogenauer 1946 die künstlerische Gestaltung. Bald darauf gründete Cornelsen gemeinsam mit seiner Frau den Cornelsen Verlag, heute eine führende Schulbuch-Verlagsgruppe in der Bundesrepublik. Im Minerva-Verlag erschien auch die bekannte Zeitschrift *Athena*, in deren erstem Jahrgang 1946/47 von seinem Kollegen in der Reichsdruckerei und dann an der Hochschule für Angewandte Kunst in Berlin-Weißensee, Gerhard Kreische, einige ganzseitige Karikaturen zu finden sind, sogar ein vierseitiger *Berlin Baedeker*.[49] Gert H. Theunissen ist mehrfach als Autor vertreten. Vogenauer ist in der Zeitschrift kaum anzutreffen, allenfalls mit Vignetten und mit einem Entwurf zu einem Kartenspiel. Die Bücher, die er für den Verlag gestaltet hat, überraschen noch heute durch ihre Frische. Zu Ulrich Heidenkamps *PW in Texas. Ein Erlebnisbericht* aus einem amerikanischen Kriegsgefangenenlager, Kurzform für einen Kriegsgefangenen (›prisoner of war‹), hat Vogenauer mit einem deutlichen ›PW‹ auf dunklem Grund für den Leinenband

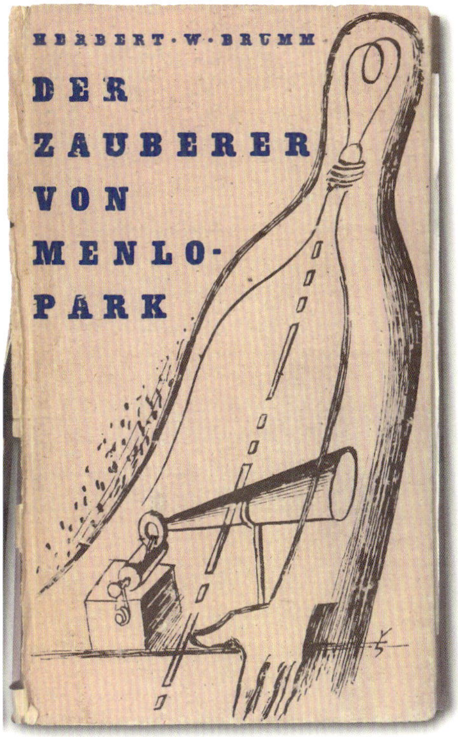

!7¡
Einband zu Hellmut Lange *Blumen wachsen im Himmel.* 1948

!8¡
Einband zu Herbert W. Brumm *Der Zauberer von Menlo-Park.* 1948

1946 eine typographische Lösung gefunden. !5¡ Ebenfalls typographisch, aber mit einem auffälligen ›E‹ jeweils über dem ›U‹ und dem ›A‹ sind 1946 die *Übergänge. Beiträge zur geistigen Situation* in dem hart kartonierten Einband überschrieben. Unter den Autoren des Minerva-Verlags ist auch der Mitinhaber und Kunstkritiker Gert H. Theunissen, den er an dritter Stelle als Empfehlung in seiner Bewerbung für die Kunstschule des Nordens nennt. Typographisch ist der Halbleinenband zu *Ärgernis und Zuversicht* (1947) fein gezeichnet, der Untertitel lautet *Entscheidungen des Geistes im XX. Jahrhundert*. !6¡ 1947 entwarf Vogenauer eine lapidare typographische Gestaltung zu Ernst Niekischs *Ost und West. Unsystematische Betrachtungen.* Hellmuth Langes *Blumen wachsen im Himmel*,[50] !7¡ ein kartonierter Band in einem schmalen Hochformat, hat einen neugierig machenden Einbandentwurf, auf dem die silhouettenhaft anmutenden Gestalten auf jeden Fall zum Kauf des Bändchens von 260 Seiten angeregt haben können. *Der Zauberer von Menlo-Park* von Herbert W. Brumm, auf dem Einband mit dem Vogenauer-Zeichen versehen, das er seit 1926 verwendete, erschien im Mai 1948 in der Reihe der Haus- und Jugendbücher in einer Auflage von 5000 Exemplaren. Es ist eine biographische Erzählung um Thomas Alva Edison. Der Pappband ist recht provokant gestaltet. !8¡

Briefmarken für die Deutsche Post

In den 1950er Jahren entstanden drei Werte für die Hilfe für Ägypten, daneben zwei Werte ›J. A. Komensky; Lehrer der Völker‹, 10 und 20 Pfennig, im Juni 1957/58 drei Entwürfe für das Geophysikalische Jahr (Werte 10, 20 und 25 Pfennig).

Bernhard Nowak hat in *Zeit im Markenspiegel*[51] seit 1948 mit Abbildungen von 84 Marken einen repräsentativen Überblick geschaffen. Vogenauer ist mit drei Marken vertreten. Zu ihm heißt es auf Seite 116: »Eine Spitzenleistung des Postjahres 1957, ihres Anlasses würdig, ist die *Sputnikmarke* von Prof. Vogenauer. Dieser erste Wert der Ausgabe zum geophysikalischen Jahr ist zugleich die erste Sputnikdarstellung aller Weltpostländer, einschließlich der Sowjetunion. Knapp 34 Tage nach dem kosmischen Ereignis war der Wert am 7. November am Schalter.«[52]

Doch Vogenauer hat in den 1950er Jahren, als der Flugzeugbau in Dresden im Aufwind zu sein schien, auch Marken mit der Wiedergabe eines Flugzeugs gestaltet. Er setzte fort, was ihn an Marken in der Nazizeit schon beschäftigte. So ist seine Argumentation, die er einem Kritiker Mitte der 1950er Jahre in einer Sammlerzeitschrift entgegenbringt, dass er sich intensiv mit dem Flugzeug bzw. Fliegen beschäftigt habe, wahr, aber auf eine in der DDR zumindest öffentlich nicht direkt aussprechbare Weise.

Ausstellungen für Vogenauer

Obgleich am 18. September 1990 im Foyer der Hochschule unter der Leitung von Prof. Dietmar Kuntzsch eine Ausstellung eröffnet wurde, die Lehrblätter, Holzspielzeug, Zeichen, Briefmarken, Plakate, Bücher, Tintenblätter, Grafik und Keramik zeigte, ist diese außerhalb der Schule kaum wahrgenommen worden.[53] Immerhin ist in der Mappe zur Ausstellung *Ernst Rudolf Vogenauer. Schüler ehren ihren Lehrer*, die noch vom letzten in der DDR eingesetzten Rektor der Kunsthochschule, dem Gebrauchsgraphiker Prof. Rudolf Grüttner (*1933) verantwortet wurde, Nachfolger des über 20 Jahre in seinem Amt tätigen Malers Walter Womacka (1925–2010), ein Blatt mit einem für Vogenauer bezeichnenden Text, angeboten worden.

Vom 15. März bis zum 19. April 1996 fand in der Galerie Däberitz in Bergisch-Gladbach/Köln die Ausstellung ›E. R. Vogenauer. Künstler und Pädagoge in schwierigen Zeitläuften‹ statt, die durch den Photographen Heinz Wedewardt (1928–2014) vermittelt wurde und in der auch eine Audiovision zur Situation der Kunstszene in den frühen Berliner Nachkriegsjahren gezeigt wurde. Im Beisein des Sohnes George A. Vogenauer (Lamsbek, 1930–2010) hat 2005 in der Kulturbrauerei im Prenzlauer Berg in der Vogenauer-Ausstellung (21. Oktober 2004 bis 6. Februar 2005), verantwortet von Hein Köster, der die Sammlung industrielle Gestaltung begründete, ein Gespräch stattgefunden, bei dem frühere Schüler Vogenauers anwesend waren, unter ihnen Regine Gebhard (Hein, 1949–1951), Ingeborg Voss (1950–1952), Werner Schinko (1950–1955), Wolfgang Würfel (1950–1955), Erich John (1953), Clauss Dietel (1956–1961), Peter Hoppe (1960) und Volker Pfüller (1961). In der Ausstellung waren auch Vogenauers Hitler-Briefmarken zu sehen. Inzwischen ist der Nachlass Vogenauers im Haus der Geschichte der Bundesrepublik Deutschland, Dienstort Berlin, zu erreichen. Aus dem Lager in Berlin-Spandau waren mir in größeren Abständen im Museum in der Kulturbrauerei in 10345 Berlin in der Knaackstraße 97 dankenswerterweise einige Exponate der unter VOG-Nummern gesammelten Vogenauer-Hinterlassenschaften zugänglich.

Leben und Werk Ernst Rudolf Vogenauers sollten erschlossen werden, vor allem aufgrund des beträchtlichen Nachlasses, an geeigneten Orten in Berlin und München ausgestellt werden, begleitet von einem kritischen Katalog. Vogenauers 50. Todestag im Jahre 2019 könnte dafür einen Anlass bieten.

Dank
Mein Dank geht an das Archiv der Kunsthochschule Berlin-Weißensee für die Möglichkeit der Einsichtnahme in die Personalakte Ernst Rudolf Vogenauer.
Danken möchte ich vor allem Prof. Dietmar Kuntzsch, der mir eine Kopie seiner Aufzeichnungen zu der Weißensee-Ausstellung überließ. Dort hat er auf Seite 125 vermerkt: »Dieses Verzeichnis dokumentiert das bei der Vorbereitung der Ausstellung Aufgefundene. Es ist unvollständig und es bedarf der Präzisierung. 11. 2. 1991.«
Mein besonderer Dank gilt auch Prof. Albrecht von Bodecker, der mich mit Material sehr unterstützte.
Burkhard Sülzen, Versandantiquariat für alte Plakate + Reklame, Berlin, ist für die Bereitstellung der Abbildungen 2 und 3 sehr zu danken.
Dank an Regine Gebhard, Berlin.
Dank auch meiner Frau, Brigitte Pätzke, die mir verständnisvoll zur Seite stand.

ANMERKUNGEN

1 Vgl. Reden zur Feier des fünfzigjährigen Bestehens der Reichsdruckerei, gehalten am 4. Juli 1929, nebst einer Kundgebung an die Mitarbeiter. Berlin: Reichsdruckerei 1929.

2 Es folgten die Direktoren Jan Bontjes van Beek vom 15. Juni 1947 bis zum 31. Oktober 1950 und Mart Stam vom 1. Mai 1951 bis Anfang September 1952 (Hausverbot), am 22. September 1952 beurlaubt, dessen Nachfolger bis 1955 Werner Laux wurde. Unter dem Rektorat von Bert Heller von 1955 bis 1957 wurde sie zur Hochschule für bildende und angewandte Kunst, zwischenzeitlich folgte Gustav Urbschat, dann kam Fritz Dähn.

3 Zur Kunsthochschule Berlin-Weißensee siehe Hochschule für bildende und angewandte Kunst, Berlin (10 Jahre DDR). Berlin-Weißensee: Hochschule für bildende und angewandte Kunst 1959; Drei Kapitel Weißensee. Dokumente zur Geschichte der Kunsthochschule Berlin-Weißensee 1946 bis 1957. Hrsg. und kommentiert von Hildtrud Ebert. Berlin-Weißensee: Kunsthochschule 1997; Zwei Aufbrüche. Symposion der Kunsthochschule Berlin-Weißensee. Die ersten zehn Jahre. Sinn – Sinne – Lehre. Ansichten zu Aussichten. Hrsg. von Samson D. Sauerbier. Berlin-Weißensee: Kunsthochschule 1997; Was ist dann Kunst? Die Kunsthochschule Weißensee 1946–1989 in Zeitzeugengesprächen. Hrsg. von Jens Semrau in Zusammenarbeit mit Hildtrud Ebert. Mit Nachworten von Karin Hirdina und Hermann Weber. Berlin: Lukas Verlag 2004.

4 S. 176–178.

5 Archiv für Buchgewerbe und Graphik 57 (1920), Heft 5/6. Münchener Heft.

6 Leider lagen mir die Briefe von Vogenauer an Heinrich Graf nur in Abschriften (1990) in der Reihe Textblätter/Ausstellungstexte von Prof. Dietmar Kuntzsch vor.

7 Brief Vogenauers, Kuntzsch 20.1.

8 Brief an Graf vom 6. September 1923, Kuntzsch 20.2.

9 Brief an Graf, Kuntzsch 20.5 + 20.5.1.

10 Der zweiseitige Brief endet: »Mit herzlichem Handschlag.«, Kuntzsch 20.5.1

11 Brief vom 31. Mai 1924, Kuntzsch 20.6.

12 Zu Fritz Zalisz siehe Christine Hoffmeister (Konzeption der Ausstellung und organisatorische Verantwortung): Revolution und Realismus, Revolutionäre Kunst in Deutschland 1917 bis 1933. Katalog der Staatlichen Museen zu Berlin, Nationalgalerie, Kupferstichkabinett und Sammlung der Zeichnungen. Ausstellung im Alten Museum vom 8. November 1978 bis 25. Februar 1979, Künstlerbiographien: Magdalene George: Fritz Zalisz »Leninbildnis«, Holzschnitt, im Besitz des Autors, S. 96.

13 Lothar Lang/Reinhild Schneider: Exlibris vom 18. Jahrhundert bis zur Gegenwart. Staatliches Museum Schloß Burgk. Neue Galerie. Hrsg. im Auftrage der Pirckheimer-Gesellschaft im Kulturbund der DDR anläßlich des 20. Kongresses der Féderation internationale des Societés d'Amateurs d 'Exlibris (FISAE) 1984 in Weimar. Weimar: Burgk 1984, S. 62, Positionen 470–474 und S. 63, Abb. 470 (toller) und 471 (klara zetkin).

14 Richard Hiepe: Ernst Rudolf Vogenauers Buchzeichen für Revolutionäre 1924. Gedanken zu einem Mappenwerk. In: Bildende Kunst (1988), Heft 11, S. 513–515 (mit 9 Abbildungen).

15 Richard Hiepe: Magischer Mann Lenin. Ernst Rudolf Vogenauers Buchzeichen für Revolutionäre 1924. In: tendenzen 22 (1981), Nr. 136, S. 20–25 (mit den Abbildungen der *10 Buchzeichen*, einem photographischen Porträt Vogenauers und 9 weiteren Abbildungen).

16 Zu Carl Rabus siehe Buchgestaltung im Exil. Eine Ausstellung des Deutschen Exilarchivs 1933–1945. Wiesbaden: Harrassowitz 2003, S. 193.

17 Jürgen Holstein: 10 Buchzeichen von E. R. Vogenauer. Eine Folge von Pseudo-Exlibris für Revolutionäre (1924). In: Marginalien 4 (2002), Heft 168, S. 37–45.

18 Hermann Raum: Notizen zu Vogenauers Exlibris-Serie. In: Marginalien 4 (2002), Heft 168, S. 45–48.

19 Vgl. Hermann Raum: Die Bildende Kunst der BRD und Westberlins. Leipzig: VEB E. A. Seemann Verlag 1977.

20 Vgl. Richard Hiepe: Die Taube in der Hand. Aufsätze zu Kunst und Kulturpolitik 1955–1975. München: Damnitz Verlag 1976 (Marxistische Ästhetik und Kulturpolitik, Theorie-Reihe kürbiskern tendenzen). Lizenzausgabe Leipzig: VEB E. A. Seemann Verlag 1976.

21 Höhe der Auflage im Buch genannt.

22 Vgl. Wilhelm H. Lange: Literatur zum Gutenbergjahr 1940. In: Imprimatur N.F. IX (1940), S. 162–169.

23 Heinrich Jost: E. R. Vogenauer. In: Gebrauchsgraphik (1942), Heft 1, S. 14–23.

24 Blatt im Besitz des Autors.

25 Vgl. Jörn Schütrumpf/Arnulf Siebeneicher: 1951. Johannes Friedrich Rogge. Lenindenkmal. Auftraggeber: VEB Werkzeugfabrik Königsee. In: Auftrag: Kunst. 1949–1990. Bildende Künstler in der DDR zwischen Ästhetik und Politik. Katalog zur Ausstellung des Deutschen Historischen Museums vom 27. Januar bis 14. April 1995. Hrsg. von Monika Flacke. Berlin: Deutsches Historisches Museum 1995, S. 50–56; Petra Roettig: Ikonographische Anmerkung. In: ebd., S. 56–58. Siehe auch Dritte Deutsche Kunstausstellung Dresden 1953 vom 1. März bis 30. April. Katalog. Berlin: VEB Verlag der Kunst 1953. Albertinum an der Brühlschen Terrasse, eingeleitet mit einem Bildnis: Karl Marx. Bronzebüste von Will Lammert, dem folgen die Bronzebüsten von Staatspräsident Wilhelm Pieck und Ernst Thälmann von Johann Friedrich Rogge. Siehe auch: Tilman Spengler: Lenins Hirn. Zweite Auflage. Reinbek bei Hamburg: Rowohlt 1991.

26 Vgl. Manifest und Ansprachen von Bernhard Kellermann, Professor Dr. Eduard Spranger, Professor Dr. Schirmer, Paul Wegener, Pfarrer Lic. Otto Dilschneider, Professor Vasmer, Johannes R. Becher, gehalten bei der Gründungskundgebung des Kulturbundes zur demokratischen Erneuerung Deutschlands am 4. Juli 1945 im Haus des Berliner Rundfunks. Berlin: Aufbau-Verlag 1945; Der erste Bundeskongress. Protokoll der ersten Bundeskonferenz des Kulturbundes zur demokratischen Erneuerung Deutschlands am 20. und 21. Mai 1947 in Berlin. Hrsg. und eingeleitet von Ernst Berg-

mann. Berlin: Aufbau-Verlag 1947. Zur Situation in Nachkriegsdeutschland siehe Alexander von Plato/Almut Leh: »Ein unglaublicher Frühling«. Erfahrene Geschichte im Nachkriegsdeutschland. 1945–1948. Bonn: Bundeszentrale für politische Bildung 1997; David Pike: Das Verbot des Kulturbunds, Gründe, Kontexte, Folgen. In: Hans-Martin Hinz: Für das Deutsche Historische Museum, Berlin, Cyril Buffet, Bernard Genton, Pierre Jardin. Für das Centre Marc Bloch, Berlin. Hrsg. von Angéla DeGroot. Leipzig: Leipziger Universitätsverlag 1999, S. 177–189.

27 Kenntnis aus meiner Tätigkeit zwischen dem 16. April 1991 und 1994 im früheren Archiv des Verbandes Bildender Künstler der DDR.

28 Heinrich Jost war der Autor des großen Beitrages in der Gebrauchsgraphik 1942 für E. R. Vogenauer. Siehe Jost (wie Anm. 23).

29 Holstein (wie Anm. 17), S. 39.

30 Reichskunstwart Dr. Edwin Redslob. Die Künstlerische Formgebung des Reichs. Geleitwort von Reichsminister des Innern Dr. Wilhelm Külz. Mit 20 Abbildungen. Veröffentlichung des Kunstarchivs Nr. 21. Berlin SW 19: Werkkunst Verlag o. J. (1927). Auf S. 31: Veröffentlichungen des Reichskunstwarts über amtliche Formgebung (1921–1926). Unter Urkunden, S. 19, wird unter den ersten Versuchen der Reichsdruckerei Vogenauer genannt.

31 Edwin Redslob: Eine Kunstausstellung und ihre Folgen. In: Kunstschau, Malerei, Graphik, Plastik. Berlin-Weißensee, im Rathaus Berliner Allee 107–110, vom 31. März bis 20. April. Täglich von 9 bis 18 Uhr. Veranstaltet vom Volksbildungsamt im Magistrat der Stadt Berlin und von dem Kulturbund zur demokratischen Erneuerung Deutschlands durch die Wirkungsgruppe bildender Künstler Berlin-Weißensee. Berlin-Weißensee 1946, S. 5–6.

32 Vgl. Edwin Redslob: Toleranz. In: Das Greifenbüchlein. Zweiter Jahrgang. Ein Almanach auf das Jahr 1947. Hrsg. von Karl Dietz. Rudolstadt: Der Greifenverlag 1947. Veröffentlicht unter der Lizenz Nr. 116/G 70631 der Sowjetischen Militärverwaltung in Deutschland, S. 101–104.

33 Vgl. Theodor Heuss: Für Edwin Redslob. In: Edwin Redslob zum 70. Geburtstag. Eine Festgabe. Hrsg. von Georg Rohde und Ottfried Neubecker. Berlin: Erich Blaschker 1955, S. 9–11.

34 Vgl. Exposition. Gravures Françaises contemporaines. Berlin, 20 juillet – 15 aout 1946. 45, Schlüterstrasse.

35 Vgl. La peinture française moderne. Chateau impérial, Berlin. 22 octobre – 6 novembre 1946.

36 Vgl. Groupe français du conseil de contrôle. Division education et affaires culturelles: La sculpture française de Rodin a nos jours. Ancien musée de l'Armée. Berlin-Juillet 1947.

37 Vgl. Hartmut Pätzke: Gerhard Kreische (1905–1974). Buchgestalter, Illustrator, Maler und Graphiker, Hochschullehrer. Arbeiten für das Buch der Jahre 1945–1950. In: Imprimatur N.F. XXIII (2013), S. 287–304.

38 Vgl. Lehrkörperverzeichnis für das Wintersemester 1949/50 des Vorlesungsverzeichnisses der Hochschule für Angewandte Kunst Berlin. Wintersemester 1949/50.

39 Aus der Personalakte Ernst Rudolf Vogenauer im Archiv der Kunsthochschule Berlin-Weißensee.

40 In der Personalakte Ernst Rudolf Vogenauer im Archiv der Kunsthochschule Berlin-Weißensee.

41 Siehe Hildtrud Ebert: Von der »Kunstschule des Nordens« zur sozialistischen Hochschule Berlin-Weißensee. In: Kunstdokumentation SBZ/DDR. 1945–1990. Aufsätze, Berichte, Materialien. Hrsg. von Günter Feist. Museumspädagogischer Dienst Berlin in Zusammenarbeit mit der Stiftung Kulturfonds. Köln: DuMont 1996, S. 160–190, besonders S. 170–171.

42 N. Orlow: Wege und Irrwege der modernen Kunst. In: Tägliche Rundschau vom 21. und 23. Januar 1951. In der Broschüre: Kampf gegen den Formalismus in der Kunst und Literatur für eine fortschrittliche deutsche Kultur, Kulturbund zur demokratischen Erneuerung Deutschlands, Landesleitung Sachsen, Dresden o. J. (1951), ist der Text von N. Orlow auf den Seiten 3–19 wiedergegeben. Auf den Seiten 7 und 8 befinden sich die Vorwürfe gegen Strempel, Arno Mohr und Hangeler. Lingner wurde von Hans Lauter aufgrund des Einbandes für den Volkskalender 1951 »formalistischer Züge« bezichtigt, im gleichen Band Beitrag von Lauter: Der Kampf gegen den Formalismus in Kunst und Literatur für eine fortschrittliche deutsche Kultur, S. 20–36, hier S. 32 (zuerst in: Tägliche Rundschau vom 25. März 1951). Die Identität des Verfassers N. Orlow ist bis heute nicht zweifelsfrei geklärt. Vermutet wird jedoch Wladimir S. Semjonow (1911–1992), der seit 1946 »Politi-

scher Berater« des Chefs der SMAD, dann des Vorsitzenden der Sowjetischen Kontrollkommission in Deutschland war. Siehe: Die Formalismuskampagne 1948–1953. In: Eckhart Gillen: Das Kunstkombinat DDR. Zäsuren einer gescheiterten Kunstpolitik. Hrsg. vom Museumspädagogischen Dienst Berlin. Bonn: Bundeszentrale für politische Bildung, Köln: DuMont 2005, S. 64, Anmerkung 62.

43 Der Schulze-Boysen Gruppe nahestehend, war Jan Bontjes van Beek 1942 drei Monate inhaftiert. Seine Tochter Cato wurde, 23-jährig, von den Nazis hingerichtet. Die Betriebsgruppe der SED gab am 11. August 1950 Auskunft: »[…] im Stadium des utopischen Kommunismus […] Prototyp eines Individualisten kein Freund der Republik […]«. Siehe auch Jan Bontjes van Beek, 1899–1969. Ausstellung in der Akademie der Künste vom 11. Dezember 1977 bis 22. Januar 1978. Katalog. Berlin: Akademie der Künste 1977.

44 Vor bald zwei Jahren wurde bekannt, dass dieser in der Nazizeit als Soldat in Holland zu einem ›Netzwerk‹ von ca. 80 Personen gehörte, neben seinem Regimentskameraden Johannes Gerhardt (1910–1944), einem Photographen, für den er mindestens zwei originale illustrierte Werke schuf, die Lebensmittelkarten, Pässe und Abstammungsunterlagen fälschten, die dazu beitrugen, Juden das Leben zu retten. Entdeckt wurde dies im Sommer 2011 vom amtierenden Kantor Amir Betsalel und dessen Frau, der Dokumentarfilmerin Annet Betsalel, im Gemeindearchiv in Bussum. Ein Film zu der denkwürdigen Geschichte wird vorbereitet. Vgl. Harald Kretzschmar: Werner Klemke. Der Zeichner als hilfreicher Freund der Bedrohten. In: Marginalien 4 (2014), Heft 216, S. 3–9.

45 Vgl. 10 Jahre DDR. Hochschule für Bildende und Angewandte Kunst, Berlin, Abbildungen, S. 90–93.

46 Nach der Kopie aus dem Konvolut von Prof. Dietmar Kuntzsch, Briefkopf Hochschule für Bildende und Angewandte Kunst Berlin, Berlin-Weissensee, Gustav-Adolf-Strasse 131, Telefon 56 40 61. Berlin, den 5. Oktober 1961, unterschrieben vom Rektor (Prof. Dähn) und BGL (Betriebsgewerkschaftsleitung 9).

47 Axel Bertram: Der schöpferische Fensterputzer. Hommage à Ernst Rudolf Vogenauer, seinen Lehrer. In: Wochenpost 37 (1990), Nr. 39, Titelblatt und S. 16–17.

48 Vgl. Steuben-Blätter. In: Das Neue Buch. Katalog der Neuerscheinungen 1945–1947. Hrsg. von der Berliner Verleger- und Buchhändlervereinigung. Deutsche Buchausstellung Berlin 1947, veranstaltet vom Magistrat von Groß-Berlin in Verbindung mit der Berliner Verleger- und Buchhändlervereinigung. Berlin: Berliner Verleger- und Buchhändlervereinigung 1947, S. 92.

49 Berlin Baedeker. Zeichnungen: Gerhard Kreische. In: Athena (1947), Heft 9, S. 17–20.

50 Auf dem Titelblatt steht nur Hellmut ohne das ›h‹ am Ende.

51 Bernhard Nowak: Zeit im Markenspiegel. In: Neue Werbung. Zeitschrift für Theorie und Praxis der Werbung 6 (1959), Heft 10, S. 14–17. Abb. 37 (5 DM Flugzeugmarke Deutsche Demokratische Republik), Entwürfe 1957: Abb. 65 (Geophysikalisches Jahr 1957–1958 10 Pfennig Deutsche Demokratische Republik), Abb. 66 (20 Pfennig. Geophysikalisches Jahr 1957–1958 Deutsche Demokratische Republik).

52 Siehe Nowak (wie Anm. 51), S. 16.

53 Vgl. Ernst Rudolf Vogenauer. Schüler ehren ihren Lehrer. Ausstellung im Foyer der Kunsthochschule Berlin-Weißensee, vom 18. September bis 9. Oktober 1990. Hintere Umschlagseite: Text von Rektor Professor Rudolf Grüttner: Professor Ernst Rudolf Vogenauer. Mappe.

Carsten Scholz

Von der ›Officina Serpentis‹ zu ›Tieffenbach und Mittelhäuser‹

Der Fall einer Privatpresse

Die Verwerfungen des Ersten Weltkriegs hatte Eduard Wilhelm Tieffenbachs Officina Serpentis überstanden. Noch im Jahr 1918 gelang es dem Kriegsheimkehrer, seine brachliegende Handpresse in einem Berliner Mietshaus wieder in Gang zu bringen und aus dem Stand mit schönen Drucken und anspruchsvollen Texten an die ›Gründerjahre‹ der Privatpresse vor dem Krieg anzuknüpfen. Zum zehnjährigen Betriebsjubiläum im Jahr 1921 bescheinigte ihm Hans Loubier in seinem Werk über *Die neue deutsche Buchkunst*, er drucke »in vollendeter Technik [...] und mit einem feinen, an den alten Vorbildern geschulten Geschmack eines Meisterdruckers«.[1] 1923 würdigte G. A. E. Bogeng ihn als einen »Buchdruckkünstler«,[2] dem die »Beseelung der Bibliotechnik«[3] gelungen sei – da hatte die Officina Serpentis die ›goldenen zwanziger Jahre‹ erst noch vor sich.

Inhaltlich pflegte Tieffenbach nicht nur die literarische Tradition von der griechischen Antike über Dante und Petrarca bis zur deutschen Klassik, zu Storm und Fontane, oder gängige Themen wie Bibliophilie, Erotica und Curiosa, sondern er bewies auch eine experimentelle Offenheit für die Tendenzen seiner Gegenwart, angefangen mit den Eruptionen des Expressionismus: *Das neue Pathos*, ! 1 a, b ¡ eine »bedeutsame frühexpressionistische Zeitschrift für die neue Dichtung und Kunst«,[4] zugleich das »erste wieder auf der Hand-Buchdruckpresse [...] hergestellte«[5] Periodikum seit der Erfindung der Schnellpresse, wurde ab dem zweiten Heft vom Juni 1913 von Tieffenbach gedruckt.[6] Ebenfalls 1913 hatte er Bücher von Paul Zech und Arno Holz herausgebracht, nach dem Krieg traten Autoren wie Carl Hauptmann, Walter Hasenclever, Robert Musil, Alfred Döblin und Franz Hessel hinzu. Für die graphische Ausstattung illustrierter Bücher konnte er Künstler wie Lovis Corinth, Max Liebermann, Erik Richter und Renée Sintenis gewinnen.

Zunehmend intensiver gestalteten sich in den Zwanziger Jahren die Verbindungen Tieffenbachs zu bibliophilen Kreisen; er druckte für die Maximilian-Gesellschaft und die Gesellschaft der Bibliophilen ebenso wie für den Berliner Bibliophilen Abend, den Fontane-Abend und den Bergischen Bibliophilen-Abend. Für den Verlag Horodisch & Marx stellte er zwei Bücher her, für den Berliner Antiquar Georg Ecke mindestens drei Kataloge und für den Antiquar Martin Breslauer eine

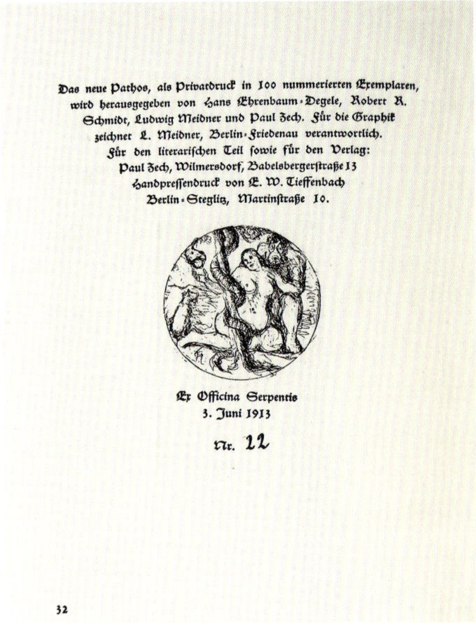
Das neue Pathos, als Privatdruck in 100 nummerierten Exemplaren, wird herausgegeben von Hans Ehrenbaum-Degele, Robert R. Schmidt, Ludwig Meidner und Paul Zech. Für die Graphik zeichnet L. Meidner, Berlin-Friedenau verantwortlich. Für den literarischen Teil sowie für den Verlag: Paul Zech, Wilmersdorf, Babelsbergerstraße 13 Handpressendruck von E. W. Tieffenbach Berlin-Steglitz, Martinstraße 10.

Ex Officina Serpentis
3. Juni 1913

Nr. 12

32

!1a,b¡ *Das neue Pathos*, Juni 1913, Vorderumschlag und Druckvermerk

ganze Reihe Klein- und Gelegenheitsschriften. 1931 konnte die Officina Serpentis ihr zwanzigjähriges Jubiläum mit einer Ausstellung in der Staatlichen Kunstbibliothek Berlin begehen. Gemeinsam gaben sich die Mitglieder der drei Berliner bibliophilen Gesellschaften – des Berliner Bibliophilen Abends, der Soncino-Gesellschaft und des Fontane-Abends – die Ehre eines Besuchs, und zu diesem Anlass gab Tieffenbach selbstbewusst einen Katalog *Zwanzig Jahre Officina Serpentis* heraus.

Seit etwa 1928 entwickelte sich eine besondere Affinität zur 1924 gegründeten Soncino-Gesellschaft der Freunde des jüdischen Buches: Schon 1926 erschien *Die Verschwörung des Fiesko zu Genua*; der Text aus einer hebräischen Chronik des 16. Jahrhunderts stellte ein unbekanntes Seitenstück zu Schillers Drama dar. Mit einem Blatt über den Frankfurter Fettmilch-Aufstand von 1614 wurde ein Zeugnis judenfeindlicher Ausschreitungen, mit der ersten Einzelausgabe von Lessings Lustspiel *Die Juden* ein klassisches Dokument religiöser Toleranz neu aufgelegt. Die *Briefe über den Talmud* zwischen Jean Paul und Emanuel Osmund erörterten die unterschiedlichen Religionsauffassungen in freundschaftlicher Art. Zwei kleine Drucke galten dem mittelalterlichen Gelehrten Moses Maimonides, ein weiterer dem Begründer der modernen Wissenschaft des Judentums, Leopold Zunz. Leichtere Kost boten Ernst Simons Essay *Zum Problem des jüdischen Witzes* und Heinrich Loewes *Geschichten von jüdischen Namen. Aus dem Volksmunde gesammelt*. Aus dem Alten Testament wurden *Die Weisheit Salomos* und die *Urväter* gedruckt, ehe sich »der Ehrgeiz der [Soncino-]Gesellschaft einer sehr viel größeren Aufgabe« zuwandte, einer »Monumentalausgabe der Bibel«,[7] von der 1929 eine *Probe*

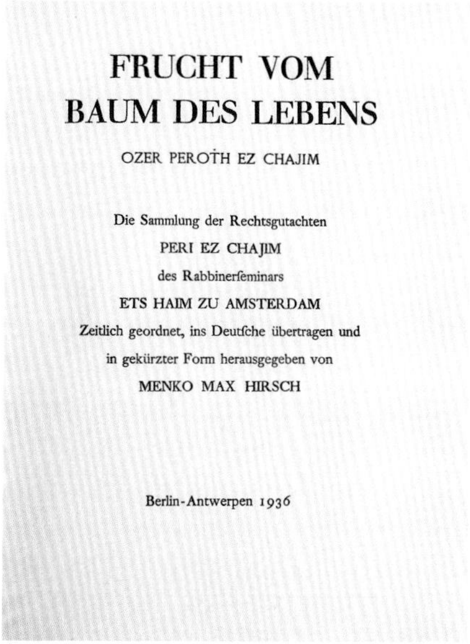
FRUCHT VOM
BAUM DES LEBENS

OZER PEROTH EZ CHAJIM

Die Sammlung der Rechtsgutachten
PERI EZ CHAJIM
des Rabbinerfeminars
ETS HAIM ZU AMSTERDAM
Zeitlich geordnet, ins Deutfche übertragen und
in gekürzter Form herausgegeben von
MENKO MAX HIRSCH

Berlin-Antwerpen 1936

12
Frucht vom Baum des Lebens 1936, Titelseite

der hebräischen Bibel mit der von Marcus Behmer geschaffenen Schrift vorgelegt wurde. Bis 1933 erschienen nur *Die fünf Bücher der Thora* in zwei Lieferungen; trotzdem erblickte Abraham Horodisch im Soncino-Pentateuch »das Magnum opus der Gesellschaft«.[8] Drei kleinere Spendendrucke behandelten theologisch-juristische Themen.

Insgesamt hatte die Tätigkeit für die Soncino-Gesellschaft und für private jüdische Auftraggeber im Laufe der Zeit einen beträchtlichen Anteil an der Produktion der Officina Serpentis gewonnen – die nationalsozialistische ›Machtergreifung‹ im Jahr 1933 und die immer schärfer werdenden Maßnahmen gegen das wirtschaftliche und kulturelle Leben der Juden brachten darum auch Tieffenbach empfindliche Verluste. Dabei hatten er und seine Frau das ›Dritte Reich‹ anfangs freudig begrüßt, wie deren Nichte Gertraud Meyer in ihren Erinnerungen berichtete: »In ihrer Gutgläubigkeit schlossen sich beide zunächst der NS-Bewegung an, weil sie, wie viele andere damals, sich Großes erhofften, ein Aufleben des Deutschen Reiches nach dem bitteren Ende des ersten Weltkrieges und dem Versailler Vertrag. Gutgläubig fielen sie den Ideen anheim, ohne zu ahnen, was sich daraus entwickeln sollte.«[9] Dass Tieffenbach in der Tat keine wirkliche Vorstellung davon hatte, worauf er sich einließ, wohl auch nicht antisemitisch eingestellt war, mögen seine Drucke für die Soncino-Gesellschaft zur Genüge bezeugen.

Auch war er weiterhin für private jüdische Auftraggeber tätig: 1934 druckte er *Gesammelte Gedichte I* des Adressiermaschinenfabrikanten Julius Goldschmidt zu dessen 50. Geburtstag, außerdem Eugenie Schwarzwalds *Die Heimkehr des verlorenen Buches* für Gotthard Laske – beide Auftraggeber verstarben zwei Jahre später, Goldschmidt bereits im Schweizer Exil. 1935 gaben Karl und Georg Jacoby noch die zwei Doppelblätter umfassende *Traueransprache für unsere selige Mutter Frau Anna Jacoby geb. Wormser* in Auftrag, gehalten von Malwin Warschauer, bis 1938 Rabbiner der liberalen Neuen Synagoge in Berlin. Ausgerechnet der letzte Druck Tieffenbachs für die Soncino-Gesellschaft war wiederum einer der gewichtigsten: die *Frucht vom Baum des Lebens*, eine Sammlung von 953 Rechtsgutachten des Amsterdamer Rabbinerseminars. ! 2 ¡ Doch in dem im Februar 1932 begonnenen und im Januar 1937 fertiggestellten Werk[10] fehlte bereits jeglicher Hinweis auf die Officina Serpentis. Die stolze Privatpresse, die über ein Vierteljahrhundert mit in jeder Hinsicht extravaganten Erzeugnissen der Druckkunst hervorgetreten war, verleugnete sich selbst.

Auch für die Bibliophilie insgesamt gab es im gleichgeschalteten Nazi-Deutschland kaum noch Platz. Tieffenbachs Nichte Gertraud Meyer schrieb: »Die Arbeit für die Soncino-Gesellschaft mußte eingestellt werden. Auch sonst hatte in dieser Zeit kaum jemand Geld und Interesse für ›schöne Bücher‹«.[11] Wohl 1936 musste das Ehepaar Tieffenbach »seine schöne Wohnung, in der beide 25 Jahre gewohnt hatten, aufgeben, da sie die Miete nicht mehr aufbringen konnten. Sie lebten zunächst notdürftig und beengt bei Bekannten, um dann in eine Wilmersdorfer Kellerwohnung zu ziehen«. Zugleich musste Tieffenbach, »um überleben zu können, auf größeren Betrieb mit Rotationsmaschinen umstellen«.[12] So zog er »in eine größere Werkstätte in der Berliniken Straße [...], in der eine Schnellpresse aufgestellt wurde, um größere Auflagen für einträglichere Drucke herstellen zu können«.[13] Doch diese Neuorientierung »brachte nicht viel ein«. Der 1937 vom Rowohlt Verlag herausgegebene Band *Gottessegen der Kräuter* war das Produkt eines Kompromisses: Es war »ein Rotationsdruck, aber er wurde handgesetzt in der alten Schwabacher mit Wiedergabe alter Stiche und Zeichnungen. Marcus Behmer entwarf den Einband«.[14] Doch die Officina Serpentis erstellte nur den Satz, den Druckauftrag erhielt Oscar Brandstetter in Leipzig. Die Zusammenarbeit des großen Verlags mit Tieffenbach verstetigte sich nicht: Anscheinend druckte er lediglich Hans Falladas *Wir hatten mal ein Kind* als sechsseitigen »Neujahrsgruß 1938 für die Freunde des Ernst Rowohlt Verlages und Hans Falladas«.[15]

Bis auf wenige Ausnahmen kam die Produktion der Offizin in diesen Jahren zum Erliegen. 1936 erschienen noch eine Dante-Rede von Guido Manacorda, die Hugo von Hofmannsthal-Bibliographie von Karl Jacoby und als Spendendruck *Schöne alte Lieder aus dem XVI. und XVII. Jahrhundert*; 1937 die Gedichtsammlung *Disques Fêlés* von Jevgenia von Kapherr, geb. Prinzessin Ouroussof. Schon wie versprengt wirkte dann im Kriegsjahr 1940 der in drei unterschiedlich ausgestatteten Ausgaben hergestellte Folioband *Der Stand der Danteforschung* von Friedrich Schneider-Jena.

Ausgerechnet in einem weiteren Druck Tieffenbachs, ausgerechnet für die Gesellschaft der Bibliophilen machte deren neuer Präsident Baldur von Schirach endgültig und unmissverständlich klar, was die Stunde geschlagen hatte. In seiner *Kantaterede* (Bibl. Nr. 17) verkündete der Reichsleiter und Reichsstatthalter auf einer Kundgebung des Deutschen Buchhandels im Jahr 1941: »Wohl denen, die ihre Helden nicht aus Büchern gewinnen müssen und ihre Vorbilder sichtbar vor Augen haben«[16] – ein letztes Menetekel für Bücherfreunde, wenn auch bibliophil »[g]edruckt unter Verwendung der Fleischmann-Antiqua, der alten Schwabacher, der Bodoni-Cursiv, der Schönschrift und Initialen von H. Th. Hoyer von Tieffenbach u. Mittelhäuser, Berlin-Tempelhof«.[17] !3a!

Auch der Druckvermerk lässt aufhorchen: Hier zeichnete nicht mehr die Officina Serpentis verantwortlich, sondern die Firma ›Tieffenbach u. Mittelhäuser‹ – Zeichen des Niedergangs oder doch eines leisen Widerspruchs? !3b! Für Arnulf Backe schien dieses Detail keine Bedeutung zu haben: Einerseits vereinnahmte er die *Kantaterede* umstandslos für seine Bibliographie der Officina Serpentis, andererseits ging er, der die entlegensten Ephemera aufgespürt hatte, weiteren Titeln mit dieser Firmierung nicht mehr nach. Vielmehr konstatierte er: »Es handelt sich um den einzigen, uns bekannten Druck auf Rotationsmaschinen, mit denen Tieffenbach unter dem Namen ›Tieffenbach und Mittelhäuser‹ bis in den Februar 1945 druckte«.[18] Dabei hatte dessen Nichte Gertraud Meyer in ihren 1984 erschienenen *Blätter*[*n*] *der Erinnerung* (Untertitel) eigens auf die weitere Produktion hingewiesen: »Der Betrieb lief unter dem Namen ›Tieffenbach und Mittelhäuser‹ noch bis 1945, wenn auch unter großen Schwierigkeiten und Anstrengungen weiter. Nur

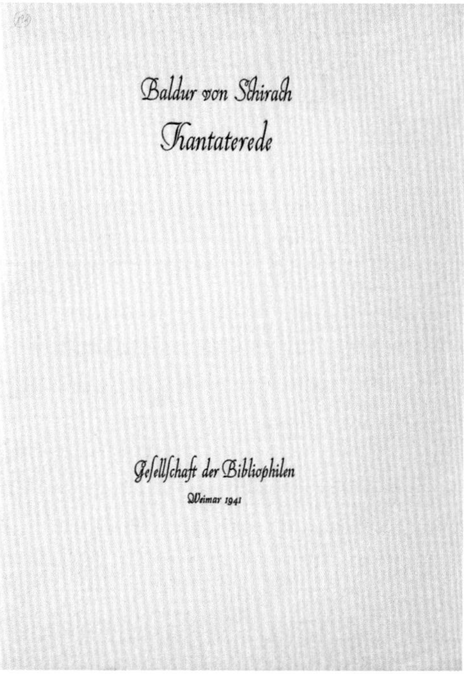
Baldur von Schirach
Kantaterede
Gesellschaft der Bibliophilen
Weimar 1941

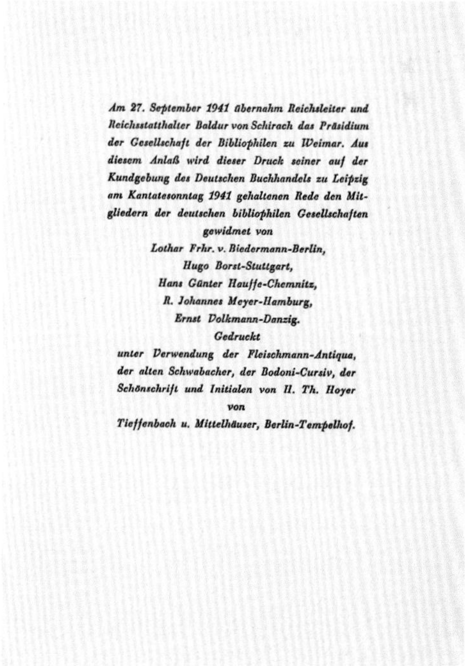
Am 27. September 1941 übernahm Reichsleiter und Reichsstatthalter Baldur von Schirach das Präsidium der Gesellschaft der Bibliophilen zu Weimar. Aus diesem Anlaß wird dieser Druck seiner auf der Kundgebung des Deutschen Buchhandels zu Leipzig am Kantatesonntag 1941 gehaltenen Rede den Mitgliedern der deutschen bibliophilen Gesellschaften
gewidmet von
Lothar Frhr. v. Biedermann-Berlin,
Hugo Borst-Stuttgart,
Hans Günter Hauffe-Chemnitz,
R. Johannes Meyer-Hamburg,
Ernst Volkmann-Danzig.
Gedruckt
unter Verwendung der Fleischmann-Antiqua, der alten Schwabacher, der Bodoni-Cursiv, der Schönschrift und Initialen von H. Th. Hoyer
von
Tieffenbach u. Mittelhäuser, Berlin-Tempelhof.

!3a,b!
Baldur von Schirach, *Kantaterede* 1941, Titelseite und Druckvermerk

meine Tante druckte hin und wieder kleine Sachen auf der guten alten Handpresse«.[19] Auch in seinen 2001 erschienenen *Korrekturen zur Officina Serpentis-Bibliographie*[20] konnte Backe nicht mehr dazu mitteilen – dadurch entgingen ihm zahlreiche Erzeugnisse Eduard Tieffenbachs, die heute freilich mit Hilfe des ›Karlsruher virtuellen Katalogs‹, der Objektdatenbank des Deutschen Historischen Museums, und von Antiquariatsplattformen im Internet leichter zu recherchieren sind.[21] Ein Verzeichnis oder auch nur ein ungefährer Überblick über die Drucke Eduard Tieffenbachs während dieser Endzeit von 1939 bis 1945 fehlt indes bis heute.

Ästhetisch, drucktechnisch und inhaltlich verbindet die späten Veröffentlichungen von ›Tieffenbach und Mittelhäuser‹ nichts mehr mit der großen Vergangenheit der Offizin – was Tieffenbach selbst dadurch zum Ausdruck brachte, dass er auf die Nennung der Officina Serpentis verzichtete. Darum ist es angemessen, diese Drucke auch nicht Backes Bibliographie der Officina Serpentis zuzuschlagen, sondern ein separates Schriftenverzeichnis anzulegen.

Das Jahr 1939 markiert noch vor der Entfesselung des Weltkriegs einen absoluten Tiefstand in der Produktion des Berliner Meisterdruckers – aus diesem Jahr ist kein einziger Druck unter dem Signum der Officina Serpentis nachgewiesen. Allenfalls konnte ›Tieffenbach und Mittelhäuser‹ in diesem Jahr mit Dissertationsdrucken noch einen bescheidenen wissenschaftlichen Anspruch aufrechterhalten. Peter Olbrichts Arbeit *Von der Einstellung des Herrschers zu seinen Beratern. Nach einer Schrift des chinesischen Staatsmannes und Historikers Ou-Yang Siu aus dem 11. Jahrhundert* (Bibl. Nr. 1) war sogar von einigem kulturgeschichtlichen und paläographischen Reiz, !4¡ ebenso Kurt Beckmanns *Li Kang. Ein Staatsmann im Kampf zwischen Konfuzianischer Beamtenpflicht und politischer Aufgabe. Aus den Sung-Annalen übersetzt und mit einer Einführung versehen* (Bibl. Nr. 3). Von juristischen Titeln wie *Die Rolle des Geständnisses im chinesischen Gesetz* (Bibl. Nr. 4) oder *Nachlaß-Erbenschulden* (Bibl. Nr. 2) ließ sich das freilich kaum mehr behaupten. Anscheinend gaben persönliche Beziehungen den Anstoß für die kleine Serie: Peter Olbricht war der Sohn des Weimarer Malers Alexander Olbricht, der mit einem Holzschnitt bereits 1914 im zweiten Jahrgang von *Das neue Pathos* vertreten,[22] vor allem aber mit Marcus Behmer und Felix Meseck befreundet war,[23] die regelmäßig mit Tieffenbach zusammenarbeiteten. Über diesen Kontakt kam es wahrscheinlichlich zum Druck der Dissertation des jungen Sinologen, der den Drucker an Kommilitonen weiterempfahl. Mit den früheren Handpressendrucken hatten diese Erzeugnisse allenfalls noch die niedrige Auflage gemein; ohnehin blieben sie Episode.

Doch sprang Tieffenbach in seiner Not auf eine andere Konjunktur auf – und fiel damit noch tiefer: 1940 diente er sich den Nationalsozialisten an, indem er mehrmals und für verschiedene NSDAP-Ortsgruppen ein Propagandaflugblatt zur Haltung Großbritanniens und Frankreichs nach der Kriegserklärung gegenüber Deutschland druckte: *Die Maske ist gefallen!* (Bibl. Nr. 5). !5¡ Ob Tieffenbach diesen Auftrag noch mit innerer Überzeugung ausführte, ist hier nicht zu entscheiden; wohl aber wurde er kurzzeitig zu einem Kriegsgewinnler. Denn weitere Gelegen-

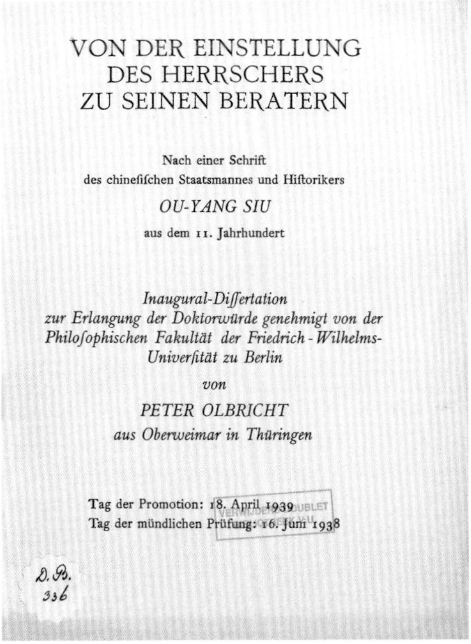

VON DER EINSTELLUNG
DES HERRSCHERS
ZU SEINEN BERATERN

Nach einer Schrift
des chinesischen Staatsmannes und Historikers
OU-YANG SIU
aus dem 11. Jahrhundert

*Inaugural-Dissertation
zur Erlangung der Doktorwürde genehmigt von der
Philosophischen Fakultät der Friedrich-Wilhelms-
Universität zu Berlin*

von

PETER OLBRICHT
aus Oberweimar in Thüringen

Tag der Promotion: 18. April 1939
Tag der mündlichen Prüfung: 16. Juni 1938

Die Maske ist gefallen!

Als die britische und die französische Regierung dem deutschen Volk den Krieg erklärten, da taten sie dies angeblich, um die Freiheit und Unabhängigkeit der kleinen Nationen zu schützen.

Wie heuchlerisch und verlogen dieser Grund war, hat sich nur allzubald herausgestellt.

Nachdem sie das polnische Volk gegen uns aufgeputscht, die polnischen Mordinstinkte gegen alles Deutsche entfesselt hatten und der Führer gegen den polnischen Raubstaat einschreiten mußte, da haben sie nicht einmal den Versuch gemacht, Polen zu helfen.

Als diese Tatsache der Welt offenbar wurde, stellten sie immer neue heuchlerische Kriegsziele auf, bis sie nun endlich offen aussprechen, warum sie den Krieg vom Zaune brachen.

Die britischen und die jüdischen Bankbarone, die französischen Chauvinisten haben den Krieg gesucht,

**weil sie uns hassen
und vernichten wollen!**

Der Führer riß ihnen die Maske herunter, als er am 8. November 1939 in München sagte:

„Was sie hassen, ist das Deutschland, das ein gefährliches Beispiel für sie ist, das soziale Deutschland, das Deutschland unserer sozialen Arbeitsgesetzgebung, das sie schon vor dem Weltkrieg haßten und das sie auch heute hassen.

Dieses Deutschland der Fürsorge, des sozialen Ausgleiches, der Beseitigung der Klassenunterschiede — das hassen sie!

Das Deutschland, das sich im Laufe von sieben Jahren bemüht hat, seinen Volksgenossen ein anständiges Leben zu ermöglichen, das hassen sie.

4 Dissertation von Peter Olbricht, Titelseite

5 Flugblatt *Die Maske ist gefallen!*

heitsdrucke folgten, so ein Aufruf *An alle SA-Männer in der Wehrmacht* (Bibl. Nr. 6), ein *Merkblatt für die Metallspende des deutschen Volkes* (Bibl. Nr. 7), ein Plakat, das unter dem Goebbels-Zitat *Unser Opfer ist der Sieg* (Bibl. Nr. 8) zu Spenden für das Kriegswinterhilfswerk aufrief, und ein Flugblatt für die *Alt-Kleidersammlung* des *Kriegs-WHW* (Bibl. Nr. 9). Auch den *Ausweis der deutschen Mutter* (Bibl. Nr. 10), einen Vordruck, der zum ›Ehrenkreuz der deutschen Mutter‹ gehörte, produzierte Tieffenbach. Umfangreicher waren Broschüren, die im Jahr 1941 – auf der Höhe der deutschen Kriegserfolge – vom ›Amt Lichtbild der Reichspropagandaleitung‹ als »Einziges parteiamtliches Lichtbildvortragsmaterial« herausgegeben und bei ›Tieffenbach und Mittelhäuser‹ gedruckt wurden. Sie behandelten *Kampf und Sieg in Norwegen* (Bibl. Nr. 11), *Die Deutschen in der Slowakei* (Bibl. Nr. 12), die *Männer der O. T.* (= Organisation Todt) (Bibl. Nr. 13), *Deutschlands europäische Sendung* (Bibl. Nr. 15) oder plauderten zur Abwechslung *Von alten deutschen Harnischen* (Bibl. Nr. 14). Ein *Deutsch-spanisches Musikfest* (Bibl. Nr. 16), das vom 10. bis 16. Juli 1941 in Bald Elster stattfand, war keine bloße Provinzveranstaltung, die kulturelle Normalität vorspielen sollte, sondern zugleich von eminenter kulturpolitischer Bedeutung für die Zusammenarbeit mit dem Franco-Regime: Intendant war kein geringerer als Heinz Drewes, Generalintendant des Landestheaters und der Landeskapelle in Altenburg und zugleich Leiter der Musikabteilung im Reichspropagandaministerium.

Reichspropagandaamt
Berlin

Berlin C 2, im November 1942
Leipziger Straße 81

Spart Strom und Gas!

Aufruf des Reichsmarschalls.

Strom und Gas sind unentbehrliche Hilfsmittel für Industrie, Landwirtschaft und Haushalt. Immer reichlicher und billiger wurden sie uns in den Friedenszeiten zur Verfügung gestellt. Jetzt sollen Strom und Gas vorweg der Rüstungsindustrie dienen, denn sie gebraucht gewaltige Mengen davon. Für die Gewinnung der Rohstoffe der Rüstung in der Heimat wird Elektrizität und Gas in größtem Ausmaß eingesetzt. Diese Rohstoffe können wiederum nur mit Strom und Gas veredelt und zu Panzern, Flugzeugen und sonstigen hochwertigen Waffen verarbeitet werden. Deshalb müssen alle, in erster Linie die Behörden und alle sonstigen Dienststellen, dann die Betriebe und ebenso die privaten Haushalte sparsam damit umgehen.

Deutsche Hausfrauen: Jede von Euch kann durch freiwillige Einschränkung im Strom- und Gasverbrauch einen Beitrag für die Rüstung und damit für unseren Sieg leisten. Denkt daran, daß Strom und Gas fast ausschließlich aus Kohle gewonnen werden. Das Ergebnis der schweren Arbeit des Bergmannes darf nicht dadurch verschwendet werden, daß Ihr gedankenlos Licht brennt oder Eure Rundfunkgeräte laufen laßt und Warmwasser nutzlos verbraucht. Wenn alle Hausfrauen mithelfen, wird durch die kleinste Ersparnis im einzelnen Haushalt im ganzen viel erreicht.

Männer und Frauen in den Betrieben: Auch Ihr könnt, jeder an seinem Arbeitsplatz, für Einsparung von Strom und Gas sorgen, wenn Ihr unnützen Leerlauf bei den Maschinen ausschaltet, die Arbeit sorgfältig einteilt und die Geräte richtig bedient. Jeder einzelne soll mithelfen und mitdenken, dann wird für die Rüstung viel gewonnen.

Deutsche Hausfrauen, Betriebsführer und Gefolgschaftsmitglieder! In den Ländern unserer Gegner sind überall Aktionen zur Einsparung von Strom und Gas im Gange, bei denen Zwang angewendet wird. Ich verlasse mich auf Eure freiwillige Mitarbeit. Der Appell an Einsicht und Hilfsbereitschaft des Deutschen wird auch hier genügen.

Alle Energie für den Endsieg!

gez.: Göring,
Reichsmarschall des Deutschen Reiches.

Warum müssen wir sparen?

Die Kohle ist der wichtigste Rohstoff der deutschen Wirtschaft überhaupt. Der Bedarf an Kohle ist während des Krieges um das Vielfache gestiegen. Außer den Rohstoffen, die aus der Kohle hergestellt werden, gilt es die Fertigfabrikate, die Waffen und Munitionsmengen für die Front, die Truppentransportzüge, die Lazarettzüge, die Urlauberzüge, die Verpflegungstransporte usw. zu bewältigen. Die Hochöfen warten auf Kohle und Erz, die Landwirtschaft auf Saatgut, Düngemittel und Arbeitsmaschinen, die Bevölkerung auf Lebensmittel aller Art, die transportiert werden müssen.

Der Appell zur Einsparung von Kohle, Strom und Gas ist nicht etwa dahin zu verstehen, daß wir vor erschöpften Kohlenlagern stünden. Die deutsche Erde birgt noch gewaltige Mengen in ihrem Schoß.

Entscheidend sind hier die beiden Fragen: Förderung und Bedarf.

Deshalb ist die Einsparung dringendes Erfordernis,

deshalb müssen wir sparen!

!6¡
Flugblatt
Spart Strom und Gas!

Das Amt Propagandalenkung der Reichspropagandaleitung gab den Druckauftrag einer *Rede von Staatssekretär Backe in Hannover* (Bibl. Nr. 18) mit »Richtlinien für unsere Redner«, gemäß denen »die Gedanken, die die außerordentliche Leistung der Bauern während des Krieges zur Sicherung der deutschen Ernährung behandeln, in Stadt- und Arbeitergegenden stärkstens hervorzuheben« seien (Vorwort der Reichspropagandaleitung). Leiter des Amts war Max Davidts, der Autor der im Vorjahr von Tieffenbach gedruckten Schrift *Kampf und Sieg in Norwegen*. Denkbar ist aber auch, dass persönliche Beziehungen zu Herbert Backe bei diesem Auftrag eine Rolle spielten: Dieser wurde 1941 zum Vizepräsidenten der Kaiser-Wilhelm-Gesellschaft ernannt, für die Tieffenbach bereits die *Dante*-Rede gedruckt hatte. Als Bevollmächtigter für den Vierjahresplan und Ernährungsbeauftragter beim Ostkrieg war Backe zudem »Hermann Göring direkt unterstellt«,[24] dem gleichfalls Fritz Todt, der Generalbevollmächtigte für die Bauwirtschaft zuarbeitete. Insofern könnte Backe nicht nur den Druck seiner eigenen *Rede*, sondern auch der Broschüre über die ›Organisation Todt‹, der Akzidenzdrucke zur Rohstoffsammlung sowie eines Flugblatts von Göring an Tieffenbach vermittelt haben.

Hermann Görings Appell *Spart Strom und Gas!* (Bibl. Nr. 19) !6¡ stammt aus dem November 1942: »Deutsche Hausfrauen: Jede von Euch kann durch eine freiwillige Einschränkung im Strom- und Gasverbrauch einen Beitrag für die Rüstung und damit für unseren Sieg leisten« – etwa durch bewussteres Bügeln, Backen oder Radiohören: »Tausendfach ist zu beobachten, daß der Lautsprecher verschwenderisch seine Musik darbietet, während man sich ohne jede Aufmerksamkeit für das Gebotene laut und ungehindert unterhält«. Eindrücklich signalisiert dies buchstäblich das Ende der Kultur: Die letzten Rohstoffe werden in Aufrufe investiert, den Rohstoffverbrauch zu senken und den Volksempfänger leiser zu drehen – das jämmerliche DIN A4-Blatt ist der bislang späteste nachgewiesene Druck von ›Tieffenbach u. Mittelhäuser‹. Nachdem das nationalsozialistische ›Dritte Reich‹ der bibliophilen Officina Serpentis schon lange zuvor die geistigen Grundlagen genommen hatte, entzog ihr der Krieg auch die materielle Basis.

Doch es kam noch schlimmer. Am 11. März 1945 schrieb Erna Tieffenbach an ihre Nichte Gertraud fatalistisch-heiter: »Unser Büdchen steht immer noch, wir staunen selbst. Dagegen ist am 3. Februar ein großes Stück der Werkstatt durch einen Volltreffer in einem Krater verschwunden. Papierlager, die beiden Büros und dicht dahinter ist Abgrund, unsere älteste, liebe kleine Handpresse ist als einzige am Rande stehen geblieben.«[25] Sollte nach der ›bösen‹, ›großen‹ Zeit die »liebe kleine« Handpresse noch einmal als Symbol einer bibliophilen Rückbesinnung aufs Schöne und Gute herhalten können? Für einen Neuanfang nach Kriegsende fehlte Eduard Wilhelm Tieffenbach die Kraft. »Nach einem halben Jahr des Leidens und Abschiednehmens« starb er mit 64 Jahren »völlig entkräftet am 24. Februar 1948.«

1953 würdigte Friedrich Adolf Schmidt-Künsemüller die Officina Serpentis als eine der »bedeutendsten deutschen Privatpressen in der ersten Hälfte unseres Jahrhunderts«,[26] stellte jedoch fest, dass ihr Schöpfer bereits fünf Jahre nach seinem

Tod »fast [...] vergessen« sei. 1995 und 2001 dokumentierte Arnulf Backe das bibliophile Werk Eduard Tieffenbachs in seiner verdienstvollen Bibliographie. Doch über die denkwürdige Endzeit der Druckerei ›Tieffenbach und Mittelhäuser‹ brachte der Sohn Herbert Backes nichts heraus. Jürgen Eyssen bezeichnete die Offizin 1980 in seinem Werk über die *Buchkunst in Deutschland* aus Sammlersicht als »Geheimtip«[27] – dies gilt in gewisser Hinsicht bis zum heutigen Tag.

Drucke von ›Tieffenbach und Mittelhäuser‹

1. Peter Olbricht: Von der Einstellung des Herrschers zu seinen Beratern. Nach einer Schrift des chinesischen Staatsmannes und Historikers Ou-Yang Siu aus dem 11. Jahrhundert. Dissertation Berlin 18. April 1939. [Druck: Berlin, Tieffenbach und Mittelhäuser]. 84 S., 2 Bl. (davon 2 S. in chinesischer Schrift). 8°.

2. Edgar Heilemann: Nachlaß-Erbenschulden. Dissertation Marburg 1939. Berlin-Tempelhof, Tieffenbach und Mittelhäuser. 127 S. 8°.

3. Kurt Beckmann: Li Kang. Ein Staatsmann im Kampf zwischen Konfuzianischer Beamtenpflicht und politischer Aufgabe. Aus den Sung-Annalen übersetzt und mit einer Einführung versehen. Dissertation Berlin 11. Juli 1939. Berlin-Tempelhof, Tieffenbach u. Mittelhäuser. VII S., 80 S. 8°.

4. George Alexander Kennedy: Die Rolle des Geständnisses im chinesischen Gesetz. Dissertation Berlin 11. Juli 1939. [Druck: Berlin, Tieffenbach und Mittelhäuser], 1939. 74 S. 8°.

5. Die Maske ist gefallen! [Verso unten:] Besucht die öffentliche Versammlung am Dienstag, dem 25. Juni 1940 [...] Es spricht Pg. Günther zu dem Thema Warum sie uns hassen. NSDAP. Kreis III Ortsgruppe Lichterfelde-Süd. Berlin-Tempelhof, Tieffenbach u. Mittelhäuser, 1940. 1 Bl. 4° (ca. 29 × 21,1 cm). – Das Flugblatt wurde anscheinend mehrmals und mit Hinweisen auf unterschiedliche Veranstaltungen, so der NSDAP-Ortsgruppen Steglitz und Brabant im April 1940, ferner am 13. Juni 1940 gedruckt.

6. An alle SA-Männer in der Wehrmacht. Berlin, Tieffenbach & Mittelhäuser, 1940. 6 Bl.

7. Merkblatt für die Metallspende des deutschen Volkes. Berlin, Tieffenbach und Mittelhäuser, 1940. 1 Bl. 4° (29,6 × 20,8 cm).

8. Unser Opfer ist der Sieg. Dr. Goebbels. 18./19. Januar 1941. Gau-Strassensammlung, 2. Kriegswinterhilfswerk 1940/41. Entwurf: Herrler. Berlin, Tieffenbach und Mittelhäuser, 1940. 1 lithographiertes Bl. Gr.-2° (86 × 61 cm). – Typen: Fraktur und Grotesk. In rotem und braunem Druck.

9. Kriegs-WHW. Alt-Kleidersammlung. Berlin, Tieffenbach und Mittelhäuser, März 1941. 1 Bl. 8° (21,2 × 14,8 cm).

10. Ausweis der deutschen Mutter. Berlin, Tieffenbach und Mittelhäuser, 1941. Kl.-8° (11,9 × 8,5 cm).

11. M[ax] Davidts: Kampf und Sieg in Norwegen. [Druck: Berlin, Tieffenbach und Mittelhäuser, 1941]. 11 Bl., 102 bebilderte Bl. 8°. – Einziges parteiamtliches Lichtbildvortragsmaterial, Reihe 23. – Als Manuskript gedruckt.

12. Die Deutschen in der Slowakei. Hrsg. vom Amt Lichtbild der Reichspropagandaleitung. Berlin-Tempelhof, Tieffenbach und Mittelhäuser, [1941]. 34 S. – Einziges parteiamtliches Lichtbildvortragsmaterial, Reihe 33. – Text: Deutsches Auslandsinstitut. – Als Manuskript gedruckt.

13. Männer der O. T. [Druck: Berlin, Tieffenbach und Mittelhäuser, 1941]. 6 S., 66 bebilderte Bl., 2 Bl. – Einziges parteiamtliches Lichtbildvortragsmaterial, Reihe I/34.

14. Alexander von Reitzenstein: Von alten deutschen Harnischen. [Druck: Berlin, Tieffenbach und Mittelhäuser, 1941]. 40 S. 8°. – Herausgegeben vom Amt Lichtbild der Reichspropagandaleitung. – Einziges parteiamtliches Lichtbildvortragsmaterial, Reihe III/37.

15. Ernst Meunier: Deutschlands europäische Sendung. München, Eher, [1941]. Tieffenbach und Mittelhäuser. 89 Bl. 8°. – Einziges parteiamtliches Lichtbildvortragsmaterial, Reihe I/38.

16. Deutsch-spanisches Musikfest. [Druck: Berlin, Tieffenbach und Mittelhäuser], 1941. 8 S. 8°.

17. [= Backe 192] Baldur von Schirach: Kantaterede. Weimar, Gesellschaft der Bibliophilen, 1941. Am 27. September 1941 übernahm Reichsleiter und Reichsstatthalter Baldur von Schirach das Präsidium der Gesellschaft der Bibliophilen zu Weimar. Aus diesem Anlass wird dieser Druck seiner auf der Kundgebung des Deutschen Buchhandels zu Leipzig am Kantatesonntag 1941 gehaltenen Rede den Mitgliedern der deutschen bibliophilen Gesellschaften gewidmet von Lothar Frhr. v. Biedermann-Berlin, Hugo Borst-Stuttgart, Hans Günter Hauffe-Chemnitz, R. Johannes Meyer-Hamburg, Ernst Volkmann-Danzig. Gedruckt unter Verwendung der Fleischmann-Antiqua, der alten Schwabacher, der Bodoni-Cursiv, der Schönschrift und Initialen von H. Th. Hoyer von Tieffenbach u. Mittelhäuser, Berlin-Tempelhof. 15 Bl. 4°. – Typen: Fleischmann-Antiqua, Alte Schwabacher, Bodoni-Cursiv. Mit einer Doppelinitiale und sechs kleinen Initialen in Rotdruck.

18. [Herbert Friedrich Wilhelm Backe]. Rede von Staatssekretär Backe in Hannover. Berlin, Sonderdienst der Reichspropagandaleitung, Hauptamt Propaganda, Amt: Propagandalenkung, 1942. Druck: Tieffenbach und Mittelhäuser. Berlin-Tempelhof, Manteuffelstraße 18. 7 S. 8°. – Sonderlieferung 30/42.

19. Reichspropagandaamt. Spart Strom und Gas! Aufruf des Reichsmarschalls [Hermann Göring]. Berlin, Reichspropagandaamt, November 1942. Druck: Tieffenbach u. Mittelhäuser, Berlin-Tempelhof, Manteuffelstraße 18. 1 Bl. 4° (29,6 × 21,1 cm).

ANMERKUNGEN

1 Hans Loubier: Die neue deutsche Buchkunst. Stuttgart 1921, S. 79. – Der vorliegende Aufsatz basiert auf der Arbeit an einer erweiterten *Officina Serpentis*-Bibliographie des Antiquariats Bibermühle.

2 Gustav Adolf Erich Bogeng: Die Officina Serpentis. In: Die Bücherstube. Blätter für die Freunde des Buches und der zeichnenden Künste 2 (1923), Heft 5/6, Sonderheft »Die deutschen Pressen«, S. 140–150, hier S. 143.

3 Bogeng (wie Anm. 2), S. 148.

4 Paul Raabe: Die Zeitschriften und Sammlungen des literarischen Expressionismus. Repertorium der Zeitschriften, Jahrbücher, Anthologien, Sammelwerke, Schriftenreihen und Almanache 1910–1921. Stuttgart 1964, S. 12.

5 Julius Rodenberg: Deutsche Pressen. Eine Bibliographie. [Nachdruck der Ausgabe] Zürich, Wien und Leipzig 1925. O. O. [1972], S. 109.

6 Für die genauen bibliographischen Angaben zu Drucken der Officina Serpentis siehe Arnulf Backe: Die Officina Serpentis. In Zusammenarbeit mit Hedda Köppen. In: Philobiblon. Eine Vierteljahrsschrift für Buch- und Graphiksammler 39 (1995), Heft 2, S. 94–169.

7 Abraham Horodisch: Die Soncino-Gesellschaft der Freunde des jüdischen Buches. In: Imprimatur. Ein Jahrbuch für Bücherfreunde N.F. V (1967), S. 131–148, hier S. 136.

8 Horodisch (wie Anm. 7), S. 138–139. Zu den in diesem Absatz genannten Drucken für die Soncino-Gesellschaft vgl. Backe (wie Anm. 6), Nrn. 115, 129, 131, 134–138, 153, 154, 159, 160, 162, 166, 169 und 175.

9 Gertraud Meyer: Die Tieffenbachs und ihre Officina Serpentis. Blätter der Erinnerung. In: Imprimatur. Ein Jahrbuch für Bücherfreunde N.F. XI (1984), S. 182–198, hier S. 197.

10 Vgl. Backe (wie Anm. 6), S. 164 (Nr. 189); Jutta Dick: Frucht vom Baum des Lebens. Menko Max Hirsch und die Sammlung der Rechtsgutachten Peri Ez Chajim. In: Soncino-Gesellschaft der Freunde des jüdischen Buchs: Ein Beitrag zur Kulturgeschichte. Hrsg. von Karin Bürgers, Ines Sonder und Ursula Wallmeier. Berlin u. a. 2014, S. 113–124.

11 Dieses und das folgende Zitat bei Meyer (wie Anm. 9), S. 197.

12 Meyer (wie Anm. 9), S. 198.

13 Dieses und das folgende Zitat bei Meyer (wie Anm. 9), S. 197.

14 Meyer (wie Anm. 9), S. 198.

15 H[ans] Fallada: Wir hatten mal ein Kind. [Berlin] 1938, Druckvermerk. Vgl. Backe (wie Anm. 6), S. 164–165 (Nr. 190).

16 Baldur von Schirach: Kantaterede. Weimar 1941, S. 7.

17 Schirach (wie Anm. 16), Druckvermerk. Vgl. Backe (wie Anm. 6), S. 164–165 (Nr. 192).

18 Backe (wie Anm. 6), S. 165.

19 Meyer (wie Anm. 9), S. 198.

20 Arnulf Backe: Korrekturen zur Officina Serpentis-Bibliographie. In: Philobiblon. Eine Vierteljahrsschrift für Buch- und Graphiksammler 45 (2001), Heft 2, S. 141–146.

21 Nach Autopsie beschrieben wurden hier die Nummern 1, 2, 5, 17 und 19.

22 Vgl. Backe (wie Anm. 6), S. 111 (Nr. 40).

23 Vgl. Hans Adolf Halbey/Peter Olbricht: Marcus Behmers Ilsebill-Radierungen, handkoloriert von Marcus Behmer und Alexander Olbricht. In: Imprimatur. Ein Jahrbuch für Bücherfreunde N.F. XIV (1991), S. 231–245, hier insbesondere S. 242 und 243.

24 Wikipedia. Artikel zu Herbert Backe. URL: http://de.wikipedia.org/wiki/Herbert_Backe [30.12.2014]. Vgl. auch Joachim Lehmann: Herbert Backe – Technokrat und Agrarideologe. In: Die braune Elite 2. 21 weitere biographische Skizzen. Hrsg. von Roland Smelser, Enrico Syring und Rainer Zitelmann. 2., aktualisierte Auflage. Darmstadt 1999, S. 1–12.

25 Dieses und das folgende Zitat bei Meyer (wie Anm. 9), S. 198.

26 Dieses und die folgenden Zitate bei Friedrich Adolf Schmidt-Künsemüller: E. W. Tieffenbach und die Officina Serpentis. In: Gutenberg-Jahrbuch 1953. Mainz [1953], S. 147–150, hier S. 147.

27 Jürgen Eyssen: Buchkunst in Deutschland. Vom Jugendstil zum Malerbuch. Buchgestalter, Handpressen, Verleger, Illustratoren. Hannover 1980, S. 92.

Olaf Briese

Eckensteher-Literatur

Illustrierte Bibliographie mit erläuternder Einführung

Was die Sozialgeschichte sogenannter Berliner Eckensteher betrifft, gibt es gravierende Wissenslücken. Einen ähnlich unbefriedigenden Kenntnisstand gibt es auch für den Status und die Herkunft ›literarisierter Eckensteher‹, vor allem des Eckenstehers namens Nante. Einst hatten Adolf Glaßbrenner, Carl von Holtei und verschiedene Biographen des Schauspielers Friedrich Beckmann reklamiert, dass dem Schriftsteller, dem Bühnenautor oder dem Mimen das Recht an der Erfindung Nantes zukomme, und damalige Zeitgenossen und heutige Autoren schlossen und schließen sich zumeist einer dieser Meinungen an.

Mit gleichem Recht könnte man – um diesen verengten Diskussionshorizont zu erweitern – aber auch die Theaterdichter und Schauspieler Adolf Bäuerle, Karl Bernbrunn (Carl Carl) oder den humoristischen Graphiker Franz Burchard Dörbeck (auch die humoristischen Schriftsteller und Journalisten Eduard Maria Oettinger und Alexander Cosmar) sowie den Schauspieler Heinrich Ludwig Schmelka als Schöpfer Nantes bezeichnen. Denn der literarische Nante ist eine komplexe Figur: ›Produktionsästhetisch‹ ist sie intertextuell und intermedial entstanden; und ›rezeptionsästhetisch‹ ist sie ebenso intertextuell und intermedial bekannt geworden (und intermedial und intertextuell entwickelte sie sich fort). Mehrere Wurzeln und Stränge liefen bei der Entstehung dieser literarischen Figur zusammen, und sie bündelten sich schließlich Ende des Jahrs 1832 im Weinkeller des Berliner ›Theaters in der Königsstadt‹ am Alexanderplatz, wo sehr wahrscheinlich Beckmann, beeinflusst und assistiert von Glaßbrenner, eine scherzhafte Szene über einen ›Eckensteher Nante‹ entwarf, damit um die Jahreswende 1832/33 schnell Bühnenerfolge errang und mit ihr eine – nicht nur literarische – Eckenstehermode initiierte. Was waren Stationen dieser Karriere? Wie kam sie an ihr Ende?

Theatraler Kult

Die Figur des Eckenstehers Nante kam denkbar unspektakulär in die Welt. Anfangs handelte es sich bei der von Beckmann aufgeführten Eckensteher-Szene – denn stets muss man von einer Szene sprechen, keinem abendfüllenden Stück – nur um einen vorweggenommenen Silvesterscherz. Uraufgeführt wurde er am 26. Dezember 1832 im Berliner ›Theater in der Königsstadt‹, dem einzigen damaligen Berliner Privattheater, das so großen Zulauf genoss, dass sowohl das Königliche Schauspielhaus als auch die Königliche Oper sich von dieser Einrichtung bedroht fühlten und beständig auf die Einhaltung der ihnen zugesicherter Privilegien pochten. Dieses kleine Stück bestand aus einer relativ geschlossenen Handlung: Der Berliner Eckensteher Nante Strumpf – versehen mit der nachgerade berühmt gewordenen amtlichen Ärmelnummer 22 – sucht das Kriminalgericht auf, um eine Verlustanzeige aufzugeben. In dieser halb gerichtlichen, halb polizeilichen Kriminal-Deputation bringt der Eckensteher Nante eine Beschwerde wegen eines ihm gestohlenen Rocks vor. Dabei kommt es mit dem zuständigen Actuarius zu einem auf Missverständnissen beruhenden absurden Frage-Antwort-Spiel; nachdem Nante entlassen worden ist, singt er ein Eckensteherlied. Dieses erweitert eine Liedvorlage Glaßbrenners (die erstmals zu Beginn des Jahrs 1832 im *Berliner Don Quixote* erschienen war, und im November 1832 nochmals im ersten Heft von *Berlin wie es ist und – trinkt*) in bezeichnender Weise. Gerade dieses Lied zeigt Nante gänzlich versöhnlich und sozialverträglich. Solange er Kümmel zum Trinken habe, seien ihm Armut oder Reichtum ausdrücklich egal; er bastelt zu Weihnachten Pyramiden und genießt das klingende Spiel von Militärkapellen; bereitwillig trägt er auf der Straße alle schweren Lasten, und werden ihm noch dazu Ehre und Gunst bezeugt, trägt er sie umso lieber.

Geplant war für diesen Abend eine gekoppelte Aufführung: ›Abentheuer in der Neujahrsnacht‹ (Lustspiel in drei Akten von Johann von Plötz), der humoristischen Szene ›Die Nasenharmonika‹, der Ouvertüre zur Oper ›Wilhelm Tell‹ von Gioacchino Rossini sowie der genannten Szene ›Der Eckensteher Nante im Verhör‹.[1] Damit war die Veranstaltung ganz auf Ulk gestellt: ›Die Nasenharmonika‹ war eine Auskoppelung aus Anton Beyers Operette ›Der Tausendsassa‹, als eigenständige Szene war sie seit Jahren ein Erfolgsgarant. Ihr Witz bestand darin, dass die Sänger Automaten symbolisieren, die durch einen Mechanikus, der ihre Nasen ergreift, gestimmt und aufgezogen werden und anschließend Musikalisches zum Besten geben.[2] Nach dem genannten musikalischen Intermezzo wurde abschließend ›Nante‹ aufgeführt. Das war der Beginn eines theatralischen Eckensteher-Kults ohnegleichen, wie ein Chronist am 6. Februar distanziert berichtete: »In Berlin ist jetzt großer Jubel. Jede Woche wird wenigstens fünfmal ›der Eckensteher Nante im Verhör‹, ein classisches Trauerspiel von Hrn. *Beckmann*, aufgeführt«[3].

Als die Welle nicht abebbte, berichtete am 19. Februar ein sichtlich erstaunter wie belustigter Korrespondent, Nante würde vor den Theatertüren ein Gedränge veranlassen, »wie das Volk bei einer Hungersnoth sich vor den Bäckerläden und Brotscharrn versammelt«.[4] Im Zuge dieser Mode fanden »Nantecigarren« ebenso Käufer wie »Eckensteher-Walzer und Galoppaden; viele Bilder, als Vignetten sogar auf Seifen, Bonbons und Branntweinflaschen«.[5] Getragen wurde dieser Kult von Nantes Karriere im Theater – erst der Bühne in der Königsstadt, dann weiterer Liebhabertheater und Familienaufführungen: »In allen Kaffeehäusern, Restaurationen, und öffentlichen Plätzen und Promenaden, in Familien-Zirkeln selbst, hört man nur *davon* reden, *darauf* anspielen, *daraus* singen, witzeln und *darüber* urtheilen. Alle Puppen-, Liebhaber- und Privattheater geben das Stück, und nicht nur sehen auch lesen will man es«. Dies berichtete ein Korrespondent des *Gesellschafters* im April 1833, und er schilderte aus eigener Anschauung eine Aufführung in einer Spelunke, in der der auftretende Eckensteher sich ebenfalls auf dem Kriminalgericht beschwert – allerdings über die Verfälschung seines Lebens auf der Bühne.[6] Wie sehr das Stück einschlug, verdeutlicht die Zahl der Aufführungen innerhalb eines halben Jahres: In Glaßbrenners *Berliner Don Quixote* wird am 4. Juli 1833 am Ende der Spielzeit von 50 Aufführungen berichtet, eine Auswertung zeitgenössischer Ankündigungen im *Freimüthigen* – die aber nachweislich nicht vollständig sind – ergibt die Zahl 47.[7]

Literarischer Kult

Das kleine Stück – das wie bei der Uraufführung stets in Kombination mit anderen gegeben wurde, und zwar meist am Ende – war auf der Bühne so beliebt, dass es am 24. Februar 1833 zu einem Eklat kam. In einer gekoppelten Aufführung mehrerer Stücke bzw. Szenen, die zum Abschluss die ›Nasenharmonika‹ vorsah (aber den bisher damit gekoppelten ›Eckensteher‹ gar nicht), rebellierte das Publikum. Es kam bei offener Szene während der Vorführung des vorletzten Stücks zu Publikumsdebatten, ob sofort mit der noch ausstehenden ›Nasenharmonika‹ begonnen werden sollte oder sogar der gar nicht auf dem Plan stehende ›Eckensteher‹ zu geben sei. Das Ergebnis: Der technische Direktor brach das laufende Stück ab, »indem er ankündigte: daß, weil das Publikum es gebiete, der ›Nasenharmonika‹ alsobald ›Nante‹ folgen sollte«.[8] Das Theaterpublikum befand sich geradezu in einem Eckensteherrausch. Glaßbrenners *Berliner Don Quixote* sprach am 2. April 1833 von einer »Eckensteher-Influenza«, der *Gesellschafter* am 5. April 1833 von einer »Seuche«, eine Wiener Zeitschrift am 16. April davon, »daß aus dieser Liebe zu dem Eckensteher nach und nach eine förmliche Manie wurde«.[9] Eine schnell herausgegebene Druckfassung hielt den Erfolg am Leben. Schon am 12. Februar 1833 meldete Glaßbrenner in seinem *Berliner Don Quixote*, dass Beckmanns Szene im Druck erscheinen werde; Ende Februar erschien sie. Ende März waren bereits

7000 Exemplare verkauft, am 11. Mai wurde bereits von einer zehnten Auflage berichtet, Anfang Juni 1833 erfolgte die elfte Auflage.[10] Mit der fünfzehnten Auflage (ebenfalls 1833) erhielt das Stück, um gewachsene überregionale Interessen und Käuferinteressen zu bedienen, statt des Untertitels *Lokal-Posse* nunmehr den Untertitel *Komische Scene*.

Beckmanns und Glaßbrenners Publikationen markierten nur den Beginn einer ganzen Lawine von Eckensteher-Literatur; einer literarischen Produktion, die damals wie heute als ›Minderliteratur‹ angesehen wird. Es handelte sich nicht nur um Groschenhefte, sondern um ganze Serien wie die *Berliner Witze* (ab 1837, u. a. auch drei komplette *Nante*-Hefte), *Berliner Einfälle à la Nante Strumpf* (1838, zwei Hefte), *Nante Strumpf's hinterlassene Papiere* (ab 1838, sieben Hefte) oder *Nante auf der Berlin-Potsdamer-Eisenbahn* (ab 1839, fünf Hefte); in der Revolution und ihrem Vorfeld kamen Serien wie *Nante's Landtags-Album* (1847, acht Blätter) oder *Nante als National-Versammelter* (1849, neun Blätter) hinzu. Der Einfluss der Eckensteher-Literatur war so nachhaltig, dass 1836 der Historiker Gustav Droysen in seiner *Geschichte des Hellenismus* bereits den »athenäischen Eckensteher« kannte, und eine ehrwürdige altertumswissenschaftliche Enzyklopädie 1839 mitteilte, im antiken Athen hätten ›Eckensteher‹ auf Märkten ihre Dienste angeboten; Friedrich Förster, Hofrat und Vertreter der schriftstellerischen Noblesse, schilderte 1838 in Gedichtform, wie ein Unteroffizier und Nante in den Befreiungskriegen gemeinsam Schulter an Schulter kämpften. Dieser Einfluss erweiterte sich derart, dass Nante alsbald parodierend Schiller'sche Verse sprach;[11] in einer explizit gegenrevolutionären Dunkelmännersatire aus dem Jahr 1849 parlierte der Eckensteher Nante sogar fließend lateinisch.[12] Letzteres war ein Gelehrtenspaß und eine Ausnahme. Aber zweifellos: Nante war ein Pop-Phänomen. Unter Gebildeten und Begüterten fanden Musikstücke und Druckgraphiken ebenso ihren Absatz wie Nante-Gesellschaftsspiele[13]; die Verbreitung von Eckensteher-Liedern in Unterschichten besorgte eine Vielzahl von Leierkästen.[14] Bis in die 1840er Jahre hinein hielten unzählige eingestreute Eckensteherwitze in unterhaltenden Zeitschriften und Journalen die Figur am Leben; ›Wiener Eckensteher‹ und ›Heidelberger Eckensteher‹ versuchten, davon zu profitieren.[15] Für diesen Erfolg des Eckenstehers Nante und der Eckensteher insgesamt war ausschlaggebend, dass sie als grandiose Projektionsfläche für ganz verschiedene Zwecke tauglich waren. Das machte sie zu einer theatralisch-literarischen Kultfigur. Teil dieses Kultus war sogar, dass literarisierte Eckensteher in bestimmten Texten ihre eigene Verkunstung betrieben, indem sie sich als Theaterdarsteller des über sie handelnden Stücks bewarben (*Der Eckensteher auf der Leipziger Messe*, 1834), sich über ihre ›Literarisierung‹ vor Gericht beschwerten (siehe oben), betreffende Schriftsteller wegen Rufschädigung vor Gericht bringen wollen und handgreiflich mit ihnen aneinandergeraten (*Der Eckensteher Nante als Kläger*, 1834), als poetisierende Eckensteher auftreten (*Der poetisirende Eckensteher oder die unterbrochene Nachtmusik*, 1836) oder in späterer Zeit beklagten, dass ihre Karriere auf der Bühne beendet sei

(*Nante als Droschkenkutscher*, 1846). In einem Eckensteher-Heft verprügeln die Helden sogar einen sich als vermeintlichen Eckensteher einschleichenden literarischen Voyeur (*Sonnenbrieder-Gespräche. Rausjejeben von August Rippenknacker*, 1839). All das nährte den Kult. Dieser schwoll so an, dass eine Eckensteherbroschüre schon im Jahr 1833 mit dem Untertitel aufwartete: *Keine Eckensteher*.[16]

Das Ende der Eckensteher und das verzögerte Ende Nantes

Kaum war der Eckensteher Nante durch eine Reihe interpiktureller und intertextueller Transformationen von Friedrich Beckmann geschaffen, verzweigte sich die Figur bereits wieder. Der Nante Beckmanns lebte wenige Monate auf der Bühne, und in Beckmanns Broschüre lebte er fort. Alsbald kamen weitere Nantes bzw. Eckensteher mit jeweils eigenem spezifisch literarisch-publizistischen Profil hinzu (gleiches gilt für den Bereich der Druckgraphik, der hier aus Raumgründen nicht näher behandelt werden kann, der aber, wie allein die nachstehende Bibliographie verdeutlicht, den Produktionen Glaßbrenners und Beckmanns im Grunde vorausging). Der Typus war also geboren und war etabliert. Auf dieser Basis nahmen Nante bzw. die Eckensteher Schritt für Schritt neue Züge an. Das ermöglichte das Weiterleben, wenn auch in gravierend verschiedenen Ausformungen: nämlich der Loslösung der Nante-Figur vom Eckensteherberuf. Sie wird zum reisenden Guckkästner (der u.a. in einer Zukunftsvision voraussagt, es werde in 100 Jahren künstliche Gummifrauen geben, die Männern stets willig seien),[17] zu einem Arbeitssuchenden auf der Messe in Frankfurt an der Oder,[18] zu einem Berliner Fremdenführer,[19] zu einem angehenden Schauspieler in einem Liebhabertheater,[20] zu einem räubernden Wegelagerer,[21] zu einem militärischen Söldner bzw. Totengräber.[22] Sie wird sogar zum Droschkenkutscher Nante,[23] der damit also in das Gewerbe wechselt, das den Beruf der Eckensteher eliminiert hatte. Denn die tatsächlich vorhandenen Eckensteher in Berlin waren ausgestorben, seit Beginn der 1840er Jahre wurden sie durch die Liberalisierung des Fuhrwesens in der Metropole überflüssig. Aber Nante als Person überlebte, er schlüpfte in andere Rollen, in die des Stadtführers, des Guckkästners, auch des akademischen Guckkästners: Dr. Nante oder gar Prof. Nante. Das heißt: Der Eckensteher blieb auf der Strecke, Nante lebte weiter in anderem Gewand.

Aber trotz all dieser Transformationen, die der Nante-Figur immer wieder neues Leben einhauchten – der literarische Nante, ob als akademischer Guckkästner oder als arrivierter Rentier, verlor Mitte der 1840er Jahre an Schwung. Es »mußte die inhaltslose berliner Eckensteherliteratur zusammenstürzen«, die »ganze Richtung ist aber allmälig zerfallen«, wie 1846 ein Anhänger der kommenden realistischen Literatur mit Erleichterung vermerkte.[24] Darüber hinaus kamen konkurrierende literarische Typen seit Mitte der 1840er Jahre hinzu, z.B. Daniel, Hobel-

!1¡
Siehe Bibliographie Nr. 2

!2¡
Siehe Bibliographie Nr. 3

spahn und Spickaal (Hopf), Herr Moppel (Langenschwarz), Rebbenhagen (Weyl), Buffey (Glaßbrenner), Eisele und Beisele (verschiedene Autoren); der genannte Hopf hatte 1846 in einem Spickaal-Text nur noch Platz für als Eckensteher Kostümierte auf einem Karnevalsvergnügen.[25] Und Unterschichten lebten in der Literatur nicht als Eckensteher, sondern zumeist als ›Bummler‹ weiter. Es war geradezu ein Anachronismus und ein nostalgisierendes Zitat, wenn Rudolf Hahn 1849 in seiner Anti-Revolutions-Posse *Eigentum ist Diebstahl* nochmals mehrere Eckensteher auftreten ließ.[26] Eckensteher waren tot, lediglich Nante lebte weiter als gewandelte soziale Figur. Aber schließlich, nach einem Wiederaufleben Nantes in der Revolutionszeit 1848, das sich vor allem – aber nicht nur – dem Schriftsteller Albert Hopf verdankt, kam es ab 1849/50 zum endgültigen und fast völligen Abbruch der Nante-Tradition.

Stark gekürzter Text, der unter dem Titel *Eckensteher. Zur Literatur- und Sozialgeschichte eines Phantoms* erschienen ist in: Eckensteherliteratur. Eine humoristische Textgattung in Biedermeier und Vormärz. Mit einem Nachwort und einer Bibliographie. Hrsg. von Olaf Briese. Bielefeld 2013 (Aisthesis Archiv 17), S. 195–250. Dort erschien auch der nicht illustrierte Erstdruck der hier vorgestellten Bibliographie (S. 251–275).

Bibliographie

Diese chronologische Bibliographie enthält nur Angaben zu literarisch-publizistischen Texten, in denen Eckensteher bzw. Nante direkt im Mittelpunkt stehen, und zwar bis zum Jahr 1850. Lexikonbeiträge zum Thema Eckensteher – um hier nur ein Beispiel zu nennen – sind nicht aufgenommen. Sie enthält auch Arbeiten, die nicht explizit die Signalworte ›Nante‹ oder ›Eckensteher‹ im Titel führen. Vereinzelte Texte späterer Jahre sowie Texte aus der Phase nach 1900 bzw. nach 1920, in der es zu einer Reihe von Neueditionen und Adaptionen gekommen ist, sind also nicht erfasst, ebenfalls nicht einzelne Karikaturen und einzelne Eckensteherwitze oder Einzelanekdoten aus Periodika sowie Theaterzettel. Ergänzungen sind bei dieser Art von ›Minder‹-Literatur in jedem Fall zu erwarten; das betrifft nicht zuletzt weitere Gedichte, Lieder und Kurzdialoge zumeist aus Sammelbänden (oder als Vorabdruck bzw. Nachdruck in Presseerzeugnissen). Auch auf dem verzweigten Markt musikalischer Variationen werden weiterhin Entdeckungen zu machen sein.

1. [Franz Krüger:] Schafsköppe wißt Ihr denn wo ick hinreiten will […]. In: Berliner Witze und Anecdoten. Bildlich dargestellt. Heft 4, Blatt Nr. 2. Berlin: Verlag von Gebr. Gropius im Diorama o. J.
Kolorierte Lithographie; 20,5 × 33,5 cm; wahrscheinlich vor dem 1. April 1829; zeigt eine Gruppe von Personen, die ausdrücklich als Eckensteher bezeichnet werden; Standort: Stiftung Stadtmuseum Berlin, Inv.-Nr.: VII 61/777 a w.

2. B[urchard] D[örbeck:] Wie kann man aber so mit dem Dämelsack geschlagen sind! […]. In: Berliner Witze und Anecdoten. Heft 5, Blatt Nr. 2. Hrsg. von Gebrüder Gropius im Diorama. Berlin o. J.
Kolorierte Lithographie; 26 × 19 cm; zwischen 1. April 1829 und Ende 1830; zeigt einen Eckensteher und einen Handwerksgesellen vor der Friedrichswerderschen Kirche in Berlin; Standort: Stiftung Stadtmuseum Berlin, Inv.-Nr.: VII 60/348w. ¦1¦

3. [Franz Burchard] Dörbeck: Eckensteher. Rollen? vor acht Groschen zwe Stunden? ne det greift mir zu sehre an. In: Berliner Ausrufer, Costüme und locale Gebräuche gezeichnet von Dörbeck. Blatt Nr. 24. Berlin: Verlag von Gebrüder Gropius im Diorama o. J.
Kolorierte Lithographie; 22,5 × 17 cm; zwischen 1. April 1829 und Ende 1830; zeigt einen zufriedenen, korpulenten Eckensteher; Standort: Stiftung Stadtmuseum Berlin, Inv.-Nr.: VII 60/322w. ¦2¦

4. Franz Burchard Dörbeck: Spiegelberg ich kenne dir! In: Berliner Redensarten. Blatt Nr. 5. Berlin: Verlag von Gebrüder Gropius im Diorama o. J.
Kolorierte Lithographie; 17 × 13 cm; zwischen 1. April 1829 und Ende 1830; zeigt einen Eckensteher und einen Bediensteten im Kneipengespräch; Standort: Stiftung Stadtmuseum Berlin, Inv.-Nr.: VII 60/336w.

5. B[urchard] Dörbeck: Ick dachte ick würde den Jottliepen los kriegen […]. In: Berliner Redensarten. Hrsg. von Gebrüder Gropius im Diorama. Blatt Nr. 28. Berlin o. J.
Kolorierte Lithographie; 23 × 18 cm; zwischen 1. April 1829 und Ende 1830; zeigt einen Eckensteher mit zwei jungen Männern vor einem Musterungsbüro; in anderer, nicht zuzuordnender Nummerierung auch als Blatt Nr. 29; Standort: Stiftung Stadtmuseum Berlin, Inv.-Nr.: GDR 76/31.

6. [Franz Burchard Dörbeck:] Wat meenste Schulze, wenn det Kümmel wäre? […]. Berlin o. J.
Kolorierte Lithographie; 22 × 17,5 cm; unbetitelte Sammlung von 36 Blättern, Blatt Nr. 22; zeigt zwei Eckensteher an einer Wasserpumpe; Standort: Stiftung Stadtmuseum Berlin, Inv.-Nr.: VII 60/1837w. !3¡

7. [Franz] B[urchard] Dörbeck: Pfui … wo Teufel kommt … der infame Geruch her? […]. Berlin o. J.
Kolorierte Lithographie, 21 × 15 cm; unbetitelte Sammlung, Blatt Nr. 12; zeigt einen Eckensteher in einem Polizeibüro; Standort: Stiftung Stadtmuseum Berlin, Inv.-Nr.: VII 60/366w. !4¡

8. Th[eodor] Stockfleth: Der Stock und der Schauspieldirector. Historische Posse in einem Acte. In: Berliner Schnellpost, für Literatur, Theater und Geselligkeit Nr. 124 u. 125 vom 17. u. 20. Oktober 1829, S. 494–495 u. S. 498–499.

9. 7 † 7: Eckensteher's Untreue. In: Till Eulenspiegel, Berliner, Wiener, Hamburger Courier Nr. 69 vom 23. März 1831, S. 273.
Vgl. Nr. 206.

10. 4.: Hochdeutscher Dialog zwischen zwei aufgeklärten Eckenstehern. In: Till Eulenspiegel, Berliner, Wiener, Hamburger Courier Nr. 146 vom 28. Juni 1831, S. 594.

11. Franz Burchard Dörbeck: Vor'n Sechser Cholera, aber n' Bisken Morbus mang. Berlin o. J.
Kolorierte Lithographie; ca. Herbst 1831; unbetitelte Sammlung von 36 Blättern, Blatt Nr. 8; zeigt einen Eckensteher in einer Tabagie; genaue Angaben nicht zu ermitteln; Standort: ehemals Stiftung Stadtmuseum Berlin.

12. [Alexander Cosmar:] Brausepulver für Hypochondristen. Eine Sammlung Berliner Witze und Anekdoten. Erste Dosis. Berlin: Cosmar und Krause [Ende Oktober/Anfang November] 1831. IV, 48 S. [Dass. Vierte Auflage 1832].

13. Don Quixote [d.i. Adolf Glaßbrenner]: Eckensteher. In: Berliner Don Quixote. Sonntagsblatt für Männer, Frauen, Kinder, Greise, Jünglinge, Mütter, Väter, Söhne und Töchter Nr. 2 vom 8. Januar 1832, S. 12–13.
Vgl. Nr. 35; auch in Nr. 18.

14. [Eduard Maria] O[ettinger]: 79 und 80. In: Berliner Figaro Nr. 78 vom 31. März 1832, S. 310.

!3¡ *Siehe Bibliographie Nr. 6*

!4¡ *Siehe Bibliographie Nr. 7*

!5¡ Frontispiz zur 10. Aufl. 1845. *Siehe Bibliographie Nr. 18*

!6¡ *Siehe Bibliographie Nr. 22*

No XXII.

Dörbeck fec.

Wat meenste Schulze, wenn det Kümmel wäre?
„Ja woll, det wäre mein erster Wunsch, wenn ik 3 mal hinterhander wünschen dörf.
So, un det zweete? _
„Dess alle Plumpen vuller Kümmel wären."
Abersch driddens?
„Nu = = noch en Bisken Kümmel.

No XII.

B. Dörbeck, fe.

Pfui . . wo Teufel kommt . . der infame Geruch her?
Jen mich. Herr Schergeant, ick steh immerbei Treu un
Nüglischen * an die Ecke.

* Eine berühmte Parfümerie - Fabrick in Berlin. –

Berliner Eckensteher

BECKMANN
als
Eckensteher Nante
in
Nante's Verhör

„Herr Criminell morgen hau' ick hier neben an Holz, wollen Sie hernach och Holz fahren un ick kann Ihn'n hauen, wat in meinen Kräften steht, soll gewiss geschehn."

15. [Moritz Gustav Bauschke:] Zweigespräch. In: Cholera-Bonbons in bunten Papieren freundlich geboten von Moritz B. von Olschen [d.i. Moritz Gustav Bauschke]. Berlin: In Commission bei Knecht [März 1832], S. 8.

16. Br[ennglas]: Gespräch einiger Eckensteher. In: Berliner Don Quixote. Ein Unterhaltungsblatt für gebildete Leser Nr. 95 vom 15. September 1832, [S. 2].

17. Br[ennglas]: Politisirende Eckensteher. In: Berliner Don Quixote. Ein Unterhaltungsblatt für gebildete Leser Nr. 111 vom 13. Oktober 1832, [S. 2–3].

18. Ad. Brennglas: Berlin wie es ist und – trinkt. Erstes Heft: »Eckensteher.« Berlin: Bechtold und Hartje 1832. 32 S.
Ausgeliefert ca. 20. November 1832; dass. 10. veränd. u. vermehr. Auflage, Leipzig 1845: Ignaz Jackowitz. 32 S. !5¡

19. [Pseud.:] »Die Zerstöhrung des Schönen.« Dramatischer Unsinn in 2 Akten von S. A. Thüre. In: Berliner Don Quixote. Ein Unterhaltungsblatt für gebildete Leser Nr. 5 vom 10. Januar 1833, [S. 2].

20. [Adolf Glaßbrenner:] Die politisirenden Eckensteher. Nach dem Leben gezeichnet. Berlin: Bechtold und Hartje 1833. 22 S.
Ausgeliefert 15. Januar 1833; 2. Auflage Mai 1833 unter dem Autorennamen: Brennglas; dass. 3. Auflage 1833.

21. [Adolf Glaßbrenner:] Die blutige Nase. Aus der zweiten Auflage des »Berlin wie es ist und – trinkt« von Ad. Brennglas. In: Berliner Don Quixote. Ein Unterhaltungsblatt für gebildete Leser Nr. 14 vom 26. Januar 1833, [S. 1–2].
Auch in der Erstausgabe enthalten; vgl. Nr. 18, 114.

22. J[ulius] Schoppe: Beckmann als Eckensteher Nante in Nante's Verhör. Berlin: George Gropius [1833].
Kolorierte Lithographie (Schauspielerporträt); 26,5 × 17,7 cm; zeigt Friedrich Beckmann als Eckensteher Nr. 22; Standort: Universität zu Köln. Theaterwissenschaftliche Sammlung, Inv.-Nr.: G 30109. !6¡

23. Eckensteher-Lied. Mit Begleitung des Pianofortes. Komponist: Vinzenz Kugler. Berlin: Cosmar & Krause 1833.
Notendruck; genaue Angaben nicht zu ermitteln.

24. Berliner Eckensteher-Galopp. Mit Nante's Bildnis. Komponist: F. Bosch. Berlin: Lischke 1833.
Notendruck; genaue Angaben nicht zu ermitteln.

25. Ein Berliner Eckensteher-Jalopp von't Köchen-Verjnügen in Moabit. Berlin: Carl Merz 1833.
Notendruck; genaue Angaben nicht zu ermitteln.

26. Ick melde mir. Berliner Favorit-Galopp, fabricirt und dem vielgeliebten Nante offerirt von Mr. Cranzel, enthält zugleich Nante's Bildnis en miniature. Berlin: Carl Merz 1833.
Notendruck; genaue Angaben nicht zu ermitteln.

Der Eckensteher Nante Strumpf in Berlin.

Det beste Leben hab' ick doch,
Ick kann mir nich beklagen;
Pfeift ooch der Wind durch't Ermelloch,
Det will ick schon verdragen.
Det Morgens, wenn mir hungern dhut,
Eß ick 'ne Butterstulle.
Dazu schmeckt mich der Kümmel jut
Aus meine volle Pulle.

Een Eckensteher führt uf Ehr'
Det allerschönste Leben,
Man friert anjetzt zwar manchmal sehr,
Doch bald is det zu heben.
Von außen hau ick mit de Faust
Mir in de Seit' un Rücken,
Un wenn een Schneegestöber saust,
Muß Kümmel mir erquicken.

Ick sitz' mit de Kam'raten hier,
Mit alle, groß und kleene;
Beleidigt ooch mal Ener mir,
So stech ick ihm gleich Ene.
Un drag' ick endlich mal wat aus,
So kann ick Groschens kneifen;
Hol' widder meine Pulle raus
Un duhe Enen pfeifen.

Am Weihnachtsfeste hab' ick Ruh'
Von wegen meiner Ollen;
Sie wascht und plät't und spült dazu,
Und ick helf' manchmal rollen.
Und kommt der Christmarcht ersch heran,
Giebt allgemeinen Frieden;
Sie macht Rosinenmänner dann,
Un ick bau' Pergemiden.

Ick seh' manchmal, wenn große Herrn
Hinein in't Weinhaus gehen,
Da steh' ick denn so still von fern,
Duh uf den Kümmel sehen,
Un denk' bei mir: 't is ganz ejal
Ob Wein, ob Schnaps im Glase,
Von Beden kricht man allemal
Doch ene rothe Nase.

Ick brauche keen Vergnügen nich!
Keen Tivoli un Bälle;
Hält mir nur meine Ecke Stich,
Hab' ick die schönste Stelle.
Der Kümmel rutscht allene hier,
Verjagt mir jeden Kummer,
Un hab' ick diesen stets bei mir,
Blüht immer meine Nummer.

Komm' ick des Abends nu zu Haus,
Will meine Olle brummen,
Da lang' ick bloß die Pulle raus,
Un gleich dhut sie verstummen.
Sie nimmt 'nen Schluck, un des beweist
Wie schätzenswerth die Gabe;
Der Kümmel is mein guter Geist
Durch den ick Ruhe habe.

Steh' ick so an die Ecke nu,
Un scheint die liebe Sonne,
Da Semmel, Hering, Kümmel zu,
Ach det is ene Wonne.
Kommt nu de Wache anmarschirt
Mit Trommeln und Trompeten,
Da geht, weil des den Nante rührt,
Der letzte Sechser flöten.

Ne, ne, der Nante is nich dumm,
Nach grade kricht er Bildung,
Er dient ja stets dem Publikum,
Des seht man an de Schildung.
Zu Ihrem Dienst sehr gern bereit,
Wenn Sie's befehlen danz' ich,
Un hat der Nante Sie erfreut, —
Da jubelt zwe und zwanzig.

!7¡
Siehe Bibliographie Nr. 38

27. Vier ganz neue Lieder. Das Erste. Aus dem Eckensteher Nante im Verhör. Frankfurt an der Oder/Berlin: Trowitzsch & Sohn 1833.
Genaue Angaben nicht zu ermitteln.

28. Christian Gottfried Heinrich Geißler: Leipziger Eckensteher. o.O. o.J. [ca. 1833].
Farbiges Aquarell über Bleistift; 10,7 × 9,6 cm; zeigt Eckensteher mit vorbeifahrender Kutsche; Standort: Stadtgeschichtliches Museum Leipzig, Inv.-Nr.: Gei II/60a.

29. Kreuzbruder Nante, der Dresdner, Seitenstück zu dem Berliner Eckensteher. [Gesang für eine Stimme mit Begleitung des Pianoforte.] Leipzig: Friese 1833.
Notendruck; genaue Angaben nicht zu ermitteln.

30. [Gustav Adolf Kummer:] Der Eckensteher. Ein neues Gesellschaftsspiel. Mit 20 Karten. Zerbst: G. A. Kummer 1833.

31. Friedrich Beckmann: Der Eckensteher Nante im Verhör. Lokal-Posse. Mit einem colorirten Steindruck. Berlin: August Rücker 1833. 36 S.
Ausgeliefert Ende Februar 1833; seit der 15. Auflage 1833 mit dem Untertitel: »Komische Scene« statt »Lokal-Posse«; dass. 36. Auflage Berlin 1850: Rücker & Püchler. Nach 1850 viele weitere Auflagen in verschiedenen Verlagen. !8¡

32. Friedr[ich] Beckmann: Der Eckensteher Nante im Verhör. Local-Posse [mit kritischer Vorrede und kritischen Fußnoten Adolf Glaßbrenners]. In: Berliner Don Quixote. Ein Unterhaltungsblatt für gebildete Leser Nr. 34 vom 2. März 1833, [S. 1–4].

33. Brennglas: Berliner Lieder. In: Berliner Don Quixote. Ein Unterhaltungsblatt für gebildete Leser Nr. 36 vom 5. März 1833, [S. 3].

34. Der Eckensteher Nante Strumpf in Berlin. In: Drei neue Lieder. 1. Der Eckensteher Nante &c. 2. Alexis saß mit Nettchen. 3. Klaglied an den Brauer Broihan. o.O. [ca. 1833], S. 1–3.
Variation von Beckmanns Eckensteherlied; vgl. Nr. 31.

35. Kurze Beschreibung der Berliner Eckensteher. In: Hamburger Courier. Ein Blatt für Leser aller Stände Nr. 4 vom 20. März 1833, [S. 3].
Nachdruck von Nr. 13.

36. Nante, der Eckensteher in Berlin. In: Der Gesellschafter oder Blätter für Geist und Herz Nr. 54 u. 55 vom 5. u. 6. April 1833, S. 269–270 u. 273–275.

37. Der Eckensteher Nante auf den Sonntag in Berlin. Berlin o.J.
Lithographie schwarz-weiß; 40 × 31 cm; vor Juni 1833; zeigt Stadtpanorama mit Gedicht: »Es sind die Berliner gar Lust'ge Leut«; Standort: Stiftung Stadtmuseum Berlin, Inv.-Nr.: VII 62/561w.

38. Der Eckensteher Nante Strumpf in Berlin. [Halle] o.J. [ca. 1833].
Kolorierte Lithographie (Einblattdruck bzw. Bilderbogendruck); 40 × 33 cm; Bild (abgewandeltes Frontispiz aus Nr. 31) mit Beckmanns Eckensteherlied (vgl. ebenfalls Nr. 31); Standort: Stiftung Stadtmuseum Berlin, Inv.-Nr.: GDR 64/11, 280; z.T. identisch mit Nr. 39. !7¡

!8¡ Frontispiz zur 15. Aufl. 1833. *Siehe Bibliographie Nr. 31*

!9¡ Frontispiz. *Siehe Bibliographie Nr. 43*

39. Der Eckensteher Nante Strumpf in Berlin. [Halle:] Joh. Carl Dietlein [ca. 1833]. *Kolorierte Lithographie (Einblattdruck bzw. Bilderbogen); Bild mit Nante, Weihnachtspyramide, Ehefrau, Holzfiguren sowie mit Beckmanns Eckensteherlied (vgl. Nr. 31); genauere Angaben nicht zu ermitteln; z.T. identisch mit Nr. 38.*

40. Lied der Berliner Eckensteher [*Glaßbrenners Eckensteherlied; vgl. Nr. 13, 18*]; Lied aus der Berliner Lokalposse »Der Eckensteher Nante« [*Beckmanns Eckensteherlied; vgl. Nr. 31*]. In: Der Freund des Gesanges. Sammlung gefälliger Lieder und Arien herausgegeben von G. H. Schröter. Erste Sammlung. Zwenkau: Schrötersche Leihbibliothek 1833, S. 144, 237–240.

41. Der Cigarrenfritze. In: Der preußische allgemeine Hausfreund für den denkenden Bürger und Landmann Nr. 26 vom 24. Juni 1833, S. 207–208.

42. E. J. Nem: Berlin, wie es seyn wird. Erstes und letztes Heft. Keine Eckensteher. Mit einem lithographirten Blatt. Berlin: Gröbenschütz und Seiler 1833. 32 S.

43. Jean P–r: Der Eckensteher in anderm Costume oder: Nante und sein Rock. Lokal-Posse. Zweite Auflage. Zerbst: G. A. Kummer 1833. 30 S. !9¡

44. Jean P–r: Der Eckensteher auf der Leipziger Messe oder: Nante – lebe wohl! Posse in zwei Akten. Zweite Auflage. Zerbst: G. A. Kummer 1834. 36 S.

45. [Franz] Wiest: Eckensteher-Bemerkungen über Theater- und Reunionszettel-Literatur. In: Der Sammler Nr. 31 vom 13. März 1834, S. 125–126.

46. Berlin wie es ist und – trinkt. Von Ad. Brennglas. Vier Hefte. Mit kolorirten Titelkupfern. Berlin: Bechtold und Hartje 1834. In: Literatur-Blatt. Redigirt von Dr. Wolfgang Menzel. Stuttgart/Tübingen. Nr. 73 vom 18. Juli 1834, S. 291–292.
Textauszug aus Nr. 18.

47. [Karl Müchler:] Der Eckensteher Nante als Kläger. Ein dramatischer Scherz. Herausgegeben von Hilarius Dornbusch. Zweite verbesserte und mit einem Nachwort des Herausgebers vermehrte Auflage. Berlin: J. G. Hasselberg 1834. 32 S.

48. [Ludwig Lenz:] Der Guckkastenmann. Komische Scene al fresco. (Seitenstück zum: Eckensteher Nante.). Zweite Auflage. Berlin: Rudolph Zesch 1834. I–XII, 14 S. [Dass. Vierte Auflage Berlin 1840: Carl J. Klemann.]

49. Dr. D.: Nante auf Reisen oder Schattenspiel an der Wand! – (Als Fortsetzung von: Eckensteher Nante.) Posse in 1 Act. Zweite Auflage. Berlin: Gedruckt bei D. Friedländer 1834. 12 S.

50. Ad. Brennglas: Die Eckensteher Kolk, Lutscher, Briesich und Hecksel. In: Berlin wie es ist und – trinkt. Achtes Heft: Die »Schnapsläden.« Leipzig: Vetter und Rostosky 1835, S. 14–17.

51. Der Provisor und der Eckensteher. Gedicht von S. Mauritius. In: Repertorium des Königsstädtischen Theaters in Berlin, vom 25. Dezember 1833 bis 15. Dezember 1834. [...] Hrsg. von den Souffleuren dieses Theaters, Just und Gollmick. Berlin: Gedruckt bei W. Francke 1835, S. 69–72.
Vgl. Nr. 74, 121.

52. [Johann Peter Lyser:] Erster Spaziergang. Die Kreuzbrüder. In: Leipzig wie es geht und steht, lebt und liebt; oder Spaziergänge in und um Leipzig. Hrsg. von J. Lyser. Erstes Heft. Leipzig: W. Zirges 1835, S. 12–14.

53. Nante. In: Ansichten aus der Cavalierperspektive im Jahr 1835. Aus den Papieren eines Verstorbenen. Leipzig: In Commission bei Adolf Frohberger 1836, S. 106–116.

54. Der Eckensteher Nante. Berliner Lokalposse. Volksweise [*Beckmanns Eckensteherlied; vgl. Nr. 31*]. In: Die Volkslieder der Deutschen. [...] Hrsg. [...] durch Friedrich Karl Freiherrn von Erlach. Vierter Band. Mannheim: Heinrich Hoff 1835, S. 180–182.

55. Das schnurrige Sextet, oder Lachenerregender Wettstreit nationaler Witzfunken, Aus- und Einfälle, Naivitäten, Späte, Bonmots und allerlei, das Zwerchfell erschütternder Possen und Schnacken Wopuchlei's des Böhmen, Istvanfy's des Ungarn, Häseli's des Schwaben, Starberl's des Oestreichers, Nante des Berliners u. Isak Fleckeles des Juden. Ans Licht gestellt durch Semper Lustig. Leipzig: Vetter & Rostosky 1836. 167 S.

56. Der poetisirende Eckensteher oder die unterbrochene Nachtmusik. Schwank in 1 Akt im Berliner Dialect. […]. Hrsg. von Carl Eichhoff, Declamator aus Dresden. Leipzig: Johann Friedrich Glück [1836]. 19 S.

57. [Ludwig Rellstab:] Der Redakteur und der Nachtwandler! In: Berlin und Athen. Eine Zeitschrift Nr. 4 vom 9. Januar 1836, S. 15–16.

58. L[udwig] Rellstab: Kilian am dritten August. In: ders.: Genre- und Fresco-Skizzen aus Berlin und Athen. In Mappen mit fliegenden Blättern. No. II. Die Michaelismappe. Leipzig: Karl Franz Köhler 1836, S. 99–118.
Textidentisch mit Nr. 65.

59. L[udwig] Rellstab: Kilian am dritten August (Beschluß). In: ders.: Genre- und Fresco-Skizzen aus Berlin und Athen. In Mappen mit fliegenden Blättern. No. III. Die Weihnachtsmappe. Leipzig: Karl Franz Köhler 1836, S. 241–254.
Textidentisch mit Nr. 66.

60. Der Vorhang fällt. In: Der Berliner Kuckkastenmann. Scherzhafte Posse in einem Act. Hrsg. von einem Berliner. Anhang: 42 zum Theil wenig bekannte Anekdoten enthaltend. Nordhausen: Ernst Friedrich Fürst 1836, S. 23–44.
Enthält eine Vielzahl von Eckensteher-Witzen.

61. Rimpels Bittschreiben um Erlaß der Zuchthausstrafe. In: Bibliothek des Frohsinns, oder 10,000 Anekdoten, Witze und Wortspiele, Travestieen und Parodieen […] in Prosa und Versen, redigirt von Prof. Dr. M. J. Braun. VIte Section. Erstes Bändchen. Stuttgart: Franz Heinrich Köhler 1836. S. 47.

62. German Life – [Berlin wie es ist und – trinkt; Leipzig wie es, &c.; München, &c.]. In: The Athenaeum. Journal of English und Foreign Literature, Science, and the Fine Arts Nr. 486 vom 18. Februar 1837, S. 113–114.
Ins Englische übersetzter Textauszug aus Nr. 18.

63. Ad. Brennglas: Das gefallene Pferd. In: Berlin wie es ist und – trinkt. Elftes Heft: »Strassenbilder.« Leipzig: K. A. Rostosky 1837, S. 20–22.
Vgl. Nr. 113.

64. Ad. Brennglas: Am Abend. In: ebd., S. 27–31.

65. L[udwig] Rellstab: Kilian am dritten August. In: ders.: Zusammengenähte Schriften. Leipzig: Karl Franz Köhler 1837, S. 99–118.
Textidentisch mit Nr. 58.

66. L[udwig] Rellstab: Kilian am dritten August (Beschluß). In: ebd., S. 241–254.
Textidentisch mit Nr. 59.

67. Der Wiener Eckensteher Nante, oder: Die Informations-Aufnahme mit einem Clienten aus Krähwinkel. Ein komischer Act. Wien: J. B. Wallishausser 1837. 33 S. [Dass. Zweite Auflage 1838.]

68. Anton Huber: Seufzer einer Eckenstehers-Wittwe. In: ders.: Gedichte. Nürnberg: auf Kosten des Verfassers 1837, S. 27–28.

69. Scene an der Ecke des Hohenstein-Wegs. In: Wollmarkt und Pferderennen. Berlin Burmeister und Stange 1837, S. 19–24. [Berliner Witze. Erstes Heft.] [Dass. Zweite Auflage 1838.]

70. Einige Scenen aus der beliebten Lokalposse: Der Eckensteher Nante. In: Bibliothek des Frohsinns, oder 10,000 Anekdoten, Witze und Wortspiele, Travestieen und Parodieen [...] in Prosa und Versen, redigirt von Prof. Dr. M. J. Braun. VIte Section. B. Zweites Bändchen. Stuttgart: Franz Heinrich Köhler 1837, S. 74–88.
Textauszug aus Nr. 31.

71. Ad. Brennglas: Berlijn zoo het eet en – drinkt. Naar het Hoogduitsch. I. De Kruijers. Leeuwarden: G. T. N. Suringar 1837. 28 S.
Ins Holländische übersetzte Ausgabe von Nr. 18 (leicht abgewandelt und umgestellt; und zwar möglicherweise auf Grundlage der achten Auflage, Berlin 1837).

72. Sonnenbruder-Galopp und Dombrowski Mazureck für Pianoforte. Berlin: Challier & Co. 1837.
Notendruck; genaue Angaben nicht zu ermitteln.

73. Monolog eines Eckenstehers, auf das Thema: »Auch ich war in Arkadien &c.« Von Fr[iedrich] Ed[uard] Moll. Dritte Auflage. Berlin: L. Fernbach jun. 1838. 8 S.
Vgl. Nr. 100, 120.

74. S. Mauritius: Der Provisor und der Eckensteher. In: Odeum. Eine Auswahl von ernsten und launigen Gedichten, welche sich zum mündlichen Vortrage in geselligen Kreisen eignen. Gesammelt und hrsg. von Alex. Cosmar. Siebentes Bändchen. Zweite Auflage. Berlin: Rudolph Zesch 1838, S. 120–127.
Vgl. Nr. 51, 121.

75. Ernst Spaßvogel in Berlin. Erstes Heft. Berlin: J. F. J. Stackebrandt 1838. 24 S.

76. Ernst Spaßvogel in Berlin. Zweites Heft: Berliner Woll-Witze. Berlin: J. F. J. Stackebrandt 1838. 22 S.

77. Friedrich Förster: Das Kanonenfieber. In: ders.: Kriegslieder. Eine Festgabe zur 25jährigen Jubelfeier der Freiwilligen Jäger. Berlin: Carl Heymann 1838, S. 65–67.

78. Der Eckensteher Nante im Verhör. Komische Scene von Friedrich Beckmann, Schauspieler am Königsstädter Theater in Berlin. Von Heinrich Springer aufgeführt im Königlichen Theater zu Stockholm, den 19ten Februar 1838. Nach der drey und zwanzigsten Auflage. Stockholm: Nordströmsche Buchdruckerei 1838. 34 S.

79. Carl von Holtei: Ein Trauerspiel in Berlin, Bürgerliches Drama in drei Akten [1832]. In: Almanach für Freunde der Schauspielkunst auf das Jahr 1837. Hrsg. von L. Wolff. Berlin: Gedruckt bei Julius Sittenfeld 1838, S. 135–252.
Vgl. Nr. 134.

80. [Adolf Glaßbrenner:] Ein Eckensteher an einen Bummler in Magdeburg. In: ders.: Buntes Berlin. Erstes Heft. Zweite Auflage. Berlin: Plahn'sche Buchhandlung. Louis Nitze 1838, S. 25–28.

81. [Adolf Glaßbrenner:] Drei Eckensteher. In: ders.: Buntes Berlin. Viertes Heft. Zweite Auflage. Berlin: Plahn'sche Buchhandlung. Louis Nitze 1838, S. 38–42.

82. [Adolf Glaßbrenner:] Buntes Berlin. Fünftes Heft. Der ächte Eckensteher Nante. Lokales Characterbild. Berlin: Plahn'sche Buchhandlung. Louis Nitze 1838. 47 S. [Dass. Zweite Auflage 1838.]
Vgl. Nr. 149, 178.

83. Berliner Einfälle à la Nante Strumpf. Paarweise zum Licht gefördert von F[riedrich] E[duard] Moll. Zwei Hefte. Berlin: L. Fernbach jun. 1838.
Genaue Angaben nicht zu ermitteln.

84. [Johann Edmüller:] Nante Strumpf's hinterlassene Papiere. Hrsg. von und zum Besten seiner strumpflosen Familie. Nante Strumpf's Weltgang. In Berlin. Erstes Heft. Vierte Auflage. Berlin: Th. Bade 1838. XII, 34 S.

85. [Johann Edmüller:] Nante Strumpf's hinterlassene Papiere. Hrsg. von und zum Besten seiner strumpflosen Familie. II. Band: Ein Maskenball im Colosseum. Berlin: Th. Bade 1838. 36 S.

86. [Johann Edmüller:] Nante Strumpf's hinterlassene Papiere, hrsg. von und zum Besten seiner strumpflosen Familie. III. Band. Tutti frutti. Wachsfiguren-Cabinet. – Nante's Nachtgedanken. – Auctions-scene. Erster Theil. Zweite Auflage. Berlin: Th. Bade 1839. 47 S. [Dass. Dritte Auflage 1839.]

87. [Johann Edmüller:] Nante Strumpf's hinterlassene Papiere, hrsg. von und zum Besten seiner strumpflosen Familie. IV. Band. Nante Strumpf's Weltgang. In Berlin. Zweites Heft. Berlin: Th. Bade 1839. 22 S. [Dass. Vierte Auflage 1839.]

88. A. Brennglas: Politisirende Berliner Eckensteher u. s. w. Leipzig: Philipp Reclam jun. 1839. 28 S.
Vgl. Nr. 112.

89. [Adolf Glaßbrenner:] Die Kümmel-Spekulation. In: ders.: Buntes Berlin. Drittes Heft. Zweite vermehrte Auflage. Berlin: Plahn'sche Buchhandlung. Louis Nitze 1839, S. 48–51.

90. Nante auf der Kunstausstellung. Hrsg. von ihm selbst. Berlin: Burmeister und Stange 1839. 38 S. [Berliner Witze. Fünftes Heft.]

91. Fr. Tietz: Der Berliner Eckensteher Nante. In: ders.: Je toller, desto besser! Eine Sammlung heiterer, leicht ausführbarer Polterabendscherze. Berlin: F. H. Morin 1839, S. 81–85.

92. Der berliner Eckensteher Glaßbrenner. In: Die Eisenbahn. Zeitschrift zur Beförderung geistiger und geselliger Tendenzen Nr. 56 vom 11. Mai 1839, S. 494.

93. Alex[ander] Cosmar: Armuth und Edelsinn auf eine andere Manier. Komisches Gemälde aus dem Volksleben, in einem Aufzuge. In: ders.: Staub. Bilder und Skizzen aus dem Berliner Leben. Berlin: Carl Heymann 1839, S. 153–216.

94. [Pseud.:] Sonnenbrieder-Gespräche. Rausjejeben von August Rippenknacker, abgeprobirter Eckensteher mit pollenzeilicher Erlaubniß und Jewerbschein. Zum Vortheil vor verwahrloste Sonnenbrieder und efalite Dichter. Berlin: George Gropius 1839. 23 S.

95. L.* [d.i. Ludwig Lenz]: Nante auf der Berlin-Potsdamer-Eisenbahn. Erstes Heft. Vierte Auflage. Berlin: Carl J. Klemann 1839. 47 S.

96. L.* [d.i. Ludwig Lenz]: Nante auf der Berlin-Potsdamer-Eisenbahn. Zweites Heft. In Potsdam und im Lustlager bei Nedlitz. Berlin: Carl J. Klemann 1839. 48 S.

97. Nante mit Familie, auf der Berlin-Potsdamer Eisenbahn. Nebst Gesprächen über die Berlin-Sächsische Eisenbahn. Leipzig: J. Müller in Comm. 1839. 40 S.

98. A[dolf] Hillert: Der Eckensteher. In: ders.: Der Guckkastenmann. Mit 34 illuminirten Bildern von Hosemann. Berlin: J. G. Hasselberg 1839, S. 17–18.

99. Ernst Wohlgemuth: Nante auf der Frankfurter Messe. Lokal-Scherz. Frankfurt an der Oder: F. W. Koscky 1840. 28 S.

100. [Friedrich Eduard Moll:] Monolog eines Berliner Eckenstehers. In: Das Buch deutscher Parodieen und Travestieen, hrsg. v. Z. Funck. Erster Cyclus. Erlangen: Palm'sche Verlagsbuchhandlung 1840, S. 79–83.
Vgl. Nr. 73, 120.

101. H. v. A.: Nante's Tod, oder: Die Verschwörung der Federfuchser. Historisch-romantisch-komische Tragödie in 5 Acten. Berlin: Stange & Brandus 1840. 42 S.
Vgl. Nr. 102.

102. H. v. A.: Nante's Tod, oder: Die Verschwörung der Federfuchser. Historisch-romantisch-komische Tragödie in 5 Acten. Zweite Auflage. Berlin: Stange & Brandus 1840. 42 S. [Berliner Witze. Siebentes Heft.]
Vgl. Nr. 101.

103. Nante als Fremdenführer. Oder: Ganz Berlin für 7½ Sgr! Ein Wegweiser für Fremde, die hier bleiben wollen, und für Einheimische, die noch nicht gehörig orient- und occidentirt sind. Nach den besten Flüssen bearbeitet von Dr. Nante. Mit einer Stadtkarte von Berlin. Berlin: Alexander Stange 1840. 52 S. [Berliner Witze. Achtes Heft.]

104. J. T. Z. Amor: Nante bei der Einholung. Berliner Lokal-Scenen. Berlin: In Commission bei Ferd. Rubach 1840. 40 S.
Textidentisch mit Nr. 116.

105. Carl Balthasar: [Dialog zwischen Schwalbe, Vogelhändler im Voigtland, und Febbel, Eckensteher.] [Berlin:] C. Danz [um 1840].
Einblattdruck; ca. 35 × 20 cm; genaue Angaben nicht zu ermitteln.

106. J. F.: Dialog über Eckensteher. In: Der Neuigkeits-Bote Nr. 85 vom 16. Juli 1840, [S. 4].

107. L*. [d.i. Ludwig Lenz]: Nante's Weihnachtswanderung und Neujahrsgruß. Als drittes Heft von Nante auf der Berlin-Potsdamer-Eisenbahn. Berlin: Carl J. Klemann 1840. IV, 48 S. [Dass. Vierte Auflage 1840.]

108. Ludwig Lenz: Das Kunst-Kabinet. Komische Scene mit Gesang. (Mit einem Kostümbilde.) [...]. Vierte Auflage. Berlin: Carl J. Klemann 1840. 36 S.
Kein Eckenstehertext und im Unterschied zu anderen Heften der unten genannten Reihe mit dem vollständigen Autorennamen veröffentlicht; da Lenz' Heftreihe »Nante auf der Berlin-Potsdamer-Eisenbahn« 1841 mit (dem letzten) Heft 5 fortgesetzt wurde, zählte er dieses Heft offensichtlich nachträglich als viertes Heft zu der Reihe hinzu; möglicherweise galt aber ohnehin schon die Originalnummerierung, die aufgrund der verfügbaren Exemplare hier aber nicht rekonstruiert werden konnte.

109. [Johann Edmüller:] Nante Strumpf's hinterlassene Papiere, hrsg. von und zum Besten seiner strumpflosen Familie. Band 5. Nante Strumpfs Künstlerleben. Berliner Local-Posse mit Gesang. Berlin: Th. Bade 1840. VI, 48 S. [Dass. Vierte Auflage 1841.]

110. [Johann Edmüller:] Nante Strumpf's hinterlassene Papiere, hrsg. von und zum Besten seiner strumpflosen Familie. Band 6. Mörder und Gespenster aus Nante's Tagebuch, oder: Chronik der ungebildeten Welt. Berlin: Th. Bade 1841. 46 S.

111. L.* [d.i. Ludwig Lenz]: Nante's Darstellung scheinbarer Zauberei. Als fünftes Heft von Nante auf der Berlin-Potsdamer-Eisenbahn. Berlin: Carl J. Klemann 1841. 45 S.

112. Ad. Brennglas: Die Eckensteher Knolle, Matthias und Tulpe. In: Buntes. Berlin. Supplement-Heft. Leipzig: Philipp Reclam jun. 1841, S. 1–8.
Nachdruck aus Nr. 88, S. 1–8.

113. Adolph Glaßbrenner: Das gefallene Pferd. In: ders.: Schilderungen aus dem Berliner Volksleben. Erstes und zweites Heft. Berlin: G. Crantz 1841, S. 117–120.
Vgl. Nr. 63.

114. Adolph Glaßbrenner: Die blutige Nase. In: ebd., S. 148–151.
Vgl. Nr. 18, 21.

115. Adolph Glaßbrenner: Britzke vor dem Polizei-Commissarius. In: ebd., S. 152–154.
Vgl. Nr. 18.

116. Nante Strumpf's hinterlassene Papiere, hrsg. von und zum Besten seiner strumpflosen Familie. Band 7. Nante bei der Einholung. Berlin: Th. Bade 1842. 42 S.
Textidentisch mit Nr. 104.

117. Nesselhiebe von Nante II. (Theater-Anekdoten.) Leipzig: Philipp Reclam jun. 1842. 23 S.

118. Friedrich Steinmann: Eckensteherliteratur von Glasbrenner et Comp. In: ders.: Mefistofeles. Revue der deutschen Gegenwart in Skizzen und Umrissen. Erster Theil. Cassel: Hotop 1843. S. 116.

119. ch–: Eckensteher-Literatur. In: Der Neuigkeits-Bote Nr. 26 vom 3. März 1842, [S. 3].

120. [Friedrich Eduard Moll:] Monolog eines Berliner Eckenstehers, Parodie von Schillers Resignation. In: Tivoli. Neues Museum des Witzes und der Laune. Eine humoristische Anthologie, hrsg. von Ernst Ortlepp. Band 1. Stuttgart: Franz Heinrich Köhler 1842, S. 104–107.
Vgl. Nr. 73, 100.

121. S. Mauritius: Der Provisor und der Eckensteher. In: Dusle-Bimbam. Heitere und komische Dichtungen, welche sich zum Vortrag in öffentlicher und Privatgesellschaft eignen. Erstes Heft. Berlin: Th. Bade 1843, S. 40–44.
Vgl. Nr. 51, 74.

122. Berlin wie es ist und – trinkt. Von Ad. Brennglas. Neunzehntes Heft: »Nante Nantino, der letzte Sonnenbruder«, oder: »Die Entstehung der norddeutschen Volkspoesie.« Historisch-romantisch-komische Tragödie in 5 Acten. Zur Darstellung im abgebrannten Opernhause bestimmt. Leipzig: Ignaz Jackowitz 1843. 48 S. [Dass. Zweite, verm. Auflage 1848.]

123. [Heinrich Beta:] Nante Nantino von Adolph Glassbrenner. In: Die Stafette Nr. 137 vom 19. November 1843, S. 546–547.

124. [Pseud.:] Nante im Bierkeller oder das öffentliche und mündliche Berlin. Von Hans in allen Gassen. Leipzig: C. W. B. Naumburg 1843. 59 S.

125. Nante & Comp. oder Spaß muß sind! sagt Neumann. Grünberg und Leipzig: W. Levysohn 1843. 30 S.

126. Hoffmann von Fallersleben: Eine Berliner Novelle. In: Vorwärts! Volkstaschenbuch für das Jahr 1843. [...]. Hrsg. von Robert Blum und Friedrich Steger. Leipzig: Robert August Friese 1843, S. 197–199.
Vgl. Nr. 127.

127. Hoffmann von Fallersleben: Eine Berliner Novelle. In: Hoffmann von Fallersleben: Deutsche Gassenlieder. Zürich und Winterthur: Verlag des literarischen Comptoirs 1843, S. 19–21. [Dass. Zweite Auflage 1845.]
Vgl. Nr. 126.

128. Karl von Holtei: Die beschuhte Katze. Ein Mährchen in drei Akten, mit Zwischenspielen. Berlin: Alexander Duncker 1843. 113 S.

129. Winter-Monolog eines Eckenstehers. In: Die Bayerische Landbötin Nr. 117 vom 30. September 1843, S. 1030.
Vgl. Nr. 130, 131, 132.

130. Winter-Monolog eines Eckenstehers. In: Der Erzähler. Ein Unterhaltungsblatt für Jedermann Nr. 83 vom 18. Oktober 1843, S. 332.
Vgl. Nr. 129, 131, 132.

131. Wintermonolog eines Eckenstehers. In: Nürnberger Zeitung Nr. 313 vom 9. November 1843, [S. 4].
Vgl. Nr. 129, 130, 132.

132. Winter-Monolog eines Eckenstehers. In: Der Deutsche Hausfreund. Wochenschrift für Belehrung und Unterhaltung in mannigfacher Form Nr. 46 vom 18. November 1843, S. 368.
Vgl. Nr. 129, 130, 131.

133. Lude, wat schreibst de denn so ville [...]. Leipzig o. J. [1844].
Lithographie; zeigt König Friedrich Wilhelm IV. von Preußen und König Ludwig I. von Bayern als Eckensteher; Standort: Sammlung Remigius Brückmann (Bonn).

134. Carl von Holtei: Ein Trauerspiel in Berlin, Bürgerliches Drama in drei Akten [1832]. In: Theater. In einem Bande. Breslau: August Schulz 1845, S. 324–344 [mit ›Vorwort‹, S. 324–325].
Vgl. Nr. 79.

135. Ad. Brennglas: [Eckensteher-Anekdoten]. In: ders.: Berlin wie es ist und – trinkt. Zweites Heft: »Höckerinnen.« Siebente durchaus veränderte und vermehrte Auflage. Leipzig: Ignaz Jackowitz 1845, S. 33–36.

136. H. Bertholdi: Nante juniors Gastbesuch bei seinem Freund und Vetter David Nepomuck Pomuchel in Danzig. Danzig: L. G. Homann's Kunst- und Buchhandlung 1845. 32 S.

137. Z. Wein: Nante als Politiker. Daguerreotypbilder der Gegenwart. Grünberg und Leipzig: W. Levysohn [1845]. 30 S.

138. Nante, in: Germanien Völkerstimmen, Sammlung der deutschen Mundarten in Dichtung, Sagen, Mährchen, Volksliedern u. s. w. Hrsg. von Johannes Matthias Firmenich. Berlin: Schlesinger'sche Buch- und Musikalienhandlung [ca. 1845], S. 147.
Nachdruck von Glaßbrenners Nante-Lied aus Nr. 82, S. 10–11.

139. [Eckensteher Nante: »War wohl je ein Mensch so frech«.] In: [Johannes Scherr:] Das enthüllte Preußen. Vom Verfasser der Schrift »Würtemberg im Jahre 1844«. Winterthur: Verlag der Steiner'schen Buchhandlung 1845, S. 211–213.
Vgl. Nr. 140, 151.

140. Jedediah Semmelziege, Hofrath [d. i. Johannes Scherr:] Eckensteher Nante. In: Erbauliches & Beschauliches für andächtige Seelen. Winterthur: Verlag der Steiner'schen Buchhandlung 1846, S. 99–100.
Vgl. Nr. 139, 151.

141. Edle Denkungsart eines Eckenstehers. In: Der Anecdotenjäger. Zeitschrift für das lustige Deutschland Nr. 38 vom September 1846, S. 301–302.

142. Scene aus: Nante als Droschkenkutscher. Berliner Lokalposse, mit Gesang, in einem Akte. In: Der Anecdotenjäger. Zeitschrift für das lustige Deutschland Nr. 41 vom Oktober 1846, S. 322–326.

143. J. P. T.: Der Heidelberger Eckensteher oder Führ' mich herum. Ein Taschenbüchlein für jeden Fremden in Heidelberg. Heidelberg: Reichard 1846. 36 S.

144. Abenteuer des Eckensteher Nante zu Wasser und zu Lande, von Memel nach Stettin bis in die Residenz Berlin. In 64 Stationen. Ein Gesellschaftsspiel. Mit illustrirtem Reisetableau. Stuttgart: Franz Heinrich Köhler 1846.

145. M[oritz] G[ottlieb] Saphir: Nachfeier der Nachdrucker zum Guttenbergfeste. Eine dramatisch-episch-drastisch-komisch-literarisch-typographische Jubel- und Triumphscene in abgerissenen Bildern. In: ders.: Fliegendes Album für Ernst, Scherz, Humor und lebensfrohe Laune. Zweiter Band: Schwänke und Erzählungen in zwei Abtheilungen. Leipzig: Ignaz Jackowitz 1846, S. 3–25.

146. Nante Strumpf mit seinem Sohne August und Madame Buffey, geb. Breese, auf der Freiberger Ausstellung. Freiberg: J. G. Engelhardt 1846. 22 S.

147. J[ohann] F[riedrich] Rüthling: Det heeßt inhitzen! (Vortrag eines Eckenstehers.). In: ders.: Der Komiker im Privat- und Familienkreise. Eine Auswahl der vorzüglichsten neueren poetischen und prosaischen Erzeugnisse im Gebiete der Komik. Mit Original-Beiträgen. III. Potsdam: Otto Janke 1846, S. 54–59.

148. A[lbert] Hopf: Lumpazi's Carneval. Erstes Heft. Die schöne Hulda. Zweite Auflage. Charlottenburg: Egbert Bauer 1846. 30 S.

149. Ad. Brennglas: Der ächte Nante. In: ders.: Berliner Volksleben. Ausgewähltes und Neues. Zweiter Band. Mit Illustrationen von Th. Hosemann. Leipzig: Wilhelm Engelmann 1847, S. 198–232.
Vgl. Nr. 82, 178.

150. Leonore, oder: Nante als Totengräber. Travestie und Polka-Tragödie, in drei Akten. In: Jahrbuch und Repertorium des Königsstädtischen Theaters in Berlin, vom 16. Dezember 1845 bis 15. Dezember 1846. Nebst einem Anhang. Hrsg. von den Souffleuren dieses Theaters Just und Schneider. Berlin: Auf Kosten und zum Selbstgebrauch der Herausgeber 1847, S. 131–[156].

151. [Johannes Scherr:] Eckensteher Nante. In: Deutsche-Brüsseler-Zeitung Nr. 30 vom 15. April 1847, S. 2.
Vgl. Nr. 139, 140.

152. Theodor Sievers: Der Eckensteher Nante Strumpf in Hamburg und auf der Hamburg-Berliner Eisenbahn. Erstes Heft: Auf der Eisenbahn. Hamburg: J. S. Meyer 1847. 24 S. [Dass. Zweite Auflage 1847.]

153. Theodor Sievers: Der Eckensteher Nante Strumpf in Hamburg und auf der Hamburg-Berliner Eisenbahn. Zweites Heft: Ankunft und Erlebnisse in Hamburg. Hamburg: J. S. Meyer 1847. 24 S.

154. Apitz: Die Fresco-Gemälde am neuen Museum, erklärt durch Nante seinem Freude Brösicke. Berlin: C. E. Braune 1847. 16 S.

155. [Heinrich] Beta's Freihandels-Katechismus. Berlin: A. Weinholz 1847. 66 S.

156. Nante Nantino [Pseud.]: Berliner Journalschau. In: Charivari Nr. 235 vom 2. April 1847, S. 3748.

157. A[lbert] Hopf: Interessante Unterhaltung zwischen Nante und Brennecke. Nr. 1. Charlottenburg: Egbert Bauer 1847.
Flugblatt.

158. A[lbert] Hopf: Zweite Unterhaltung zwischen Nante und Brennecke. Nr. 2. Charlottenburg: Egbert Bauer 1847.
Flugblatt; vgl. Nr. 159.

159. [Albert Hopf:] Interessante Unterhaltung zwischen Nante und Brennecke. In: Würzburger Conversationsblatt Nr. 106 vom 6. September 1847, S. 423.
Textidentisch mit Nr. 158.

160. A[lbert] Hopf: Dritte Unterhaltung zwischen Nante und Brennecke. Nr. 3. Charlottenburg: Egbert Bauer 1847.
Flugblatt.

161. A[lbert] Hopf: Nr. 4. Wie Nante gemalt wird. Charlottenburg: Egbert Bauer 1847.
Flugblatt.

162. A[lbert] Hopf: Nr. 5. Nante in Sanssouci. Charlottenburg: Egbert Bauer 1847.
Flugblatt.

163. A[lbert] Hopf: Nr. 6. Nante und die Deutsche Flotte. Charlottenburg: Egbert Bauer 1847.
Flugblatt.

164. A[lbert] Hopf: Nr. 7. Nante in Stettin. Charlottenburg: Egbert Bauer 1847.
Flugblatt.

165. A[lbert] Hopf: Nr. 8. Nante am 15. August. Charlottenburg: Egbert Bauer 1847.
Flugblatt.

166. A[lbert] Hopf: Nante's Landtags-Album. Mehrere interessante Gespräche zwischen Nante und Brennecke. Charlottenburg: Egbert Bauer 1847.
Sammelpublikation von acht Flugblättern, vgl. Nr. 157, 158, 160–165.

167. A[lbert] Hopf: Der kleine Landtag und sein Schluss, oder Nante und Brenneke als Abgeordnete. Berlin: Leopold Schlesinger 1847. 27 S.
Vgl. Nr. 168.

168. A[lbert] Hopf: Der kleine Landtag. In: Der Anecdotenjäger. Zeitschrift für das lustige Deutschland Nr. 28 vom Juli 1847, S. 218–222.
Textauszug aus Nr. 167.

169. A[lbert] Hopf: Interessante Unterhaltung zwischen Nante und Eisele und Beisele. Charlottenburg: Egbert Bauer 1847.
Flugblatt.

170. A[lbert] Hopf: Zweite Unterhaltung zwischen Nante und Eisele und Beisele vor den neuen Fresco-Bildern am Museum. No. 2. Charlottenburg: Egbert Bauer 1847.
Flugblatt.

!10¡
Titelblatt.
Siehe Bibliographie Nr. 172

171. Nante im Club. Politisches Possenspiel in unzähligen Bildern. Erstes und Zweites. Leipzig: Naumburg 1847. 21 S.

172. M. Kohnardi: Nante und Siebecke als Mißvergnügte über Kunst und Landtag. Berlin: M. Cohn & Comp. 1847. 23 S. !10¡

173. A[lbert] Weinholz: Nante's erste Omnibus-Fahrt in Berlin. Leipzig: Julius Koffka 1847. 43 S.

174. [Johann Wilhelm Christern:] Hamburg im Berliner Guckkasten. Frei nach der Natur von Professor Nante. Mit einem colorirten Titelkupfer von Th. Hosemann. Leipzig: Ignaz Jackowitz 1847. 40 S.

175. [Johann Wilhelm Christern:] Schleswig-Holstein'sche Nebelbilder, gezeigt und erklärt von Professor Nante. Mit einem colorirten Titelkupfer von Ch. Hucklenbroich. Leipzig: Ignaz Jackowitz 1847. 22 S.
Vgl. Nr. 176.

176. [Johann Wilhelm Christern:] Schleswig-Holsteinische Nebelbilder. In: Der Anecdotenjäger. Zeitschrift für das lustige Deutschland Nr. 4 vom Januar 1847, S. 26–27.
Textauszug aus Nr. 175.

177. [Johann Wilhelm Christern:] Nebelbilder aus der neuesten Weltgeschichte des Jahres 1846. Illustrirt durch Professor Nante. Leipzig: Ignaz Jackowitz 1847. 32 S.

178. Hans de Kruijer in t verhoor. Eene kluchtige scène uit het stadsleven [...]. Alkmaar: Joh. Roem 1847. 32 S. [Dass. Zweite Auflage 1848.]
Holländische Übersetzung von Nr. 82 (bzw. Nr. 149); in Bibliothekskatalogen fälschlich Beckmann zugeschrieben.

179. Daniel Pimpel: Frankreich's Staatsumwälzung. Eine Unterhaltung zwischen Eisele – Beisele – Buffey – und Nante auf dem Berliner Omnibus. Berlin: Braune 1848. 16 S.

180. Lied der Rehberger. In: Der neue Berliner Struwwelpeter. Ein politisches Bilderbuch für Reactionaire und Revolutionaire. Nr. 1. Berlin [1848], S. 3.
Parodistisch angelehnt u. a. an Glaßbrenners Eckensteherlied; vgl. Nr. 13, 18.

181. Z. Wein: Nante als Wahlkandidat. Ein Berliner Lebensbild. Grünberg und Leipzig: W. Levysohn [1848]. 16 S. [Dass. Zweite Aufalge 1848.]

182. Z. Wein: Der Abgeordnete Nante auf Reisen. Nante in Pommern. Grünberg und Leipzig: W. Levysohn [1848]. 16 S.

183. L. R. Glaßbrenner: Nante's Guckkasten-Bilder der Gegenwart. Zürich: Industrie- und Literatur-Comptoir [1848]. 8 S.

184. Isaac Moses Hersch und Nante. Oeffentliches Gespräch zwischen einem constitutionellen Bürger und einem radikalen Abgeordneten! Grünberg und Leipzig: W. Levysohn [1848].
Flugblatt.

185. A[lbert] Hopf: Nante als National-Versammelter. Erste Sitzung. Berlin: Im Selbstverlage des Verfassers 1848.
Flugblatt.

186. A[lbert] Hopf: Nante als National-Versammelter. Zweite Sitzung. Berlin: Louis Hirschfeld 1848.
Flugblatt.

187. A[lbert] Hopf: Nante als National-Versammelter. Dritte Sitzung. Berlin: Louis Hirschfeld 1848.
Flugblatt.

188. A[lbert] Hopf: Nante als National-Versammelter. Vierte Sitzung. Berlin: Louis Hirschfeld 1848.
Flugblatt.

189. A[lbert] Hopf: Nante als National-Versammelter. Fünfte Sitzung. Berlin: Louis Hirschfeld 1848.
Flugblatt.

190. A[lbert] Hopf: Nante als National-Versammelter. Sechste Sitzung. Berlin: Louis Hirschfeld 1848.
Flugblatt.

191. A[lbert] Hopf: Nante als National-Versammelter. Siebente Sitzung. Nante zieht nach dem Schauspielhause. Berlin: Louis Hirschfeld 1848.
Flugblatt; vgl. Nr. 195.

192. A[lbert] Hopf: Nante als National-Versammelter. Achte Sitzung. Nante ist Minister geworden. Berlin: Louis Hirschfeld 1848. [Dass. Zweite Auflage 1848.]
Flugblatt; vgl. Nr. 195.

193. A[lbert] Hopf: Nante als National-Versammelter. Neunte Sitzung. Berlin: Louis Hirschfeld 1848.
Flugblatt.

194. Berliner Straßenlitteratur. In: Neue Preußische Zeitung Nr. 6 vom 7. Juli 1848, [S. 27].

195. Berliner Straßenliteratur. In: Der Sammler. Ein Blatt zur Unterhaltung und Belehrung. Beilage zur Augsburger Abendzeitung Nr. 79 vom 28. Oktober 1848, S. 315–317.
Mit kurzen Einleitungen versehene Nachdrucke von Nr. 191 und Nr. 192 (Nr. 192 gekürzt).

196. [Albert Hopf:] Höchst wichtige Unterhaltung zwischen dem Ex-Deputirten Nante und seinem Freunde Brenneke, nach stenographischen Berichten mitgetheilt von Anastasius Schnüffler. Berlin: Druck von E. Lauter & Co. 1848. 8 S.

197. A[lbert] Hopf: Nante's politisches Wachskabinet nebst einer sehr interessanten Unterhaltung zwischen Nante und Brenneke über das neue Strafgesetzbuch. Eine humoristische Scene. Berlin: A. Sacco 1848. 32 S.

198. [Albert Hopf:] Wer will Minister sind? Vor eenen Sechser. Berlin: Selbstverlag 1848.
Flugblatt.

199. Aujust Buddelmeyer [d.i. Adalbert Cohnfeld]: Zweemal ausjeriss'ner Kaiser Nante fasse Dir! [...] Ene Habsburgsche Jrabesrede. Berlin: Druck von Marquardt u. Steinthal 1848.
Flugblatt; vgl. Nr. 200.

200. Aujust Buddelmeyer [d.i. Adalbert Cohnfeld]: Zweemal ausjeriss'ner Kaiser Nante fasse Dir! [...] Ene Habsburgsche Jrabesrede. In: Der Leuchtthurm 3 (1848), Nr. 31, S. 545–546.
Textidentisch mit Nr. 199; versehen mit einer aktualisierenden Anmerkung der Redaktion.

201. Dumm! Ungeheuer dumm! Das Motto des seeligen Ministerium Camphausen. Oder Nante als Volksredner. Berlin: Zu haben bei Lindner [...] 1848.
Flugblatt.

202. Des Ministerium Camphausen is futsch! (Gespräch zwischen Brennecke und dem Deputirten Nante.) [Berlin:] Schnellpressendruck von Fähndrich & Comp. [1848].
Flugblatt.

203. Der Natschionalversammelte Nante uf de Volksversammlung. Berlin: E. Litfaß [1848].
Flugblatt.

204. Wer soll's Geld geben? Politisches Gespräch zwischen Nante und Brennecke. Berlin: Verlag von S. Löwenherz [1848].
Flugblatt.

205. Gespräch zweier Berliner Eckensteher nach dem neuen Jahre. In: Das freie Oesterreich. Neue Folge des Tagesblattes »die Geißel.« 2 (1849), Nr. 3 vom 4. Jänner 1849, S. 12.

206. C. Cosmaly: Eckenstehers Untreue. In: Der Anecdotenjäger. Zeitschrift für das lustige Deutschland Nr. 5 vom Februar 1849, S. 33–34.
Textidentisch mit Nr. 9.

207. [Albert Hopf:] No. 1. Nante wieder gewählt. [Berlin:] Selbstverlag [Februar] 1849.
Flugblatt.

208. [Albert Hopf:] No. 2. Nante constituirt sich. [Berlin:] Selbstverlag [Februar] 1849.
Flugblatt.

209. [Albert Hopf:] No. 3. Nante erklärt die Jork'sche Geschäfts-Ordnung. [Berlin:] Selbstverlag [Anfang März] 1849.
Flugblatt.

210. [Anon.:] Nepomuch Nante Strumpf verzichtet auf die deutsche Kaiserkrone. Leipzig: Stecher: Dr. v. L. Blau [April 1849].
Lithographie schwarz-weiß (Flugblatt); 27 × 18,6 cm; zeigt König Friedrich Wilhelm IV. als Eckensteher Nr. 22; Standort: Historisches Museum Frankfurt (Main), Bild-Nr.: C14456.

211. Enmalhunderttausend Thaler. Posse mit Gesange v. [David] Kalisch. No. 5: Die Grundsätze meiner Tante. Duett: Meine Tante Nante kannte. Berlin: Hofmann & Co. 1849.
Genaue Angaben nicht zu ermitteln.

212. [Johann Friedrich Jacob:] Epistolae responsoriae Arnoldi Rugii [...] (1849). In: Novae epistolae virorum obscurorum saec. XIX. conscriptae [...]. Editio altera [hrsg. von Gustav Schwetschke]. Lipsiae: Apud Hermannum Kirchner MDCCCLX, S. 53–80.

213. [Albert Hopf:] Nante's philosophische Ansichten über die Kammer-Minoritäter.

214. Eine interessante Unterhaltung zwischen Nante und Brenneke. Stenographirt von Ullo Bohmhammel, desorganisirter Bürgerwehrs-Vize-Gefreiter. Berlin: Im Selbstverlage von A. Hopf [1849]. 8 S.

215. Aufgefangener Brief des Nante Strumpf aus Berlin an Lola Montez. In: Humorist und Wiener Punch 13 (1849), Nr. 221 vom 15. September 1849, S. 889–890.

216. Kleine Bosheiten. In: Wiener Telegraf. Ein Blatt für das Volk, unterhaltend, belehrend, das Interessanteste der Zeit mittheilend Nr. 27 vom 12. Oktober 1849, S. 108.

Dank
Folgenden Institutionen wird für die Rechte des einmaligen Bilderabdrucks für diesen Beitrag gedankt: Stiftung Stadtmuseum Berlin (Bilder 1–4, 10); Staatsbibliothek zu Berlin (Bild 6, 8); Theaterwissenschaftliche Sammlung der Universität zu Köln (Bild 7).

Nachtrag
Jürgen Gottschalk (http://humoristica-judaica.pirckheimer.org/) hat kürzlich Präzisierungen und Ergänzungen zu dieser 2013 erstmals erschienenen Bibliographie übermittelt, und ich danke herzlich dafür:

Jeremiade des alten Eckensteher Nante. Neuester Schnellsegler mit Text. »Herr Criminell ick sitze hier« für das Piano-Forte nach S. F. Carlbeer. Berlin: G. E. Müller [o.J.] 2 Bl. Mit Titelbild. – Beilage von »Zur Zeit«. Journal für Literatur und Mode.

Eckensteher Galopp. Nach dem Eckensteherliede aus »Nante im Verhör« und Dombrowski Mazureck. Beide mit allgemeinem Beifall auf den Maskenbällen im Colosseum aufgeführt. Für das Pioanoforte. Berlin: F. S. Lischke [ca. 1833]. 1 Bl.

Der Dresdner Kreuzbruder Nante als Seitenstück zu dem Berliner Eckensteher. Rutschender Localwitz mit Pianoforte Begl. Dresden: A. R. Friese [ca. 1833]. 2 Bl. *(vgl. Nr. 29)*.

Acht Neue Gesänge. 1. Willst Du mich denn nicht mehr lieben. Der Berliner Eckensteher. 2. Det beste Leben hab' ick doch. [...] Delitzsch: Buchdruckerei [o.J.] 4 Bl.

Anekdoten-Lexikon. 1ste Lieferung. Erfurt: Expedition der Thüringer Chronik. (H. A. v. Berlepsch). Erfurt [ca. 1843]. *Enthält S. 69–71 vierzehn Eckensteher-Anekdoten. (1844 seitengleich in*: Das große deutsche Anekdoten-Lexikon. Erfurt: Fr. Bartholomäus).

[Anon.:] Uncolorirte Landtagsbilder. I. Auf- und Abtritt des Abgeordneten von Wirsitz. Dramatische Scene. [Berlin:] Schnellpressendruck von W. Fähndrich und Comp. [Juni 1848]. 4 S.

E. K. D.: Eckensteher Nante auf der Barricade und sein politisches Glaubensbekenntnis als Reconvalescent. Neumarkt [1848]. *Keine Seitenangaben.*

E. K. D.: Eckensteher Nante als Präsident auf dem Arbeiter-Kongreß im dustern Keller. Berlin: Selbstverlag des Verfassers [1848]. 6 S.

Nr. 47 erschien in 1. Auf. 1833; Nr. 48 erschien in 3. verm. Aufl. 1837; Nr. 95 erschien in 7. Aufl. 1840; Nr. 96 erschien in 5. Aufl. 1839; Nr. 107 erschien in 5. Aufl. 1840; Nr. 137 erschien in 2. Aufl. o.J.
Für die Nummern 84, 85, 86, 87, 109, 110 kann ergänzt werden, dass die Vorlagen ursprünglich ebenfalls von Ludwig Lenz stammten, dieser aber die Verfasserschaft alsbald öffentlich zurückwies, weil er die Überarbeitungen durch Johann Edmüller und den Verleger als entstellend ansah.

ANMERKUNGEN

1 Vgl. Beilage zur Königl. privilegirten Berlinischen Zeitung Nr. 302 vom 24. Dezember 1832, [S. 2].

2 Vgl. Königsstädtisches Theater. In: Königlich privilegirte Berlinische Zeitung Nr. 304 vom 28. Dezember 1832, [S. 7].

3 R. Schnepf: Aus der Theaterwelt. In: Der Komet. Ein Unterhaltungsblatt für die gebildete Lesewelt Nr. 23 vom 6. Februar 1833, Sp. 184.

4 Ludwig Rellstab: Aus Berlin (Fortsetz.). In: Zeitung für die elegante Welt Nr. 36 vom 19. Februar 1833, S. 144.

5 Berlin, März. In: Morgenblatt für gebildete Stände Nr. 88 vom 12. April 1833, S. 351–352, hier S. 352; Berlin, Epoche der Eckensteher 1833. In: Der Komet. Ein Unterhaltungsblatt für die gebildete Lesewelt Nr. 49 vom 25. März 1833, Sp. 389–392, hier Sp. 391.

6 Vgl. Nante, der Eckensteher in Berlin. In: Der Gesellschafter oder Blätter für Geist und Herz Nr. 54 u. 55 vom 5. u. 6. April 1833, S. 269–270 und S. 273–275.

7 Vgl. Veritas: b). Funfzigste Vorstellung und Jubelfeier des ›Eckensteher Nante‹. In: Berliner Don Quixote Nr. 102 vom 4. Juli 1833, [S. 3–4].

8 Königsstädtisches Theater. In: Königlich privilegirte Berlinische Zeitung Nr. 48 vom 26. Februar

1833, [S. 7]; vgl. auch Veritas: Theater in der Königsstadt. In: Berliner Don Quixote Nr. 32 vom 26. Februar 1833, [S. 4]; 148. Berlin, Februar 1833. In: Blätter für literarische Unterhaltung Nr. 70 vom 11. März 1833, S. 288.

9 Berlin, den 28. Februar 1833. In: Wiener Zeitschrift für Kunst, Literatur, Theater und Mode Nr. 46 vom 16. April 1833, S. 377–380, hier S. 379.

10 Vgl. Berlin, März. In: Morgenblatt für gebildete Stände Nr. 88 vom 12. April 1833, S. 351–352, hier S. 352; Wochenlese. In: Der Freimüthige, oder: Berliner Conversations-Blatt Nr. 93 vom 11. Mai 1833, S. 372; R. S[chnepf]: Aus der Theaterwelt. In: Der Komet. Ein Unterhaltungsblatt für die gebildete Lesewelt Nr. 92 vom 6. Juni 1833, Sp. 735.

11 Fr. Ed. Moll: »Ooch ick war bein'n Akazjenboom jeboren«. In: ders.: Monolog eines Eckenstehers, auf das Thema: »Auch ich war in Arkadien &c.«. Dritte Auflage. Berlin: L. Fernbach jun. 1838. S. 2ff.

12 Vgl. Joh. Gust. Droysen: Geschichte des Hellenismus. Erster Theil. Hamburg: Perthes 1836, S. 710; Real-Encyclopädie der classischen Alterthumswissenschaft. Erster Band. Hrsg. von August Pauly. Stuttgart: Verlag der J. B. Metzler'schen Buchhandlung 1839, S. 264; Friedrich Förster: Das Kanonenfieber. In: ders.: Kriegslieder. Eine Festgabe zur 25jährigen Jubelfeier der Freiwilligen Jäger. Berlin: Carl Heymann 1838, S. 65ff.; [Johann Friedrich Jacob.]: »Epistolae responsoriae Arnoldi Rugii [...]« [1849]. Novae epistolae virorum obscurorum saec. XIX. conscriptae [...]. Editio altera [Hrsg. von Gustav Schwetschke]. Lipsiae: Hermann Kirchner MDCCCLX, S. 53–80, hier S. 64–65.

13 Vgl. Der Eckensteher. Ein neues Gesellschaftsspiel. Mit 20 Karten. Zerbst: G. A. Kummer 1833; Abenteuer des Eckensteher Nante zu Wasser und zu Lande, von Memel nach Stettin bis in die Residenz Berlin. In 64 Stationen. Ein Gesellschaftsspiel. Mit illustrirtem Reisetableau. Stuttgart: Franz Heinrich Köhler 1846.

14 Vgl. Adolf Streckfuß: 500 Jahre Berliner Geschichte. Vom Fischerdorf zur Weltstadt. Geschichte und Sage. Band 2. Vierte Auflage. Berlin: Albert Goldschmidt 1886, S. 853.

15 Vgl. [Franz] Wiest: Eckensteher-Bemerkungen über Theater- und Reunionszettel-Literatur. In: Der Sammler [Wien] Nr. 31 vom 13. März 1834, S. 125–126; Der Wiener Eckensteher Nante, oder: Die Informations-Aufnahme mit einem Clienten aus Krähwinkel. Ein komischer Act. Wien: J. B. Wallishausser 1837; J. P. T.: Der Heidelberger Eckensteher oder Führ' mich herum. Ein Taschenbüchlein für jeden Fremden in Heidelberg. Heidelberg: Reichard 1846.

16 Vgl. E. J. Nem.: Berlin, wie es seyn wird. Erstes und letztes Heft. Keine Eckensteher. Berlin: Gröbenschütz und Seiler 1833.

17 Vgl. Dr. D. Nante auf Reisen oder Schattenspiel an der Wand! – (Als Fortsetzung von: Eckensteher Nante.) Posse in 1 Act. Zweite Auflage. Berlin: Gedruckt bei D. Friedländer 1834, S. 12.

18 Vgl. Ernst Wohlgemuth: Nante auf der Frankfurter Messe. Lokal-Scherz. Frankfurt an der Oder: F. W. Koscky 1840.

19 Vgl. Dr. Nante. Nante als Fremdenführer. Oder: Ganz Berlin für 7 ½ Sgr! Ein Wegweiser für Fremde, die hier bleiben wollen, und für Einheimische [...]. Mit einer Stadtkarte von Berlin. Berlin: Alexander Stange 1840 [Berliner Witze. Achtes Heft].

20 Vgl. [Johann Edmüller.]: Nante Strumpf's hinterlassene Papiere, herausgegeben von und zum Besten seiner strumpflosen Familie. Band 5. Nante Strumpfs Künstlerleben. Berliner Local-Posse mit Gesang. Berlin: Th. Bade 1840.

21 Vgl. Karl von Holtei: Die beschuhte Katze. Ein Mährchen in drei Akten, mit Zwischenspielen. Berlin: Alexander Duncker 1843.

22 Vgl. Leonore, oder: Nante als Totengräber. Travestie und Polka-Tragödie, in drei Akten. In: Jahrbuch und Repertorium des Königsstädtischen Theaters in Berlin, vom 16. Dezember 1845 bis 15. Dezember 1846. Nebst einem Anhang. Hrsg. von den Souffleuren dieses Theaters Just und Schneider. Berlin: Auf Kosten und zum Selbstgebrauch der Herausgeber 1847, S. 131–[156].

23 Vgl. Scene aus: Nante als Droschkenkutscher. Berliner Lokalposse, mit Gesang, in einem Akte. In: Der Anecdotenjäger. Zeitschrift für das lustige Deutschland 2 (1846) 41, S. 322–326, hier S. 324. Die betreffende Posse ist vollständig offenbar nie im Druck erschienen.

24 F.: Aus Berlin. I. In: Die Grenzboten. Zeitschrift für Politik und Literatur 5 (1846), 1. Semester. Band 2, S. 568–569, hier S. 568.

25 Vgl. A. Hopf: Lumpazi's Carneval. Erstes Heft. Die schöne Hulda. Zweite Auflage. Charlottenburg: Egbert Bauer 1846, S. 28ff.

26 Vgl. Curt Meyer: Alt-Berliner politisches Volkstheater (1848–1850). Emsdetten (Westf.): Lechte 1951, S. 56–57.

Autorinnen und Autoren

Dr. Vera Bendt
Calvinstraße 12
10557 Berlin
vera@bendt.org

Priv.-Doz. Dr. Olaf Briese
Institut für Kulturwissenschaft
Humboldt-Universität zu Berlin
10099 Berlin
olafbriese@gmx.de

Priv.-Doz. Dr. Anja Grebe
Kunstgeschichtliches Institut
Albert-Ludwigs-Universität Freiburg
Platz der Universität 3
79098 Freiburg i. Brsg.
anja.grebe@kunstgeschichte.uni-freiburg.de

Dr. Helmut Hilz
Deutsches Museum, Bibliothek
Museumsinsel 1
80538 München
h.hilz@deutsches-museum.de

Sabine Knopf
Friedrich-Ebert-Straße 12
04109 Leipzig
Sabine.Knopf@freenet.de

Dr. Sebastian Kötz
Cranachstraße 25
04177 Leipzig
Sepposlamzine@gmx.de

Lydia Koglin M.A.
Bibliothek
der Bauhaus-Universität Weimar
Steubenstraße 6
99423 Weimar
lydia.koglin@uni-weimar.de

Dr. Eva Linhart
Museum Angewandte Kunst
Schaumainkai 17
60594 Frankfurt am Main
eva.linhart@stadt-frankfurt.de

Prof. Dr. Wulf D. v. Lucius
Ameisenbergstraße 22
70188 Stuttgart
lucius@luciusverlag.com

Dr. Corinna Norrick-Rühl M.A.
Institut für Buchwissenschaft
Johannes Gutenberg-Universität Mainz
55099 Mainz
norrick@uni-mainz.de

Hartmut Pätzke
Oranienburger Straße 22
10178 Berlin
hartmut.paetzke@gmx.de

Prof. Dr. Patrick Rössler
Seminar für Medien- und
Kommunikationswissenschaft
Universität Erfurt
Philosophische Fakultät
Nordhäuser Straße 63
99089 Erfurt
patrick.roessler@uni-erfurt.de

Carsten Scholz
Understadt 7
8260 Stein am Rhein/Schweiz
C.Scholz.Stade@gmx.de

Katrin Teichmann
Deutsches Buch- und Schriftmuseum
Deutsche Nationalbibliothek Leipzig
Deutscher Platz 1
04103 Leipzig
k.teichmann@dnb.de

Dr. Anke Vogel M.A.
Institut für Buchwissenschaft
Johannes Gutenberg-Universität Mainz
55099 Mainz
vogelan@uni-mainz.de